Finnland

Helsinki

Sankt Petersburg

Stockholm

Moskau

Riga

Ostsee

Kaunas

Königsberg

Wilna

Minsk

RUSSISCHES REICH

...nzig

Brest-Litowsk

Warschau

Kiew

Krakau

Rowno

...ähren

Tschernowitz

Asowsches
Meer

Budapest

Krim

...RREICH-UNGARN

RUMÄNIEN

Schwarzes Meer

Batum

Bukarest

Belgrad

Trabzon

Sarajevo

SERBIEN

BULGARIEN

Konstantinopel

MONTENEGRO

Sofia

Adrianopel

Tirana

Skopje

OSMANISCHES REICH

ALBANIEN

Saloniki

GRIECHENLAND

Athen

Zypern

Kreta

Mittelmeer

Alexandria

0   300 km

Jan M. Piskorski
Die Verjagten

JAN M. PISKORSKI

DIE VERJAGTEN

Flucht und Vertreibung im Europa
des 20. Jahrhunderts

Aus dem Polnischen von Peter Oliver Loew

Siedler

Die Originalausgabe erschien 2010 unter dem Titel
Wygnańcy. Przesiedlenia i uchodźcy w dwudziestowiecznej Europie
bei Państwowy Instytut Wydawniczy, Warschau.

Die deutsche Ausgabe wurde vom Autor überarbeitet und erweitert.

Das Gedicht auf Seite 7 wurde mit freundlicher Genehmigung
übernommen aus: *Offene Gedichte, 1945 – 1969*, hrsg. von Karl Dedecius,
© 1969 Carl Hanser Verlag, München.

Verlagsgruppe Random House FSC® N001967
Das für dieses Buch verwendete FSC®-zertifizierte Papier *Munken Premium Cream*
liefert Arctic Paper Munkedals AB, Schweden.

Erste Auflage

Umschlaggestaltung: Rothfos + Gabler, Hamburg
Lektorat und Satz: Ditta Ahmadi, Berlin
Karten: Peter Palm, Berlin
Reproduktionen: Bettina Aigner, Berlin
Druck und Bindung: GGP Media GmbH, Pößneck
Printed in Germany
ISBN 978-3-8275-0025-0

www.siedler-verlag.de

Inhalt

Mars

Zimmer

darin sitzt
eine familie
fünf oder sechs personen

jemand liest ein buch
jemand betrachtet fotos
jemand erinnert sich an den krieg
jemand schläft jemand geht aus
jemand stirbt in der stille
jemand trinkt wasser
jemand bricht das brot
Janek schreibt den buchstaben A
zeichnet einen ritter mit blauem sporn
jemand startet zum mond
jemand brachte eine rose einen vogel einen fisch
schnee fällt
glocken schlagen

Mars tritt ein
das schwert
erfüllt das zimmer
mit feuer

TADEUSZ RÓŻEWICZ

Die Schlüssel des Hauses in Deutsch Krone

BEI STRÖMENDEM REGEN, der mit dem ersten Herbststurm von der Nordsee heraufgezogen war, fuhr ich von Stettin nach Osnabrück und dachte dabei über das Buch nach, das ich auf Einladung von Klaus J. Bade am Institut für Migrationsforschung und Interkulturelle Studien schreiben sollte. Immer noch fehlte mir der erste Satz, über dem ich oft lange Wochen brüte, weil er einfach so wichtig ist. Nachdem ich auf die A 30 abgebogen war, die direkt nach Osnabrück und weiter nach Amsterdam führt, wurde der Regen so stark, dass ich fast nichts mehr sah. Ich hielt an. Während die Scheibenwischer im Takt hin und her schwenkten und der Wassermassen doch nicht Herr wurden, hatte ich Zeit zum Nachdenken und kam schließlich auf das Motiv des Schlüssels, das mein Buch öffnen und beschließen sollte.

Schlüssel sind ein fester Bestandteil von Flüchtlingserinnerungen. Während für mich von Anfang an klar war, welche Schlüssel das Buch beschließen würden, konnte ich mich nicht entscheiden, mit welchen ich es eröffnen wollte. Auch das sollte sich bald klären, denn Peter Fischer, der Besitzer des fibre-Verlags, empfing mich in seinem Osnabrücker Haus mit einem leckeren, selbst zubereiteten Zwiebelkuchen und – einem Schüsselbund. Auf ein daran befestigtes Kärtchen hatte sein Vater Bruno auf der einen Seite »Haustür-Schlüssel Deutsch Krone« geschrieben und auf der anderen »Walter-Kleemann-Str. 4«. Nach vielen Jahren hatte er hinzugefügt »ul. Podgórna 4«. Die Schlüssel hatte er mit wichtigen Dokumenten in einem Koffer aufbewahrt, in dem Peter Fischers Großeltern kurz nach dem Krieg selbst angebauten Tabak – was illegal war – aus dem altmärkischen Dorf Packebusch bei Salzwedel nach Berlin geschmuggelt hatten, wo Verwandte ihn auf dem Schwarzmarkt verkauften. In Packebusch lebten die Fischers, seit dort ihr Versuch, nach Pommern zurückzukehren, an den Russen gescheitert war.

Die Familie Fischer – der sechzigjährige Maurer Leo, seine einige Jahre jüngere Frau Maria und ihr kranker Sohn Georg – hatte ihr Haus in Deutsch Krone, einer zwischen den Kriegen nahe der Grenze zu Polen gelegenen Stadt, am 2. Februar 1945 verlassen müssen. Eigentlich wollten sie bleiben, da sie niemandem etwas angetan hatten und von Anfang an Gegner Hitlers gewesen waren, doch als ihre Straße in den Frontbereich geriet, hatten die deutschen Soldaten die sofortige Evakuierung angeordnet. Während der Flucht bei »fünfzehn Grad minus und einer Schneedecke von dreißig Zentimetern« erfuhren sie keine Gewalt von Fremden, nur Erniedrigungen von den eigenen Landsleuten. Maria Fischer erinnerte sich, wie sie in Verden an der Aller mit den Worten »wir haben keinen Platz« abgewiesen wurden, obwohl das ihnen zugewiesene Haus leer war. Zwar konnten sie dort auf ausdrückliche Anweisung eines städtischen Beamten schließlich doch unterkommen, aber aus dem für sie bestimmten Zimmer wurden alle Möbel entfernt, sogar die Stühle.[1]

Schon im ersten Brief an seinen Sohn Bruno in französischer Gefangenschaft kam Leo Fischer auf die geretteten Schlüssel und Dokumente zu sprechen: »Der Pole«, schrieb er im Duktus der Zeit, »hat [die Gebiete] bis zur Oder und Görlitzer Neiße besetzt.« Nach allem, was man von dort höre, sei es richtig gewesen, das Haus aufzugeben. Sie würden sicherlich etwas Neues finden, wenn Bruno erst einmal aus der Gefangenschaft zurückgekehrt sei. Und ganz am Schluss dieses Briefes vom 21. April 1946 schrieb er: »Wir hoffen auch immer noch auf eine Rückkehr zur Heimat.«[2] Ein knappes Jahr später starb Leo, und Maria zog mit ihrem Sohn Georg nach Osnabrück, wo sie flüchtige Bekannte hatten. Das Grab ihres Mannes in Salzwedel lag bald hinter dem Eisernen Vorhang, und schließlich war es verschwunden, was in dieser Generation ohne »eigene« Gräber nichts Außergewöhnliches war, weder auf der polnischen noch auf der deutschen Seite.[3]

DIE HOFFNUNG DER DEUTSCHEN FISCHERS auf Rückkehr in die Heimat teilten auch die polnischen Salesianerinnen im oberschlesischen Siemianowitz-Laurahütte, die noch 1958, nach dem Eintreffen der letz-

Leo und Maria Fischer kurz vor Ausbruch des
Zweiten Weltkrieges

Die Schlüssel aus Deutsch Krone

ten Schwestern aus Wilna, für die Rückkehr dorthin beteten. »Es herrscht Freude über die Vereinigung, doch nicht weniger harren wir des Augenblicks, in dem der Herr in seiner Barmherzigkeit unserer Gemeinschaft unser teures Kloster und die Kirche in Wilna auf dem Erlöserhügel zurückgibt [...]. Wir vertrauen darauf, dass dieser Augenblick kommen wird [und] beten um diese Gnade«, schrieb Schwester Maria Gertruda Janke, für mich ganz einfach Tante Tosia. In Siemianowitz hatten sich die Schwestern nach dem Krieg niedergelassen. Die Oberin Maria Weronika Bogdan wollte offensichtlich keinesfalls einen neuen Sitz für das Kloster in den polnischen »Wiedergewonnenen Gebieten« suchen, da sie mit deren Verlust rechnete oder befürchtete, dass die Schwestern dann ihre Eigentumsrechte in Litauen einbüßen könnten.[4]

Auch mit den Schwestern aus Wilna beziehungsweise Siemianowitz hatte das Schicksal ein Nachsehen. Alle überlebten den Krieg, doch sie mussten viele Jahre lang herumirren. Bereits im September 1939 bombardierten deutsche Flugzeuge Wilna, woraufhin die Rote Armee dort einrückte, die Stadt aber bald an die Litauer übergab. Doch schon Mitte Juni des folgenden Jahres kehrten die Sowjets zurück und besetzten ganz Litauen. Nun begannen die Massendeportationen in den Osten. Das betraf vor allem Polen, ganz besonders die polnischen Juden, immer häufiger aber auch Litauer. Der in den Amtsstuben des Volkskommissariats (NKWD) ausgearbeitete Zeitplan sah die Verbannung, in einigen Fällen auch die sofortige Erschießung jedes siebten Einwohners von Litauen vor, das Wilnaer Land eingeschlossen, das vor dem Krieg zu Polen gehört hatte. Die Wilnaer Salesianerinnen mussten nach und nach ihr Kloster aufgeben und rechneten fest mit ihrer Verbannung, da eine Ordensgemeinschaft nach der anderen dieses Schicksal ereilte.

Der Überfall Hitlers auf die Sowjetunion am 22. Juni 1941 führte dann allerdings dazu, dass der Plan der sowjetischen Deportationen »nur« zu einem Viertel umgesetzt wurde.[5] Es ist daher kaum verwunderlich, dass fast alle Einwohner der neuen Litauischen Sowjetrepublik, mit Ausnahme der Juden, für die nun alles noch viel schlimmer wurde, den Ausbruch des Deutsch-Sowjetischen Krieges begrüßten. Auch die Salesianerinnen in Rossa atmeten auf, deren Deportation – wie sie bald erfuhren – für den 27. Juni vorgesehen war.

*Maria Gertruda Janke (Tante Tosia), kurz nachdem sie
die Klosterchronik vollendet hat*

Doch die Freude währte nicht lange. Bald machten die deutschen
Einheiten Jagd auf die Wilnaer Juden, »wozu [auch] litauische Soldaten verwendet wurden. Einige derjenigen, die die Juden im nahegelegenen Ponary (das auf Deutsch auch Ponar und auf Litauisch Paneriai
heißt) erschossen, wohnten in der [Kloster-]Bibliothek. Nach diesen
Massakern kehrten sie immer betrunken heim, und die armen Schwestern hörten ihr schreckliches Geschrei«, schrieb Tante Tosia in der
Klosterchronik. Vom einstigen jüdischen Jerusalem in Europa war bald
kaum noch etwas übrig. Heute erinnert nur noch die Synagoge an der
Pylimo-Straße (früher ulica Zawalna) an das einst blühende jüdische
Leben in der Stadt.

Dann kamen die Deutschen und setzten das von den Sowjets
begonnene Werk der Auslöschung der polnischen Intelligenz fort.
Die polnischen Geistlichen wurden im Gefängnis Łukiszki (litauisch
Lukiškės) zusammengetrieben und von dort nach Deutschland oder
in besondere Internierungslager im besetzten Litauen gebracht; viele
wurden erschossen.

Es herrschte noch tiefer Winter mit »Frost und Schnee«, als am
frühen Morgen des 26. März 1942, eine Woche vor dem Osterfest, rund
zwanzig deutsche und litauische Soldaten vor dem Tor der Salesiane-

rinnen auftauchten und den Schlüssel zur Klausur verlangten. Die Oberin lehnte zunächst ab, doch als sie erkannte, dass es ihr diesmal nicht gelingen würde, die Gemeinschaft zu retten, »gab sie ihnen die Schlüssel [durch eine Öffnung in der Tür], damit sie selbst öffnen mussten«. Die Schwestern wurden auf einen Lastwagen geladen und nach Łukiszki gebracht. »Damit begann unser Herumirren«, erzählt Tante Tosia und hebt ausdrücklich hervor, dass die Schwestern bei den Litauern nicht selten auf Wohlwollen trafen – und manchmal auch bei den Deutschen. Ein junger deutscher Soldat, den es beschämte, dass er die Schwestern aus dem Kloster vertreiben musste, half ihnen auf den Lastwagen und wagte sogar eine gefährliche Äußerung: »Oh, wenn ich tun könnte, was ich nicht tun kann!« Tante Tosia war überzeugt, dass er ein guter Katholik war und sich nur unter Zwang den strengen Anweisungen der Machthaber gefügt hatte.[6] Sie gehörte noch einer Welt an, die nicht nur nach Nationalitäten, sondern mindestens ebenso stark nach Konfessionen aufgeteilt war, und selbst wenn sie den Katholizismus wohl nicht mehr als unumgängliche Voraussetzung für die Erlösung ansah, so erleichterte er für sie doch vieles. In der Tradition des Widerstands gegen Bismarcks Kulturkampf, die ihr das Posener Elternhaus mitgegeben hatte und in der sich eine Zeitlang polnische und deutsche Katholiken im Reich vereint hatten, war ein katholischer Priester für sie vor allem ein Geistlicher, selbst wenn er die Uniform eines deutschen Offiziers trug.[7] Ein Protestant oder ein Orthodoxer und erst recht ein Jude bedurfte – ihrer Meinung nach – unabhängig von seiner Nationalität vor allem des Gebets, um seine Bekehrung zu ermöglichen. Von Ungläubigen hatte Tante Tosia noch nie gehört, allenfalls von Bolschewisten. Immerhin, sagte sie verständnisvoll, aber auch mit nachsichtigem Lächeln angesichts meiner zahlreichen Zweifel, besucht sogar die Mutter Edward Giereks – damals Erster Sekretär der Polnischen Vereinigten Arbeiterpartei – regelmäßig unser oberschlesisches Haus und hilft dabei, Probleme in Zusammenhang mit der Renovierung zu lösen.

Hätte also der junge, gerade dreiundzwanzig Jahre alte Bruno Fischer, der sich in französischer Gefangenschaft bittere Bemerkungen über die deutsche Barbarei anhören musste, den Salesianerinnen vom Unrecht erzählt, das seiner »gut katholischen Familie« widerfahren war, und hätte er Bilder des Hauses in Deutsch Krone gezeigt, wo an der

Wand ein Kreuz und Heiligenbilder hingen und auf dem Bücherbord religiöse Schriften überwogen, so wäre Tante Tosia sicherlich einer Meinung mit ihm gewesen, dass von kollektiver Verantwortung keine Rede sein könne, auch nicht im Hinblick auf die in ganz Europa verhassten Deutschen.[8]

NICHT ALLE FLÜCHTLINGE hatten Glück im Unglück. Bei vielen legte sich das Drama von Flucht oder Vertreibung wie ein Schatten über ihr weiteres Leben. Im Fall der Deutschen aus dem Reich und aus Ostmitteleuropa war der Aufbruch in den Westen grundsätzlich eine schlimme Erfahrung, bisweilen war ihre Lage dramatisch, doch das alles währte nur relativ kurze Zeit und begann frühestens im Herbst 1944. Lediglich bei den »Volksdeutschen« aus Ost-, Nordost- und Südosteuropa setzten die mehr oder weniger erzwungenen Migrationen bereits Ende 1939, Anfang 1940 ein und endeten erst nach dem Krieg. Zumindest die ersten »Heim ins Reich«-Umsiedlungen vollzogen sich zwar auch unter großem Druck, waren aber logistisch relativ gut vorbereitet.[9] Die Umsiedler bezogen an ihrem Bestimmungsort Häuser, aus denen die Besitzer nur einen Augenblick zuvor hinausgeworfen worden waren. Oft brannte das Ofenfeuer noch, das Vieh war gefüttert und die Schränke waren voll. Andrea Boockmann, geb. Johansen, deren Familie im Winter 1939/40 aus Riga nach Posen kam, erinnert sich, dass sie in einer Suppenterrine auf dem Tisch noch warme Suppe vorfanden. Dagegen brauchten die Deutschen in Litauen, Lettland und Estland, die die Übersiedlung ablehnten, Mut, denn sie riskierten ihr Leben, zumindest aber drohte ihnen eine langjährige Wanderschaft durch die Lager des Archipel Gulag, da sich der NKWD nach der Eroberung des Baltikums ihrer zuerst annahm.[10]

Im Fall der Polen, erst recht der wenigen polnischen Juden, die dem Tod entrinnen konnten, dauerte das Herumirren meist viele Jahre, egal ob sie in den 1939 von Deutschland oder in den von der Sowjetunion besetzten Gebiet lebten. In Pommerellen und Großpolen, die direkt ans Reich angegliedert worden waren, mussten die polnischen Bewohner ihre Wohnungen vielfach schon in den ersten Kriegstagen verlassen. So auch die Familie von Helena Szwichtenberg. Der Vater hatte den Hafen Gdingen mit aufgebaut, der, wie der Krakauer Historiker Wacław

Sobieski damals schrieb, »unser modernes Tannenberg« war, ein »Sieg so groß wie im Mittelalter, als das polnisch-litauische Heer den Deutschen Orden geschlagen hatte, nur dass diesmal kein Blut floss«. Der neue polnische Hafen war »mit wahrhaft amerikanischem Schwung« unweit der von Arbeitslosigkeit geplagten und von einem nationalen Gefühl der Bedrohung erfassten Freien Stadt Danzig entstanden.[11] Innerhalb von fünfzehn Jahren war aus einem Fischerdorf eine hunderttausend Einwohner zählende Stadt geworden, »eine der Hoffnungen Polens«, was selbst auf den weltläufigen amerikanischen Korrespondenten William R. Shirer Eindruck machte.[12] In Gdingen, das die Fantasie der Polen zwischen den Kriegen so sehr beflügelte, dass sie in der Literatur sogar den Gestank verschwitzter Arbeiterkleidung besangen,[13] bewohnten die Szwichtenbergs bis zum 25. Oktober 1939 eine Wohnung in ihrem stattlichen Haus an der ulica Drzymały 12, während die übrigen vermietet waren. Am frühen Morgen dieses Oktobertages, als alle noch schliefen, verschaffte sich eine ihrer Mieterinnen in Begleitung einiger Polizisten Zugang zur Wohnung der polnischen Eigentümer. Es handelte sich um eine Deutsche Namens Emma, die bereits beim Einmarsch der Deutschen in Gdingen Anfang September die bereitliegende Hakenkreuzfahne aus dem Fenster gehängt hatte. Die Polizisten brüllten mehrmals: »Raus!«, und nach wenigen Augenblicken fand sich die hastig angekleidete Familie Szwichtenberg in einer zum Bahnhof getriebenen Kolonne wieder. Gepäck hatten sie nicht mitnehmen dürfen, alles sollte für die neuen Besitzer – meist Baltendeutsche – bereit sein, selbst »der Schlüssel sollte in den Türen stecken bleiben«.[14]

Dann folgte das, was Flüchtlinge in ihren Erinnerungen beschreiben, vor allem Flüchtlinge in Kriegszeiten und besonders die des europäischen totalen Krieges im 20. Jahrhundert: Angst, seelenlose Gewalt, das Gefühl von Verlorensein und Vereinsamung, Revisionen und Razzien, Durst und Hunger, Kälte oder Hitze je nach Jahreszeit und Klimazone, Viehwaggons und Frachtschiffe, schließlich der Tod, der immer größere Ernte hält, zunächst unter den Schwächsten – Kindern und Greisen. All diesen Erinnerungen ist eines gemeinsam: das Gefühl, so viel Leid ertragen zu müssen wie der biblische Hiob.[15] Ein Soldat fällt unter Waffengeklirr, auf dem »Feld der Ehre«, und in

Polen werden im Herbst 1939 aus ihren Häusern geworfen.

der Regel wird zumindest ein Kreuz oder ein anderes Symbol an ihn erinnern. Vertriebene dagegen sterben still in Straßengräben, überfüllten Waggons, Eisenbahnunterführungen, Übergangs- und Internierungslagern – sie sterben unterwegs. Außer den engsten Verwandten erinnert sich später niemand mehr an sie. Sie sind es nicht, die Geschichte machten, sie werden vielmehr von ihr überrollt. Das sagt – Kinder einmal ausgenommen – nichts darüber, ob sie unschuldig oder schuldig waren, vor allem wenn man Schuld so versteht, dass sie nicht alleine durch die Paragrafen des Strafgesetzbuches beschrieben wird.

WILLKOMMEN IM EUROPA des 20. Jahrhunderts, könnte man kurz und knapp sagen. Unser Kontinent ist also mitnichten ein weißer Fleck auf der Flüchtlingskarte jener Zeit, und er ging ganz gewiss voran auf dem Weg in die Moderne, was in der ersten Jahrhunderthälfte vor allem Homogenisierung der Gesellschaft bedeutete. Dem zunehmend allmächtigen und allwissenden Staat gelang es immer besser, Ziele vorzugeben und soziale Verhaltensweisen zu kontrollieren, was zugleich Vorschritt und Bedrohung bedeutete. Die Homogenisierung, die man beinahe als notwendige Voraussetzung zur Entwicklung des modernen Staates ansah, traf nämlich vor allem Minderheiten, insbesondere nationale und religiöse, doch nicht nur diese – es genügt, an das Schicksal von Adel, Intelligenz und Bauern in der Sowjetunion der 1930er Jahre oder der Homosexuellen in Nazi-Deutschland zu erinnern. Besonders aufschlussreich scheint die Beobachtung der Veränderungen zu sein, die mit dem Modernisierungsdruck in den europäischen Peripherien einhergingen, die – wie schon im Mittelalter – einen Rückstand aufholen mussten, diesmal bei der Entwicklung nationaler und staatlicher Strukturen. So wie beim Landesausbau vom 12. bis 14. Jahrhundert die Britischen Inseln, Spanien sowie die Länder Ostmitteleuropas – Polen, Tschechien und Ungarn – das Laboratorium des Forschers sind, so ist es zu Beginn 20. Jahrhunderts vor allem die Türkei, die damals beschloss, den europäischen Weg zu beschreiten. Die ganze Energie der Jungtürken, die von der Modernität der europäischen Avantgardisten (denen die polnischen Nationaldemokraten ähnelten) fasziniert waren, konzentrierte sich daher bald auf die Idee, einen national und religiös einheitlichen Staat zu schaffen. Aufgrund der politischen Lage auf dem Balkan und in Anatolien führte das schließlich zu zahlreichen Deportationen, Umsiedlungen, ja sogar zu ethnischen Säuberungen bis hin zum Völkermord.

Die lange europäische Kolonialpraxis, bei der an der Wende zum 20. Jahrhundert Aussiedlungen, Konzentrationslager und – nicht immer beabsichtigte – Massenmorde an Einheimischen alltäglich waren, die blutigen Erfahrungen des Ersten Weltkriegs sowie der Revolution in Russland stumpften die Moral der Europäer allmählich ab. Der Gedanke, dass man die Menschen und Gesellschaften Europas wie Plastilin kneten müsse, bis das gewünschte Ergebnis erreicht ist, hielt Einzug in die Köpfe europäischer Politiker und Gesellschaftsexperten. Spätestens seit den 1920er Jahren betrachtete die internationale Gemeinschaft Zwangsumsiedlungen als eine Art »Kaiserschnitt« – als schmerzhafte, aber erfolgreiche Problemlösung.[16] So gestand beispielsweise der bekannte polnische konservative Publizist Stanisław Cat-Mackiewicz 1937 zu, dass der Aufruf, die Juden aus Polen abzuschieben, grausam sei, doch diese Grausamkeit sei notwendig. Und Hermann Aubin, einer der führenden deutschen Historiker und im Grunde ein Gegner von Zwangsumsiedlungen, befürwortete damals die Entmischung des deutsch-polnischen Grenzlandes, weil dies eine historische Notwendigkeit und ein Schritt auf dem Wege zur Entlastung dieses Nachbarschaftsverhältnisses sei.[17] In der extremsten Form erfolgte die Homogenisierung durch industrielle Ausrottung derjenigen, die man für »unnütz« hielt – vor allem Juden und Zigeuner.

Die Europäer von heute können die erschütternden Szenen in den fernen Flüchtlingsströmen, die einen festen Bestandteil der täglichen Nachrichtensendungen bilden, oft nicht fassen. Die Flüchtlinge werden aus der Luft bombardiert und auf dem Boden von Armeen und Banden überfallen, die sich meist nur durch ihre Größe unterscheiden. Schon ein englischer Herrscher des Frühmittelalters hat dazu festgestellt, dass es sich bei Gruppen bis zu sieben Mitgliedern um Räuber, bis zu fünfunddreißig um Banden handle, alles darüber seien Armeen.[18] Eine Armee von einer »legalen bewaffneten Bande« zu unterscheiden, kann auch heute noch ziemlich schwierig sein, man denke nur an den Einsatz der russischen Armee in Tschetschenien.[19] Die sich für so zivilisiert haltenden Europäer, die mehr oder weniger fassunglos auf diese Grausamkeiten schauen, übersehen allzu gern die Tatsache – das gilt vor allem für die eurozentrischen Historiker –, dass das von Modernisierung und Homogenisierung erschütterte Europa, wie die Ereignisse im Umfeld des Ersten und noch viel mehr des Zweiten Weltkriegs gezeigt haben, sich selbst der größte Feind war.[20] Europa hätte damals für lange Zeit in Barbarei versinken können, wenn man ihm nicht von außen zu Hilfe gekommen wäre.

Die Europäer vergessen allzu leicht, dass die Erfahrung erzwungener Flucht in großem Umfang etwas ursprünglich Europäisches ist – und ebenso sind es die Kamine von Auschwitz und die Gulags im sibirischen Schnee. Allzu leicht vergessen sie, dass erst vor wenigen Jahrzehnten Armeen und Banden durch Europa zogen und nichts als Ruinen, rauchende Trümmer und ein Heer vergewaltigter und gequälter Frauen zurückließen. Sie vergessen auch, dass »noch 1959 Tausende Menschen in Europa in Lagern vor sich hin vegetierten«.[21] Sie vergessen, dass alleine zwischen dem Ausbruch des Ersten und dem Ende des

Zweiten Weltkriegs und der Lösung der mit diesen Kriegen verbundenen Flüchtlingsprobleme, also im Zeitraum zwischen 1914 und ungefähr 1960, rund fünfundsiebzig Millionen Europäer Opfer von Deportationen, Evakuierungen, Flucht oder Vertreibung waren. Diese Opfer waren unsere Eltern, unsere Großeltern und unsere Urgroßeltern. Dieses Schicksal erlitten weit mehr als zehn Prozent der damaligen Bevölkerung unseres Kontinents, in dessen mittlerem und östlichem Teil es kaum eine Familie gibt, die nicht von Zwangsumsiedlungen betroffen war. In diesen Schätzungen noch nicht enthalten sind die vielen Millionen junger Männer, die sich jahrelang und selten freiwillig fern ihrer Familien an den Fronten aufhielten und später oft nicht wussten, wie sie ihrer furchtbaren Erinnerungen Herr werden sollten. Oft wurden sie – etwa die Elsässer und Lothringer, Kaschuben, Oberschlesier oder Ermländer – von einer Armee in die andere gesteckt, sodass man schwerlich von einer Wahl der Uniform sprechen kann. Noch im Zweiten Weltkrieg dienten in der polnischen Armee viele Deutsche, die polnische Staatsbürger waren, während auf der anderen Seite viele Polen, bisweilen sogar »fanatische Polen«, in die Wehrmacht gezwungen wurden.[22]

ES GIBT VIELE VERSCHIEDENE FORMEN der Migration, die – unabhängig davon, ob man es mit Binnenwanderungen oder mit solchen in andere Länder zu tun hat – vor allem danach unterschieden werden, ob sie freiwillig oder erzwungenermaßen erfolgen. Die freiwillige Migration ist das Ergebnis einer bewussten individuellen Entscheidung, die prinzipiell ohne Druck von außen und mit dem Ziel, die eigene Lebenssituation zu verbessern, erfolgt. Zwangsmigrationen werden grundsätzlich unterschieden in solche, die durch direkten Druck hervorgerufen werden (engl. *forced migrations*), und solche, die erzwungen (engl. *impelled migrations*) werden, also aus einem situativen Zwang hervorgehen. Das kann eine anhaltende Dürre sein, die Zunahme religiöser beziehungsweise politischer Intoleranz oder der Mangel an Erwerbsaussichten – also wirtschaftliche, weltanschauliche oder sogar rassische Gründe. Zwangsmigrationen können vom Menschen herbeigeführt oder durch Naturkatastrophen wie Erdbeben oder Missernten ausgelöst werden. Während wirtschaftliche und politische Ursachen eher dauerhafte Migrationen zur Folge haben, lösen Naturkatastrophen, vor allem wenn sie plötzlich hereinbrechen, in der Regel vorübergehende Migrationen aus. Nach einer Überschwemmung etwa kehren die Menschen, sobald das Wasser abgelaufen ist, in ihre Häuser zurück und setzen sie wieder instand. Auch die durch Kriege, insbesondere seit dem Ersten Weltkrieg verursachten gewaltigen Flüchtlingsströme sind meistens nur eine vorübergehende Erscheinung, selbst wenn sich dieser Zeitraum auf mehrere Jahre erstreckt, im Fall von Bürgerkriegen auch länger. Dabei fliehen die einen vor der Front, andere müssen sich den von den kriegführenden Parteien angeordneten Evakuationen beugen, wieder andere werden interniert, ausgesiedelt, deportiert.

Ich habe in diesem Buch den Begriff »Verjagte« im weitesten Sinne zugrunde gelegt, allerdings beschränkt auf von Menschen verursachte Zwangsmigrationen. Er umfasst also alle Entwurzelten, egal ob sie im eigenen Land auf der Flucht waren oder in die Fremde flohen, ob sie aus wirtschaftlichen, religiösen oder politischen Gründen vor der näher rückenden Front flüchteten oder evakuiert beziehungsweise vertrieben wurden. Es spielt auch keine Rolle, ob Kriegshandlungen oder Umsiedlungsaktionen der Grund für die Flucht waren, und es spielt ebenfalls keine Rolle, ob diese Aktionen unorganisiert (»wild«) oder organisiert vonstattengingen, ob aufgrund einer unilateralen Entscheidung oder international sanktioniert, und es ist auch nicht von Bedeutung, ob der Verjagte »selbst« entschieden hat, seine Heimat zu verlassen. Wirtschaftsflüchtlinge, die sich aus eigener Initiative auf den Weg machen, finden hier deshalb kaum Beachtung, was aber nicht bedeutet, dass ihr Schicksal leichter ist oder sie die Entscheidung zum Verlassen ihrer Heimat wirklich freiwillig getroffen haben.

Flüchtlingsströme gehören seit Anbeginn der Geschichte zur Menschheit, doch sie verändern sich ständig. Deshalb muss der Historiker eine möglichst umfassende Definition wählen. In der neueren Fachliteratur wird allerdings davor gewarnt, dass die definitorische Genauigkeit darunter leiden könnte, was insbesondere in stärker anwendungsbezogenen Wissenschaften wie Jura, aber auch Politikwissenschaft und Soziologie ein Problem darstellen könnte. Es ist schließlich nicht von der Hand zu weisen, dass Definitionen bisweilen konkrete rechtliche und politische Fragen von manchmal geradezu fundamentaler Bedeutung entscheiden.[23] So intervenierte die internationale Gemeinschaft in Ruanda nicht, da die dortigen Massaker nicht als Völkermord eingestuft wurden. Die vietnamesischen *boat people* wurden wie Wirtschaftsflüchtlinge behandelt und zwangsweise repatriiert. Man könnte viele weitere Beispiele nennen. Wer terminologisch-typologische Genauigkeit verlangt, muss sich jedoch bewusst sein, dass man vor dem Hintergrund der Geschichte keine klare Definition von Flüchtlingsbewegungen ausarbeiten kann und ebenso wenig eine damit verbundene eindeutige Begrifflichkeit. Nach einer schönen Formulierung des polnischen Literaturwissenschaftlers Tadeusz Ulewicz, die sich aus der Tradition von Nietzsches Ausführungen über die Schwierigkeit, langfristige Phänomene zu definieren, herleitet, handelt es sich hier nämlich um einen höchst chimärischen Begriff.[24] Außerdem muss berücksichtigt werden, dass die Geschichte eben keine angewandte Wissenschaft ist und der Historiker gewiss nicht die Probleme der Gegenwart löst, auch wenn er dabei helfen kann, sie zu verstehen, indem er historische Wurzeln aufzeigt oder auch darstellt, wie unsere Vorfahren gedacht haben. Die Ergebnisse seiner Forschungen können für uns wie auch für künftige Generationen Warnungen oder auch Hinweise enthalten, jedoch keine Lösungen, da es in der historischen Entwicklung keine ein für alle Mal gültigen Lösungen gibt. Als Bürger kann und sollte sich der Historiker für Toleranz einsetzen, da er die schrecklichen Ergebnisse bestens kennt, die entstehen, wenn es an Toleranz fehlt. Als Gelehrter sollte er jedoch vor allem beobachten und erklären, es vorziehen, die Verwicklungen der menschlichen Schicksale und die oft schwierigen Entscheidungen darzustellen, und nicht leichte Antworten liefern, die eher einem Katalog frommer Wünsche gleichen. Der Historiker muss seine Sympathien und Antipathien nicht verbergen, doch es ist wichtig, dass er am Rand steht, da man – wie eine afrikanische Weisheit sagt – vom Rand aus mehr sieht, auch wenn man selbst dann schlechter zu sehen ist.[25]

Alle, die dank des historischen Zufalls sicher in warmen Häusern wohnen, die Hunger, Angst um die Nächsten und ständige Flucht nicht kennen, sollten sich vergegenwärtigen, dass wir alle potentielle Flüchtlinge sind.[26] Flüchtlinge darf man niemals an den Ort zurückschicken, den sie verlassen haben. Dieser fundamentale Grundsatz der Menschlichkeit wird in Europa immer noch nicht genügend berücksichtigt.[27]

Anders als erhofft ist die Welt nach 1989, nach dem Ende des Kalten Krieges, keineswegs sicherer geworden. Immer wieder brechen Konflikte aus. »Solange auf dein Haus keine Bombe fällt, so lange denkst du, dass es nie dazu kommen wird.« Diese Auffassung teilten die Flüchtlinge aus Tschetschenien und dem ehemaligen Jugoslawien wie auch alle ihre Vorgänger in Europa und auf der ganzen Welt.[28]

Die internationale Gemeinschaft hat bis heute keine Mittel zur Beseitigung der – zweifellos komplizierten – Flüchtlingsprobleme gefunden. Das betrifft nicht nur Afrika, in dem die mehr oder weniger erzwungenen Migrationen eine wahre Plage darstellen, sondern auch Europa, wo das 20. Jahrhundert mit einem Jahrzehnt der Umsiedlungen und ethnischen Säuberungen zu Ende ging und wo 1995 in Srebrenica, in einer angeblich von den europäischen Streitkräften geschützten Zone, wo geradezu vor den Augen der Welt ein Massaker begangen wurde, dem rund fünftausend bosnische Jungen und Männer zum Opfer fielen. Auch das Drama der Tschetschenen, die – im Licht des internationalen Rechts betrachtet – von ihrer eigenen Armee überfallen wurden, darf in diesem Zusammenhang nicht vergessen werden. Etwa hunderttausend Tschetschenen wurden in den Kriegen getötet, und noch viel mehr Tschetschenen leben als Flüchtlinge in den Nachbarregionen. Deren Lage wird sich auf absehbare Zeit kaum verbessern, weil es hier um die alte und raffiniert gewobene Souveränität eines der größten Staaten der Welt geht. Menschenrechte spielen da eine untergeordnete Rolle, selbst wenn der Staat bewusst Gewalt gegen die eigenen Bürger einsetzt. Das gilt besonders dann, wenn es auf der Welt viele andere Probleme gibt.[29]

DEM DEUTSCHEN EXPRESSIONISTEN Arthur Degner ist es gelungen, auf einem Bild, das auf Rettung wartende Flüchtlinge am Meer darstellt, etwas festzuhalten, was das Flüchtlingsleben nicht weniger prägt als die ständige Angst – nämlich das Warten. Auch der in Osnabrück geborene Erich Maria Remarque, der aus Deutschland floh, ehe der Osnabrücker Neumarkt – ich überquerte ihn täglich auf dem Weg zum Institut – in Adolf-Hitler-Platz umbenannt wurde, hat beschrieben, wie mit der Zeit die Angst schwindet und durch das Warten ersetzt wird, die »letzte Barriere vor der Verzweiflung«.[30] Angst und

Warten und am Ende das verzweifelte Warten auf ein Eingreifen der Vorsehung sind die Begleiter von Flüchtlingen überall auf der Welt und zu jeder Zeit. Die Entwurzelten gelangen am Ende immer ans Meer, symbolisch oder real, wo alle Wege enden. Und dann kommt ein Schiff, das viel zu klein ist für alle – Symbol der Verzweiflung, aber auch der Hoffnung.

KAPITEL I

Das Jahrhundert der Entwurzelten und Heimatlosen

Das 20. Jahrhundert im Vergleich

DIE STÖRCHE SIND nach Überzeugung der auf den drei »alten« Kontinenten lebenden Völker ein Symbol für Wanderung. Nach einer Legende, die schon die alten Griechen kannten, sollen sie von den Krähen dazu überredet worden sein. Diese Legende erklärt allerdings weder, wie die Krähen die Störche zur Wanderung bewegten, noch, warum diese sich darauf einließen und sich den Zugvögeln anschlossen. Zugvögel wechseln Jahr für Jahr zwischen Winter- und Sommerquartier, und dennoch sind es nur wenige Vogelarten, die öfter umziehen als die Menschen. Diese wurden auch niemals zur Wanderung überredet. Seit der *homo sapiens* existiert, schreibt Klaus J. Bade, existiert auch der *homo migrans*. Als es noch genug Land gab und zum Überschreiten einer Grenze noch kein Pass notwendig war, unterschied sich der »wandernde Mensch« nicht sehr von den Zugvögeln. Auch deren Zyklus ist dem Menschen nicht fremd. Die Normannen in der alten Rus oder die Indianerstämme Nordamerikas wechselten zwischen Sommer- und Winterlager, die Saisonarbeiter, die seit dem 19. Jahrhundert in der europäischen Landwirtschaft eingesetzt werden, taten es und auch – obwohl das nicht ganz dasselbe ist – die Arbeiter, die am Sonntag zu ihren Familien aufs Land fuhren und die in Polen samt den Zügen, die sie vor dem Krieg dorthin brachten, »Kaminfeger« genannt wurden. Auch das hat etwas mit den Störchen zu tun, die angeblich die Babys durch den Kamin werfen: Die Züge verhießen die ersehnten Kinder.

Was den Menschen vom Zugvogel unterscheidet, ist das Gefühl der Entwurzelung. Während die Vögel im Frühjahr freudig begrüßt werden – von den Kormoranen einmal abgesehen, die in den Fischteichen »zu viele« Fische fangen –, sind Migranten und Flüchtlinge in der Regel nicht willkommen. Die früheren Gesellschaften verhielten sich ihnen gegenüber aber, so der anerkannte Migrationsforscher Michael R. Marrus, viel sozialer als wir, und zwar nach unseren heutigen Standards. Das ist auch in den armen Ländern Afrikas zu beobachten, wo die meisten Flüchtlinge der Welt stranden. Dort haben sie es leichter als in den reichen Staaten Europas, wohin ohnehin nur ein kleiner Bruchteil gelangt. Und von diesen dürfen nur einige wenige, die eine gute Ausbildung vorweisen können, bleiben, wodurch den ärmeren Weltteilen auch noch ihre qualifizierten Arbeitskräfte abhandenkommen. Von den Migranten wird erwartet, dass sie sich möglichst schnell assimilieren oder jedenfalls weitgehend anpassen. Wenn zu den ethnischen Unterschieden aber noch religiöse oder andere Differenzen hinzukommen, dauern Angleichungsprozesse nicht ein paar Jahre, sondern Jahrzehnte und länger, wie das Beispiel der polnischen Tataren zeigt. Obwohl es paradox klingt, gilt im Großen und Ganzen: Je moderner, wohlhabender und besser organisiert eine Gesellschaft ist, desto mehr verlangt sie von Migranten, und umso eher gelten diese als potentielle Bedrohung des Wohlstands und des sozialen Friedens. Daran ändern alle Flüchtlingskonventionen nichts, die immer nur eine Reaktion auf die wachsenden Bedrohungen sind. Es ist daher kein Paradox, dass das 20. Jahrhundert, in dem die Flüchtlingsströme besonders stark anschwollen und die Menschenrechte besonders oft verletzt wurden, zugleich als das Jahrhundert des Minderheitenschutzes und der Menschenrechte gilt.[1]

Schon immer mussten Menschen fliehen, und schon immer wurden sie vertrieben. Es fehlte jedoch nicht an Aufnahmewilligen, solange es genügend Land und Arbeit gab. Noch im 17. und 18. Jahrhundert suchten die absolutistischen Staaten im Rahmen ihrer merkantilistischen Politik so viele Siedler wie möglich anzulocken. Gleichzeitig schränkten sie die Auswanderung erheblich ein. Der preußische König Friedrich II. siedelte Kolonisten aus dem Ausland an, ebenso die in Stettin geborene russische Zarin Katharina II. Und die Reformer des zwischen 1788 und 1792 in Polen tagenden Großen Reichstags, die über die Rettung der dem Untergang entgegensehenden Polnisch-Litauischen Republik berieten, erwogen, Juden aus der ganzen Welt anzusiedeln.[2] Die Länder Europas konkurrierten damals förmlich um Migranten. Von einem Flüchtlingsproblem wusste man noch nichts, da die umgesiedelten Menschen gar nicht als Flüchtlinge wahrgenommen wurden. Auf längere Sicht kümmerte sich niemand um die Zugezogenen, sodass diese schließlich in die Masse der am Rand der Gesellschaft Lebenden gerieten oder sich in der neuen Situation behaupteten. Das gelang am ehesten, wenn sie etwas anzubieten hatten, was neu und gefragt war. Die Hugenotten etwa, die ins deutsche Reich flohen, stellten begehrte Luxuswaren her, und die Zigeuner, die nach Polen kamen, waren geschickte Kesselflicker, aber auch feurige Musikanten, oder sie schlugen sich mit Wahrsagerei und Bärendressur durch. Das Wort »Flüchtling« in seiner heutigen Bedeutung kannten die europäischen Sprachen noch nicht. Erst gegen Ende des 19. Jahrhunderts, spätestens seit dem Ersten Weltkrieg, als sich in Europa moderne Nationalstaaten herausbildeten, die eine immer strengere Kontrolle über die Wanderungsbewegungen ausübten, wurden die Migranten allmählich zu Flüchtlingen, zu unwillkommenen Gästen, die eine wirtschaftliche und vor allem nationale Bedrohung darstellen.

ES SIND KEINESWEGS DIE FLÜCHTLINGSZAHLEN, die das 20. Jahrhundert in der Geschichte der Flüchtlingsbewegungen zu einem besonderen machen. Ohnehin handelt es sich nur um ungenaue Schätzwerte, die tatsächlichen Zahlen sind meist unbekannt. Doch diese ungenauen Angaben sind entsetzlich genug und liegen jenseits jeder Vorstellungskraft.

Bis zum Ende des 19. Jahrhunderts hat niemand die Flüchtlinge gezählt. Man hätte das auch gar nicht gekonnt, selbst wenn man gewollt hätte, denn zunächst muss ja definiert sein, wer überhaupt als Flüchtling gelten soll. Ist es ein Mensch, der aus seinem Heimatland flieht, dann fallen etwa Binnenflüchtlinge aus allen Statistiken heraus. Ein historisches Beispiel sind hier die Millionen von Verbannten in Russland, ein aktuelles die zwei Millionen kurdischen Flüchtlinge in der Türkei, die meist in städtischen Elendsvierteln leben, wohin sie nach der Zerstörung ihrer Dörfer durch die türkische Armee aus dem östlichen Anatolien geflohen sind.[3]

Grundsätzlich kann man davon ausgehen, dass alleine das Europa des 20. Jahrhunderts nicht weniger als achtzig Millionen Flüchtlinge produziert hat, eine Summe, in der die Millionen, die als Wirtschaftsmigranten in die Länder der Neuen Welt zogen, noch gar nicht erfasst sind. Ein beträchtlicher Teil dieser Auswanderer konnte sich in Amerika nicht behaupten. Es kehrte nicht nur »Herr Balcer aus Brasilien« zurück, der Protagonist eines ergreifenden Gedichts von Maria Konopnicka, das nicht zufällig 1910 entstand, als jährlich eine Million Europäer in die USA emigrierten. Wie Herr Balcer kehrten Millionen zurück, im Durchschnitt ein Viertel aller Auswanderer.[4] Man geht davon aus, dass heute hundertachtzig Millionen Menschen, das sind drei Prozent der Weltbevölkerung, Einwanderer sind, also Menschen, die nicht in den Ländern ihrer Geburt leben. Die Zahl der Zwangsmigranten wird auf fünfzig Millionen geschätzt, von denen mehr als die Hälfte Binnenflüchtlinge sind – insgesamt rund ein Prozent der Weltbevölkerung, wobei die Verteilung aber ungleichmäßig ist. In Europa hat der Zerfall Jugoslawiens über vier Millionen Flüchtlinge verursacht, von denen wahrscheinlich nur die Hälfte in die Gebiete zurückkehren konnte, aus denen sie geflohen oder vertrieben worden war. In Tschetschenien verloren durch die vielen Angriffe der russischen Armee mindestens achthunderttausend Menschen ihre Heimat. Da die tschetschenischen Männer im Grunde keinen Ausweg hatten, als zur Waffe zu greifen, weil sie ansonsten verschleppt worden wären, sind fünfundneunzig Prozent der tschetschenischen Flüchtlinge Frauen und Kinder.[5]

Mit Zahlen alleine wird man die Wahrheit allerdings nicht finden. Die gegenwärtigen Flüchtlingsscharen sind zwar riesig, vergleicht man die demographischen Verhältnisse jedoch mit denen früherer Jahrhunderte, so ist das nicht ungewöhnlich. Im hoch- und spätmittelalterlichen Europa, vor allem in Ostmitteleuropa, gab es kaum weniger Immigranten, nur wurden sie eben nicht als solche bezeichnet. Meist sah man in ihnen *hospites*, Gäste. Zwischen dem 15. und 18. Jahrhundert glichen einige polnische Städte viel stärker dem London, New York oder Toronto von heute als dem gegenwärtigen Warschau. In Lemberg hatten neben Polen und Ruthenen, den späteren Ukrainern, Deutsche, Juden, Armenier und Tataren ihre eigenen Stadtteile oder Straßen, und darüber hinaus traf man dort auf viele Italiener, insbesondere Genuesen.[6] Auf der Iberischen Halbinsel stellten die Juden, bis man sie 1492 aus Spanien vertrieb, rund zwanzig Prozent der Stadtbevölkerung. Und die zwischen 1609 und 1614 aus Kastilien und

Aragon vertriebenen Morisken, wie die zum Christentum konvertierten islamischen Mauren bezeichnet werden, brachten es mit geschätzten dreihunderttausend Einwohnern immerhin auf vier Prozent der Gesamtbevölkerung. Für das Europa des 16. und 17. Jahrhunderts wird die Zahl der Flüchtlinge auf mehr als eine Million geschätzt, was bei einer damaligen Bevölkerung von etwa 95 Millionen ein deutlich geringerer Anteil als im Europa des 20. Jahrhunderts ist, obschon auch das mehr als ein Prozent der Gesamtbevölkerung war[7] – und zwar nur auf Dauer Vertriebene.

Schon die Ausweisung der Slawen aus Ostholstein (Wagrien) in der Mitte des 12. Jahrhunderts dürfte, selbst wenn nur ein Teil betroffen war, kein geringeres Drama gewesen sein als die Vertreibungen des 20. Jahrhunderts.[8] Helmold von Bossau (1120 – 1177) besang damals die Verjagung und Verdrängung dieser »unkultivierten« Slawen und gab damit die Stimmung in der Zeit der Kreuzzüge wieder. Nichts anderes tat der Krakauer Bischof und Chronist Wincenty Kadłubek (etwa 1150 bis 1223), der in seinen Schriften die Enthauptung von Prußen guthieß, die solcherart für die Rückkehr zu »heidnischen« Praktiken bestraft wurden. Schon damals fehlte es aber nicht an Mahnern wie Peter dem Ehrwürdigen, Abt von Cluny (etwa 1092 – 1156), die sich gegen diese drastischen Strafmaßnahmen wandten.

Zwangsumsiedlung bleibt Zwangsumsiedlung und Gemetzel bleibt Gemetzel, egal ob Karl der Große, der nicht unumstrittene »Vater von Europa«, es anrichtete, indem er einige Tausend Sachsen im Zuge der Christianisierung – der damaligen Version von »Modernisierung« – erschlagen ließ, oder ob es heutzutage in einem Krieg dazu kommt. Abgesehen von der Magie der großen Zahlen unterscheiden sich diese weit zurückliegenden Ereignisse durch nichts von den aktuellen, sie fanden lediglich zu verschiedenen Zeiten statt. Aber nach ein paar Jahrhunderten können sich die Einschätzungen ändern und selbst die »Guillotine« erstrahlen lassen, vor allem wenn sie angeblich aus »historischer Notwendigkeit« eingesetzt wurde. Von solchen »historischen Notwendigkeiten« strotzen die Bücher, die ganz selbstverständlich dem Bereich der »humanistischen Wissenschaften« (*humanities*) zugeordnet werden.[9]

Die Verhältnisse müssen miteinander verglichen werden, und das nicht nur aus historischer Perspektive, sondern auch aus geographischer. Die Zahl der Flüchtlinge auf dem Balkan zwischen der Mitte des 19. Jahrhunderts und dem Anfang des 21. Jahrhunderts, die auf rund zwölf Millionen geschätzt wird – verteilt auf hundertfünfzig Jahre und eine ganze Anzahl von Kriegen –, mag angesichts der Flüchtlingszahlen aus dem Ostteil des europäischen Kontinents in diesem Zeitraum keinen großen Eindruck machen, würde es sich in diesem Fall nicht um zwanzig bis fünfundzwanzig Prozent der Bevölkerung in dieser Region handeln.[10]

Offensichtlich wächst die Zahl der Flüchtlinge, vor allem derjenigen, die ihr Zuhause aufgrund kriegerischer Konflikte verlassen müssen, im Vergleich zur Gesamtbevölkerungszahl unverhältnismäßig schnell. Der Zweite Weltkrieg verursachte ein zehnmal größeres Heer von Flüchtlingen als der Erste,[11] was, wenn die Entwicklung so fortschreitet, befürchten lässt, dass bei einem weiteren, ganz Europa umspannenden Krieg, selbst wenn er mit konventionellen Waffen geführt wird, die Mehrheit der Europäer von unterschiedlichen Formen der Zwangsmigration betroffen sein würde. Dass es so kommen könnte, bestätigen aktuelle Beobachtungen: Einige Millionen Flüchtlinge, die rund zwanzig Prozent der Bevölkerung in den Konfliktgebieten darstellen, sind selbst bei zeitlich und räumlich relativ begrenzten Konflikten nichts Außergewöhnliches mehr. Dieser Wandel hängt vor allem mit den neuen Kommunikations- und Transportmöglichkeiten zusammen. Sie haben die Kriegführung grundsätzlich verändert, haben den Krieg brutaler gemacht, da die Armeen bei der Versorgung und der Einquartierung nicht mehr auf das Hinterland angewiesen sind. Zweifellos waren die Kontributionen, die der örtlichen Bevölkerung früher auferlegt wurden, oft sehr hoch, doch die Soldaten achteten schon aus eigenem Interesse darauf, nicht allzu viel Zerstörung anzurichten, denn wer sollte sie dann versorgen und ihnen ein Dach über dem Kopf geben? Die modernen Armeen haben dagegen keine Veranlassung, die Zivilbevölkerung zu schonen, da sie ihren Proviant mit der Eisenbahn bekommen und neuerdings sogar aus der Luft. Zwar wendeten Befehlshaber schon immer die Taktik der verbrannten Erde an, es sei nur an den russischen Rückzug bei Napoleons Vormarsch 1812 erinnert, doch bis nach dem Ersten Weltkrieg blieb das in Europa – anders als in den Kolonien – die Ausnahme.[12]

ALS SICH IRENE BELTRÁN UND FRANCISCO LEAL, der Sohn eines Flüchtlingspaares aus Francos Spanien, zur Flucht aus dem von General Pinochet regierten Chile genötigt sehen, werden sie Teil »dieser ungeheueren Woge [...], die ihre Zeit ausgelöst hatte: Ausgewiesene, Emigranten, Exilierte, Flüchtlinge«, so beschreibt es Isabel Allende in ihrem Roman *Von Liebe und Schatten*.[13] In der Tat wird das 20. Jahrhundert als Jahrhundert der Flüchtlinge, Migranten und Nomaden bezeichnet, auch als Jahrhundert der Vertreibungen und Zwangsmigrationen.[14] Doch wie Irene und Francisco war schon zwei Jahrhunderte zuvor Dorothea, die Protagonistin in dem schönen Epos von Goethe, vor religiösen Verfolgungen nach Osten geflohen. Der Dichter selbst hatte 1792 die Flüchtlingskolonnen an der Grenze des revolutionären Frankreich betrachten können. Nicht anders war es im antiken Griechenland. Während Aeneas mit Frau und Sohn aus dem brennenden Troja entkam, auf dem Rücken den alten Vater schleppend, wurden Hekuba und andere Trojanerinnen von den Siegern fortgeführt. Nachdem sie in einem sinnlosen Krieg alles verloren hatten – Eltern, Gatten, Kinder, Vermögen –, wurden sie als Sklavinnen unter den Siegern aufgeteilt. Nicht zufällig waren die *Troerinnen* im 20. Jahrhundert eines der meistgespielten griechischen Dramen. Die deutsche Übersetzung von Franz Werfel, die drei Monate vor dem Attentat auf Erzherzog Franz Ferdinand in Sarajevo erschien, wird von den prophetischen Worten eingeleitet: »Unsere Tragödie aber und die unselige Hekuba mögen nun wiederkehren, wie ihre Zeit gekommen ist.«[15] Tony Harrison hat 2005 in Zusammenhang mit seiner Interpretation des Werks für das Londoner Albery Theatre, wo Vanessa Redgrave die Hauptrolle spielte, angemerkt, dass Hekuba Euripides' Vorstellung vor zweieinhalb Jahrtausenden verlassen habe und immer noch umherirre. Heute trete sie fast allabendlich in den Fernsehnachrichten auf.[16]

Zwangsmigrationen und Deportationen, ja sogar Völkermord sind also im Laufe der Geschichte immer wieder vorgekommen, obwohl man sie nicht immer so benannt hat.[17] So bemerkte Daklugie, ein Neffe des letzten Apatschenhäuptlings, zum Genozid: »Ich hatte dieses Wort nie gehört, ehe man es für die Benennung der deutschen Versuche zur Ermordung aller Juden verwendete [...], aber die mit ihm zusammenhängende Praxis ist mir gut bekannt.«[18] Vor allem in den

Kolonien schreckte man nicht vor der Verjagung und Ermordung ganzer Volksgruppen zurück. Die Extermination von Indianern, die als Nachkommen von Noahs jüngstem Sohn Ham galten, des Vaters der Knechte, spielte schon in den Überlegungen der englischen Puritaner im 17. Jahrhundert eine Rolle. Im 19. Jahrhundert und bis nach dem Zweiten Weltkrieg wurden solche Pläne mehrfach in die Tat umgesetzt, sowohl in Nordamerika als auch in Afrika und Ozeanien. Freilich handelte es sich hier meist nicht um staatlich geplanten Mord, sondern um Vernachlässigung, durch die den Menschen die Lebensgrundlage entzogen wurde, sodass sie schließlich starben. Am häufigsten wird in diesem Zusammenhang das Blutbad angeführt, mit dem die Deutschen den Aufstand der Herero und Nama beantworteten, aber am weitesten fortgeschritten hinsichtlich derartiger Methoden waren wohl die Briten, die größte Kolonialmacht, die – nicht anders als das kaiserliche Russland – sogar ihre eigenen europäischen Untertanen, die Iren, verschleppten.[19] Der polnische Romancier Stefan Żeromski, der fest an ein friedliches Zusammenleben der Völker glaubte, befahl nach dem Ersten Weltkrieg nicht von ungefähr dem bösen Geist Smętek, er möge sich gefälligst nach England verziehen, das dem Autor als Gefängnis der Rassen und Nationen galt. Smętek, der Teufel der kaschubischen Legenden, hatte sich übrigens schon im Mittelalter dadurch hervorgetan, dass er die deutschen Kreuzritter zu Grausamkeiten gegen die Polen und die Prußen anstiftete.[20]

Zwangsaussiedlungen, die nicht immer ethnisch motiviert sein müssen, nehmen besonders während langer Kriege zu. Der Dreißigjährige Krieg oder überhaupt das ganze 17. Jahrhundert scheinen daher in Hinblick auf Extremität und Grausamkeit nicht weit vom 20. Jahrhundert entfernt, auch wenn inzwischen die Bedeutung der Religionen nachgelassen hat (die aber in jüngster Zeit wieder zunimmt).[21] Darum sollten diese beiden blutigen und gewaltsamen Jahrhunderte, in denen überall in Europa Flüchtlinge umherirrten, Gegenstand umfangreicher Vergleiche sein. Diese Vergleiche sind besonders frappierend unter dem Aspekt, dass die Quellen der Aufklärung sowie der aufgeklärten Überzeugung von der Notwendigkeit eines rationalen Einsatzes von Gewalt im Namen des Fortschritts eine Reaktion sind auf das Durcheinander des 17. Jahrhunderts und die damals willkürlich eingesetzte Gewalt.

Schon werden Stimmen laut, die das 21. Jahrhundert als ein Jahrhundert der Flüchtlinge beschreiben, immerhin mit dem Hinweis, dass auch das vorangegangene Jahrhundert »seine Flüchtlingswellen gehabt hat«.[22] Zumindest aus unserer kurzen Perspektive scheint es aber berechtigt, dem 20. Jahrhundert einen besonderen Platz in der Geschichte der Zwangsmigrationen zuzuweisen. Das hat nicht – oder jedenfalls nicht nur – mit der großen Zahl der Flüchtlinge zu tun, sondern mit geistigen Haltungen, die sich in diesem Jahrhundert geändert haben, und zwar die Einstellung gegenüber ethnischen Minderheiten, die Einstellung gegenüber rassischen Minderheiten sowie die Nationalisierung der Bürgerrechte. Die beiden ersten Einflussfaktoren sind nicht ganz neu, vor allem im kolonialen Zusammenhang, während der dritte Faktor durch und durch revolutionär und »modern« ist. Damit hängt nämlich das Auftauchen der zuvor unbekannten Staatenlosen zusammen, also von unerwünschten und heimatlosen Menschen, die aus ihrer Heimat verjagt wurden und kein Land finden, das bereit ist, sie aufzunehmen, weshalb sie im Niemandsland zwischen den Grenzen kampieren oder in steter Angst vor der nächsten Ausweisung leben.[23]

Kurz vor dem Ausbruch des Zweiten Weltkriegs blickte der chilenische Erzähler Francisco Coloane mit Erschütterung nach Europa. Und wenig später liest der selbst von antillischen und karibischen Flüchtlingen aus den nicht enden wollenden Bürgerkriegen Lateinamerikas umgebene Doktor Juvenal Urbino, der Held in Gabriel Garcia Márquez' Roman *Die Liebe in den Zeiten der Cholera*, über die Grausamkeiten der beiden barbarischen Kriege, die Europa in so kurzer Zeit heimgesucht haben.[24]

In der Tat verteilten sich Flucht und Vertreibung in der Welt des 20. Jahrhunderts nicht gleichmäßig in Zeit und Raum. In der ersten Jahrhunderthälfte haben sie vor allem Europa geplagt. Hier liegt der springende Punkt. In diesem Buch soll erzählt werden, wie sich damals in Europa eine »moderne« Abart der ethnischen Säuberungen entwickelte, die mit der Entstehung und Festigung des homogenen Staatsmodells zusammenhing. Erst in der zweiten Jahrhunderthälfte, von der in diesem Buch nur verhältnismäßig wenig zu lesen ist, breiteten sich dann – unterstützt zunächst von der Entkolonisierung, dann von der Rivalität zwischen den USA und der UdSSR und schließlich vom Zerfall des kommunistischen Systems – Zwangsmigrationen und die mit der emporschnellenden Zahl von Flüchtlingen einhergehenden Probleme über die ganze Welt aus. Zunächst betrafen sie Asien, wo es 1947 zu einem monströsen Bevölkerungsaustausch zwischen Indien und Pakistan kam. Ein Jahrzehnt später breiteten sich die Kriege und in ihrem Gefolge die Flüchtlingsströme in Afrika aus, das eigentlich bis heute nicht zu sich gekommen ist und ein »Kontinent unterwegs« bleibt.[25] Von den 1960er bis in die 1980er Jahre wurden Mittel- und Südamerika von einer wahren Diktaturenplage heimgesucht, die unabhängig von ihrer Couleur Flüchtlingsmassen erzeugte. Westeuropa, die Staaten Nordamerikas und Australien waren damals Ziel vieler farbiger Einwanderer. Letztlich waren das aber nur Spritzer der über die Ufer tretenden Ströme, die sich an Ort und Stelle einen Weg bahnen mussten. Am Ende des 20. Jahrhunderts, nach dem Zerfall des kommunistischen Systems, kam es zu einer weiteren Flüchtlingswelle, diesmal – wie es sich für die globalisierte Welt gehörte – zeitgleich in Europa und in Afrika. Beide Kontinente trennte zwar eine große Wohlstandskluft, doch sie konnten mit den Flüchtlingen ähnlich schlecht umgehen. Es kam zu »ethnischen Säuberungen« und kollektiven Morden in großem Umfang, in Europa vor allem in Bosnien, in Afrika in Ruanda. Und beide Kontinente haben es bisher nicht geschafft, dieses Problem zu lösen.

KAPITEL 2
Platz schaffen!

Die Balkankriege und der Erste Weltkrieg als Katalysatoren der
europäischen Zwangsmigrationen

»DER ANFANG IST MEIST SCHWER zu erkennen, da die meisten
Dinge mit unwichtigen Begebenheiten beginnen«, schreibt der polnische Romancier Wiesław Myśliwski in einem preisgekrönten Roman
über das polnische 20. Jahrhundert, und er stellt zugleich die ewige
Frage, ob es überhaupt so etwas wie den Anfang gibt.[1] Wenn selbst
Bäume mit ihrer einfachen Struktur ein weitverzweigtes Wurzelwerk
haben, das zudem in unterschiedliche Richtungen ausgreift, wie kompliziert sind dann erst Prozesse wie die historischen, deren naturgemäß
vieldimensionale gesellschaftliche Wirklichkeit durch die zeitliche Entwicklung und territoriale Unterschiede noch komplexer wird. Die Aufgabe des Historikers ist es, dieses Wurzelwerk zu entwirren und die
Stränge bis zu den Ursprüngen zu verfolgen. Doch je nachdem, welche
Stränge er erwischt, werden seine Erkenntnisse anders ausfallen. Da
die Zeit alle Dinge zur Reife bringt, weiß der Historiker mehr als die
Zeitzeugen der von ihm erforschten Ereignisse, doch das gilt in erster
Linie für die Folgen und nicht unbedingt für die Genese.[2] Von banalen
Wahrheiten einmal abgesehen, beschränkt sich das Wissen des Historikers in der Regel zudem auf ganz konkrete Ereignisse, weshalb es in
der Gegenwart praktisch kaum angewendet werden kann.[3] Überdies
wirken so viele Faktoren auf die historischen Prozesse ein, dass man nie
alle wirklich ergründen kann; schon eine geringe Veränderung der Zusammensetzung führt zu einer völlig anderen Endstruktur, so wie dasselbe Korn, je nachdem auf welchem Boden es ausgesät wird, prächtig
heranwachsen oder verkümmern, ja – unter dem Einfluss weiterer Faktoren wie dem Klima – zu einem gefährlichen Unkraut mutieren kann.
Im Bereich der Geschichte hat das Anna Bramwell am Beispiel der
bürgerlichen »Blut und Boden«-Ideologie überzeugend vorgeführt. Die

Bewegung hatte ursprünglich einen pazifistischen Charakter, ihre Anhänger strebten nach der Harmonie von Mensch und Natur. Doch mit der Zeit wandelte sie sich zu einem der schauerlichsten Mythen in der Geschichte Europas, der dann von den Nazis für ihre Ziele missbraucht wurde. Nach Bramwell geht letztlich auch die grüne Bewegung – die in Deutschland stärker verbreitet ist als in jedem anderen Land Europas – auf dieselbe Wurzel zurück, nämlich den Wunsch, Mensch und Natur in Einklang zu bringen.[4]

DER ERSTE WELTKRIEG BEGANN als Dritter Balkankrieg und wurde eine Zeitlang auch so genannt.[5] In den beiden vorangegangenen Balkankriegen 1912 und 1913 hatten sich Bulgarien, Griechenland, Montenegro, Rumänien, Serbien und das Osmanische Reich schon in unterschiedlichen Konstellationen bekämpft. Die Balkankriege waren außerordentlich grausam und blutig, es gab umfangreiche ethnische Säuberungen und zahlreiche Massaker an der Zivilbevölkerung. Rund eine halbe Million Muslime flohen damals vor den Armeen der christlichen Staaten Richtung Südosten. Nach dem Ende der Osmanenherrschaft auf dem Balkan kämpften die Sieger um die Aufteilung der Beute. Nun wurden beinahe alle zu Flüchtlingen. Wie viele Hunderttausende es waren, ist kaum zu ermitteln. Es traf Griechen, Bulgaren und vor allem Mazedonier – nach der Aufteilung Mazedoniens zwischen Bulgarien, Griechenland und dem Osmanischen Reich –, die in mehreren Wellen in allen Himmelsrichtungen Zuflucht suchten. Allein bei den Mazedoniern zählte der britische Historiker C. A. Macartney zwischen 1912 und 1925 siebzehn verschiedene Flüchtlingsbewegungen.[6]

Der Große Krieg zwischen 1914 und 1918, der vor allem für Westeuropa zum schweren Trauma wurde, stellte somit für die Zwangsmigrationen auf dem Balkan weder Anfang noch Ende dar. Alleine die durch den Krieg von 1912 ausgelöste zweite Phase der Umsiedlungen dauerte hier nach Holm Sundhaussens vierstufigem Schema bis in die 1920er Jahre und hatte die Flucht oder Vertreibung von rund drei Millionen Menschen zur Folge, wobei diejenigen, die nach einiger Zeit in ihre Heimat zurückkehrten, noch gar nicht berücksichtigt sind.[7]

Lässt man die Frage nach den Ursachen außer Acht, so wird deutlich, dass die Balkanuhr die Zeit ganz offensichtlich abweichend vom übrigen Europa misst, was den Historikern nicht nur Probleme mit Periodisierung und Komposition bereitet. Ein europäisches Zeitmaß gibt es ohnehin nicht, und selbst die Einrichtung von drei europäischen Zeitmaßen (ein westliches, ein mitteleuropäisches und ein östliches[8]) hilft nicht recht weiter. Die Balkanuhr jedenfalls schien fast das gesamte zweite Jahrtausend hindurch nachzugehen und im 19. Jahrhundert plötzlich stark zu beschleunigen, wodurch sie sich den anderen europäischen Uhren annäherte, vor allem der damals vorbildlichen französischen.

Die Aufholjagd des Balkans in Bezug auf die europäische Entwicklung wurde anfangs mit Sympathie verfolgt, die sich aber allmählich in ihr Gegenteil verkehrte, sodass es schließlich zum Bombardement Serbiens kam. Dabei hatten die Bewohner der Balkanhalbinsel eigentlich nur einen Weg abkürzen wollen, den die Staaten und Gesellschaften Westeuropas schon lange zuvor zurückgelegt hatten. Allerdings hatten diese dafür mehrere Jahrhunderte gebraucht. Längst hatten sie die Liquidierung der Stammeseliten im Prozess der vermeintlich »organischen« Entwicklung der Nation vergessen, ebenso die Umsiedlungen sowie die ethnischen und religiösen Verfolgungen, die letztlich zu ihrer fast völligen Homogenisierung geführt hatten.[9] Die meisten Europäer verstanden die Balkanprobleme also gar nicht, hielten sie nicht für die eigenen und interessierten sich dafür so wenig wie für das Vorgehen gegen die farbigen Autochthonen in den Kolonien. Hitler allerdings beobachtete die Ereignisse in dieser Region sehr wohl und zog daraus später den Schluss, dass man nicht nur in den Kolonien, sondern auch an den Rändern Europas Menschen beliebig umsiedeln und ermorden kann, da die Welt dort nicht hinsieht und zudem in aller Regel schnell vergisst. 1942 gab er einen entsprechenden Hinweis in einem seiner Tischgespräche, in dem er erklärte, dass die Slawen wie die nordamerikanischen Indianer behandelt werden sollten, und zynisch darauf hinwies, dass sich niemand mehr an die Ermordung der Armenier durch die Türken erinnere.

Mit der weitreichenden Autonomie beziehungsweise der Unabhängigkeit von Serbien und Griechenland sowie dem Niedergang des Osmanischen Reiches – »des kranken Mannes am Bosporus«, wie man immer öfter sagte – veränderte sich die Richtung der Zwangsmigrationen auf dem Balkan grundsätzlich. Hatten vom 15. bis 18. Jahrhundert die Christen das Osmanische Reich verlassen und sich als bewaffnete Grenzbewohner zunächst in Ungarn und später im Habsburgerreich niedergelassen, so begann in den 1820er Jahren die Verdrängung der Muslime vom Balkan sowie von den Inseln in der Ägäis und im Mittelmeer, wo sie zeitweise – etwa auf Kreta – ein Drittel der Bevölkerung stellten. Zum Teil waren dies Umsiedler – oft Zwangsumsiedler – aus Asien, aber wohl noch häufiger islamisierte Autochthone, was am Beispiel der Albaner zu erkennen ist, die als Nachfahren der in der Antike auf dem Balkan ansässigen Illyrer gelten. Auf jeden Fall lebten die meisten Muslime seit vielen Generationen in dieser Region und damit länger – um einen zeitlichen Vergleich anzuführen –, als die Vereinigten Staaten von Amerika existieren.

Es ist verständlich, dass die Europäer den Kampf der »christlichen Brüder« gegen die jahrhundertelange Unfreiheit mit Sympathie verfolgten. Vor allem der Freiheitskampf der Griechen, in denen sie beinahe direkte Nachfahren des Perikles, des Vaters der Demokratie, sahen, begeisterte sie. Allerdings hießen sie es auch gut, dass immer mehr Muslime zur Flucht aus ihrer Heimat gezwungen wurden. Es machte sich sogar die Überzeugung breit, dass diese die Modernisierung des Balkans behinderten. So hieß es in der Kriegserklärung des bulgarischen Zaren Ferdinand I. von 1912: »In diesem Kampfe des Kreuzes gegen den Halbmond, der Freiheit gegen Tyrannei, werden wir die Sympathien aller jener haben, welche die Gerechtigkeit und den Fortschritt lieben.« Dem fügte der griechische König hinzu: »Der Kreuzzug der Balkanstaaten ist ein Kreuzzug des Fortschritts, der Zivilisation und der Freiheit gegen asiatische Eroberung.«[10]

Die mehr oder weniger erzwungene Migration der muslimischen Bevölkerung hinter die Dardanellen hielt während des gesamten 19. und einem erheblichen Teil des 20. Jahrhunderts an. Die Gesamtzahl dieser Flüchtlinge wird auf drei bis vier Millionen geschätzt. In großen Scharen wurden zugleich auch all jene Gruppen Richtung Osten geschickt, die man loswerden wollte: Albaner, Roma, Tscherkessen und die Slawen islamischen Glaubens. Das Osmanische Reich stand damit vor dem Problem, Massen von Flüchtlingen assimilieren zu müssen, die sich ganz und gar nicht als Türken fühlten und große Schwierigkeiten hatten, sich in Kleinasien einzuleben.[11] Der »kranke Mann am Bosporus« suchte daher die Autonomiebestrebungen der Balkanvölker – der Armenier und vor allem der Griechen – durch Massaker an Christen zu schwächen; es sei hier nur auf Eugène Delacroix' Gemälde *Das Massaker von Chios* hingewiesen, das die Ereignisse von 1822 festhält. Außerdem gab es seit den 1870er Jahren Versuche, die Volkswirtschaft zu »türkisieren«, indem man christliche Händler benachteiligte, um so – wie es hieß – die Entstehung einer eigenen Mittelschicht zu fördern. Auf diese Weise verstärkte sich die gegenseitige Abneigung aber nur noch mehr, und gleichzeitig wuchs die Sympathie der Balkanländer für das von Norden her vordrängende Russland, das hier ohnehin als Befreier von Christen und Slawen große Hochachtung genoss.

Der Niederlage des Osmanischen Reiches in den Kriegen gegen Russland zwischen 1876 und 1878 folgte das erste Pandämonium auf dem Balkan und in Teilen Anatoliens. Justin McCarthy und Wolfgang Höpken scheuen sich nicht, in diesem Zusammenhang von »ethnischen Säuberungen« zu sprechen, auch wenn die Bezeichnung religiösethnische Säuberungen – ein beabsichtigtes Nebenprodukt der damals geführten Kriege – wohl zutreffender ist. Die zeitgenössischen Quellen sind eindeutig. »Es scheint wahrscheinlich, dass die Russen versuchen, die muslimische Bevölkerung auszurotten oder zu vertreiben«, schrieb der britische Botschafter in Stambul. Die angreifenden christlichen Armeen – darunter auch örtliche paramilitärische Freiwilligenabteilungen – brannten muslimische Dörfer nieder und zwangen die Bewohner, sie »freiwillig« zu verlassen. In Massen strömten die Flüchtlinge über die Nordgrenze der Türkei Richtung Stambul. Anderthalb Millionen sollen es gewesen sein, mehr als zehn Prozent der Bewohner Anatoliens. Die osmanische Armee, die sich bereits auf dem Rückzug befand, antwortete darauf abermals mit Christenpogromen, vor allem in Bulgarien, dessen Unterstützung für Russland die Türken als Verrat empfanden. Von dort setzte sich bald ein Strom christlicher Flüchtlinge, vor allem Mazedonier, in Bewegung, der auf dem Weg nach Norden beständig anschwoll.[12]

Zwischen der »Orientkrise« der Jahre 1876 bis 1878 und den Balkankriegen von 1912 und 1913 hielt der Exodus der muslimischen Bevölkerung nach Kleinasien ungebrochen an. Doch erst das Durcheinander

der Jahre 1912/13, als alle gegen alle kämpften, ließ Europa erstmals mit Entsetzen auf den Balkan blicken: Hier, so hieß es, lebten kleine, chaotische Völker, die unbequeme Nachbarn waren und außerdem einen Hang zur Grausamkeit hatten, wofür bald der verächtliche Begriff »Balkanisierung« stand. Doch schon Arnold Toynbee, der sich hin und wieder auch unglückliche Charakterisierungen der Balkanvölker erlaubte,[13] erkannte während seiner Reisen durch die Region, dass die eigentliche Quelle dieser Konflikte der westeuropäische Nationalismus war.[14] Verhängnisvoll wirkte sich auch aus, dass es sich bei diesen Konflikten um einen zähen Bürgerkrieg handelte, und die sind immer besonders blutig, erst recht wenn sich zu den ethnischen Animositäten noch religiöse gesellen. Es genügt, an die Grausamkeiten des Dreißigjährigen Krieges zu erinnern, an die polnisch-ukrainischen Kämpfe jener Zeit oder an die Gewaltexzesse auf den Britischen Inseln unter der Regierung Cromwells. Das aber hatte Europa längst vergessen, auch wenn in Großbritannien, wo die Engländer jahrhundertelang mit Feuer und Schwert die Waliser, Schotten und Iren unterdrückt hatten, mit dem konfessionellen Konflikt in Nordirland eine schwärende Wunde offen geblieben war. Alleine zwischen 1920 und 1922, als Toynbee die türkische Küste der Ägäis bereiste, fanden in den Auseinandersetzungen in Nordirland 400 Menschen den Tod, mehr als 8000 Katholiken verloren ihre Arbeit und rund 23 000 wurden aus ihren Häusern vertrieben.[15]

Die ethnisch-religiöse Gemengelage auf dem Balkan, für die zu Beginn der 1990er Jahre noch das vor unseren Augen gepeinigte Sarajevo als Symbol stand, rührt hauptsächlich daher, dass der Islam – im Gegensatz zum Christentum – im Grunde keine Politik der Zwangsbekehrung verfolgte, sondern die osmanischen Herrscher nach dem Vorbild ihrer byzantinischen Vorgänger illoyale Völker zur Strafe umsiedelten, um sie leichter beherrschen zu können.[16] Der junge Toynbee wunderte sich mächtig, dass viele Orthodoxe, denen er an der Küste Kleinasiens begegnete, Türkisch sprachen und viele Muslime Griechisch. Die einen waren Flüchtlinge aus Kreta, wo alle Griechisch sprachen, die anderen türkisierte Christen oder gräzisierte Muslime, die nur mit ihren Frauen das Türkische gebrauchten, da diese nicht zweisprachig waren.[17] Wer damals den Balkan durchquerte, erlebte viele Über-

Flüchtlingszelte in der Nähe von Thessaloniki, um 1913

raschungen. Alle möglichen Sprachen, Nationalitäten und die großen Religionen waren hier vertreten, und es konnte geschehen, dass man auf türkische Christen oder eine islamisierte Sekte von Nachkommen jüdischer Vertriebener aus Spanien traf, deren Mitglieder nach fast fünfhundert Jahren immer noch Ladino, einen altspanischen Dialekt, sprachen; es gab sogar das Gerücht, dass sie noch die Schlüssel ihrer damals in Toledo oder Sevilla verlassenen Häuser aufbewahrten.[18] Man konnte hier auch Menschen begegnen, die ihre ethnische Zugehörigkeit gar nicht klar benennen konnten, da sie sich nur über die Religion identifizierten. Das traf bei vielen bosnischen Muslimen noch Ende des 20. Jahrhunderts zu und musste nicht unbedingt bedeuten, dass sie den Islam praktizierten.[19]

DIE VOM OSMANISCHEN REICH ERERBTE VIELFALT des Balkans passte nicht zur westeuropäischen Realität jener Zeit, wo Heterogenität als rückständig galt, während man Homogenisierung für den Gipfel der Modernität hielt. Die jungen Balkanstaaten mit ihrer schwachen Verwaltung und den stark verspäteten Nations- und Staatsbildungsprozessen fassten daher wohl gar keine andere Entwicklung als die Vereinheitlichung ins Auge, erst recht nicht, als die Welt nicht gegen die Verdrängung der Muslime protestierte, sofern sie nicht gerade mas-

senhaft erfolgte. Erst als nach der Niederlage des Osmanisches Reiches
im Ersten Balkankrieg das in Thessaloniki gegründete jungtürkische
Komitee »Einheit und Fortschritt« die Macht übernahm und nach dem
zerstörerischen Zweiten Balkankrieg keiner der Staaten in der Region
noch die Kraft für weitere Konflikte aufbrachte, wurde ein friedlicher
Bevölkerungsaustausch beschlossen. Entsprechende Verträge unter-
zeichnete das Osmanische Reich im November 1913 in Adrianopel
(Edirne) mit Bulgarien und ein Jahr später mit Griechenland. Danach
sollten die Umsiedlungen zumindest formal auf freiwilliger Basis erfolgen; garantiert wurde ferner der Schutz des Eigentums durch Verkauf
oder Mitnahme. Durch den Ausbruch des Ersten Weltkriegs wurde die
Umsetzung dieser Verträge jedoch verhindert. Als das große Völker-
ringen zu Ende war, wurden die Ideen des friedlichen Bevölkerungsaus-
tauschs wieder aufgegriffen, allerdings unter den viel schwierigeren
Bedingungen der Verrohung Europas nach dem Ersten Weltkrieg.[20]

BESSER ALS AUF DEM BALKAN kann man nirgendwo in Europa
erkennen, was eine zunehmende Radikalisierung im Gefolge von langfristigen bewaffneten Konflikten anrichtet, wenn das Gewissen langsam abstumpft und an sich tabuisierte Mittel zum Einsatz kommen.
Wenn die Umsiedlungen an der russisch-deutschen Front die Bevölkerung Ostpreußens innerhalb der wenigen Jahre des Ersten Weltkriegs
unempfindlich machten für das Flüchtlingsschicksal,[21] wie muss es
dann erst auf dem Balkan gewesen sein, wo der Erste Weltkrieg lediglich ein weiterer in einer ganzen Reihe zerstörerischer Kriege war, die
inzwischen hundert Jahre andauerten? Kein Balkanstaat wollte diesen
erneuten Krieg, keiner besaß die Kraft oder die Mittel dafür, doch die
europäischen Mächte ließen ihnen keine Wahl: Sie mussten sich für
eine der Konfliktparteien entscheiden.[22]
    Der Krieg begann am 28. Juli 1914 mit dem Angriff Österreich-
Ungarns auf Serbien, das mehr als ein Jahr beherzt Widerstand leistete.
Doch in den Kriegsgefangenenlagern und in den von Flüchtlingen
überfüllten Städten brach eine Typhusepidemie aus, die innerhalb weniger Monate zehn Prozent der Bevölkerung hinwegraffte, darunter
mindestens ein Viertel der serbischen Armee. »Das Leben war vollständig erloschen. [...] Man kam mit dem Bestatten der Toten nicht mehr

Das Ehepaar Ludwik und Hanna Hirszfeld.
Ludwik arbeitete während des Ersten Weltkriegs als Arzt
in der serbischen Armee, Hanna war als Krankenschwester
im Einsatz auf dem Balkan.

nach. [...] Ganze Dörfer und Städte waren entvölkert«, schrieb der
polnische Immunologe Ludwik Hirszfeld, der mit seiner Frau Hanna
die Serben bei der Bekämpfung der Epidemie unterstützte.

Diese verzweifelte Situation nutzten die verbündeten Armeen
Österreich-Ungarns und des Deutschen Reichs im Oktober 1915 für
eine neue Offensive. Die ungeschlagene serbische Armee suchte sich
angesichts der Sinnlosigkeit weiterer Verteidigung nach Griechenland
zurückzuziehen, wo britische und französische Truppen stationiert
waren. Da ein bulgarischer Angriff den Weg nach Süden versperrte,
entschied sich die serbische Führung zum Marsch durch die verschneiten albanischen Berge an die Adria. Damit begann der »serbische Lei-
densweg«. Der dreihunderttausend Soldaten zählenden Armee schlossen sich rund zweihunderttausend Zivilisten an. Der schwerkranke
König Peter wurde auf einer Trage transportiert, die Regierung und die
wichtigsten Archive wurden evakuiert, und die politische wie die intel-
lektuelle Elite machten sich ebenfalls auf den Weg. Österreichische
Luftangriffe und Überfälle der albanischen Bergbewohner, vor allem
aber Frost, Regen, Hunger und Krankheiten dezimierten die Marschie-
renden. Die mit den Serben ziehenden Hirszfelds erklärten später, dass
eine Armee und eine Nation »in den albanischen Bergen verschwan-

Marsch der Serben durch Albanien, 1915

den«. Der Berg Čakor erhielt damals den Beinamen »Berg des Todes«, da dort ein so kalter Wind blies, dass die Flüchtlinge im Stehen erfroren und an aufragende Eiszapfen erinnerten, schrieb Josip Jeras, ein slowenischer Freiwilliger in der serbischen Armee, in sein Tagebuch. Im Januar 1916 endete der »Marsch der erfrorenen Geister« an der Adria, wo die überlebenden hunderttausend Soldaten und sechzigtausend Zivilisten Schiffe der Entente bestiegen, die sie auf die griechische Insel Korfu brachten. Nicht weniger als fünfzehntausend Kinder waren ums Leben gekommen.

Serbien, das damals nicht viel mehr als drei Millionen Einwohner zählte, erlitt im Ersten Weltkrieg mehr Verluste an Menschenleben als alle anderen Nationen. Auch die Zahl der serbischen Flüchtlinge war – proportional gesehen – höher als überall sonst. Rund eine Million Menschen hatten ihre Häuser verlassen müssen, etwa ein Drittel der Bevölkerung. Die Besatzungsarmeen, vor allem die ungarischen Truppen, setzten an der habsburgisch-serbischen Grenze ohne Rücksicht auf das Leben der Bewohner serbische Dörfer in Brand. Nicht selten wurden Zivilisten gnadenlos ermordet, selbst wenn es sich um Untertanen Österreich-Ungarns handelte. Darüber hinaus wurden in dem vom Krieg verwüsteten und vom Typhus gebeutelten Land Massenverhaftungen durchgeführt; zehn Prozent der Bevölkerung wurden in Lager nach Bulgarien und Ungarn verschleppt und dort als Zwangsarbeiter eingesetzt. Michael R. Marrus hat formuliert, dass Serbien während des Ersten Weltkriegs »praktisch ein Volk der Flüchtlinge geworden ist«.[23]

Im Schatten des Ersten Weltkriegs spielte sich auch die Tragödie der Armenier im türkischen Ostanatolien ab, die gewissermaßen den Kulminationspunkt des Kriegsgeschehens darstellt. Es gibt kein Einvernehmen darüber, ob das Massaker an der armenischen Bevölkerung zentral geplant war oder spontan erfolgte; Auseinandersetzungen hierüber wurden sogar vor französischen Gerichten ausgetragen.[24] Es besteht jedoch kein Zweifel, dass die türkischen Behörden mehr oder wenig absichtlich das Signal dazu gaben, als sie im März 1915 die armenischstämmigen Soldaten in der türkischen Armee entwaffneten. Dies war eine Vorsichtsmaßnahme, denn nach der Niederlage an der Kaukasusfront im Krieg gegen Russland fürchtete die türkische Regierung, dass die Armenier überlaufen konnten, schließlich kämpften aufseiten der Russen rund zweihunderttausend armenische Landsleute, und es gab ferner Armenier in den Armeen der westlichen Entente-Mitglieder. Darüber hinaus stellten die christlichen Armenier sich zunehmend als Hindernis beim Aufbau eines einheitlichen, festgefügten und starken türkischen Staatswesens heraus, da sie immer lauter nach Unabhängigkeit verlangten, eine Forderung, mit der sie in Frankreich, Großbritannien und in den USA Gehör fanden.

Seit den 1870er Jahren hatten Türken und Armenier keinen *modus vivendi* finden können. Damals hatten die Türken im Zuge der »Nationalisierung« damit begonnen, die traditionell als Kaufleute und Vermittler tätigen Armenier aus Verwaltung und Wirtschaft zu verdrängen. Zudem sorgte der Zustrom muslimischer Flüchtlinge aus den christlichen Balkanländern für Spannungen zwischen den Anhängern beider Nationen, die sich 1894 in einer Welle von Pogromen gegen die Armenier entluden. Höhepunkt der Ausschreitungen war das Massaker von Istanbul im August 1896. Die Schätzungen zu den Gesamtopferzahlen schwanken zwischen fünfzig- und dreihunderttausend, was zwei bis fünf Prozent aller Armenier entspricht. Dennoch sei dieses Massaker »rational« zu nennen, betonen einige Forscher, denn die Türken hätten die Armenier mit den Übergriffen so sehr in Angst und Schrecken versetzt, dass diese massenhaft ins Ausland flohen, meist nach Russland und nach Persien. Allerdings bedachten die Türken nicht, dass die Verfolgungen das Unabhängigkeitsstreben der Armenier nur verstärken würden.[25]

Nach zwei Jahrzehnten relativer Ruhe kam es im April 1915 zu weiteren Massakern an den Armeniern. Die meisten jungen Armenier im wehrpflichtigen Alter wurde dabei erschossen, die Eliten zuerst. Frauen, Kinder und Alte wurden in die Wüste nach Syrien getrieben – und damit auf einen jener Todesmärsche, von denen es in der Menschheitsgeschichte schon so viele gegeben hatte und noch geben sollte. Die örtlichen Zeitungen veröffentlichten damals »Deportationsbefehle«, wie man das nannte, die de facto in den allermeisten Fällen Todesurteilen gleichkamen und die den »Evakuierungsbefehlen«, mit denen die Nazis die Juden ins Verderben schicken sollten, sehr ähnelten. Allerdings hatten die Türken wohl gar nicht vor, die gesamte armenische Bevölkerung zu ermorden. Die Soldaten räumten später zwar

Massaker sowohl an den Sammelpunkten als auch unterwegs ein, doch die meisten Gefangenen wurden durch Hunger und Durst dahingerafft, zumal sie nicht selten über Umwege getrieben wurden in der Absicht, den Tod reiche Ernte halten zu lassen. Wer konnte, suchte daher beizeiten sein Heil in der Flucht. Das Vermögen der Deportierten und Flüchtlinge wurde von den regierenden Jungtürken eingezogen.

Einzelheiten bezüglich der Opferzahl mögen strittig sein, unstrittig ist jedoch, dass es zu einer groß angelegten Vernichtungsaktion kam. Von den rund zwei Millionen Armeniern, die im Osmanischen Reich lebten, fielen mindestens achthunderttausend türkischen Häschern zum Opfer, fast alle übrigen flohen in Panik nach Russland oder Ägypten. Zeugen sprachen davon, dass man überall auf Waisenkinder stieß. Vor den Augen der internationalen Gemeinschaft teilten das bolschewistische Russland und die Türkei dann 1921 die unabhängige Republik Armenien unter sich auf. Nun konnten die Türken ihr Zerstörungswerk vollenden. Es wird geschätzt, dass weitere zweihunderttausend Armenier ermordet wurden, doppelt so viele konnten entkommen.[26] Das »armenische Problem« in der Türkei war damit gelöst, sieht man einmal von Istanbul und Izmir ab. Der armenische Schriftsteller Awetik Issahakjan schrieb 1916, dass kein Dichter Worte finden könne für das, was in Armenien geschehen sei. Dennoch hat er es in seinem Poem »Alles hat der Schnee bedeckt« versucht. Issahakjan sollte, wie Misha Glenny angemerkt hat, »nicht der letzte Dichter [sein], der im 20. Jahrhundert die Unzulänglichkeit der Sprache erkannte«.[27]

Historiker, und zwar nicht nur türkische, weisen darauf hin, dass die Massaker an den Armeniern nicht losgelöst von anderen Deportationen im Osmanischen Reich während des Ersten Weltkriegs betrachtet werden dürfen. Das ist nicht von der Hand zu weisen. Tatsache bleibt aber, dass alle anderen Deportationen längst nicht so viele Opfer forderten, da sie die gleichmäßige Verteilung der Bevölkerung, insbesondere der muslimischen Flüchtlinge aus den christlichen Ländern, zum Ziel hatten. Die Armenier dagegen wollten die Türken loswerden, wobei ihre Ermordung aber nicht von vornherein vorgesehen war. Möglicherweise sollten die Massaker zunächst »nur« Panik unter den Armeniern, die man für ihre »Treulosigkeit« bestrafen wollte, auslösen und eine Massenflucht provozieren. Die Forschung hat allerdings nachgewiesen, dass sich durch die zunehmende Radikalisierung in Kriegszeiten fast jede ethnische Säuberung wie Völkermord auswirken kann, auch wenn sie selbst kein Völkermord ist.[28]

Letztlich lassen sich die Massaker an den Armeniern nur im Zusammenhang mit den Ereignissen beurteilen, die sich während des Ersten Weltkriegs im türkisch-russischen Grenzland abspielten. Die Krise beider Imperien löste in diesem ethnisch und religiös gemischten Gebiet zahlreiche Pogrome und lokale Konflikte aus, unter denen die armenisch-islamischen hervorstechen, etwa im aserbaidschanischen Baku. In dieser reichen und zugleich hässlichen multikulturellen Stadt erkennt der junge Cezary Baryka in Stefan Żeromskis Roman *Vorfrühling* das wahre Antlitz der Revolution und des mit ihr verbundenen Chaos. Seine Revolutionsbegeisterung beginnt zu schwinden, als er den Ehering entdeckt, der seiner zu Tode gequälten Mutter vom Finger gezogen wurde, und die Leichen ermordeter Armenier begräbt, darunter eines wunderhübschen Mädchens, dessen Bild er nicht vergessen kann.

*

DAS CHAOS DER RUSSISCHEN REVOLUTION und alles, was damit zusammenhing, überlagerte schon bald die Ereignisse des Ersten Weltkriegs, insbesondere im Osten und in der Mitte des europäischen Kontinents. Für Jarosław Iwaszkiewicz »begann das Ende der Welt 1917, und es wird nicht so bald enden«.[29] Im Westen Europas dagegen waren es die schrecklichen Grabenkriege, die bis zum heutigen Tag mit den nicht enden wollenden Gräberfeldern in Belgien und Nordfrankreich Spuren hinterlassen haben. Für die Westeuropäer ist die Erfahrung des Ersten Weltkriegs mit seinen Schrecken immer noch gegenwärtig, selbst wenn er ihnen durch und durch absurd vorkommt. In Ost- und Mitteleuropa bringt man den Ersten Weltkrieg dagegen meist mit der Wiedererlangung oder der Erringung der Unabhängigkeit in Verbindung. An die Zerstörungen des Krieges denkt hier kaum noch jemand. Das betrifft auch Polen, das damals – von Serbien einmal abgesehen – die größten demographischen und wirtschaftlichen Verluste in Europa zu beklagen hatte.[30]

Die polnische und die französische Jugend, schrieb Iwaszkiewicz einmal in Bezug auf den Ersten Weltkrieg, passen überhaupt nicht zueinander.[31]

Dafür gibt es drei gewichtige Gründe.

Erstens waren für viele Staaten Ostmitteleuropas erst die Jahre kurz nach dem Weltkrieg entscheidend, nämlich der Kampf gegen das bolschewistische Russland 1919 bis 1921. Eine Niederlage Polens in diesem Kampf hätte bestenfalls den Verlust der Unabhängigkeit auch für alle baltischen Staaten bedeutet. Eugene M. Kulischer, ein russischer Jude, der vor Lenin über Polen nach Berlin und anschließend vor Hitler aus Berlin über Frankreich nach Amerika floh, wusste, was auf dem Spiel stand. Er schrieb sehr plakativ über die Verteidigung gegen die »roten Horden«, die im Übrigen nicht nach Warschau wollten, sondern nach Berlin, um dort die Revolution zu unterstützen. Nicht anders sieht es Isaak Babel in seinem Tagebuch von 1920. Er beschreibt darin alle Grausamkeiten der revolutionären Armee, die sich, wie er feststellt, an die Eroberung Europas und der Welt machte. Das bedeutet aber nicht, dass er die Untaten der Polen, besonders an den Juden, übersieht.[32] Aus der Perspektive der in Ostmitteleuropa lebenden Europäer war der Erste Weltkrieg also nicht so unsinnig, wie es einigen modernen Historikern im Westen vorkommt.[33]

Zweitens war da die Freude über die wiedererlangte Unabhängigkeit, die im Osten Europas das Kriegsdrama fast völlig in den Hintergrund treten ließ. In Polen hatte man sich schon über den Kriegsausbruch gefreut und sich der Worte des Nationaldichters Adam Mickiewicz erinnert: »Um einen allgemeinen Krieg für die Freiheit der Völker / Bitten wir Dich, Herr.« Adam Mickiewicz hatte damit die Hoffnung auf Befreiung verknüpft, und die Polen glaubten ihm wie keinem anderem, da in Nationen ohne Staat die Dichter nicht nur über die Seelen herrschen. Im August 1914 wurde deutlich, dass die drei Teilungsmächte sich bekriegen würden, nachdem sie hundert Jahre lang stets zusammengehalten hatten – auch aus Furcht, die polnische Frage könne wieder aktuell werden. Die Polen verspürten damals schon den Hauch der nahenden Freiheit, wie Maria schrieb, die junge russische Frau des Dichters Jan Kasprowicz im südpolnischen Dorf Poronin. Maria selbst dürfte ihn gewiss gespürt haben, denn in ihrer Nachbarschaft lebte Lenin, den ihr Mann im Juli aus dem Gefängnis in Nowy Targ (Neumark) geholt hatte.[34]

Drittens schließlich sollte der ganze Osten Europas im Zweiten Weltkrieg Erfahrungen sammeln, die sich so sehr von allem unterschieden, was die Menschen dort bis dahin erlebt hatten, dass sie sich an den Ersten Weltkrieg fast mit Nostalgie erinnerten. Dies betraf allerdings nicht nur die Polen, sondern auch die Deutschen. Ob das Bild, das Siegfried Lenz von dem Dorf Lucknow zeichnete, in allen Einzelheiten den tatsächlichen Ereignissen in seiner Heimatstadt Lyck (heute Ełk) in Masuren an der Jahreswende 1914/15 entspricht, spielt keine Rolle. Entscheidend ist, dass aus der Perspektive der Generationen, die hier beide Weltkriege erlebten, der Erste fast wie eine Idylle erscheint. Die Einnahme des Städtchens durch die Russen im Herbst 1914 ist unspektakulär. Nicht einmal die Bilder von Kaiser Wilhelm – von den Polen mit vertraulichem Spott »Wiluś« (»Wilhelmchen«) genannt – wurden von den Wänden gerissen. Die russischen Soldaten seien zu sanft gewesen, um den Krieg zu gewinnen, stellt Lenz fest.[35] Der den Polen freundlich gesinnte, doch in deutsch-polnischen Fragen nicht besonders bewanderte Alfred Döblin bestätigt das durch seine 1924 in Polen gesammelten Eindrücke, die keine allzu schlechte Meinung über die deutsche Besatzung wiedergeben. Man könnte zwar genügend gegenteilige Meinungen in Polen finden, aber unbestritten bleibt, dass lediglich Konfiskationen durch das Militär sowie Raub und Plünderungen durch Soldaten zu beklagen waren.[36]

Die Historiker haben über den Ersten Weltkrieg nichts Gutes zu sagen, auch wenn man feststellen muss, dass er das Ende des Wiener Systems herbeiführte, in dem die Hälfte aller europäischen Nationen mehr oder weniger benachteiligt war, während sich die andere Hälfte jahrzehntelang Frieden verschaffte, indem sie sich der globalen Expansion sowie kolonialen Raubzügen und der Unterdrückung anderer Völker widmete.[37] Für einen Ostmitteleuropäer ist es daher nicht so leicht, diesen Krieg als die »Urkatastrophe« des 20. Jahrhunderts anzuerkennen, wie George F. Kennan ihn bezeichnet hat. Im Gegensatz zu vielen, die ihn zitieren, kannte Kennan die Verhältnisse in diesem Teil Europas durchaus gut und kam zu dem Schluss, dass der Kontinent 1914 »nicht weiter zu gebrauchen war«. Denn im Gegensatz zu dem, was die nostalgische schöne Literatur und die sentimentale Historiographie vorgaukelten, die vor allem in den damals herrschenden Nationen entstanden, waren die nationalen und gesellschaftlichen Spannungen in den vier Imperien, die Europa von der Ostsee bis zum Balkan regierten, so groß, dass sie daran zerbrechen mussten. Der Erste Weltkrieg spielte dagegen die Rolle eines Katalysators bei der allgemeinen Radikalisierung Europas im 20. Jahrhundert und war eher eine Konsequenz früherer Prozesse, insbesondere von Kolonialismus und Imperialismus, als der Beginn einer neuen Epoche.[38] Einige Historiker sind sogar der Meinung, dass der Erste Weltkrieg nur das Präludium zu einem neuen Dreißigjährigen Krieg (1914–1945) gewesen ist. Diese Ansicht äußerte wohl als Erster – ganz im Geist des Kriegstraumas »des Meldegängers Adolf Hitler in den Schützengräben der Westfront«[39] – Walter Frank in einem feierlichen Vortrag an der Berliner Universität im Frühjahr 1940. Dabei rühmte der wichtigste NS-Propagandist unter den deutschen Historikern die Vorteile eines langen Krieges unter einer großen Führung und hegte die Hoffnung, dass dieser tatsächlich dreißig Jahre dauern könnte. So ist es beinahe gekommen.[40] Im Konzept des »zweiten Dreißigjährigen Kriegs«, das neuerdings immer größere Verbreitung findet, geht die Phase der europäischen Entspannung der 1920er Jahre vollkommen unter, als es möglich schien, sogar den deutschen Revisionismus allmählich in eine europäische Ordnung einzufügen.[41] Außerdem wird dabei die Zuversicht eines großen Teils der europäischen Zeitgenossen unterschlagen, die meinten, dass die Probleme des Kontinents trotz allem auf friedliche Weise gelöst werden könnten. Diese Überzeugung war noch in den ersten Jahren nach Stalins und später Hitlers Machtantritt anzutreffen – eine Naivität, über die man sich heute nur wundern kann.[42]

ALS SICH IM SOMMER 1914 der Dritte Balkankrieg zum Ersten Weltkrieg auswuchs, waren auch die Nationen West- und Mitteleuropas auf den Waffengang vorbereitet. Wie das bei Kriegen so üblich ist, wusste man nicht, wie lange er dauern würde, war aber voller Zuversicht, dass der Einsatz von Flugzeugen und Panzern eine schnelle Entscheidung an der Westfront herbeiführen werde, und brach mit viel Enthusiasmus an die Front auf. Doch schon bald kamen die großen

Armeen im Westen nicht weiter, vergruben sich in ihren Stellungen und kämpften einen sinnlosen Kampf, da sie keinen anderen Ausweg hatten. Nach einem Jahr erfolglosen Gemetzels verzichteten beide Seiten auf Versuche, die Front zu durchbrechen, und verlegten sich auf das Ausbluten der »Lebenskräfte« des Gegners.[43] In dem berühmten Roman *Im Westen nichts Neues*, dessen Titel er den Tagesmeldungen von der Front entlehnte, entlarvt Remarque, welches Grauen, welches sinnlose Sterben Tausender Soldaten in den Schützengräben sich Tag für Tag hinter diesen Meldungen verbarg. Sonst geschah »nichts Neues«. Auf den Feldern Flanderns und Nordfrankreichs fielen Millionen von jungen Männern. Bis heute stößt man hier, egal wo man den Spaten in die Erde sticht, auf Knochen. In ganz Europa forderte der Krieg fast zwanzig Millionen Opfer. In Frankreich, wo die Verluste an Soldaten verhältnismäßig am höchsten waren, überlebten zwei von zehn jungen Menschen den Krieg nicht, und drei von zehn wurden verwundet. In einem pazifistischen Roman des polnischen Schriftstellers Andrzej Strug aus der Zwischenkriegszeit geht Professor Wager (mit dem wohl der reale Fritz Haber gemeint ist), ein Spezialist für chemische Waffen, im vierten Kriegsjahr durch Berlin und betrachtet die Warteschlangen in der von Hunger und Gerüchten geplagten Stadt, in der es keine Männer mehr gibt, weil sie entweder an der Front sind oder »auf dem Feld der Ehre ruhen, auf Friedhöfen, die über die ganze Welt verstreut sind«. Jeder will, dass der Krieg aufhört, aber niemand kann ihn beenden. Nur die Russen, »eine geniale junge Rasse«, haben die Welt herausgefordert. Sie haben den »Moskauer Tyrannen« gestürzt und sind nach Hause gezogen. Zu dieser Zeit überbieten sich in Strugs Roman die deutschen und französischen Zeitungen noch in ihrem Chauvinismus und liefern ständig neue Beweise für den nahen Sieg.[44]

Im Krieg kam es auch zu massenhaften Zwangsmigrationen, deren Ausmaß weit über das hinausging, was man bis dahin kannte. Immer schon suchte die Zivilbevölkerung einer herannahenden Armee – sei es die eigene oder eine fremde – aus dem Weg zu gehen. Doch kaum war sie durchgezogen, kehrten die Menschen in ihre Häuser zurück. Nun aber mussten Millionen von Menschen ihre Heimat für Jahre verlassen. Während die einen deportiert oder zwangsevakuiert wurden, wenn die Front vorrückte, wurden andere interniert oder zur Zwangsarbeit verschleppt. Wieder andere siedelte man um im Zuge von Maßnahmen, die der Herrschaftssicherung dienten und also Teil dessen waren, was heute als »ethnische Säuberung« bezeichnet wird. Und dann waren da noch die Rekruten, die zwangsweise in feindliche Armeen eingegliedert wurden, was – sieht man einmal von den Soldaten aus den Überseekolonien ab – die Polen besonders traf, denn sie wurden genötigt, in den Armeen der drei Teilungsmächte gegeneinander zu kämpfen.[45] Mein Großvater Stanisław etwa, ein Posener Stellmacher und Eisenbahner, diente in einer preußischen Fahrradeinheit an der Westfront und kehrte im Frühjahr 1919 mit General Józef Hallers »Blauer Armee« nach Polen zurück. Gegen die vertraglichen Vereinbarungen wurde diese gleich darauf im Krieg gegen die Ukrainer eingesetzt.[46] Maria Kasprowicz, die inzwischen ganz von den polnischen Problemen eingenommen war und nicht wusste, dass die blauen Uniformen der Haller-Soldaten französischen Ursprungs waren, schwärmte im Juli 1919 in Lemberg: »Diese großartige Armee in den verhassten preußischen Uniformen (nur die Mützen waren polnisch) gehörte zu uns! Preußischer Schick und preußische Disziplin und darunter ein polnisches Herz, ein dem Vaterland ergebener Soldat und Bürger. Da regte sich Vertrauen in eine glückliche Zukunft Polens.«[47]

Die erste Folge des Kriegsausbruchs 1914 war die Internierung von Ausländern und einigen Minderheiten. Bis Kriegsende sollten es rund vierhunderttausend Menschen sein. Infolge der nationalistischen Hysterie, die der Erste Weltkrieg auslöste, galten sie als potentielle Verräter. In Großbritannien fand sich die Hälfte der dort zumeist in den Industriemetropolen beschäftigten sechzigtausend Deutschen in Internierungslagern wieder. Zu tagelangen antideutschen Ausschreitungen kam es vor allem im Oktober 1914 und im Mai des folgenden Jahres nach der Versenkung des Passagierdampfers *Lusitania* durch ein deutsches U-Boot. Besonders streng war die Internierung von Ausländern in Frankreich, wo nicht nur Deutsche, sondern auch Elsässer und Lothringer festgenommen wurden. In Deutschland wurden Internierungslager erst später eingerichtet. Gegen Kriegsende waren dort hundertzehntausend Ausländer inhaftiert.[48]

Neueste russische Forschungen vermitteln den Eindruck, als seien Internierungen in Russland besonders schnell und in großem Umfang

53

erfolgt. Das geschah schon allein deshalb, weil dort ungewöhnlich viele Ausländer lebten, die sich zum Teil bereits seit Jahrzehnten im Land aufhielten. Bereits im Juli 1914 wurden dreihundertdreißigtausend Staatsbürger des Deutschen Reiches und Österreich-Ungarns verhaftet und ins Landesinnere gebracht. Um für sie Platz zu schaffen, wurden zahlreiche Bewohner des europäischen Ostens von Russland und des westlichen Sibiriens weiter im Osten angesiedelt. Es folgte die Deportation der Juden aus dem russischen Teilungsgebiet Polens, die nicht selten mit der deutschen Bevölkerung fortgebracht wurden. Schon Anfang August war Janowiec im Gouvernement Radom betroffen, später weitere Ortschaften in den Gouvernements Łomża und Lublin.[49] Ungefähr zu dieser Zeit setzten auch die Zwangsdeportationen aus den von der zaristischen Armee eroberten Gebieten ein. Anfangs betraf dies vor allem galizische Juden, die generell als unsichere Kantonisten galten. Viele suchten ihr Heil in der Flucht, andere waren aus Angst vor den Kosaken wie gelähmt und harrten an Ort und Stelle aus. »Hier ist er geboren, genau wie sein Vater, hier sind seine Eltern gestorben und seine Frau, hier möchte auch er sterben. Wo, frage ich, soll sich der Mensch sicher fühlen, wenn nicht im eignen Bett?«, denkt der Schankwirt in Julian Stryjkowskis schönstem Roman *Austeria*, als er den Flüchtenden nachsieht.[50] Nach den Juden kamen die Deutschen aus Ostpreußen an die Reihe, vor allem Männer im wehrfähigen Alter, aber es wurden auch einige Tausend Frauen und Kinder verschleppt. Alte deutsche Schätzungen sprechen von vierzehntausend Verbannten aus Ostpreußen – nach dem Krieg sollen zwei Drittel zurückgekehrt sein. Aktuelle russische Forschungen nennen eine um ein Vielfaches höhere Zahl, die jedoch noch überprüft werden müsste.

Die Flüchtlingsströme waren ein untrügliches Zeichen dafür, dass die Kampfhandlungen an den Fronten West-, Mittel- und Osteuropas aufgenommen worden waren. Es dürfte deutlich geworden sein, dass Flüchtlinge in Osteuropa oft nur schwer von Vertriebenen beziehungsweise Deportierten – jedenfalls jenen, die aus Angst vor dem Feind zwangsevakuiert wurden – zu unterscheiden waren.

Der Überfall Deutschlands auf Belgien beraubte innerhalb von drei Monaten fast anderthalb Millionen Menschen ihres Zuhauses, das waren zwanzig Prozent der Gesamtbevölkerung. Sie flohen, wie die Men-

Belgische Flüchtlinge werden in Amsterdam verköstigt.

schen das seit Jahrhunderten getan hatten, vor den Kämpfen an der Front. Aber dann mussten sie erleben, dass die deutsche Armee nach der Eroberung der Stadt Dinant am 15. August 1914 fast siebenhundert Zivilisten erschoss. Die Panik stieg. Es wird geschätzt, dass Frankreich und Großbritannien fast eine halbe Million belgische Flüchtlinge aufnahmen, weitere brachten sich in den Niederlanden in Sicherheit, wo buchstäblich von einem Tag auf den anderen viele Tausend Menschen fassende Zeltstädte entstanden. In der fünfzehntausend Einwohner zählenden Stadt Bergen op Zoom fanden fünfzigtausend Belgier Unterschlupf. Wenig später setzte sich eine noch größere Flüchtlingswelle aus Nordostfrankreich in Bewegung, wo faktisch ein gewaltiges Niemandsland entstand, in dem sich Millionen von Soldaten bekämpften. Selbst ein Jahr nach Kriegsende lebten in dieser verwüsteten Region lediglich zwei Millionen Menschen, nicht einmal halb so viele wie vor dem Krieg. Zweimal ergriffen sogar die Pariser die Flucht, insbesondere als die Deutschen die Stadt 1918 mit Kanonen beschossen.[51]

Die Bevölkerungswanderungen infolge der russischen Offensive in Ostpreußen und Galizien fielen keineswegs geringer aus. Auf die Kunde von russischen Verbrechen in Ostpreußen suchte rund eine

55

halbe Million Deutsche ihr Heil in der Flucht. Inzwischen äußert die Wissenschaft jedoch Zweifel an den russischen Verbrechen bei Kriegsbeginn und geht vielmehr davon aus, dass es sich hier um einen Mythos handelt, eine Erfindung der deutschen Propaganda, die auf diese Weise die Bevölkerung für den Krieg zu mobilisieren und die eigene Brutalität gegen Belgier und Polen zu kaschieren suchte. So wurde die in Russland, unmittelbar vor der Grenze zu Deutschland im östlichen Großpolen gelegene Stadt Kalisch in den ersten Augusttagen 1914 von der deutschen Artillerie praktisch dem Erdboden gleichgemacht. Darüber hinaus führte die deutsche Armee dort eine Reihe von Exekutionen durch, die einen Massenexodus auslösten – von siebzigtausend Einwohnern blieben am Ende nur fünftausend.[52]

Das eigentliche Flüchtlingsdrama an der Ostfront begann jedoch erst beim raschen Rückzug der Zarenarmee nach Osten. Auf keinen Fall sollten Männer zurückbleiben, die die vorrückenden Armeen der Mittelmächte als Rekruten hätten anwerben können. So machte sich das ganze Imperium auf den Weg, wie Peter Gatrell suggestiv schreibt. Es wird geschätzt, dass der Rückzug der russischen Armee bis Mitte 1917 die Flucht oder Zwangsevakuierung von mehr als sechs Millionen Menschen auslöste.[53] Fast alle Männer im wehrfähigen Alter und ihre Familien wurden deportiert: Deutsche, Österreicher und Ungarn, aber auch Polen, Juden und Letten. Tschechen, Serben und Ruthenen wurden verschont, allerdings verpflichtet, sich nicht gegen Russland zu erheben.[54] Auf ergreifende Weise hat Elisabeth Sczuka, deren ganze Familie aus der Gegend von Lyck im deutschen Ostpreußen nach Sibirien gebracht wurde, die Folgen der zaristischen Evakuierungs- und Deportationsbefehle geschildert. Auf dem Rückweg in die Heimat schrieb sie 1919 in ihr Tagebuch: »Da fanden wir bald Leidensgenossen russischer Nationalität. Zwar waren sie keine Gefangenen, aber auch heimatlose Menschen. Als die große russische Armee unter dem Druck unserer tapferen Soldaten zurückgehen mußte, da trieb sie die russische Bevölkerung vor sich und verursachte dadurch eine Völkerwanderung. Viele der Geflüchteten und Vertriebenen füllen nun Sibirien. […] Auf den Bahnhöfen war jeder leerstehende Wagen mit ihnen besiedelt. Ihre Zahl beträgt sicher Millionen. Viele bauten sich Strohhütten und Buden aus Eisenbahnschwellen oder bevölkerten die Wartesäle und

*Elisabeth Sczuka (erste von rechts) mit ihrer Familie in der Verbannung
in Krasnojarsk, 1915*

Korridore sowie Güterschuppen. Eine große Zahl aber fand keine Unterkunft und mußte unter freiem Himmel dem Wind und Regen ausgesetzt zubringen. Da gab es viel Elend und Not. Nur der Hungrige
und Obdachlose kann es ganz nachfühlen. In letzter Zeit wurde dieses
Elend durch neue Zuzüge vermehrt. Es war der bittere Hunger, der
diese Armen aus ihrer Heimat vertrieben hatte. Nun standen sie da:
Russen, Polen, Letten, Esten und wußten nicht wohin.«[55]

Besonders stark entvölkert wurden die östlichen Gouvernements
des zu Russland gehörenden Königreichs Polen sowie der Westen der
russischen Provinzen Litauen, Weißrussland und Ukraine. Alleine aus
dem »Königreich Polen« wurden mehr als eine Million Menschen deportiert, darunter viele Juden, die sich in der Teilungszeit nur mäßig
mit der polnischen Nation identifizierten und nach der Wiederentste-
hung des polnischen Staates die Anerkennung einer autonomen jüdischen Nationalität verlangten.[56] Bauern und Arbeiter erhielten Evakuierungsbefehle, die Angehörigen der Intelligenz, vor allem Lehrer

57

und Beamte, gingen »freiwillig«, zogen aber in Wahrheit ihrem Gehalt hinterher, das die Regierung des Zaren garantierte. Besonders dramatisch verliefen die ersten Wochen der ungeplanten Evakuierung. »Sie gehen überall«, schrieb die Zeitung *Nowy Kurier Litewski* im September 1915 über die Vertriebenen, die zu ihrer Empörung von den Russen als Flüchtlinge *(biezency)* bezeichnet wurden. »Aus allen Wegen und Pfaden ergießen sich Wagen und Kutschen auf die Landstraßen, die von Damen aus den Gutshöfen und jungen Mädchen gefahren werden. Vieh, Schafe, Schweine usw. werden getrieben.« Vor allem in Weißrussland, etwa in der Gegend von Kobryn und Bobrujsk, entstanden an den nach Osten führenden Straßen von einem Tag auf den anderen riesige Lagerplätze, die bis zu zweihunderttausend Flüchtlinge fassten. Ansteckende Krankheiten breiteten sich rasch aus, und der Tod hielt gewaltige Ernte. Auf den eilends angelegten Friedhöfen wurden Zehntausende beerdigt. Auch entlang der Straßen gab es viele Gräber, denn fast die Hälfte der Verbannten waren Kinder, die diesen Strapazen nicht gewachsen waren, ein knappes Drittel waren Frauen. Hunger und Elend breiteten sich bald auch in den Gegenden aus, durch die die Heimatlosen kamen, denn sie glichen einem Heuschreckenschwarm, der nichts Essbares hinterlässt. Kein Wunder, dass den Flüchtlingen, egal welcher Nationalität sie waren, nur selten Sympathie entgegenschlug.[57] Den verzweifelten Bauern blieb am Ende oft nichts anderes übrig, als sich selbst dem Tross anzuschließen, wodurch ein immer größerer Wanderungsdruck ins russische Kernland entstand.

Da im Laufe des Ersten Weltkriegs insgesamt sechzig Millionen junge Männer zu den Waffen gerufen wurden – in Deutschland entsprach das zwanzig Prozent der Bevölkerung –, litten die auf einen längeren Krieg nicht vorbereiteten Volkswirtschaften schon nach wenigen Monaten unter Arbeitskräftemangel. Doch der zermürbende Stellungskrieg erforderte den beständigen Zustrom neuer Rekruten. Dieses Problem suchten die Ententemächte durch Rückgriff auf ihre Ressourcen in den Kolonien zu lösen, wo sie fast zwei Millionen Soldaten aushoben. Großbritannien rekrutierte sie vor allem in Indien, die Franzosen holten sie aus Nordafrika. Die Briten warben außerdem in China rund hunderttausend Arbeiter zum Einsatz hinter der französischen Front an. Obwohl diese sich grundsätzlich freiwillig zum Dienst

Polnische Flüchtlinge im Jahr 1914

meldeten, betrachteten die Franzosen sie als Gefangene.[58] Die Mittelmächte verfügten dagegen nicht über die Möglichkeit, in den Kolonien
Rekruten anzuwerben, was nicht heißt, dass sie an den afrikanischen
Fronten nicht auch schwarze Soldaten einsetzten. Sie verfielen darauf,
polnische Rekruten anzulocken, indem sie den Polen die Autonomie,
später sogar die Unabhängigkeit versprachen. Das rief Russland auf
den Plan, und so wurde die polnische Frage immer drängender und
entwickelte sich zu einem der größten außenpolitischen Probleme des
Ersten Weltkriegs, ja des 20. Jahrhunderts überhaupt.

Bereits im zweiten Kriegsjahr kam keiner der am Krieg beteiligten
Staaten noch ohne Fremdarbeiter aus. Franzosen und Briten gewannen
sie durch die Anwerbung von Freiwilligen in den südeuropäischen Ländern Portugal, Spanien, Italien und Griechenland. Deutschland und
Österreich-Ungarn verlegten sich auf Zwangsarbeit, insbesondere nachdem die Bemühungen gescheitert waren, Freiwillige in Belgien und
Polen anzuwerben. Im Oktober 1916 setzten die Zwangsdeportationen
ein, was in erster Linie Belgier betraf, von denen mehr als hunderttausend zur Arbeit in deutsche Industriebetriebe geschickt wurden. Um

sie an der Flucht zu hindern, wurden an der Grenze zu den Niederlanden Drahtverhaue errichtet und unter Hochspannung gesetzt. An diesen Sperren starben dreitausend Menschen. Die Zahl der Zwangsarbeiter, die sich gegen Kriegsende in Deutschland befanden, wird auf zweieinhalb Millionen geschätzt, von denen anderthalb Millionen Kriegsgefangene waren, bei den übrigen handelte es sich um Deportierte sowie de facto zwangsweise beschäftigte Ausländer, denen bei Kriegsausbruch 1914 die Rückkehr in ihre Heimat verwehrt worden war. Unter den Deportierten stellten die Polen aus dem russischen Teilungsgebiet die größte Gruppe; sie durften weder ihren Wohnort noch ihren Arbeitsplatz wechseln und wurden im Grunde wie rechtlose Sklaven behandelt. Wie die polnischen und russischen Kriegsgefangenen wurden sie hauptsächlich in der Landwirtschaft eingesetzt.[59] So gab es bereits im Ersten Weltkrieg in Deutschland und Österreich-Ungarn kaum einen Bauernhof oder ein Landgut, auf dem keine russischen, serbischen oder polnischen Kriegsgefangenen arbeiteten.[60]

EUROPA WAR NACH DEN BEIDEN BALKANKRIEGEN und dem Ersten Weltkrieg gewiss nicht mehr das, was es vor 1914 gewesen war. Das Blut von Millionen Soldaten, die im sinnlosen Stellungskrieg ihr Leben verloren hatten, die Grausamkeiten der Kriegführung, Gemetzel an Zivilisten, die Versenkung von Passagierdampfern durch U-Boote, Bombenangriffe auf Städte, das Drama von Millionen Flüchtlingen, Internierungslager, Deportationen und Zwangsarbeit konnten nicht folgenlos bleiben. Als eine der wichtigsten Konsequenzen sollte sich schließlich die Tatsache herausstellen, dass ethnische Säuberungen in Europa gängige Praxis wurden. Diese Form der Zwangsaussiedlung war nicht neu, fand in Europa aber erst am Ende des 19. und zu Beginn des 20. Jahrhunderts in größerem Umfang Anwendung, und zwar auf dem Balkan. Zumeist wird für diese Entwicklung der moderne Nationalismus des 19. Jahrhunderts als Ursache ausgemacht. Ich bin allerdings der Auffassung, dass der Nationalismus für Aussiedlungen mit ethnischem Charakter lediglich die Voraussetzungen schuf, jedoch nicht die unmittelbare Ursache war, so wie früher Religion keine direkte Ursache für Zwangsaussiedlungen mit konfessionellem Charakter war, sondern nur das dafür nötige Umfeld schuf.[61] Ganz abgesehen davon kennen die europäischen Grenzländer den ausschließenden Nationalismus, der auf der Exklusion Fremder beruht, schon seit dem Mittelalter. Hierfür liefert Irland ein Beispiel, wo das Statut von Kilkenny aus dem Jahr 1366 zeigt, wie sich die Engländer von ihren irischen Nachbarn nicht wegen der Konfession, sondern aus der Überzeugung abgrenzten, besseren Ethnien und einer überlegenen Rasse anzugehören.[62] Ebenfalls nicht aus konfessionellen Gründen machte sich an der Wende zum 13. Jahrhundert Gerald von Wales (Giraldus Cambrensis) Gedanken über die Vertreibung der Waliser nach ihrer endgültigen Unterwerfung durch die Engländer. Als Hauptursache nennt er den ganz offenkundigen Wunsch nach einer zivilisatorischen Mission, hinter der die Überzeugung von der Überlegenheit der Engländer über die benachbarten keltischen Stämme steht – die Schotten, Waliser und vor allem die Iren. Der ethnische Faktor spielte sicherlich auch eine Rolle bei der Vertreibung der Slawen aus Wagrien oder bei ihrer Verdrängung aus anderen Abschnitten des nördlichen slawisch-germanischen Grenzlandes im 12. Jahrhundert, selbst wenn hier deutlicher der Kampf gegen das Heidentum hervortritt, der vermischt war mit der Überzeugung, im Osten eine deutsch-christliche zivilisatorische Mission erfüllen zu müssen. Nur vor diesem Hintergrund ist der Befehl des Grafen Gunzelin von Hagen zu verstehen, alle Slawen aufzuhängen, die nicht eindeutig erklären können, wohin sie wollen.[63] Auf jeden Fall findet sich bereits im mittelalterlichen Europa diese typische Vermengung von religiösen, ethnischen und vor allem zivilisatorischen Elementen, die noch in jüngster Zeit am Beginn von Zwangsumsiedlungen standen. Dieselben Elemente sind bei den ethnischen Säuberungen auf dem Balkan im 19. und 20. Jahrhundert vorhanden, aber auch im Nordamerika des 19. Jahrhunderts – erinnert sei an den 1830 vom US-amerikanischen Kongress beschlossenen *Indian Removal Act*, der die Aussiedlung der Indianer in die Gebiete westlich des Mississippi vorsah. Im Zuge dieser Umsetzung erreichte die Sterberate zeitweise zwanzig bis vierzig Prozent und überstieg somit die bei den von Stalin angeordneten Umsiedlungen erheblich.[64] Nicht ganz zu Unrecht protestierte Zarin Katharina II. in Briefen an Präsident George Washington gegen diese Behandlung der autochthonen Bevölkerung Amerikas durch die weißen Kolonisten, doch sie hätte gut daran getan, auch der Lage der russischen Bauern mehr Beachtung zu schenken.[65] Mit einer Mischung aus zivilisatorischen und ethnischen Elementen haben wir es auch im »Dritten Reich« zu tun, wo zwar der in den Kolonien gut bekannte Faktor Rasse an die erste Stelle trat, aber Nationalismus als Grund für ethnische Säuberungen radikalsten Ausmaßes immer mit im Spiel war.[66]

Man kann unterschiedlicher Ansicht sein bezüglich des Verständnisses von Nation im Mittelalter und in der Neuzeit, so wie man sich über die Ursachen früherer Aussiedlungen streiten kann, deren Charakter dem ähnelte, was man heute ethnische Säuberung nennt, also Zwangsumsiedlungen, denen ethnische Motive zugrunde liegen. Wenn man diese Fragen aber unberücksichtigt lässt, verliert das Problem viel von seiner Tiefe. Es geht keineswegs nur um den Begriff selbst, den einige Wissenschaftler für anachronistisch halten.[67] Das ist er aber keineswegs, denn bereits während des Ersten Weltkriegs tauchten in zahlreichen Quellen Hinweise auf »Säuberungen« und »Reinigung« auf.[68] Dagegen ist die wissenschaftliche Terminologie oft anachronistisch, wie die Bemerkung des Indianers Daklugi zum Genozid zeigt.[69] Von größerem Belang ist die Frage, wodurch sich – abgesehen von der Emotionalität des Begriffs – ethnische Säuberungen im 20. Jahrhundert von früheren Aussiedlungen mit ethnischem Charakter unterscheiden. Auf diese Frage finde ich weder bei Norman M. Naimark noch bei Holm Sundhaussen eine klare Antwort,[70] die beide dafür plädieren, die ethnischen Säuberungen des 20. Jahrhunderts als eigene Kategorie zu begreifen. Ich stimme mit ihnen überein, dass man diesen Begriff nicht als Synonym für Völkermord verwenden kann.[71] Ethnische Säuberungen können zwar zu Völkermord führen, insbesondere bei zunehmender Radikalisierung in Kriegszeiten, doch an und für sich sind sie kein Völkermord, da ihr Ziel nicht die Ausrottung einer bestimmten Bevölkerungsgruppe ist, sondern ihre Vertreibung und die anschließende Übernahme ihres Landes.[72] Will man etwas herausstellen, was die ethnischen Säuberungen im 19. und 20. Jahrhundert vor allem auf europäischem Boden auszeichnet,[73] so sind die gewaltigen technischen, organisatorischen und mobilisierenden Möglichkeiten des modernen Staates zu nennen, die es ihm gestatten, große Menschenmassen zu bewegen und damit seine Absichten umzusetzen.[74] Die Frage des Massencharakters ist zweifellos wichtig, für die Typologie aber eher zweitrangig. Auch mit traditionellen Macheten, die heute überwiegend in China hergestellt werden, lassen sich Katastrophen herbeiführen, die kaum kleiner sind.[75] Die von Andrew Bell-Fialkoff vorgeschlagene Definition von ethnischen Säuberungen geht viel zu weit, da sie de facto alle Zwangsmigrationen umfasst, selbst diejenigen, die mit Ethnizität nichts zu tun hatten.[76] Ebenfalls unbegründet ist es aber, die ethnischen Säuberungen des 20. Jahrhunderts als eigene Kategorie zu begreifen. Sie stellen zwar aufgrund ihres Massencharakters und vor allem aufgrund der Möglichkeiten des Staates eine neue Qualität dar, gehören aber dennoch in ein und dieselbe Reihe.[77]

Die große Welle der europäischen ethnischen Säuberungen in der ersten Hälfte des 20. Jahrhunderts entsprang sowohl dem Nationalismus als auch dem Rassismus, vor allem aber der Radikalisierung durch den Krieg, die es dem aufgeklärten und nach rationalen Prinzipien organisierten Staat gestattete, »Ordnung« sowohl in den architektonischen wie in den gesellschaftlichen Raum zu bringen, und das hieß auch in den ethnischen Raum.[78] Nicht zufällig begannen die Säuberungen auf dem Balkan, wo sich die Entstehung der Nationalstaaten in höchst kondensierter Form vollzog. Von hier aus griffen sie auf ganz Europa über, wo sie bis 1914 trotz der Blüte des Nationalismus ein Tabu blieben. Das bedeutet nicht, dass man die Möglichkeit ihrer Anwendung nicht hier und da schon diskutiert, ja sogar versucht hatte, sie praktisch umzusetzen. Gerade das junge deutsche Kaiserreich hatte damit geliebäugelt, und das war kein Zufall, denn es lebte in wachsender Angst vor der polnischen oder – ganz allgemein – vor der slawischen »Gefahr«, war wirtschaftlich aber auf die Polen angewiesen. So erlaubte man polnischen Landarbeitern, aber auch Juden aus dem österreichischen und russischen Teilungsgebiet die Einreise nach Preußen, warf sie dann aber in einer Stimmung wachsender antipolnischer und antisemitischer Hysterie wieder hinaus.[79]

Die spezifische Stimmungslage, die Umsiedlungen als eine Form von Migration ermöglichte, bildete sich im Laufe des 19. und zu Beginn des 20. Jahrhunderts heraus, als Europa vom Kolonialfieber ergriffen wurde. Sechzig Millionen Menschen wanderten in die Neue Welt aus, vor allem in die Vereinigten Staaten. Zunächst gingen Iren, Engländer, Skandinavier und Deutsche, nach 1880 vor allem Italiener und Griechen sowie Slawen und Juden. Gewaltige Menschenmassen, bis zu eine Million im Jahr, wälzten sich zu den Häfen Nordeuropas. Dass jährlich rund achtzigtausend Juden nach Amerika auswanderten, wirkte sich demographisch kaum aus, da sich deren Geburtenrate in jener Zeit stark erhöhte. Die osteuropäischen Juden, fast alle mit Wurzeln in Polen, flohen wie die anderen Bewohner dieser Region in erster Linie vor der Armut. Sie hatten auch Angst vor dem langen Militärdienst, doch die Pogrome waren keineswegs die Hauptursache der Auswanderungsbewegung. In Russland kosteten die Pogrome zwischen 1903 und 1906 schätzungsweise zweitausend Juden das Leben, was das Bedrohungsgefühl zweifellos wachsen ließ, doch aus dem österreichischen Galizien, wo es keine Pogrome gab, emigrierten ebenfalls viele Juden.

Die jüdischen Migranten aus Osteuropa waren nirgendwo gerne gesehen, aber ihre sich national emanzipierenden Landsleute waren im Europa der Nationalstaaten ebenfalls nicht willkommen. Anfang des 20. Jahrhunderts stieg in ganz Westeuropa, das liberale Großbritannien nicht ausgeschlossen, die Abneigungen gegen Migranten auf ein bis dahin ungekanntes Niveau. Die jüdische Heuschreckenplage werde die ansässige Bevölkerung aus ihren Häusern und Arbeitsstätten verdrängen, fürchtete man und forderte die Schließung der Grenzen.[80] Die anschwellenden Ströme der Emigranten und später auch der Remigranten, die in beträchtlicher Zahl auf den Alten Kontinent zurückkehrten, ließen angesichts der atemberaubenden technischen Entwicklung und im Glauben an die unbeschränkten Möglichkeiten zum Umbau der Gesellschaft kühne Kolonisationsprojekte reifen. Am bekanntesten war der von Theodor Herzl vorgelegte Plan, in Argentinien oder Palästina einen jüdischen Staat zu gründen. »Die neue Judenwanderung muß nach wissenschaftlichen Grundsätzen erfolgen«, schrieb der Begründer der zionistischen Bewegung in der Überzeugung, dass man mit Willenskraft, systematischer Planung und intensiver Arbeit eine Wüste in einen blühenden Garten verwandeln könne. Herzl wollte niemanden gewaltsam entwurzeln, sondern vorsichtig und freiwillig umpflanzen, im Übrigen nicht nur zum Wohle der Juden, die endlich ihren eigenen Staat erhalten würden, sondern auch der Christen, die infolge der Abwanderung von Juden nicht mehr aus ihren übervölkerten Ländern emigrieren müssten.[81]

Dieser »Migrationsrausch«, die neuen organisatorisch-logistischen und technischen Möglichkeiten, aber auch die wachsenden gesellschaftlichen und nationalen Spannungen in den mächtigen Imperien, die gewaltige Räume zwischen der Ostsee und dem Balkan beherrschten, mussten die Gedanken der europäischen Politiker und Gesellschaftsplaner unweigerlich auf Zwangsumsiedlungen lenken, die aus der Kolonialpraxis bereits gut bekannt waren. Es bedurfte jedoch noch eines langen Krieges, bis man tatsächlich begann, Deportationen, die ethnischen Säuberungen oft sehr nahe kamen, ernsthaft zu planen und vor allem auszuführen.[82] Wie Pavel Polian feststellt, ähnelten die entsprechenden Maßnahmen im zaristischen Russland den späteren sowjetischen Deportationspraktiken schon sehr, aber noch gab es reichlich Kritik an solchem Vorgehen.[83] Mark Mazower wiederum hat Elemente der Kontinuität beim Vergleich der habsburgischen Politik während des Ersten Weltkrieg gegenüber den serbischen Slawen mit dem Agieren der Wehrmacht knapp drei Jahrzehnte später ausgemacht.[84] Bei der Planung von Säuberungen ging das von den Hohenzollern beherrschte Deutsche Reich am weitesten. Es gab hier eine antipolnische Gesetzgebung, die von den seit den 1870er Jahren im Vormarsch befindlichen Nationalisten getragen wurde, doch viele Liberale zeigten sich ebenfalls überzeugt von der zivilisatorischen Überlegenheit ihrer Nation über die slawischen Nachbarn.[85]

Noch ehe 1915 der schweizerische Anthropologe Georges Montandon die These formulierte, dass man die Minderheitenprobleme durch Umsiedlungen lösen könne, wurden im deutschen Ostpreußen und im deutschen Generalstab ganz konkrete Überlegungen hierzu angestellt.[86] Die durch den Krieg geschaffene Gelegenheit nutzend, schlug man eine »strategische Korrektur« der deutschen Siedlungsgebiete im Osten vor: Man wollte Polen, Litauer und Russen in einem breiten Streifen entlang der deutschen Ostgrenze aussiedeln und so einen »polnischen Streifen« (eigentlich einen antipolnischen Streifen) einrichten, eine Variante des »antislawischen Bollwerks«, von dem in Deutschland seit der Wende zum 20. Jahrhundert immer häufiger die Rede war. Im Zuge der wachsenden Radikalisierung durch den Krieg und der nach den anfänglichen Siegen immer höher gesteckten Kriegsziele wurde der »Streifen« immer breiter und die Sprache immer martialischer. Einige träumten sogar schon von der Aussiedlung (in deutschen Dokumenten von 1916 heißt es noch »Verschiebung«, zwei Jahre später dann »Aussiedlung«) aller Polen, ob jüdisch oder nicht, aus einem Gebietsstreifen von Schlesien bis Kurland. In diesem Raum sollten zwischen anderthalb und zwei Millionen Deutsche aus Russland und eventuell auch aus anderen Ländern angesiedelt werden.

Nachdem Generalfeldmarschall Paul von Hindenburg in einer Denkschrift vom 5. Juli 1918 erklärt hatte, die Deutschen hätten auf friedlichem Wege keine Chance, sich in den östlichen Gebieten zu halten, die Preußen Polen abgenommen hatte, wurde die Errichtung eines »deutschbeherrschten« und »besonders gesicherten Grenzstreifens« vom strategischen Ziel zur nationalen und politischen Pflicht. Die Kriegslage schien eine einzigartige Möglichkeit zu bieten, »die polnische Gefahr« ein für alle Mal zu beseitigen. Dies sei, schrieb Hindenburg ganz im Geiste der Zeit, lediglich eine Frage des Willens, denn technisch sei der Plan durchführbar, man müsse ihn nur ernsthaft verfolgen. Ein solcher Grenzstreifen »würde gewiss an Bedeutung hinter den preußischen Kolonialgründungen nicht zurückstehen, denen Deutschland einen guten Teil seiner Größe verdankt«. Der spätere Reichspräsident verlangte ferner »im Grenzstreifen erforderliche Enteignungen polnischen Privatbesitzes«, um Platz zu schaffen für deutsche Siedler aus Russland und Rückwanderer, wie es in der Denkschrift weiter hieß.[87] Da die Deutschen den Krieg verloren, mussten sie diesen Plan aufgeben, doch die Nationalsozialisten kehrten im Herbst 1939 zu ihm zurück, wobei die Frage offen bleibt, wie bewusst sie an ihn anknüpften.[88] Immerhin wird er nicht selten als »Vorstufe zur Lebensraumideologie des Nationalsozialismus« gesehen.[89] Hans-Ulrich Wehler vertritt die Ansicht, dass der grundlegende Wandel der deutschen Mentalität in Bezug auf die Umsiedlungspolitik nicht in die Jahre 1933 bis 1939 fällt, sondern in den Ersten Weltkrieg, selbst wenn dies – möchte ich hinzufügen – vor allem die politischen und militärischen Eliten betraf.[90] Jedenfalls wird hier deutlich, dass die deutsche Politik gegenüber dem slawischen Osten, die eng mit der Politik gegenüber den Juden zusammenhing, aus eigener Wurzel stammte und nicht – wie Ernst Nolte meint – eine Antwort auf die bolschewistischen Verbrechen war.[91]

Immer noch nicht einwandfrei geklärt ist jedoch, ob es einen Zusammenhang gab zwischen dem »polnischen Grenzstreifen« und den Plänen der Mittelmächte zur Unabhängigkeit Polens. Sicher ist, dass die erste Planung für einen antipolnischen Siedlungsstreifen schon vor November 1916 erfolgte, als Deutschland und Österreich-Ungarn ein Regentschaftskönigreich Polen proklamierten, ohne zu ahnen, welche Dynamik die polnische Frage bald entwickeln würde. Ausgearbeitet wurde das Siedlungskonzept wohl erst, als man in Deutschland – viel zu spät – erkannte, dass die internationale Entwicklung auf die tatsächliche Unabhängigkeit Polens zusteuern könnte. Das wollten die Deutschen – nach den Worten des österreichisch-ungarischen Außenministers von 1918 – auf jeden Fall verhindern aus Angst, im Osten Gebiete abtreten zu müssen.

In Deutschland wusste man damals längst, dass der deutsch-polnische Kampf um Pommerellen (Westpreußen) und erst recht um Posen (Großpolen) in demographischer, wirtschaftlicher und kultureller Hinsicht verloren war. Obwohl das Deutsche Reich alle unter Friedensbedingungen möglichen Repressionsmittel eingesetzt hatte, hatte die Kraft der Polen in diesen Bereichen beständig zugenommen. Die polnische Kultur blühte und war in der Bevölkerung breit verankert, sodass die Polen schließlich überzeugt waren, den Kampf um diese Gebiete zu gewinnen.[92] Je wahrscheinlicher das wurde, desto nervöser reagierte das Deutsche Reich. Man besann sich auf Bismarcks Worte, dass eine beschränkte polnische Unabhängigkeit in den russischen Gebieten ein geringeres Übel wäre als das »Erscheinen siegreicher russischer Armeen in unserem Lande«. Der Kanzler hatte diese Möglichkeit – als absolut letzten Ausweg – 1887 in einer geheimen Denkschrift für Kaiser Wilhelm aufgezeigt. Dass man die Gebiete, die Preußen sich bei den Teilungen Polens einverleibt hatte, zurückgeben könnte, wurde gar nicht erst erwogen, im Gegenteil: Deutschland hielt an der Germanisierungspolitik fest und war schließlich sogar bereit, bei deren Umsetzung Zwangsaussiedlungen in großem Umfang nicht zu scheuen.[93]

Europa nach dem Ersten Weltkrieg

–·–·– Grenzen seit 1923

NORWEGEN

Kristiania/
Oslo

SCHWE

Skagerrak

GROSSBRITANNIEN
UND NORDIRLAND

DÄNEMARK
(1920)

Nordsee

Kopenh

Belfast

IRLAND   Dublin

NIEDER-
LANDE

Amsterdam

Berlin

London

Brüssel

DEUTSCHES
REICH

Ärmelkanal

BELGIEN

Atlantischer
Ozean

Compiègne

Paris   Verdun

Versailles
(1919)

ÖS
RE

SCHWEIZ

Tri
(1919/2

FRANKREICH

(1919/2

(1922)
Rapallo

ITALIE

Korsika
(franz.)

PORTUGAL

Madrid

Lissabon

Balearen
(span.)

Sardinien
(ital.)

SPANIEN

Mittelmeer

Tanger

Er-Rif
(span.)

Algier

Algerien
(franz.)

Tunesien
(franz.)

Marokko
(franz.)

0   300 km

FINNLAND
(1917/20)

● Helsinki ● Petrograd/Leningrad

Tallinn ●

ockholm · ESTLAND
(1918/20)

tsee

LETTLAND
Riga ● (1918/20)

● Moskau

emel LITAUEN
23/24 lit.) ● ● Wilna
zig Kaunas
Ost-
preußen
? ● Tannenberg

RUSSLAND
(ab 1922 UdSSR)

19/20)
20) ● Warschau

● Kiew

POLEN
Ost-
galizien
(1919)

*Asowsches
Meer*

HECHOSLOWAKEI
918/19)

Krim

● Budapest (1918/20)

UNGARN RUMÄNIEN

Schwarzes Meer

(1920)
Belgrad ●
R. DER SERBEN,
ROATEN UND
OWENEN (1918/20)
● Bukarest

BULGARIEN (1918–23 von
Alliierten bes.)
● Sofia ● Istanbul ● Ankara

Tirana ● (1919/20) ● Gallipoli

ALBANIEN TÜRKEI
(1922 Abschaffung des
Osmanischen Reichs)

GRIECHENLAND

Syrien
(1920
franz. Mandat)

● Athen

Dodekanes
(ital.)

Zypern
(brit.)

Libanon

Kreta

Palästina
(1920 brit. Mandat) Irans-
jordanien

Mittelmeer

KAPITEL 3

Menschen ohne Pässe

Die unruhige Zwischenkriegszeit

DER BETAGTE JAROSŁAW IWASZKIEWICZ unternahm in den
1960er Jahren den Versuch, in einer autobiographischen Erzählung die
ein halbes Jahrhundert zurückliegenden Ereignisse von Patina und
Staub zu befreien und die Stimmung in einem ostukrainischen Städtchen Mitte des Jahres 1918 darzustellen, zu einem Zeitpunkt also, als
Deutschland und Österreich-Ungarn bereits einen Friedensvertrag mit
dem von revolutionärem Durcheinander ergriffenen Russland unter-
schrieben hatten. Der Schriftsteller räumte ein, dass er nicht mehr
unterscheiden könne, was er selbst gesehen und was er aus späterer
Lektüre erfahren habe. Da er es vermied, sich in den Einzelheiten der
Ereignisse zu verlieren, gelang ihm eine Darstellung von außergewöhnlicher Dichte und Anschaulichkeit: der universelle Ausdruck eines anschwellenden Tumults, der eine multikonfessionelle und multiethnische
Stadt beinahe unbemerkt in einem Augenblick ergreift, in dem äußere
Umstände ein Machtvakuum entstehen lassen. Noch leben sie alle miteinander: Der deutsche Pastor aus der Gegend von Saratow organisiert
gemeinsam mit ortsansässigen Polen und Russen, die hier die Mehrheit
bilden, Hilfe für polnische Flüchtlinge. Nationalitätenunterschiede
spürt man kaum; wenn es Unterschiede gibt, dann sind sie eher religiöser Natur. Die Schneiderin Mascha, eine Orthodoxe, ist überzeugt, dass
die Katholiken von Gott den Tod der anderen erbitten. Die schöne
Olga, die ihrer Herkunft nach Russin ist und gar kein Polnisch spricht,
ist gerade zum Katholizismus übergetreten. Man liest sich gegenseitig
Gedichte vor und sitzt gemeinsam bei Tisch. Doch der Aufruhr nimmt
zu, da sich im Untergrund einige Polen und Russen ohne Rücksicht auf
die Folgen ihres Tuns darauf vorbereiten, das Städtchen einzunehmen.
Jura, der Anführer der Russen, plant ein Pogrom an den Juden, doch

diese sammeln Geld, um sich freikaufen zu können. Schließlich brechen die Kämpfe aus. Die Anführer blasen in die nationalen Hörner, es gibt erste Gefallene, was niemand wollte. Aber es ist Blut geflossen, und dieses Blut verlangt nach weiterem Blut, die Antwort auf das erste Feuer sind weitere Feuer. Die angegriffenen Juden fliehen in die Steppe. In der Stadt kämpft jeder gegen jeden. Die Weichen sind gestellt, man muss sich schlagen, auch wenn man nicht will und es nach wie vor nicht an Besonnenen fehlt, die dem sinnlosen Blutvergießen Einhalt gebieten wollen. Doch ihre Zeit ist vorbei. Der Hass hält Einzug, und mit ihm tritt zwielichtiges Gesindel auf den Plan, das sich in jeder Gesellschaft findet, an jedem Ort und zu jeder Zeit. Nun werden auch Frauen und Kinder getötet, manchmal sind sie zufällige Opfer. Das Verlangen nach Vergeltung lässt sich bald nicht mehr eindämmen. Menschen, die einander gut kannten, sterben unter den Händen ihrer Nachbarn, mit denen sie noch am Vortag gemeinsam im Garten gesessen haben. Mit einem Satz: Es ist die Hölle auf Erden.[1]

Die russischen und ukrainischen Pogrome in der Ukraine in den Jahren vor dem Ersten Weltkrieg und direkt danach sind gut erforscht. Allerdings wird in der Regel die Zahl der Todesopfer zu hoch angegeben: Im Gegensatz zur Aufregung in der zeitgenössischen Presse und in späteren Veröffentlichungen war sie relativ gering, insbesondere vor 1914.[2] Weniger wissen wir über die Stimmung, in der sich dies alles abspielte, über die Demoralisierung durch den langen Krieg und das anschließende revolutionäre Chaos, über den Hunger, über den fortwährenden Durchmarsch von Armeen, über die vielen Menschen, die die Spanische Grippe hinwegraffte – in den Jahren 1918 und 1919 forderte sie mehr Todesopfer als der gesamte Erste Weltkrieg. Doch wenn sich 1918 schon die Lemberger trotz aller Freude über die Wiedergeburt Polens über die »historischen Zeiten« beklagten und sich nach einem normalen Leben sehnten, das sie längst nicht mehr kannten, was sollten dann erst die Kiewer sagen, die zwischen dem Sturz der Zarenherrschaft und der endgültigen Stabilisierung der Sowjetregierung 1921 mehr als ein Dutzend verschiedene Armeen sahen?[3] Die Pogrome in der vom Bürgerkrieg gebeutelten Ukraine hatten viele Tote und Verletzte gefordert, Zehntausende waren aus ihren Wohnungen vertrieben worden, Hunderttausende in die Nachbarländer geflohen, vor allem nach

Polen. Auch dort kam es bis zur endgültigen Stabilisierung der Regierung immer wieder zu lokalen antisemitischen Ausschreitungen, die allerdings nur ein Element im allgemeinen Chaos darstellten, das in dem ganzen so eben erst wiederentstandenen Staat herrschte, sieht man einmal vom Westen des Landes ab. Die deutsche Armee plünderte auf ihrem Rückmarsch Städte und Dörfer, bewaffnete Marodeure streiften durch die Straßen, vom Krieg demoralisierte Verbrecher schreckten vor keiner Grausamkeit zurück. Der Generalstab berichtete immer wieder von Kämpfen gegen Banditen, vor allem in der Gegend von Kielce.[4]

Die Juden waren Konkurrenten in Sachen Armut. Ihr Besitz war wie der aller anderen von der russischen Armee zu Beginn des Ersten Weltkriegs nach Osten Deportierten längst aufgeteilt worden, und niemand wollte die rechtmäßigen Besitzer noch einmal sehen.[5] Aus Angst vor Vergeltung versuchten die Juden neutral zu bleiben, doch alle kämpfenden Parteien waren sich darin einig, dass sie die Feinde begünstigten, insbesondere die Bolschewiken. Das musste, wie Jacob Lestschinsky zeigt, nicht immer eine falsche Beschuldigung sein, insbesondere in der russischen Ostukraine nicht, die von Denikins Weißer Armee besetzt war. Je mehr diese plünderte und je mehr Massaker sie verübte, desto mehr Juden flohen in den Machtbereich der Roten Armee, obwohl der Kommunismus auf längere Sicht ihre Lebensweise zu zerstören drohte.[6]

Aus ähnlichen Gründen nahm in Polen die Unterstützung für den Kommunismus seitens der Juden zu, wie der britische Regierungsgesandte Stuart M. Samuel feststellte. Sie stieg umso höher, je mehr die christliche Mehrheitsbevölkerung die Juden ausschloss. Da man sie für ihre feindliche Haltung gegenüber dem neuen Staat zu bestrafen suchte, indem man etwa den jungen Juden den Aufstieg verwehrte, wuchs die jüdische Sympathie für den Kommunismus nur noch mehr. Die größte Welle antijüdischer Unruhen überrollte Polen Ende 1918, Anfang 1919. Sie kostete mehr als 350 Juden das Leben, hauptsächlich in Lemberg und Pińsk, aber auch im Wilnaer Land. Zweifellos war auch die schlechte Behandlung vor allem durch die Soldaten nicht selten der Grund dafür, dass ein Teil der jüdischen Bevölkerung die Bolschewiken unterstützte. Noch mehr waren es aber, so Samuel, die Verrohung infolge des Krieges, die Armut und die Schwäche der Zivilverwaltung vor allem im russischen Teilungsgebiet.

Mit dem sowjetischen Vormarsch im Sommer 1920 nahmen die Überfälle auf Juden, die traditionell als fünfte Kolonne der Bolschewiken galten, wieder zu. Dabei haben, wie neuere Forschungen belegen, nicht mehr als zehn Prozent der polnischen Juden ihre Unterstützung für die Bolschewiken erklärt, ein Anteil, auf den es auch die übrige Bevölkerung Polens gebracht haben dürfte. In den allermeisten Fällen brachen die antijüdischen Unruhen spontan aus, doch es kam auch vor, dass sie – mit schweigender Zustimmung der Befehlshaber – von wenig disziplinierten Militäreinheiten ausgelöst wurden, die nach der Einnahme eines Dorfes plünderten, schlugen und vergewaltigten. Als schließlich die sowjetrussische Armee vor Warschau stand, internierte die polnische Armee ihre jüdischen Soldaten in einem Lager in Jabłonne. Das entsprach durchaus der internationalen Praxis in den Kriegen dieser Zeit. Die Polen mit ihrer Erfahrung aus drei Teilungsarmeen hätten allerdings wissen müssen, dass sich ein Rekrut prinzipiell in jeder Armee gut schlägt. Sie aber setzten sogar Freiwillige und jüdische Angehörige der Polnischen Legionen aus dem Ersten Weltkrieg fest, was selbst die Zeitgenossen für Unsinn hielten. Unter den Verhafteten befand sich Mordechaj Hirsch, der Sohn eines verdienten Warschauer Druckers, der Warschau als Freiwilliger vor den Bolschewiken verteidigt hatte. »Beleidigt wanderte er später nach Paris aus und gelobte, nie mehr zurückzukommen.« Der britische Gesandte Samuel empfahl der polnischen Regierung daher nicht ohne Grund die Gleichbehandlung der Staatsbürger, wobei er sich nicht generell gegen die Internierung aussprach, aber ein rasches und gerechtes Verfahren in jedem einzelnen Fall verlangte.[7]

DER NATIONALISMUS, der andere ausschließt, dominierte schon am Ende des 19. Jahrhunderts fast ganz Europa und nahm im Ersten Weltkrieg – vor allem in Deutschland und Frankreich – die Form eines geradezu hysterischen Chauvinismus an. Nach 1918 breitete er sich auch in Mittel- und Ostmitteleuropa aus, das bis dahin von vier Mächten beherrscht worden war: von den Habsburgern, den Romanows, den Hohenzollern und den Osmanen. Die Osmanen hatten sich bereits nach den Balkankriegen fast vollständig aus Europa zurückgezogen. Österreich-Ungarn fiel 1918 trotz der seit den 1860er Jahren unternommenen kühnen Versuche, ein föderales Programm umzusetzen, wie ein Kartenhaus zusammen – vielleicht hatte es sich zu spät zu Reformen entschlossen und sie nicht konsequent genug durchgeführt. Russland, das etwa seit dem polnischen Januaraufstand von 1863 in genau die entgegengesetzte Richtung strebte und ein immer strikteres Russifizierungsprogramm verfolgte, insbesondere in den polnischen Gebieten und in den baltischen Gouvernements, wurde von einem Bürgerkrieg heimgesucht. Und Deutschland, das an der Wende zum 20. Jahrhundert die polnische Bevölkerung in seinen Ostprovinzen diskriminiert und unterdrückt hatte, war geschlagen und musste den in Versailles diktierten Frieden akzeptieren.

Das seit mehr als hundert Jahren unterdrückte Polen nutzte in Versailles die Gunst der Stunde und erlangte die Unabhängigkeit. Ihre Souveränität erhielten auch viele Nationen, die nie zuvor in einem unabhängigen Staat vereint gewesen waren, zum Beispiel die Letten, Esten und Finnen. Andere wie die Ukrainer und die Armenier erkämpften sich ihre Unabhängigkeit nur für kurze Zeit und fielen schon bald ihren mächtigeren Nachbarn zum Opfer. Das Recht auf Selbstbestimmung in Anspruch nehmend, das die Westmächte allerdings sehr willkürlich handhaben, kämpften die wiederentstandenen und neugegründeten Staaten Europas nun um den Verlauf ihrer Grenzen. »Die Mächte haben aufgehört sich zu schlagen, nun haben die Zwerge  begonnen«, quittierte dies Winston Churchill mit dem ihm eigenen Sarkasmus. Das waren nicht selten brudermörderische Kämpfe, die in dem national gemischten Ostmitteleuropa ausgetragen wurden, wo sich eindeutige Grenzlinien kaum festlegen ließen. Nicht nur Nachbarn wurden nun zu Gegnern, auch innerhalb der Familien und zwischen Geschwistern kam es zum Bruch. Ein Beispiel dafür ist die Familie Szeptycki (Šeptyckyj), deren Mitglieder später größtenteils von der Gestapo oder dem sowjetischen NKWD ermordet wurden. Der General Stanisław diente in der polnischen Armee, sein Bruder Andrzej (Andrej), ein griechisch-katholischer Erzbischof, unterstützte entschlossen die ukrainische Nationalbewegung, tat aber während des Zweiten Weltkriegs alles, um eine Beteiligung der Ukrainer an der Ermordung von Juden und später von Polen zu verhindern. Ein anderes Beispiel ist die Familie Iwanowski. Der Vater war ein polnischer Adliger weißrussischer

Herkunft, während die Mutter als Polin aus einer bei Zamość beheimateten deutschen Familie stammte. Die fünf Kinder wurden alle im Geist der polnischen Kultur und der politischen Gemeinschaft Polen-Litauens vor den Teilungen erzogen. Nach dem Ersten Weltkrieg bekannten sich drei von ihnen zur polnischen, eines zur litauischen und eines zur weißrussischen Identität. Das passte problemlos zur Tradition der alten Adelsrepublik, aber ganz und gar nicht zur Realität des Jahres 1918.[8]

Mit der Entstehung neuer Staaten sahen sich die bislang dominierenden Nationen plötzlich in großen Teilen des östlichen Europas in der Minderheit. Das stellte sie vor die Wahl, entweder diesen neuen Status zu akzeptieren, was nicht leicht war, da man allgemein davon ausging, dass Minderheiten mit der Zeit auf natürliche Weise assimiliert werden, oder in Länder zu emigrieren, in denen sie die Mehrheit stellten.[9] Wenn man jahrzehntelang oder gar – wie in Böhmen – jahrhundertelang die Privilegien der »Staatsnation« genossen hatte, war es nicht leicht, sich mit der neuen, meist als demütigend empfundenen Lage abzufinden. Das erforderte Zeit sowie ein entsprechendes kulturelles Klima, aber beides gab es in den kurzen zwei Jahrzehnten zwischen den Kriegen nicht. Weder die Minderheiten noch – was schwerer wog – die Staaten, auf deren Territorium sie lebten, bemühten sich um ein gedeihliches Miteinander. Die Folgen waren fatal. In den ukrainischen Gebieten der Republik Polen kam es zu Terrorakten gegen polnische Siedler und Beamte, worauf die Staatsmacht mit der sinnlosen und der Staatsräson im Grunde widersprechenden »Pazifizierung« der ukrainischen Dörfer durch polnische Truppen reagierte. Der dabei vom Staat angewendete Grundsatz der kollektiven Verantwortung, nach dem man ganze Dörfer für einen Terroristen demütigte, bestätigte de facto, dass sich nicht alle Bürger im neuen Polen zu Hause fühlen konnten.

Die schwierige Lage wurde noch schwieriger dadurch, dass die den neuen Staaten vom Völkerbund 1919 aufgezwungenen Minderheitenschutzverträge nicht die allgemeinen Erwartungen erfüllten. Erstens waren sie eindeutig diskriminierend, da sie nicht für alle Staaten galten, zum Beispiel nicht für Deutschland oder Italien, das in den Besitz des österreichischen Südtirols gelangt war. Zweitens trugen sie dazu bei, dass Minderheiten und Staat noch schneller in Konflikt gerieten, was nur die Abneigung der Staatsmacht gegen die Minderheiten verstärkte und damit auch sein Bestreben, diese loszuwerden, weil nur so die volle Souveränität erreichbar schien.[10] Ludwik Hirszfeld, der berühmte polnische Immunologe jüdischer Herkunft, schrieb in Bezug auf die in Polen lebenden Juden, dass »die von den internationalen Institutionen geschützten Minderheitenrechte den Juden nicht halfen, sondern den Graben zwischen ihnen und den [anderen] Polen vertieften«.[11] Seine Beobachtung kann man durchaus auf andere Minderheiten und andere Staaten übertragen. In Mittel- und Ostmitteleuropa betraf dieses Problem in besonderer Weise die Deutschen, zumindest in quantitativer Hinsicht. Proportional gesehen lagen dagegen Österreich und Ungarn an der Spitze. In den 1920er Jahren waren über zehn Prozent der in Österreich Lebenden außerhalb der Landesgrenzen geboren. Alleine aus Böhmen und Mähren waren über vierhunderttausend Personen zugewandert. Die Lage Ungarns war noch komplizierter, da es über eine halbe Million Flüchtlinge aus der Tschechoslowakei, Rumänien und Jugoslawien aufnahm. Andererseits lebte ein Viertel aller Ungarn nach der neuen Grenzziehung in Trianon im Ausland, meist in geschlossenen Gruppen und in historisch gewachsenen Grenzgebieten.

Auf ihre neue Rolle als Minderheit waren die Deutschen nicht vorbereitet, die den Rang einer Weltmacht beansprucht hatten und nun gar nicht anders konnten, als vom Versailler Vertrag enttäuscht zu sein.[12] Die Lage wurde noch dadurch kompliziert, dass sie zumindest seit der zweiten Hälfte des 19. Jahrhunderts den Völkern Ostmittel- und Osteuropas gegenüber eine patriarchalisch-kolonialistische Haltung eingenommen hatten und tatsächlich überzeugt gewesen waren, der Beitrag der Deutschen zur zivilisatorischen Entwicklung dieses Teils von Europa rechtfertige ihre Herrschaft und ihr Übergewicht in dieser Weltgegend. Ähnliche Auffassungen konnte man auch bei Ungarn und Polen finden, doch nur die Deutschen verfügten über reale Macht und stellten eine Gefahr für ihre Nachbarn dar. Hunderttausende Deutsche zogen es deshalb nach 1918 vor, nicht im Status der Minderheit zu leben, und entschlossen sich zur Ausreise, andere wurden dazu gezwungen. Frankreich verwies unmittelbar nach Kriegsende hundertfünfzig- von über zweihunderttausend Deutschen des Landes, die sich nach 1871 im Elsass und in Lothringen niedergelassen hatten, obwohl sich zumindest ein Teil von ihnen längst assimiliert hatte und die Kinder nicht selten den örtlichen Dialekt sprachen. In der französischen Presse wurden eine antideutsche Hysterie entfesselt und – wie überall in Europa – die nationale Einheit propagiert, ohne Rücksicht darauf, was man damit anrichtete. »Man hat zu lange gezögert, das Land von diesem Gesindel zu säubern«, schrieb *Le Rhin français* im Sommer 1919.

Die Ausweisungsmaßnahmen begannen mit der Einteilung der Einwohner von Elsass und Lothringen in vier Gruppen: Die erste bestand aus alteingesessenen Elsässern und Lothringern, die beiden nächsten bildeten Personen mit gemischter Herkunft, die letzte schließlich deutsche Zuwanderer und deren Nachfahren. Letztere hatten eigentlich keine Chance zu bleiben, doch es wurden auch Angehörige der anderen Gruppen ausgesiedelt. Alteingesessene Elsässer, die man verdächtigte, die Deutschen begünstigt zu haben, wurden ganz besonders schlecht behandelt und erhielten zunächst auch gar keine Möglichkeit, sich zu verteidigen. Da die Deutschen bei der Übermacht der Franzosen nicht damit rechnen konnten, dass sich ihre Lage in absehbarer Zeit verbessern würde, verkauften die meisten ihren Besitz und zogen ins Reich, nicht ahnend, dass sie Glück im Unglück hatten. Noch hatten die Immobilienpreise in Deutschland nicht angezogen, sodass sie sich eine neue Existenz aufbauen konnten und ihre Integration insgesamt recht reibungslos verlief. Wer sich dagegen den französischen Behörden widersetzte, wurde über kurz oder lang aus seiner Wohnung geworfen und musste das Land innerhalb von 24 Stunden verlassen. Zwei- bis dreimal in der Woche fuhren Sonderzüge von Straßburg zur Reichsgrenze, die unterwegs bedroht und mit Steinen beworfen wurden.

Noch schlimmer war die Lage der sieben- oder achthunderttausend Deutschen, die aus Polen auswanderten. Eine Aufforderung, das Land zu verlassen, erhielten nur diejenigen, die sich nach 1908 dort niedergelassen hatten, also nach dem Inkrafttreten der gegen die Polen gerichteten deutschen Enteignungsgesetze. Die Übrigen konnten selbst entscheiden, ob sie in Polen bleiben und die polnische Staatsbürgerschaft annehmen oder ausreisen wollten. Beamte, vor allem Polizisten und Lehrer, die eng mit der von der preußischen Regierung durchgesetzten Kolonisationspolitik zu tun gehabt hatten, konnten sich ausrechnen, dass sie in Polen keine geeignete Arbeit mehr finden würden, selbst wenn im neuen Staat an allen Ecken und Enden qualifizierte Beamte fehlten. Aus Angst vor einem Verwaltungschaos appellierten die lokalen Behörden in Großpolen, Pommerellen und Oberschlesien zunächst sogar an die Deutschen, zu bleiben, und garantierten ihnen, dass sie später ihr gesamtes Privatvermögen mitnehmen könnten. Andere, darunter die hier an die Deutschen assimilierten Juden, optierten zum großen Teil für die »Repatriierung« in der Gewissheit, dass es nach Jahrzehnten scharfen Nationalitätenkampfes nicht leicht werden würde, im wiederentstandenen Polen konfliktfrei zu leben. Die deutsche Regierung versuchte sie jedoch zum Bleiben zu bewegen in dem Kalkül, dass dem polnischen Staat nur eine kurze Lebensdauer beschieden sein würde. Auf diese Weise wurden die Deutschen im Osten zu einem Instrument der deutschen Revisionspolitik. Als sich um 1921 schließlich herausstellte, dass die Hoffnungen auf den Untergang des polnischen Staates vergebens waren, verkauften sie eilends ihre Habe und wanderten ab.

Diese Gelegenheit nutzte die Familie meiner Urgroßmutter Kmiecińska, deren Söhne und Schwiegersöhne, darunter mein Großvater Stanisław Piskorski, sich zusammentaten und in Obornik bei Posen in einer – wie die Familienlegende will – ganz einzigartigen Lage unweit der Synagoge ein Haus kauften. Die Familie Kmieciński stammte, ähnlich wie die Familie meines Großvaters, aus dem Handwerkerstand, war jedoch für die damalige Zeit außergewöhnlich belesen. Mein Urgroßvater war Glaser und besaß eine Wanderbibliothek mit polnischen Büchern, verkaufte aber auch polnische Kalender, aus denen damals viele ihr ganzes Wissen über die Welt bezogen. Der Familienüberlieferung zufolge saß meine Großmutter bald stolz am Fenster des neuen Hauses und blickte auf das Treiben im Stadtzentrum von Obornik. Die deutschen Juden, denen das Haus abgekauft worden war, dürften weniger zufrieden gewesen sein. Sie hatten sich zu spät zur Ausreise entschlossen, denn inzwischen stiegen die Immobilienpreise in Deutschland rasant an, und die Inflation fraß die Ersparnisse auf. Die »Repatrianten« kamen deshalb nicht selten in eines der 26 Heimkehrerlager. Ihre Integration stieß auf Hindernisse, da die Hälfte von ihnen Bauern waren, es im Reich aber kein Ackerland zu kaufen gab. Das Problem erledigte sich 1923, als die Inflation in Deutschland in die Hyperinflation überging. Wer konnte, blieb nun doch lieber an Ort und Stelle. Die polnische Regierung versuchte zwar die »Optanten«, die sich bereits entschlossen hatten, das Land zu verlassen, zur Ausreise zu nötigen, scheute sich dann aber, sie mit Gewalt auszuweisen.

Die deutsche Volkszählung von 1925 ergab, dass zwei Prozent aller Deutschen, insgesamt fast anderthalb Millionen Menschen, außerhalb der in Versailles festgelegten Reichsgrenzen geboren worden waren. Neben den Aussiedlern und Flüchtlingen aus Frankreich und Polen sowie relativ wenigen Rückwanderern aus den deutschen Kolonien kamen hundertzwanzigtausend deutsche Siedler aus Russland, die jedoch unter den veränderten Bedingungen nicht mehr willkommen waren und es daher vorzogen, weiterzuwandern – die meisten nach Amerika, viele nach Polen. Einige gingen sogar zurück in die UdSSR, da es schien, als könne dort das Bürgerkriegschaos allmählich überwunden werden.[13]

NACH DEM ERSTEN WELTKRIEG machten sich auch Polen und Balten auf den Weg. Litauen nahm dreihunderfünfzigtausend Flüchtlinge auf, das waren fünfzehn Prozent der Gesamtbevölkerung. Tausende von Letten, Esten und Finnen strebten aus Russland in ihre jungen Staaten. »Die Züge gingen bei Tag und Nacht hin und her.«[14] Nicht selten hatten die »Repatrianten« ihr Herkunftsland nie zuvor mit eigenen Augen gesehen, da ihre Vorfahren entweder verbannt worden oder im Laufe des 19. Jahrhunderts beziehungsweise in den ersten Jahren des 20. Jahrhunderts aus Erwerbsgründen ausgewandert waren.[15] Sie kamen nun mit hohen Erwartungen in Länder voller »Glashäuser«, wie dies Stefan Żeromski in dem Roman *Vorfrühling* schildert; die Wirklichkeit entsprach kaum ihren Vorstellungen, und so waren sie nicht selten bitter enttäuscht. In den jungen Staaten erwartete sie ein unstetes Leben. In Polen fehlte es beispielsweise an Wohnungen, die Preise stiegen, und in der Presse wimmelte es von Anzeigen wie dieser: »Junger Mann, aus Russland heimgekehrt, braucht dringend Beschäftigung.«[16] So eine »Heimkehr« durch das vom Bürgerkrieg erfasste Russland konnte Jahre dauern. Elisabeth Sczuka und ihr Vater Johann haben beschrieben, wie sie sich im Mai 1918 in der Nähe von Krasnojarsk in Sibirien auf den Weg machten und über den Hafen Stettin –

wo sie in Quarantäne kamen – kurz vor Weihnachten 1920 in ihr Haus in Popowen bei Lyck in Ostpreußen zurückkehrten.[17]

Die in Scharen aus dem Osten zurückströmenden Polen wird man nie zählen können. Offiziell waren es bis 1925 rund 1,25 Millionen.[18] In dieser Zahl sind all jene gar nicht enthalten, die gleich nach Ausbruch der Oktoberrevolution geflohen waren, zum Beispiel Maria Byrska, die sich 1940, als sie mit ihrer Tochter aus der Verbannung in Kasachstan entkommen konnte, wieder erinnerte, wie sie im November 1917 mit ihren Eltern überstürzt das Familiengut in Wielka Kurzelowa in Podolien hatte verlassen müssen: »Mutti bestieg den Wagen als Letzte. Zuerst ging sie um das Haus herum, prüfte, ob alle Fenster gut verschlossen waren, schloss alle Türen ab und steckte den Schlüsselbund in die Tasche. Papi wartete geduldig. Er fragte nicht, warum sie das tat.«[19]

Niemand weiß, wie viele Flüchtlinge über die »grüne Grenze« nach Polen kamen, aber es müssen Hunderttausende gewesen sein – Polen, Juden, Weißrussen, Ukrainer, Deutsche und gar nicht so wenige Russen. In der Zwischenkriegszeit ließen sich rund hunderttausend Russen in Polen nieder. Aus dem Osten kehrten auch Evakuierte zurück, die 1914 und 1915 von den zaristischen Behörden ausgesiedelt worden waren. Als sie 1918 in Polen eintrafen, wurden sie allerdings nicht mit offenen Armen empfangen. Die deutschen Besatzer wollten sie nicht aufnehmen, da sie fürchteten, sie würden revolutionäres Gedankengut, Krankheiten und Hunger verbreiten, und das im Frühjahr vor der Erntezeit. Die großen Rückholpläne, die der Seym-Abgeordnete Adolf Świda als Reaktion auf den Appell des Polnischen Komitees für Erste Hilfe 1917 ausgearbeitet hatte, wurden ein Fehlschlag, denn die Dinge liefen aufgrund ihrer gewaltigen Eigendynamik aus dem Ruder. Das Konzept hatte vorgesehen, dass fast achthunderttausend polnische Flüchtlinge aus dem russischen Imperium auf geordnete Art und Weise und in Kooperation mit den Vertretern jüdischer, litauischer und weißrussischer Organisationen sowie im Einvernehmen mit russischen und deutschen Behörden zurückkehrten, überwiegend mit der Bahn – wozu über 28 000 Waggons erforderlich waren – und nur in Ausnahmefällen in Pferdewagentrecks. Um die Ansammlung von großen Menschenmassen zu vermeiden, sollten zuerst die Flüchtlinge aus den westlichen Provinzen abtransportiert werden, damit für die weiter im Osten bis nach Sibirien verbleibenden

Remigranten Platz geschaffen wurde, die sich der Reihe nach Richtung Polen in Bewegung setzen sollten.

Dass Polen am 7. Oktober 1918 die staatliche Souveränität wiedererlangte, änderte nichts an der Lage der Flüchtlinge, Repatriierten und Rückkehrer aus dem Osten. Nachdem die diplomatischen Beziehungen zum bolschewistischen Russland abgebrochen worden waren, gab es aber niemanden mehr, der für sie zuständig war. In dieser Situation vermittelte die dänische Diplomatie und stellte die erforderlichen Ausreisedokumente aus. Allerdings kontrollierten die Bolschewiken die Rückkehrer sorgfältig und nahmen ihnen an der Grenze den Rest ihrer Habe ab. Nicht nur Gold und Silber wurden konfisziert, sondern auch Seife oder neue Schuhe. Wem es gelang, die bolschewistischen Patrouillen zu umgehen, musste sich mit dem polnischen Grenzschutz auseinandersetzen, der nach bolschewistischen Spionen und Agitatoren für eine soziale Revolution fahndete, an denen es unter den Flüchtlingen aus Russland tatsächlich nicht mangelte. Es kamen aber nicht nur Rückkehrer aus dem Osten nach Polen, sondern auch polnische Optanten aus Deutschland, die sich nicht hatten entscheiden können, die deutsche Staatsbürgerschaft anzunehmen. Es kamen Polen aus Übersee, ja sogar polnische Juden aus Palästina, die dem Leben am Jordan nicht gewachsen waren – Letztere vor allem in der zweiten Hälfte der 1920er Jahre, als Europa und Polen sich zu stabilisieren schienen. Das Polen der Zwischenkriegszeit war, so der Historiker Ezra Mendelsohn, eine »ideale Umwelt für die jüdische politische Mobilisation«, weil »es eine Kombination von Demokratie, Nationalismus und Antisemitismus anbot«.[20]

Mit dem im März 1921 in Riga unterzeichneten Friedensvertrag zwischen Polen und Russland, in dem die Parteien Weißrussland und die Ukraine unter sich aufteilten, endeten – wenn man die Episode des Dritten Oberschlesischen Aufstands im Mai und Juni 1921 einmal außer Acht lässt – sieben Jahre Krieg um die Staatsgrenzen in Ostmitteleuropa. Noch im selben Jahr entließ Polen fast siebzigtausend sowjetische Kriegsgefangene in die UdSSR. Rund siebzehntausend hatte die polnische Erde für immer aufgenommen, da die Sterberate in den Kriegsgefangenenlagern sehr hoch war. Dies war allerdings nicht auf bösen Willen zurückzuführen oder auf eine übermäßig schlechte Behandlung, sondern auf die ungemein schwierige Lage des polnischen

Staates sowie auf die in Europa grassierende sogenannte Spanische Grippe, die in allen Lagern viele Opfer forderte. Im großpolnischen Słupca, unweit des Kriegsgefangenenlagers Strzałkowo (Stralkowo), liegen auf dem Friedhof siebentausend sowjetische Kriegsgefangene, das sind zwanzig Prozent aller sowjetischen Soldaten, die hier interniert waren. Einige Russen haben sich nach ihrer Entlassung aus den Lagern darum bemüht, in Polen bleiben zu können. Nicht selten wurde der Platz, den die Russen in den Lagern freimachten, umgehend von internierten Ukrainern aus der verbündeten Armee des Symon Petljura eingenommen. Nachdem sich die Lage in der polnischen und in der sowjetischen Ukraine langsam stabilisiert hatte, wurden auch sie nach und nach aus den Lagern entlassen, die sich bis 1924 schließlich ganz leerten. Ein Teil der Petljura-Soldaten trat in die polnische Armee ein, andere gingen in die Tschechoslowakei.[21]

DIE POLEN WOLLTEN nach dem Ersten Weltkrieg ohne Rücksicht darauf, dass ihre historische Vision nicht zur ethnischen Realität passen wollte, die alte polnisch-litauische Republik aus der Zeit vor den Teilungen wiedererrichten, ohne allen anderen Nationen des einstigen Staates wirkliche Gleichberechtigung anzubieten. Sie besaßen sie *de iure*, aber nicht *de facto*. Die Griechen ließen sich von ihrer Fantasie noch weiter treiben: Sie wollten Byzanz wiederbeleben, wozu sie der britische Premierminister David Lloyd George ermunterte. Während er Polen davor gewarnt hatte, ethnisch fremde Gebiete zu annektieren, hatte er in Anatolien diesbezüglich keine Skrupel, sondern war bestrebt, die »barbarische« Türkei durch Griechenland zu ersetzen, das als neue lokale Macht die östliche Mittelmeerregion »zivilisieren« sollte. Am 15. Mai 1919 landeten griechische Truppen in Izmir, dem griechischen Smyrna, ließen sich vom örtlichen Patriarchen segnen und veranstalteten anschließend ein Pogrom im türkischen Stadtteil. Dabei halfen ihnen griechische und armenische Banden, die im Gefolge der Armee auftauchten und gemeinsam mit den Soldaten plünderten, mordeten und vergewaltigten. Das eigentliche Drama begann jedoch erst beim Rückzug der Griechen, zu dem sie im Herbst 1921 von den Einheiten Mustafa Kemals gezwungen wurden. Um den türkischen Gegenangriff aufzuhalten, wendete die demoralisierte, seit einem Jahrzehnt unablässig kämpfende griechische Armee die Taktik der verbrannten Erde an. In einem Landstrich westlich von Ankara bis zur ägäischen Küste brannte sie alle Dörfer nieder. Die griechische und armenische Bevölkerung Anatoliens ergriff daraufhin panikartig die Flucht. Tag für Tag strömten Zehntausende Flüchtlinge nach Izmir, wo sie am Ende die Hölle erlebten. Am 9. September eroberten die Türken die Stadt zurück. Zwischen dem 13. und 15. September 1922 brannten sie mit Ausnahme des jüdischen und des muslimischen Viertels alles nieder und verwandelten die Stadt in einen einzigen brennenden Scheiterhaufen. Die Armenier, die keinen Nationalstaat hatten, waren verloren. Aber auch die Griechen, die auf Rettung durch die hier ankernde Flotte der Westmächte gehofft hatten, wurden enttäuscht. Eine Viertelmillion Menschen kampierte tagelang an den Stränden, aber die westliche Flotte beteiligte sich nicht an deren Evakuierung, sondern wartete auf das Eintreffen griechischer Schiffe. Viele erlebten das nicht mehr. Ernest Hemingway, der Smyrna/Izmir wenig später erreichte, schrieb gestützt auf Augenzeugenberichte von verrückt gewordenen Müttern, die mit ihren toten Kindern auf dem Arm am Ufer entlangliefen, und von Griechen, die es vorzogen, ihre Maultiere zu Tode zu quälen, als sie in die Hände der Türken fallen zu lassen: »Auch die Griechen waren reizende Kerle. Als sie evakuiert wurden, hatten sie noch alle ihre Lasttiere, die sie nicht mitnehmen konnten, und so brachen sie ihnen einfach die Vorderbeine und schubsten sie in das flache Wasser.« Der US-amerikanische Leutnant A. S. Merrill berichtete, dass man von den auf Reede liegenden Schiffen am Theater in der brennenden Stadt den Schriftzug mit dem Titel des letzten dort gespielten Stücks sehen konnte: *Le Tango de la Mort* (Der Todestango).[22]

Die Flucht von rund einer Million Griechen aus Anatolien eröffnete Mustafa Kemal die Gelegenheit, den Modernisierungsprozess der Türkei fortzuführen, indem er den Flüchtlingen die Rückkehr verwehrte. Auf der Friedenskonferenz von Lausanne im Jahr 1923 nahmen der griechische Ministerpräsident Eleftherios Venizelos, einer der Väter der Konzeption vertraglich vereinbarter Umsiedlungen, und die internationalen Vermittler, darunter der britische Lord Curzon, die türkischen Vorschläge an. Die Vertreibungen während des Türkisch-Griechischen

Evakuierung von Griechen aus Smyrna (Izmir)
durch britische Truppen, 1922

Krieges wurden für rechtens erklärt, und man beschloss, geordnet und
unter Aufsicht des Völkerbunds eine weitere halbe Million griechisch-
orthodoxe Einwohner der Türkei nach Griechenland und muslimische
Einwohner Griechenlands in die Türkei umzusiedeln, womit der Ho-
mogenisierungsprozess in diesen beiden Ländern so gut wie abgeschlossen war. Von der Maßnahme waren nur die Griechen in Istanbul und
die Türken in Westthrakien ausgenommen, was insofern interessant ist,
als es sich um Grenzgebiete handelte, aus denen die Nationalstaaten ihre
Minderheiten gewöhnlich um jeden Preis entfernten, was etwa der tür-
kisch-bulgarische Bevölkerungsaustausch belegt.[23] Das großgriechische
Projekt endete so mit der »kleinasiatischen Katastrophe«, wie die Griechen die Ereignisse von 1922 nennen: Über dreitausend Jahre, seit den
Zeiten Homers, war die Ägäis ungeachtet der jeweiligen politischen
Konstellationen immer ein griechisches Binnenmeer gewesen. Bis heute
haben die Griechen das Trauma dieses Verlustes nicht überwunden.
Emotionale Abschiede von »dem Land, wo Milch und Honig fließen«,
so lehrt die Erfahrung, sind stets schwierig und wirken noch nach, wenn
die tatsächlichen Geschehnisse längst Geschichte sind.[24] In Europa, ins-

besondere in Mittel-, Ostmittel- und Südosteuropa, gibt es viele Völker, die wie die Griechen den Verlust ihres Arkadien betrauern.

Kaum war der Vertrag von Lausanne unterzeichnet, feierte die Welt ihn als großen Erfolg, als einen Kaiserschnitt, der zwar große Schmerzen verursacht, aber Leben rettet. Die betroffene griechische und türkische Bevölkerung wurde nicht nach ihren Wünschen gefragt, vielmehr erwartete man, dass sie sich in die »historische Notwendigkeit« fügte. Das verlangte vor allem den nach Griechenland Umgesiedelten viel ab, weil deren Zahl dreimal so hoch war wie die der Umsiedler in der Türkei und ihr prozentualer Anteil an der Bevölkerung Griechenlands (damals rund fünf Millionen Menschen) erheblich. Der Völkerbund leistete dem wirtschaftlich überforderten Griechenland praktisch keine Hilfe und empfahl stattdessen – wie es in der Zwischenkriegszeit üblich war –, Bankkredite aufzunehmen.

Wie groß die Hoffnungen waren, die man mit dem Modell von Lausanne verband, zeigen die Versuche der britischen Regierung am Vorabend des Zweiten Weltkriegs. Auf der fieberhaften Suche nach einer Lösung des deutsch-polnischen Konflikts drängte sie damals die Regierung Polens, Deutschland einen Bevölkerungsaustausch vorzuschlagen. Die Briten begriffen gar nicht, dass es Hitler weder um den »Korridor« noch um die deutsche Minderheit ging, die er andernorts ohne Skrupel aufzugeben bereit war. Sieht man einmal davon ab, dass die Briten die Ziele Nazi-Deutschlands falsch eingeschätzt haben, offenbart der britische Vorschlag die Überzeugung, dass durch Bevölkerungsverschiebungen selbst die schwersten Konflikte friedlich gelöst werden könnten. Mit dem Wissen um all das, was im und nach dem Zweiten Weltkrieg geschah, lässt sich der Vertrag von Lausanne viel differenzierter bewerten, doch noch immer fällt das Urteil über ihn nicht eindeutig aus. Relativ zustimmend äußert sich die türkische Historiographie, und auch Gelehrte aus vielen anderen Ländern sind der Ansicht, dass die in Lausanne nachträglich sanktionierten Zwangsumsiedlungen die beste aller möglichen Lösungen darstellten, denn Griechenland und die Türkei hätten durch den Bevölkerungsaustausch allmählich den Weg zu einer friedlichen Koexistenz einschlagen können. Letztlich blieb ihnen wohl gar nichts anderes übrig, da die Amerikaner und die internationale Lage im Zeichen des Kalten Krieges eine gewisse griechisch-türkische Zusammenarbeit geradezu erzwangen. Inzwischen hat sich gezeigt, dass der ethnische Austausch immer nur ein Mittel mit begrenzter zeitlicher Wirkung ist, doch andere Mittel hat der Mensch eben nicht. Es mutet wie eine Ironie der Geschichte an, dass, kaum hatte die Türkei ihre über die Balkanländer verteilten Minderheiten versammelt, Millionen türkischer Migranten als »Gastarbeiter« nach Westen zogen. Was immer man über den Vertrag von Lausanne sagen mag, man darf ihn nicht nur nach dem bewerten, was Hitler und Stalin getan haben. Mit Sicherheit war es nicht dieser Vertrag, der diesen beiden als Vorbild diente.[25]

*

DIE WISSENSCHAFT IST sich im Großen und Ganzen einig, dass Europa nach dem Ersten Weltkrieg in eine besonders restriktive Epoche der Migrationsgeschichte eintrat, was umso offensichtlicher ist, als das Jahrhundert zuvor eine Zeit außergewöhnlicher Wanderungsfreiheit war.[26] Zwar hätte auch damals schon eine Reise ohne Dokumente und ausreichend gefüllten Geldbeutel übel enden können, vor allem wenn man zu Fuß auf den Hauptstraßen unterwegs war, die schon recht früh gut kontrolliert wurden. Doch die seit der Wende zum 19. Jahrhundert zunehmende Gendarmerie- beziehungsweise Polizeiaufsicht drang in der Regel noch nicht bis in unwegsames Gelände vor. Noch bot man dem Wanderer eine Mahlzeit und ein Dach über dem Kopf, wenn er dafür kleinere Arbeiten verrichtete.[27] Mit dem zunehmend radikalen Nationalismus, mit der wachsenden Fremdenfeindlichkeit und erst recht mit den Veränderungen im Wirtschaftsleben erfolgte aber ein grundlegender Wandel in der Einstellung von Staat und Gesellschaft zur Migration.

Wirtschaftskrise, Inflation und Arbeitslosigkeit bei gleichzeitiger Demobilisierung von Millionen junger Männer nach 1918 ließen den Ruf nach Protektionismus laut werden, gelegentlich sogar nach der längst vergessen geglaubten wirtschaftlichen Autarkie. Die Abschottung der Binnenmärkte verstärkte die Krisensymptome aber nur, die Arbeitslosigkeit wuchs noch schneller, was wiederum den Druck auf die Politik erhöhte, den eigenen Arbeitsmarkt zu schützen. Damit schloss sich der Kreis. Die in den Industrieländern populäre Parole

Save job for our own children konterkarierte geradezu – wie Eugene M. Kulischer bemerkt – die sich zu jener Zeit ausbreitende Ideologie der internationalen Solidarität des Proletariats. Sogar Länder, die ohne ausländische Arbeitskräfte gar nicht auskamen, riegelten ihren Arbeitsmarkt nun stärker ab, was man etwa in Deutschland sehen konnte, wo die polnischen Arbeiter schon an der Wende zum 20. Jahrhundert so unerlässlich wie ungeliebt waren. Man lud sie ein oder schmuggelte sie sogar über die Grenze, weil die Landwirtschaft im Osten des Reiches ohne sie nicht auskommen konnte. Nach getaner Arbeit zwang man sie zur Rückkehr in ihre Heimat aus Angst, die preußischen Ostprovinzen könnten polonisiert werden, und holte sie dann im nächsten Frühjahr wieder.[28] Und selbst Frankreich, das nach 1918 seinen Arbeitsmarkt weit öffnete, das Hunderttausende russischer und armenischer Flüchtlinge aufnahm und Arbeiter aus ganz Europa anwarb, vollzog angesichts der großen Krise Anfang der 1930er Jahre eine Kehrtwende hin zum Protektionismus.

Polen und Frankreich unterzeichneten 1919 einen Vertrag zur Arbeitsmigration, den ersten seiner Art in Europa, der zum Vorbild wurde für viele weitere. In der Folgezeit zogen eine halbe Million Polen an die Seine, wo sie beim Aufbau der im Krieg total zerstörten nordwestfranzösischen Gebiete ihr Geld verdienten. Spätestens in der Herbstkrise von 1929 schlug ihnen aber kollektive Abneigung entgegen, und die Behörden übten immer größeren Druck aus, um sie zur Heimkehr zu bewegen. Dabei hatten sie sich in Frankreich mittlerweile eingelebt, und ihre Kinder kannten gar keine andere Heimat.[29] Letztlich haben die französischen Behörden auf eine kollektive Ausweisung verzichtet, doch das Beispiel zeigt, dass freiwillige Migration und Zwangsmigration nicht weit auseinanderliegen und das eine leicht in das andere übergehen kann, worauf in der Fachliteratur schon seit Langem hingewiesen wird. Es fehlt nicht an Spezialisten, die sich entschieden gegen eine Unterteilung in freiwillige und erzwungene Migration aussprechen, da – wie Anthony Richmond feststellt, dem sich Jan und Leo Lucassen anschließen – »jedes menschliche Verhalten erzwungen ist«.[30] Das ist wahr, ändert aber nichts an der Tatsache, dass es zwischen dem Herausgeworfenwerden aus dem eigenen Haus und dem freiwilligen Verlassen nach Abwägung des Pro und Contra einen Unterschied gibt,[31] selbst wenn es in Extremfällen – wie etwa in Bezug auf die Juden im »Dritten Reich« – nur ein Scheinunterschied sein mag. Der Unterschied liegt in der Art und Weise der Gewaltanwendung: Sie ist direkt bei Deportationen und indirekt in anderen Fällen. Götz Aly hat am Beispiel der pommersch-neumärkischen Familie Samuel höchst anschaulich und zutreffend geschildert, wie ein Mensch gejagt werden kann, bis er am Ende auf seinen Laden, seine Werkstatt, sein Haus verzichtet – anscheinend ganz freiwillig.[32] Am Ende gaben jüdische Eltern ihre Kinder »freiwillig« in fremde Hände, um sie so vor dem sicheren Tod zu retten.[33]

DER NATIONALISMUS nach dem Ersten Weltkrieg war durchaus nichts Neues, und er sollte nicht als Sündenbock für alles Übel dienen, das im 20. Jahrhundert über die Welt hereinbrach. Das extreme Böse in diesem schwierigen Jahrhundert war letztlich nicht allein ein Werk der Nationalisten, sondern vor allem der Ideologen.[34] Von blutigen fremdenfeindlichen Ausbrüchen wissen wir spätestens seit dem Mittelalter. Während eines Aufstands der deutschen Bürger von Krakau 1311/12 sollen die polnischen Ritter jeden erschlagen haben, der bestimmte polnische Wörter nicht sagen konnte; Ähnliches gab es im modernen Bosnien. Im mittelalterlichen Irland durften sich Engländer unabhängig von Geschlecht und Alter oft nicht außerhalb der Stadtmauern aufhalten. Auch die Abneigung gegen aus dem Ausland stammende Konkurrenten auf dem Arbeitsmarkt reicht bis ins Mittelalter zurück, wie etwa im 15. Jahrhundert in Stockholm verbreitete antideutsche Flugblätter offenbaren, auf denen beklagt wird, dass die Deutschen alle attraktiven Stellen bekleideten und den Schweden nur die Berufe des Henkers und der Leichengräber geblieben seien.[35]

Wenn am Nationalismus des ausgehenden 19. und beginnenden 20. Jahrhunderts etwas wirklich neu war, dann vor allem das Phänomen des Massenhaften, der Totalität und der Homogenität, das sich aus der Französischen Revolution herleitete; der Nationalismus stand jetzt unter dem Schutz des Staates und seines ganzen, gerade erst entstandenen Verwaltungs-, Heeres- und Propagandaapparats, gegen den das Individuum machtlos war. Das Eingreifen des allmächtigen Staates in alle Lebensbereiche, wodurch den Menschen das Gefühl gegeben werden sollte, in einem geschützten Bereich glücklich und zufrieden leben zu können, wurde seit den 1920er Jahren unter anderem mit Jewgeni Samjatins Roman *Wir* nicht zufällig zu einem vielbeachteten literarischen Motiv.[36] Die meisten europäischen Gesellschaften suchten den Schutz des Individuums aber gar nicht. Das galt vor allem für die radikalisierte junge Intelligenz. Sie identifizierte sich sogar immer stärker mit den ausgreifenden Zielen des »modernen« Nationalstaates, und wenn er ihr zu wenig radikal vorkam, was etwa bei den jungen Polen der Fall war, so griff sie ihn an. Die junge und zornige Generation der Bildungseliten in der Zwischenkriegszeit, die aus unterschiedlichen Gründen von der Realität enttäuscht war, wollte den raschen Aufbau einer neuen Welt, einer neuen Ordnung, die homogen und einfach zu begreifen war. »Freiheit« bedeutete ihr die Möglichkeit, sich für eine Idee und einen Führer aufzuopfern, der eine Revolution versprach, sei es eine faschistisch-konservative oder eine bolschewistische. Einen Widerspruch zwischen Kontrolle und Freiheit sahen sie nicht. Der italienische Politikwissenschaftler Oddone Fantini meinte sogar, dass erst an der faschistischen Universität die absolute Freiheit eingekehrt sei. Ein freiwillig angelegter »Hochzeitsring wird nicht als Fessel empfunden«, fasst Walter M. Kotschnig die Ausführungen der zeitgenössischen italienischen Wissenschaftler zusammen.[37]

Die Nation unterwarf sich den Staat, der ihr jetzt vor allem zu dienen hatte, was unweigerlich zu einer Unterteilung in bessere und schlechtere Bürger führte, in Privilegierte sowie in Gruppen und Individuen, die aus irgendwelchen Gründen unerwünscht waren wie seit Ende des 19. Jahrhunderts die Zigeuner. Das extremste Beispiel hierfür liefern die Nürnberger Gesetze von 1935, nach denen nur Personen »deutschen oder artverwandten Blutes« Reichsbürger sein durften, was durch genealogische Dokumente belegt werden musste. Dadurch entstand die zuvor so gut wie unbekannte Gruppe der Staatenlosen, die in ihrem eigenen Staat nicht als vollwertige Bürger galten oder denen die Staatsangehörigkeit gar aberkannt wurde. Und da sie in anderen Staaten aus denselben Gründen meist auch nicht erwünscht waren, wurden sie staatenlos. Das beste und – wegen des Holocaust – zugleich tragischste Beispiel dafür sind die deutschen Juden nach 1933. Sie waren aber weder die einzigen noch die ersten Staatenlosen. Remarque, der Chronist der Flüchtlinge, stellte 1941 die Russen als »Aristokratie der

Staatenlosen« vor, da sie »als Staatenlose 15 Jahre Praxis mehr hatten als die Deutschen« und daher besser auf dem Arbeitsmarkt zurechtkommen würden. Außerdem verfügten sie, ähnlich wie seit 1924 die Armenier, über »Nansen-Pässe« – das waren Pässe für staatenlose Flüchtlinge und Emigranten – und müssten sich nicht so gehetzt fühlen.[38]

Die russischen Emigranten, deren Zahl sich wahrscheinlich auf rund eine Million belief, strömten in zwei Wellen nach Europa.[39] Die erste setzte sich nach der Oktoberrevolution in Bewegung und bestand hauptsächlich aus Wohlhabenderen, die zumindest einen Teil ihres Vermögens außer Landes bringen konnten, und dem gehobenen Teil der Intelligenzija. Meistens ließen sich diese Emigranten in den Nachbarländern nieder, da sie mit einer raschen Rückkehr nach Russland rechneten. Marion Gräfin Dönhoff hat erzählt, dass seit 1918 am Esstisch in Schloss Friedrichstein in Ostpreußen stets viele Gäste saßen – Immigranten aus Russland. »Die meisten verschwanden bald wieder, nur die Familie des Fürsten Lieven blieb für Jahre bei uns.«[40] Zur Gruppe dieser Immigranten gehörte auch das Geschlecht derer von Czerestwienski, das Włodzimierz Odojewski in seinem Roman *Katharina oder Alles verwehen wird der Schnee* so großartig dargestellt hat. Drei Generationen der Familie treten auf. Der Älteste, Fjodor, ist ein typischer Vertreter der russischen Aristokratie aus dem Lager der »Weißen«. Er lebt nur in der Vergangenheit und vertritt die Ansicht, dass es seit der Revolution gar keine Russen mehr gebe, weshalb man ihnen – die Handlung spielt im Zweiten Weltkrieg – auch nicht die Verantwortung für das Massaker von Katyn in die Schuhe schieben könne. Der Jüngste, der in Polen geborene Piotr, ist ganz von der polnischen Kultur durchdrungen. Und der Kosmopolit Teodor, der Vertreter der mittleren Generation, dürfte sicherlich unterzeichnen, dass »der Czerestwienskis Welt [...] schon 1918 eingestürzt sei. Wir seien heute hier, morgen dort, wo auch immer: in Italien, Frankreich, Schweden, England, auf der Insel des heiligen Überallnirgends. Hauptsache bleibe, sich nirgendwo einzumischen und das Vermögen beisammen zu halten, dann könne man überleben und dann könne man sein Leben sogar bequem und fröhlich verbringen.«[41]

Die ersten russischen Emigranten waren noch wohlgelitten in den europäischen Salons, doch in den Jahren des Bürgerkriegs von 1919 bis

1921 folgte eine zweite, größere Auswanderungswelle. Nun war Russland ruiniert, und es flohen nicht mehr nur politische Gegner aus den oberen Gesellschaftsschichten, sondern viele, die am Hungertuch nagten. Diese Gruppe fand sich im Exil ungleich schlechter zurecht. Sie wurde auch weniger freundlich aufgenommen, da man unter ihnen Bolschewisten vermutete, die die »rote Seuche« in Europa verbreiten wollten.

Zunächst ließen es die Nachbarn an Hilfe für die russischen Flüchtlinge jedoch nicht fehlen, da man allgemein davon ausging, dass das Problem nur vorübergehender Natur sei. In Ostmitteleuropa bemühten sich vor allem die Tschechen um die Russen. Sie holten die bedeutendsten Gelehrten zu sich und schufen so ein »Prager Oxford«. Die Finnen nahmen Angehörige der zaristischen Armee auf, die ihnen halfen, die Revolution in Finnland zu bekämpfen. Auch in der polnischen Armee fand ein Teil der russischen Offiziere Unterschlupf. Erst als sich die Bolschewisten in Russland behaupteten und nicht das geringste Interesse am weiteren Schicksal ihrer emigrierten Staatsbürger zeigten, setzte der Völkerbund 1921 einen Hochkommissar für Flüchtlingsfragen ein. Das Amt übernahm aufgrund seiner glänzenden Kontakte in Russland der norwegische Reisende und Polarforscher Fridtjof Nansen. Der Hochkommissar, der eine Entlohnung für seine Tätigkeit ablehnte, erhielt vom Völkerbund, wie es damals üblich war, kein festes Budget, sondern lediglich ein Büro mit drei Assistenten. Mittel für seine Tätigkeit musste er selbst einwerben, hauptsächlich bei privaten Geldgebern oder durch gezielte Zuschüsse, die von einzelnen Mitgliedern des Völkerbunds gewährt wurden. Untersuchungen, die auf Kosten der Internationalen Arbeitsorganisation (IAO) durchgeführt wurden, halfen ihm, die Ausmaße der russischen Emigration, ihre regionale Verteilung und ihre größten Probleme einzuschätzen. Es stellte sich schließlich heraus, dass die Emigranten in zwanzig Ländern Europas und Asiens lebten und ihr größter Kummer war, dass sie keine Personalpapiere hatten.

»Ein Mensch ohne Pass ist eine Leiche auf Urlaub«, schreibt Remarque in seinem ersten Flüchtlingsroman und bezieht sich damit auf ein russisches Sprichwort der Zeit, nach dem der Mensch aus einer Seele, einem Körper und einem Pass bestehe.[42] Zwar stellten einige Nachbarstaaten, vor allem Polen und die Tschechoslowakei, russischen

Russische Anarchisten aus Kronstadt als Flüchtlinge in Finnland, 1921

Flüchtlingen Bescheinigungen aus, wohl vor allem deshalb, weil sie deren Weiterreise wünschten. Doch andere Staaten erkannten diese Bescheinigungen nicht an und stellten folglich auch keine Visa aus. Weil die Behörden eine Existenz ohne gültiges Dokument nicht vorsahen, gerieten diese Menschen, die es formal gar nicht geben durfte, in eine Grauzone. Sie konnten die Grenzen nur illegal überschreiten, da jeder Grenzbeamte sie zurückgewiesen hätte. Viele wünschten sich, festgenommen zu werden, denn in einem Gefängnis konnten sie zumindest überleben. Vor allem die schweizerischen Gefängnisse galten als »luxuriös«, doch die Schweizer wollten die Flüchtlinge nicht einsperren, schon gar nicht im Winter.[43] Im Juli 1922 kamen endlich 31, später 53 Mitgliedsstaaten des Völkerbunds überein, ein Dokument anzuerkennen, das als Nansen-Pass bekannt wurde. Das Zertifikat konnte »jede Person russischer Herkunft [beantragen], die sich nicht mehr der Fürsorge der Regierung der UdSSR erfreut und die keine neue Staatsbürgerschaft angenommen hat«.[44] Der Nachteil dieses Passes war, daß er nicht zur Rückkehr in das Land berechtigte, aus dem man gekommen war. Dennoch erleichterte er das Los der Flüchtlinge, da sie nicht mehr beim Anblick jedes Polizisten zittern mussten. Der Pass verlieh ihnen eine juristische Identität und stellte sie unter den Schutz des Staates, auf dessen Hoheitsgebiet sie sich gerade befanden.

1924 erklärte sich Frankreich, das seit dem Ersten Weltkrieg unter Arbeitskräftemangel litt, bereit, alle Russen aufzunehmen, »die arbeitsfähig waren und entweder als Fabrik- oder als Landarbeiter oder als Tagelöhner arbeiten wollten«.[45] Zwar war das nicht die bevorzugte Beschäftigung für Angehörige der Intelligenzija oder der Aristokratie, doch immerhin konnten sie so überleben. Vielen Russen gelang es in den folgenden Jahren, eine neue Staatsbürgerschaft zu erwerben, sodass die Zahl der russischen Flüchtlinge in Europa bis 1937 formal auf dreihundertfünfzigtausend zurückging. Zur Hauptstadt der russischen Exilanten wurde Paris. Es trat damit an die Stelle des »russischen Berlin«, wo sich in den 1920er Jahren eine halbe Million Russen aufgehalten hatten. Schlechter war die Lage der russischen Flüchtlinge im Fernen Osten, wohin hunderttausend Soldaten der »weißen« Armeen gelangt waren. Nansen konnte nicht die Mittel für deren Überführung nach Europa zusammenbekommen. Im August 1945 sollte ein Teil von ihnen der Roten Armee in die Hände fallen, die Harbin, das wichtigste Zentrum des russischen und polnischen Lebens in China, von der japanischen Besatzung befreite. Viele Russen, die den sowjetischen Truppen einen herzlichen Empfang bereiteten, mussten bald erfahren, dass die Rachegelüste auch nach einem Vierteljahrhundert noch vorhanden waren. Mehr Glück als die Russen, die der NKWD abtransportierte, hatten die Polen, die in das inzwischen polnische Stettin »repatriiert« wurden.[46] Nicht anders verhielt sich die sowjetische Armee in dem 1944/45 besetzten Teil Ost- und Mitteleuropas. Die »Repatriierung« wurde dort nicht selten durch Entführung erzwungen, was vor allem Ukrainer, aber auch Russen traf. Da sich manche sowjetischen Gefangenen nach dem Polnisch-Sowjetischen Krieg um ein Bleiberecht in Polen bemüht und andere sich um Aufnahme in die ukrainische Petljura-Armee beworben hatten, kopierten die zuständigen sowjetischen Dienststellen 1945 die polnischen Archivalien zu den sowjetischen Kriegsgefangenen nach dem Ersten Weltkrieg und fahndeten nach den entsprechenden Personen und sogar nach deren Nachkommen.[47]

NACHDEM 1921 DAS BÜRGERKRIEGSCHAOS in Russland überwunden war, musste das übrige Europa die siegreichen Bolschewiken wohl oder übel tolerieren. Ein Jahr später erklärte sich die Regierung der UdSSR auf Vermittlung Nansens einverstanden, einige Tausend Liniensoldaten der Weißen Armee unter Wrangel zu begnadigen und am Don anzusiedeln.[48] Kaum jemand ahnte damals, dass die russische Revolution gerade erst begonnen hatte, geschweige denn dass sie bald schon, wie Anna Achmatowa bemerkte, von »den vegetarischen zu den fleischfressenden Jahren« übergehen würde.[49] Man wusste zwar von der Deportation der Kosaken 1920 und 1921, führte diese aber auf den Bürgerkrieg zurück. Doch dann erließ das Allrussische Zentrale Exekutivkomitee im August 1922 ein Dekret über administrative Deportationen innerhalb des eigenen Landes sowie ins Ausland. Seine ersten Opfer waren russische Gelehrte aus Moskau, Kasan und Petrograd, die im November 1922 auf zwei Schiffe verfrachtet und nach Stettin gebracht wurden. Auf die 1920er Jahre geht ferner das Allrussische Komitee für Umsiedlungsfragen (WPK) zurück, das anfangs freiwillige Umsiedlungen einzelner Bevölkerungsgruppen von stark in eher schwach besiedelte Gegenden in Erwägung zog. Es unternahm auch zwei Versuche, jüdische autonome Bezirke einzurichten. Der erste – in der Ukraine und auf der Krim – scheiterte aufgrund des Widerstands der örtlichen Bevölkerung, der zweite – am Amur – aus Mangel an jüdischen Siedlern.

»Die Baumeister Ägyptens behandeln die Menschenmasse als allgemein verfügbares Baumaterial, das leicht in jeder Menge geliefert werden kann«, schrieb der russische Dichter Osip Mandelstam 1923 in seinem Artikel »Humanismus und Gegenwart«. Umsiedlungen massenhaften Ausmaßes brachten erst die 1930er Jahre. Es begann zwischen 1930 und 1934 mit der Deportation von zwei Millionen sogenannte Kulaken, wohlhabende Bauern, die sich der Kollektivierung entschlossen widersetzten. Sie stammten zumeist aus der östlichen Ukraine, aus dem westlichen Sibirien und dem nördlichen Kaukasus. Dann traf es Petersburg, das damals schon Leningrad hieß, und andere große Städte, aus denen um die Jahreswende 1934/35 das »konterrevolutionäre Element« verjagt wurde – Adel, Unternehmer, Popen, ehemalige Offiziere und Polizisten und sogar kritische Anhänger der Revolution. Wohin sie gehen sollten, sagte man den Betroffenen nicht. Die damals vierzehn Jahre alte Nina Lugowskaja aus Moskau schrieb im Frühjahr 1933 in ihr Tagebuch: »Das Ende. Papa ist nicht da. Er ist heute Morgen gegangen. Wohin? Ich fürchte mich, darüber zu schreiben: die Wände werden es sehen und berichten. [...] Papa ist fortgefahren – krank, auf einem Auge blind, und ich sitze hier und schreibe Tagebuch.«[50] Ninas Vater hatte zehn Tage Zeit, Moskau zu verlassen, wo man ihm die Anmeldung verweigert hatte. Seine Frau und seine drei Töchter traf bald ein ähnliches Los. Sie wurden für Jahre verbannt, nachdem der NKWD Ninas Tagebuch gefunden hatte und das Mädchen beschuldigt wurde, einen »Terroranschlag auf das Leben des Gen. Stalin« vorbereitet zu haben. Schließlich setzten 1935 die Deportationen aus den Grenzgebieten ein, aus denen alle »unsichere Elemente« entfernt werden sollten. Man begann mit der Umsiedlung der relativ kleinen Gruppe der Finnen aus der Gegend von Leningrad und machte mit einigen Zehntausend Deutschen sowie Polen aus der Sowjetukraine weiter, die mehrheitlich in Kasachstan landeten; es folgten große Umsiedlungen im Fernen Osten, an der Grenze zu China und Japan, wo rund hundertsiebzigtausend Koreaner sowie eine kleinere Anzahl Japaner lebten. Zunächst wurden alle japanischen Staatsbürger vertrieben, darunter auch Koreaner mit japanischem Pass, obwohl bekannt war, dass ihnen auf der anderen Seite der Grenze Gefahr drohte. Danach wurden alle anderen in 124 Zügen nach Kasachstan und Usbekistan gebracht. Neben den Koreanern wurden einige Tausend Chinesen sowie Hunderte von Deutschen, Polen und Balten abtransportiert. Interessanterweise erhielten die koreanischen Umsiedler eine finanzielle Entschädigung, mit der sie sich neu einrichten konnten, doch beschnitt man – sozusagen im Gegenzug – ihre Mobilität, die sie erst nach 1990 allmählich wiedererlangten.[51]

»Merkwürdige Dinge geschehen in Russland«, schrieb Nina Lugowskaja im Sommer 1934. »Hunger, Menschenfresserei. [...] Man hört viel von Leuten, die aus der Provinz eintreffen. Sie erzählen, dass man nicht damit nachkommt, die Leichen von den Straßen fortzuschaffen, dass die Städte in der Provinz voll von Hungernden sind, von zerlumpten Bauern. [...] Und die Ukraine? [...] Das ist eine ausgestorbene schweigende Steppe.«[52] Zeugen sahen Züge voller Leichen und Müt-

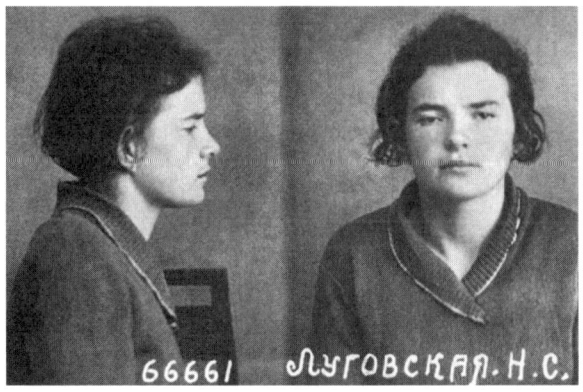

Nina Lugowskaja nach ihrer Verhaftung im Mai 1937

ter, die vor Hunger den Verstand verloren hatten und ihre eigenen Kinder pökelten. Doch all das Elend konnte dem Terror nicht Einhalt gebieten, im Gegenteil – er wütete noch mehr getreu der Regel, dass im Verlauf der Revolution der Widerstand wächst, den man dann durch eine Verschärfung der Mittel brechen muss. In den Beratungen des sowjetischen Politbüros drehte sich bald alles nur noch um Zwangsarbeit und Terror. Die Folgen interessierten nicht, es ging, koste es, was es wolle, um den Aufbau einer neuen Welt und die Schaffung eines neuen Menschen. »Wir wissen, dass Millionen sterben. Das ist ein Unglück, doch die glänzende Zukunft der Sowjetunion rechtfertigt dieses Opfer«, stellte Hryhorij Petrovskyj fest, der Vorsitzende des Zentralen Exekutivkomitees für die am schlimmsten leidende Ukraine.[53] Viele fühlten sich bedroht, ließen aber den Gedanken nicht zu, dass auch sie Opfer des Terrors werden könnten. Alexander Solschenizyn, selbst Verbannter und Zwangsemigrant, schrieb von den verschiedenen Vertreibungswellen aus Leningrad in der Zwischenkriegszeit und stellte fest, dass man selbst als Bürger der Stadt die Aussiedlung eines großen Teils seiner Mitbürger übersehen konnte, da einen solch schweres Leid erst dann berühre, wenn man es am eigenen Leib erfährt. »Wir wußten davon, sahen zu, nichts weiter! Wir waren ja nicht betroffen!«[54] Die wahren Gründe für das Schweigen können jedoch, wenn man gewöhnlichen Konformismus außer Acht lässt, viel prosaischer sein. Die Abwanderung beinahe der gesamten russischen Elite nach der Revolution bedeutete für Hunderttausende neue Arbeitsplätze und Karrieremöglichkeiten, von denen sie früher nur hatten träumen können.[55] Die neuen Eliten, von denen Solschenizyn im Roman *Krebsstation* mit der Familie von Pawel Nikolajewitsch Rusanow ein so eindringliches Bild zeichnet, waren am Überleben des Systems ebenso interessiert wie daran, dass die Verbannten nicht zurückkehrten, denn dann hätte man ihnen in die Augen blicken und – schlimmer noch – mit ihnen über das Vermögen streiten müssen, das man sich in der Zwischenzeit unter den Nagel gerissen hatte. Das ist keineswegs spezifisch für die Sowjetunion nach der Revolution. Die Mehrung des Vermögens, und sei es durch unrechtmäßige Aneignung, ist schließlich ein atavistisches Bedürfnis des Menschen, das die Machthaber zu allen Zeiten nutzten, um ihre Untertanen zu binden.

Wie viele Menschen in den 1930er Jahren, noch vor Beginn des Zweiten Weltkriegs, in der UdSSR ermordet wurden, wie viele man verhungern ließ und deportierte, lässt sich nicht exakt feststellen. Auf jeden Fall waren es weit mehr als zehn Millionen. Die allermeisten waren nicht Opfer planmäßiger Massenmorde, sondern krimineller Vernachlässigung.[56] Doch das Problem sind nicht nur die Zahlen, schreibt Mariusz Wilk, ein polnischer, seit vielen Jahren in Russland lebender Schriftsteller. Er hält die Zerstörung des russischen Dorfes durch den Kommunismus, die heute noch auf Schritt und Tritt zu sehen sei, für das wichtigste und folgenschwerste Ereignis in der russischen Geschichte des 20. Jahrhunderts.[57] Die sowjetische Staatsmacht hatte es vor allem auf »Klassenfeinde« abgesehen, da es ihr darum ging, die traditionellen Gesellschafts- und Nachbarschaftsstrukturen zu zerschlagen, um die Gesellschaft später leichter manipulieren zu können. Der ethnische Faktor spielte eine zweitrangige Rolle. Im Fall der Polen, die Stalin obsessiv hasste, ist dennoch schon früh eine Vermischung der Elemente von Klasse und Nation zu erkennen. Nicht zufällig waren Polen Opfer des ersten kollektiven Mordes in der UdSSR.[58]

IN EUROPA HÖRTE MAN relativ viel über die sowjetischen Verbrechen, doch nicht immer wollte man das Gehörte wirklich zur Kenntnis nehmen. Die einen betrachteten Informationen hierüber als Propaganda, andere, vor allem die westeuropäischen Intellektuellen, die sich im Allgemeinen nicht über das wahre Ausmaß der Verbrechen im Klaren waren, fanden Blutopfer zwar bedauerlich, hielten sie aber für unvermeidbar auf dem Weg aus der Dunkelheit zum Licht. Erst Hitlers Agieren auf der internationalen Bühne am Ende der 1930er Jahre machte führenden Persönlichkeiten in den europäischen Staaten allmählich bewusst, dass ihre Demokratien von zwei an Stärke gewinnenden Totalitarismen existenziell bedroht waren.[59] Doch sie fanden keine passende Antwort auf die nationalsozialistische Politik der vollendeten Tatsachen, zumal sie sich vor den Bolschewiken noch mehr fürchteten. Die von Nazi-Deutschland ausgehenden Gefahren erkannten sie nicht, da sie Hitler für einen Pragmatiker hielten. Und in Deutschland begriffen selbst viele Juden nicht, was vorging.

Im übrigen Europa wie in Übersee waren wohl nur wenige so hellsichtig wie der amerikanische Journalist William Shirer, der 1937 schrieb, dass man nur *Mein Kampf* lesen müsse, wenn man wissen wolle, was Hitler plane. Doch auch er hat unmittelbar nach der Machtergreifung noch an die Friedenspläne der Nationalsozialisten geglaubt.[60] Der Kredit, den die überrumpelte Welt der »Bande von Ignoranten und degenerierten Demagogen«, so 1938 Oskar I. Janowsky, entgegenbrachte, ermutigte Hitler, immer neue Forderungen zu erheben, wodurch er im eigenen Land enorm an Popularität gewann. Durch die unerhörten Erfolge des Reichskanzlers in den ersten Jahren nach 1933 fühlten sich andere Staatenlenker ermutigt, in seine Fußstapfen zu treten. Das galt auch für Polen.[61] Die Aufkündigung des Minderheitenschutzvertrags im unpassendsten Moment, die übereilte Unterzeichnung der Nichtangriffserklärung mit Hitler, der auf Litauen ausgeübte Zwang, diplomatische Beziehungen aufzunehmen, und schließlich der Einmarsch ins tschechische Olsa-Gebiet – alles dies geschah in der irrigen Annahme, Polen sei eine Großmacht in Europa und man kenne die Absichten der Nazis.[62] So trug die Selbstüberschätzung der in Polen regierenden Obristen dazu bei, das internationale System zu schwächen und Hitlers Stellung zu stärken. Shirer schrieb 1938, dass sich »die Ungarn und die Polen wie Schakale [...] einen Anteil an der tschechischen Beute« sichern wollten, und empörte sich über »die blinde Dummheit der Polen in dieser Krise, beim Zerstückeln der Tschechoslowakei mitzuhelfen!«

Er wunderte sich, dass die Polen noch immer nicht zu verstehen schienen, dass sie als Nächstes an der Reihe sein würden.[63] Polen, dessen autoritäre Regierung relativ schwach war, wie Anfang 1939 sogar der italienische Außenminister Graf Ciano bemerkte, dessen demokratische Kräfte sich jedoch als vergleichsweise stark erwiesen und kurz vor dem Krieg sogar zum Gegenangriff übergingen, verhielt sich letztlich klüger als andere autoritäre Staaten Ostmitteleuropas, und als es zwischen Pest und Cholera wählen musste, entschied es sich gegen Hitler. Da war es aber schon zu spät.[64] 1939 war Polen nicht mehr der »Schlüssel zu Europa«, wie Raymond Leslie Buell meinte, der dem Land eine entscheidende Rolle bei der Rettung der westlichen Zivilisation zuschrieb.[65] Europa, und damit auch Polen, hatte spätestens 1938 seine Chance auf eine friedliche Lösung verspielt.

Adolf Hitler ging zunächst gegen die politische Opposition vor, was im damaligen Europa nichts Besonderes war. In Polen etwa war die linksliberale Opposition in der Festung Brest festgesetzt, andere politische Gegner saßen zwischen 1934 und 1939 im Konzentrationslager Bereza Kartuska. Auch wenn das Ausmaß der Unterdrückung in Deutschland Befürchtungen weckte, sah die Weltöffentlichkeit darin zunächst nichts anderes als die Abkehr eines weiteren europäischen Staates vom demokratischen Weg.[66] Hitlers Vorgehen gegen die fünfhunderttausend Juden, die 1933 in Deutschland lebten, löste anfangs im Ausland keine größere Unruhe, sondern allenfalls Verwunderung aus, da die Juden als assimiliert galten. Einige Nachbarländer empörten sich allerdings darüber, dass die deutschen Probleme auf sie abgewälzt würden, da Hitler die Auswanderer durch die »Reichsfluchtsteuer« ihres Vermögens beraubte. Seit der Wende zum 20. Jahrhundert, als Juden sich in großer Zahl aus Russland – eigentlich aus den einstigen Ostgebieten Polen-Litauens vor den Teilungen – ins westliche Europa aufgemacht hatten, hatte die antijüdische Stimmung dort beständig zugenommen, obwohl das Gros der über drei Millionen Auswanderer schließlich nach Übersee ging. William Evans-Gordon, Mitglied des britischen Unterhauses sowie der *Royal Commission on Alien Immigration*, schlug daher vor, die Grenzen des Empire für jegliche »Kriminelle« und andere Immigranten zu schließen.[67] Und der bedeutende britische Historiker William Harbutt Dawson, der – keineswegs als Einziger – nicht

an Lob für Hitler sparte und einen mit Antipolonismus beziehungsweise Antislawismus vermischten Antisemitismus propagierte, warf
den aus Deutschland flüchtenden jüdischen Gelehrten noch kurz vor
Ausbruch des Zweiten Weltkriegs vor, dass sie Vaterlandsverrat begingen und »nationales Rückgrat« vermissen ließen.[68] In Polen täuschten
sich sowohl die eingefleischten Deutschland-Freunde wie Władysław
Studnicki als auch Persönlichkeiten wie Zygmunt Wojciechowski, der
Deutschland misstraute, über die wahre Natur der NS-Herrschaft.
Der eine wie der andere hegte autoritäre Neigungen und, zumindest
anfangs, Bewunderung für Hitlers Gerissenheit und Erfolg.[69]

Die falsche Einschätzung des »Dritten Reiches«, der allgegen-
wärtige Antisemitismus in den Ländern Europas, selbst wenn er andere Wurzeln als der rassistische Antisemitismus der Nazis hatte,
sowie die Wirtschaftskrise mit ihrer hohen Arbeitslosigkeit waren die
Ursache dafür, dass man politische Emigranten aus Deutschland und
deutsche Juden nirgendwo aufnehmen wollte. Die von geflohenen
Russen überschwemmten Staaten Europas sahen sich außerstande,
Hunderttausende weitere Flüchtlinge aufzunehmen. So zogen in der
zweiten Hälfte der 1930er Jahre Tausende politische Flüchtlinge sowie
mehr als eine halbe Million Juden aus Deutschland, Österreich, der
Freien Stadt Danzig und der annektierten Tschechei heimatlos durch
Europa.[70] Bis 1938 fanden fast fünfzigtausend Unterschlupf in Großbritannien, dreißigtausend in Frankreich, rund fünfundzwanzigtau-
send in Polen, ebenso viele in den Niederlanden sowie etwas mehr als
zehntausend in Belgien.[71]

Unter den Flüchtlingen in Polen befand sich David Mandelbaum
aus dem vorpommerschen Stralsund, den man dort 1935 schwer verprügelt hatte, weil er mit einer »Arierin« verheiratet war. Er war nach
Posen entkommen, von wo er im Herbst 1939 nach Warschau gelangte.
Hier fand er Unterstützung und überlebte mit Frau und Sohn auf der
»arischen Seite« bis Kriegsende.[72] Ebenfalls um diese Zeit gelangte das
deutsch-polnische Ehepaar Orzołek aus dem an der Warthe gelegenen
Vietz an der Ostbahn nach Lodz. Henryk Orzołek, ein assimilierter
polnischer Jude, wurde 1943 ermordet, doch seine beiden Söhne überlebten.[73] Vom Schicksal jüdischer Emigranten handelt auch Erich
Maria Remarques erster Flüchtlingsroman, der nicht zufällig den Titel

Jüdische Kinder aus Deutschland in Großbritannien, 1938

Liebe deinen Nächsten trägt. Der aus dem Reich vertriebene Ludwig Kern, nach den Nürnberger Gesetzen ein »Halbjude«, fühlt sich wie ein »junger Vandale« der »zweiten Völkerwanderung«. An der Grenze wird ihm der Pass abgenommen, weshalb ihn kein Nachbarstaat aufnehmen will und man ihn des Nachts immer wieder den Nachbarn unterschiebt – den Tschechen, Österreichern, Schweizern und Franzosen. Da er »Halbjude« ist, kann er nicht immer auf die Hilfe der jüdischen karitativen Organisationen zählen, erst recht nicht seine »völlig arischen« Freunde, denen die Gestapo auf den Fersen ist.[74]

In der Nacht vom 9. auf den 10. November 1938, der sogenannten Reichskristallnacht, die heute meist als »Reichspogromnacht« bezeichnet wird, brannten in ganz Deutschland die Synagogen. Auch in dem westpommerschen Städtchen Deutsch Krone, wo die Familie von Bruno Fischer damals lebte, stand das jüdische Gotteshaus in Flammen, wurden die Scheiben der jüdischen Geschäfte am Marktplatz eingeschlagen. Große Begeisterung löste das weder hier noch anderswo im Reich aus. Meist waren Uniformträger die Brandstifter. In jenem November stieß der Tischlerlehrling Bruno in der Mittagspause vor der

Pietà an der Ecke Schneidemühler Straße (heute ulica Bydgoska) und Königstraße (heute ulica Kilińszczaków) auf eine Kolonne von rund hundert jüdischen Einwohnern der Stadt. Der erste trug eine Tafel mit der Aufschrift »Wir sind die Auserwählten«, auf der Tafel der beiden Männer am Ende der Kolonne stand in großen Lettern: »Moses, Löwenstein und Cohn – Palästina wartet schon«. Der Zug bewegte sich unter Polizeibegleitung Richtung Bahnhof. Der Anblick der leidenden Menschen vor dem Bild der leidenden Muttergottes grub sich tief ins Gedächtnis des Ministranten Bruno ein, der wegen seines Engagements in der Kirche schon einmal von der Gestapo verhört worden war. Zu Hause sagte der Vater, dass man sich schämen müsse, Deutscher zu sein.[75] Es waren die letzten Juden von Deutsch Krone, die an diesem Tag zum Bahnhof getrieben wurden. Alle anderen waren bereits zur Ausreise gezwungen worden, oder sie waren in die Anonymität der Großstädte geflüchtet in der Hoffnung, dort eher überleben zu können.[76] Am Tag nach der Pogromnacht wurden in Deutschland insgesamt dreißigtausend Juden verhaftet. Die meisten ließ man bald wieder frei, gab ihnen aber zu verstehen, dass sie auswandern müssten. Wer über Mittel verfügte und eine Passage ins Ausland finanzieren konnte, zögerte die Ausreise nun in der Regel nicht länger hinaus. Das Gros der österreichischen und deutschen Juden verließ Hitlers Reich, doch ein Teil fiel den Nazis, die fast ganz Europa unter ihre Gewalt brachten, bald wieder in die Hände.[77]

Die internationale Gemeinschaft wusste durchaus, dass hinsichtlich der Flüchtlinge aus Deutschland dringend etwas unternommen werden musste, doch sie konnte sich nie zum Handeln entschließen. Zunächst wollte man Hitler nicht provozieren, dann hatte man Angst, dass noch mehr Menschen jenseits der Grenzen Deutschlands Zuflucht suchen würden, darunter womöglich Kommunisten und Agenten, und nicht zuletzt fürchtete man den wachsenden Antisemitismus der Straße.[78] Nachdem Nansen 1930 gestorben war, hatte der Völkerbund das von diesem geleitete Kommissariat für Flüchtlingsfragen (1921 – 1930) in das Internationale Nansen-Büro für Flüchtlinge (1930 – 1938) umgewandelt, das sich um Flüchtlinge und Vertriebene aus Deutschland hätte kümmern können. Da man Hitler aber nicht irritieren wollte, wurde 1933 eigens ein Hochkommissariat für Flüchtlinge aus Deutschland gegründet, das unabhängig vom Völkerbund war. Es verfügte aber weder über Mittel noch Werkzeuge, weshalb der zuständige Hochkommissar James G. McDonald schon nach zwei Jahren unter Protest von seinem Amt zurücktrat. Bei seinem Abschied prophezeite er, dass den Juden in Deutschland ein viel schlimmeres Schicksal drohe, als die Mitgliedsstaaten des Völkerbundes ahnten. Als nach dem Anschluss Österreichs an das Reich im März 1938 die Flüchtlingswelle erneut anschwoll, riefen die Vereinigten Staaten im Juli eine Konferenz ins französische Évian ein. Das Ergebnis war ernüchternd. Die Ruhe des sprudelnden Wassers – Évian ist auf der ganzen Welt bekannt für sein Mineralwasser – sei auf die Konferenzteilnehmer übergesprungen, die einige idealistische Gemeinplätze verkündet hätten und anschließend wieder nach Hause gefahren seien, schrieb die amerikanische *Times*.[79] Nach Jerzy Tomaszewski diente die Tagung »nur den wirtschaftlich wohlhabendsten Staaten, sich ihrer Mitverantwortung für das Schicksal der Menschen zu entziehen, die ihrer Überzeugungen oder ihrer Abstammung wegen verfolgt wurden«.[80] Kein einziger Staat auf der Welt erklärte sich bereit, die bedrängten Juden und Oppositionellen aufzunehmen. Es wurde lediglich ein Internationales Komitee für Flüchtlinge aus Deutschland eingerichtet, in dem ebenso fruchtlose Debatten geführt wurden wie schon in den Institutionen zuvor. »Unglücklicherweise war der Jude in der Situation einer weltweiten Minorität, er hatte keine nationale jüdische Vertretung oder diplomatischen Schutz. […] Der jüdische Flüchtling war rechtlich gesehen eine Monstrosität für die Diplomatie des Nationalstaates.« Er war der Staatenlose *par excellence*.[81]

Auch nach der Pogromnacht änderte sich die Einstellung zu den jüdischen Flüchtlingen aus Deutschland nicht. Flüchtlingsschiffe kreuzten im Mittelmeer, da die Briten ihnen aus der – nicht unbegründeten – Furcht vor arabischen Protesten die Landung an den Küsten Palästinas untersagten. Allerdings wollte man sie auch sonst nirgendwo an Land lassen. Das deutsche Linienschiff *St. Louis* wurde Mitte 1939 von Kuba, von den USA und von Kanada abgewiesen, da die Passagiere nicht die erforderlichen Einwanderungspapiere besaßen oder diese abgelaufen waren. In den korrupten Botschaften und Konsulaten Europas war zwar ein Visum problemlos zu erhalten, nur wuchs der Preis dafür

Marsch verhafteter Juden in Baden-Baden nach der Pogromnacht, 1938

proportional zu dem Tempo, in dem die Nachbarn Deutschlands sich
aus Angst vor jüdischen Einwanderern abschotteten. Die Schweizer
verlangten nun, dass jüdische Pässe mit einem »J« (für Jude) gestem-
pelt sein müssten, sodass Juden bei Kontrollen leicht zu erkennen
seien. Auch die skandinavischen Länder verschärften die Einwande-
rungsbestimmungen für Juden. Die Niederlande schlossen ihre Grenzen ganz. Frankreich und England erklärten, ihre Kapazitäten seien
erschöpft, sie könnten keine jüdischen Emigranten mehr aufnehmen.
Und die Polen erwogen die Aussiedlung der polnischen Juden nach
Madagaskar, worüber sie nicht nur mit in- und ausländischen Juden,
sondern auch mit den Franzosen und der Führung Nazi-Deutschlands
verhandelten. Noch immer schien die polnische Regierung – wie alle
anderen – nicht zu verstehen, worum es eigentlich ging, und sabotierte
sogar mögliche Vereinbarungen mit Deutschland über die Auswanderung deutscher Juden, indem sie – ähnlich wie die rumänische Regierung – darauf hinwies, dass die Mächte sich mit der »Judenfrage« in
Europa umfassender beschäftigen und dabei alle europäischen Juden
berücksichtigen sollten, von denen rund drei Millionen in Polen lebten.

Das deutsche Beispiel hatte ohne Frage Einfluss auf die Radikalen in anderen Ländern, die meinten, die Welt würde sich mit ihren Juden erst befassen, wenn man damit begann, sie konsequent zu verfolgen. Damit gerieten sie in Rumänien, wo die »Verdrängung« der einheimischen Juden seit der zweiten Hälfte des 19. Jahrhunderts Tradition hatte, in eine höchst bedrohliche Situation.[82] In Polen genossen die polnischen Juden zwar weiterhin die vollen Bürgerrechte, doch die Regierung behandelte sie zunehmend wie Gäste, die zwar seit Jahrhunderten in Polen lebten, nun aber allmählich das Land verlassen sollten.[83] Selbst als Hitler Ende Oktober 1938 den polnischen Obristen quasi eine Ohrfeige verpasste, indem er rund siebzehntausend Juden mit polnischem Pass aus Deutschland über die Grenze nach Polen trieb, zog weder die polnische Regierung noch die Welt daraus irgendwelche Konsequenzen.[84] Die Vereinigten Staaten, wohl die einzige Macht, die dieses gewaltige Problem hätte lösen können, beließen es bei strikten Einreisequoten für Juden. Die Australier gingen noch weiter und erklärten, dass die Juden ursprünglich aus Palästina stammten und asiatischen Emigranten die Einwanderung nach Australien verboten sei.[85]

KURZ VOR AUSBRUCH DES ZWEITEN WELTKRIEGS wurde die Lösung des jüdischen Flüchtlingsproblems durch die Emigration der spanischen Aufständischen noch schwieriger. Diese kamen bereits seit 1937 nach Frankreich, aber solange der Bürgerkrieg andauerte, hielt sich der Zulauf in Grenzen, da sich die meisten Flüchtlinge – im Sommer 1938 waren es zwei Millionen – in dem von General Franco noch nicht eroberten Katalonien aufhielten. Als dann die republikanische Regierung im Februar 1939 stürzte, suchten über vierhunderttausend Spanier Zuflucht in Frankreich, das immer noch am ehesten bereit war, Flüchtlinge aufzunehmen.[86] Die Hälfte der aus Spanien nach Frankreich Strömenden waren Frauen und Kinder, die von den Männern getrennt und in Lagern in ganz Frankreich untergebracht wurden. Die Soldaten kamen direkt in Internierungslager, von denen sich die vier größten an der Mittelmeerküste befanden. Von dort konnte ein Teil der spanischen Flüchtlinge rechtzeitig vor der Niederlage Frankreichs im Juni 1940 per Schiff nach Süd- und Mittelamerika gelangen. Andere entschlossen

Internierungslager für spanische Republikaner an einem Mittelmeerstrand in Frankreich

sich zur Rückkehr in die Heimat, und wieder andere, etwa der katalanische Maler Carles Fontserè, der das berühmte republikanische Plakat »Llibertat!« gemalt hatte, nutzten das Durcheinander und flohen aus den Internierungslagern in die großen Städte, vor allem nach Paris, wo man die besten Chancen hatte, ohne gültige Papiere zu überleben. Fontserè äußerte sich später sehr kritisch über die spanischen Flüchtlinge in Frankreich. Der Künstler stellte die schwierigen Verhältnisse im Lager dar und machte den einflussreichen Einwanderern, von denen viele nach Frankreich gekommen waren – etwa der Ministerpräsident Juan Negrín oder Pablo Picasso –, den Vorwurf, sie hätten ein Vorbild abgeben können, aber nicht den Mut gefunden, freiwillig in einem der Internierungslager zu leben und es »wie ein Kapitän, dessen Schiff sinkt«, demonstrativ als Letzte zu verlassen.[87] Nicht alle Internierten konnten sich retten. Einige Tausend fielen der Gestapo in die Hände, die sie 1940 ins Konzentrationslager Mauthausen schickte. Diesen Unglücklichen begegnete ich seit meiner Kindheit in den Gesprächen mit meinem Vater, der zwei Jahre später – als politischer Häftling – ebenfalls nach Mauthausen kam. Im Spanischen Bürgerkrieg hätte er sicher auf der Seite General Francos gestanden, da er wie ein Großteil der jungen polnischen Vorkriegsintelligenz aufrichtige Bewunderung für ihn hegte, zum einen weil sich der *Caudillo* – wie man das an der Weichsel sah – dem Kommunismus entgegenstellte, zum anderen weil er sich trotz großen Drucks vonseiten Hitlers nicht in den Zweiten Weltkrieg verwickeln ließ.

Ähnlich wie Fontserè gerät auch Professor Leal in *Von Liebe und Schatten*, einem Flüchtlingsroman von Isabel Allende, in ein am Meer gelegenes Internierungslager für spanische Flüchtlinge in Frankreich. Auf der Flucht aus Spanien zieht er einen Wagen hinter sich her, auf dem seine aus dem Krankenhaus entführte, schwer verletzte Frau Hilda und sein kleiner Sohn liegen. An der Grenze, wo die französische Polizei die Soldaten von ihren Familien trennt, wird der Wagen beiseite geschoben. Leal wird mit Gewalt abgeführt und in ein Lager gesteckt, ohne dass man ihm Gelegenheit gibt, seine Lage zu erklären. Zum Glück hört ein vorüberkommender Briefträger das Schluchzen des Säuglings und nimmt ihn und die Mutter zu sich nach Hause, wo er die beiden mit seiner Frau gesundpflegt. Es gelingt dem Briefträger mithilfe einer karitativen Organisation der englischen Quäker sogar, Professor Leal »an einem von Stacheldraht umzäunten Strand ausfindig zu machen, wo die Männer untätig zum Horizont starrend ihre Tage verbrachten und sich des Nachts in Erwartung besserer Zeiten in den Sand eingruben. Es fehlte nicht viel, und Leal wäre wahnsinnig geworden vor Angst um Hilda und seinen Sohn. Als er daher aus dem Mund des Briefträgers hörte, die beiden seien in Sicherheit, senkte er den Kopf und weinte ausgiebig, zum erstenmal in seinem erwachsenen Leben. Der Franzose wartete ab, den Blick auf das Meer gerichtet, ohne ein passendes Wort oder eine Geste des Trostes zu finden. Als er sich verabschiedete, sah er, dass der andere vor Kälte schlotterte, zog seinen Mantel aus und reichte ihm den errötend. So begann eine Freundschaft, die ein halbes Jahrhundert dauern sollte.« Der Briefträger hilft Leal schließlich, aus dem Lager zu entkommen und ein Visum nach Chile zu ergattern, wo er und die Seinen erst nach vielen Jahren das Fremdsein überwinden können.[88]

Nicht viel später als die fiktive Familie Leal auf einem Überseedampfer aus einem französischen Hafen auslief, reiste William Shirer an Bord eines Linienschiffes zurück in die USA. Er hatte fünfzehn glückliche Jahre in Europa verbracht, wie er am Ende seines Tagebuchs schrieb, selbst wenn die Zeiten für den Journalisten immer schwieriger geworden waren. Er hatte am Ende einen der Katastrophe zustrebenden Kontinent beobachtet, was man auf beiden Seiten des Atlantiks aber nicht zur Kenntnis nehmen wollte. Lissabon quoll über von Flüchtlingen, die alle davon träumten, auf einem Schiff das vom Krieg erfasste Europa zu verlassen, wo die Seuche wütete, wo sich Hass ausbreitete, Hunger und Kälte herrschten und wo Morde, Massaker und Bombenangriffe zum Alltag geworden waren. Anders als in den meisten Städten Europas brannten in Lissabon immer noch die Straßenlaternen und erleuchteten die Fassaden der pastellfarbenen Häuser, die sich im Wasser spiegelten. Shirer blickte auf das allmählich verschwindende Lissabon und fragte sich, wann »Hitlers Horden auch hier einfallen und die letzten Lichter auslöschen« würden.[89]

Europa 1942

- Deutsches Reich mit annektierten Gebieten
- Gebiete unter deutscher Zivilverwaltung
- Deutsch besetzte Gebiete
- Italien/Albanien
- Italienisch besetzte Gebiete
- Verbündete der Achsenmächte
- Finnisch, rumänisch, ungarisch und bulgarisch besetzte Gebiete
- Neutrale Länder und Nichtkriegsteilnehmer
- »Etat Français« Vichy-Regierung (10. Juli 1940) am 11.11.1942 von Deutschland besetzt

Europäische
Nordmeer

Färöer

Shetland-I.

NORWE

Bergen

Osl

Nordsee

Skagerrak

DÄNEMAR

Kop

Nord-
irland

IRLAND

Dublin

GROSS-
BRITANNIEN

NIEDER-
LANDE

Hambu

London

Den Haag

Rhein

Atlantischer
Ozean

Ärmelkanal

BELGIEN

DEUTSCH
REICH

Brüssel

Seine

Paris

Luxemburg

Elsass

Donau

FRANKREICH

Loth-
ringen

Münc

Vichy

SCHWEIZ

Rhône

Mailand

Vene

Genua

PORTUGAL

Madrid

Marseille

ITALII

Lissabon

Barcelona

Korsika

Rom

SPANIEN

Balearen

Sardinien

Nea

Gibraltar (brit.)

Mittelmeer

Tyrrhenisc
Meer

Tanger

Span.-
Marokko

Rabat

Oran

Algier

Tunis

Marokko
(franz.)

Algerien
(franz.)

Tunesien
(franz.)

0   300 km

Murmansk

Halbinsel Kola

Weißes Meer

Archangelsk

FINNLAND

Onegasee

SOWJETUNION

EDEN

Helsinki

Ladogasee

Leningrad

Wologda

Kasan

Tallinn
(Reval)

Estland

Nowgorod

Wolga

Gorki

Stockholm

Gotland

Lettland

Pskow

Moskau

Kujbyschew

Riga

REICHSKOMMISSARIAT
OSTLAND

Düna

Smolensk

Tula

stsee

Litauen

Königsberg

Kaunas

Wilna

Brjansk

Woronesch

zig

Minsk

Gomel

Kursk

Stalingrad

Białystok

Weichsel

osen

Warschau

Brest-Litowsk

Kiew

Charkow

Don

Astrachan

GENERAL-
GOUVERNEMENT

REICHS-
KOMMISSARIAT
UKRAINE

Dnjepropetrowsk

Donez

Krakau

Lemberg

Rostow

LOWAKEI

Dnjestr

Dnjepr

UNGARN

Prut

Odessa

Asowsches Meer

udapest

RUMÄNIEN

Bukarest

Krim

Tiflis

EN

Belgrad

SERBIEN

Konstanza

Sewastopol

Monte-
negro

BULGARIEN

Sofia

Schwarzes Meer

ANIEN

irana

Istanbul

Ankara

Saloniki

TÜRKEI

Ägäis

isches
Meer

Athen

GRIECHENLAND

Rhodos

Zypern
(brit.)

SYRIEN
(französisches
Mandatsgebiet)

Euphrat

IRAK

Tigris

Kreta

Beirut

Damaskus

KAPITEL 4
»So wird wohl das Ende der Welt aussehen.«

Flüchtlinge in der Epoche des Völkermords
und in den ersten Jahren nach dem Zweiten Weltkrieg

KRIEGE BEGINNEN FAST IMMER bei schönem Wetter. So zumindest kommt es den Menschen später vor, wenn die Tage und Nächte immer schwerer werden, je länger der Krieg dauert. Der Sommer 1939 war wirklich außergewöhnlich heiter, als habe Gott, wie Remarque nach Jahren schrieb, den Menschen zeigen wollen, was sie alles verlieren sollten.[1] Schon der Sommer 1938 war schön gewesen, vor allem in den letzten Wochen, wenn auch nicht ganz so glühend heiß wie im Jahr darauf. Am ersten Herbstsonntag 1938, kurz vor der Konferenz von München, schrieb William Shirer in sein Tagebuch, bei diesem warmen und sonnigen Wetter könne man kaum glauben, »daß es Krieg geben wird«.[2] Doch die Nachgiebigkeit Europas gegenüber Hitler in den Tagen von München stellte faktisch die Weichen. Obwohl die meisten Deutschen bei Hitlers Machtantritt weitere Verhandlungen zur Verbesserung ihrer Lage nach dem verlorenen Krieg einem weiteren Waffengang vorzogen, ging dann alles schneller, als sie es sich hätten vorstellen können.[3] 1939 besetzte Hitler die »Resttschechei«, machte die Slowakei zum Vasallen und griff – nachdem er sich mit der UdSSR verständigt hatte – von drei Seiten aus Polen an, über dessen Städte innerhalb von Stunden der Terror hereinbrach. »Es war dunkel vor Rauch, die Häuser schwankten und fielen zusammen. Die Menschen rannten wie verrückt umher [...]. Auf den Straßen Tote, Verwundete; Pferde neben Menschen. So wird wohl das Ende der Welt aussehen«, notierte Ludwik Hirszfeld zu Beginn des Septembers im bombardierten Warschau.[4]

Als der durchtriebene Stalin erkannte, dass die Niederlage Polens unabwendbar war, da dessen Verbündete keine Anstalten zum Eingreifen machten, gab auch er den Befehl zum Angriff. Dadurch kam der erste Feldzug des Zweiten Weltkriegs zu einem raschen Ende. In dem am 28. September 1939 unterzeichneten Friedens- und Grenzvertrag erklärten das Reich und die Sowjetunion, die Polen unter sich aufteilten, dass das »Auseinanderfallen« des polnischen Staates Europa einen dauerhaften Frieden garantieren werde. August Töpperwien, ein deutscher Lehrer und praktizierender Protestant, dem im Gegensatz zu vielen seiner Landsleute das Schicksal Polens nicht gleichgültig war, fragte sich damals, ob Hitler dem Teufel seine Dienste angeboten habe.[5]

»Man hätte meinen können, die Zeiten der Völkerwanderung […] seien unwiederbringlich vorbei«, lässt Jan Józef Szczepański, ein scharfsinniger Beobachter des Krieges von 1939, an dem er selbst teilnahm, in seinem Roman *Der polnische Herbst* den Oberst Barański sagen.[6] Aber das erwies sich als Irrtum. Schon am 1. September machten sich gewaltige Scharen von Europäern auf den Weg. Als Erstes evakuierte die britische Regierung ihre Bevölkerung aus den am stärksten gefährdeten Gebieten und ordnete am letzten Augusttag die Operation *Pied Piper* [»Rattenfänger von Hameln«] an. Im Zuge dieser Maßnahme wurden über drei Millionen Kinder aus den Großstädten, vor allem aus London, aufs Land gebracht, begleitet von rund hunderttausend Lehrern, vielen jungen Müttern und schwangeren Frauen. Zumindest die Kinder glaubten, dass die Trennung von den Eltern nur kurz sein würde, doch sie sollte Jahre dauern. Bis heute ist man sich nicht einig, ob diese Evakuierung ein Erfolg oder ein Misserfolg war. Sicherlich hat sie vielen Menschen das Leben gerettet, aber ein Großteil der Kinder konnte das Trauma der Trennung von den Eltern jahrelang nicht verwinden. Auf der anderen Seite gab es auch Kinder, denen durch die Trennung bessere Aufstiegsmöglichkeiten eröffnet wurden.[7]

Schon in den ersten Kriegstagen hatten die Evakuierungsbefehle der polnischen Armeeführung und die Angriffe der Wehrmacht auf die Zivilbevölkerung zur Folge, dass viele Polen Haus und Hof verließen: »Tausende, Zehntausende gingen mit Frauen, Kindern, mit ihrer Habe auf den Armen oder dem Rücken in Richtung Süden und Osten, ergossen sich wie eine menschliche Flut. Sämtliche Wege in den Osten waren verstopft. Schon nach kurzem waren alle Brunnen leer, alle Lebensmittelvorräte aufgezehrt.«[8] Unter den aus Posen Evakuierten war mein Großvater. Wie alle Eisenbahner hatte er den Evakuierungsbefehl

Evakuierung von Kindern aus London

erhalten und machte sich daraufhin in Begleitung seiner Familie mit dem Zug nach Osten auf. Sie waren zu viert, mein Großvater, die Großmutter, mein Vater, der gerade erst sein Studium beendet hatte, sowie sein siebzehnjähriger Bruder, der Gymnasiast Bogusław, der in seinem Tagebüchlein die Reiseroute detailliert beschrieb: Die ersten sonnigen Tage, das Chaos der Flucht, Gespräche mit beunruhigten Juden, die Bombardierung der Flüchtlingstrecks, die erste Begegnung mit den Deutschen (der Schrei: »Hast du Waffen?«), das rasche Herannahen des Herbstes. Am 20. September, als sie sich in Babiak westlich von Kutno befanden, gab es einen Wetterumbruch, der ihren Marsch aufhielt, da auf den vom Regen aufgeweichten Wegen das Fahrrad entzweiging, das sie erst einige Tage zuvor von Juden gekauft hatten und das ihnen wertvolle Dienste beim Transport der persönlichen Habe geleistet hatte. An diesem Tag mussten sie auch erkennen, dass die deutsche Armee sie mittlerweile eingeholt hatte.

Schätzungen zufolge schlugen sich nicht weniger als hundertfünfzigtausend polnische Flüchtlinge nach Litauen, Lettland, Ungarn und Rumänien durch, weil sie von dort nach Frankreich zu gelangen hofften, wo sich im Frühjahr 1940 bereits einige Zehntausend Landsleute aufhielten. Weitere zweihundertfünfzig- bis vierhunderttausend polnische Staatsbürger – unter ihnen besonders viele Juden – waren vor den Deutschen in die nach dem 17. September 1939 von der UdSSR besetzten Gebiete geflohen.[9] Die Gesamtzahl der Evakuierten im September 1939 ist unbekannt, da viele in den folgenden Wochen nach Hause zurückkehrten. Doch dort blieben sie oft nur kurz, die einen, weil sie Angst um ihr Leben hatten und sich bald erneut auf die Flucht machten, die anderen, weil sie nicht wussten, wo sie bleiben sollten, da ihre Wohnungen in der Zwischenzeit beschlagnahmt worden waren.

Unter der deutschen Besatzung in Pommerellen und am Rand von Großpolen kam es vom ersten Tag an zu Verhaftungen, Morden und Massenhinrichtungen, was die Annahme erlaubt, dass es einen diesbezüglichen Geheimbefehl Hitlers an die Abteilungen der Sicherheitspolizei gegeben haben muss. Anfangs richtete sich der Terror vor allem gegen die polnischen Eliten in Politik, Kultur und Wirtschaft.[10] Unter den mehr als zwanzigtausend Ermordeten war auch Wacław, der ältere Bruder meiner Mutter. Dem jungen Pfarrer könnte zum Verhängnis geworden sein, dass er im großpolnisch-pommerschen Gebiet Pfadfinder betreute, die – wie überall in Europa – national gesinnt waren.[11] Der deutsche Terror breitete sich so schnell aus, dass schon bis Ende des Jahres 1939 rund sechzigtausend polnische Zivilisten, darunter mehrere Tausend polnische Juden, ermordet wurden. Kamen bei den Massenhinrichtungen in den ersten Kriegsmonaten Dutzende ums Leben, waren es 1941 und in den Jahren darauf oft viele Tausend.[12] Immer häufiger waren Juden die Opfer und jene, die die Nazis für Juden hielten.[13] Die übrigen Polen wurden dagegen größtenteils zur Zwangsarbeit ins Reich gebracht, relativ wenige – wenige im Vergleich zu den Juden, aber außerordentlich viele im Vergleich zu den Einwohnern westeuropäischer Länder – wurden erschossen, in Konzentrationslager gesteckt oder als Kinder zur »Eindeutschung« freigegeben.

Am 6. Oktober 1939 kündigte Hitler große Bevölkerungsverschiebungen an, um – wie er tückisch argumentierte – zumindest einen Teil des Sprengstoffs zu beseitigen, der einen europäischen Konflikt auslösen könnte. Damit öffnete er die Büchse der Pandora. Ist es schon schwierig, Krieg zu beenden, so ist es noch viel schwieriger, die durch

*Pfarrer Wacław Janke kurz vor dem Krieg in Jaktorowo,
einer Pfarrei nahe der polnisch-deutschen Grenze*

Kriege ausgelöste Zwangsmigration sozusagen wieder in die Büchse zu bekommen. In Polen wie im übrigen Europa war bereits seit den 1930er Jahren viel über größere Umsiedlungsaktionen diskutiert worden, doch »ist das Streben nach ethnischer Homogenisierung das eine, seine Verwirklichung das andere«. Dass nun der Übergang von der Theorie zur Praxis erfolgte, lässt sich nur mit der Radikalisierung durch den Krieg erklären.[14] Hitlers angekündigten Bevölkerungsverschiebungen lag der irreale Plan zugrunde, bis Februar 1940 über eine Million polnischer Staatsbürger aus Pommerellen, Großpolen (Posen/Wartheland) und dem Gebiet um Saybusch/Żywiec im Teschener Schlesien umzusiedeln. Zu diesem Zweck wurde unter anderem bei der Gestapo ein Umsiedlungsreferat unter der Leitung von Adolf Eichmann eingerichtet. Es war die Keimzelle des berüchtigten Referats IV B 4, das später die Judenvernichtung organisieren sollte. Insgesamt wurden aus den nördlichen und westlichen Gebieten Polens fast anderthalb Millionen Menschen vertrieben, darunter mehr als dreihunderttausend Juden, der Großteil während der ersten beiden Jahre der Besatzungsherrschaft.[15]

Die Umsiedlungen kamen für die Betroffenen in der Regel überraschend. Meist erschienen die Kommandos in der Nacht oder am frühen Morgen, und nicht selten wendeten sie Gewalt an. Gelegentlich reagierten die Polizisten zögerlich und zurückhaltend, vor allem in der ersten Phase der Umsiedlungen und wenn sie es mit Familien zu tun hatten, die fließend Deutsch sprachen; hin und wieder halfen sie den Umsiedlern sogar.[16] Ältere Wehrmachtsangehörige verweigerten zuweilen ihre Beteiligung an den Vertreibungen.[17] Zum Packen hatten die Betroffenen gewöhnlich eine Stunde Zeit, zuweilen aber auch nur eine Viertelstunde. Sie durften warme Mäntel, eine Decke, Lebensmittel für einige Tage sowie einen Koffer mit Kleidung mitnehmen. Ihren übrigen persönlichen Besitz und alle Kunstgegenstände mussten sie zurücklassen. »Alleinstehende alte, gebrechliche oder kranke Personen sind zum nächsten polnischen Bauern zu bringen«, ordnete der SS-Inspekteur der Umwandererzentralstelle »Litzmannstadt« (Lodz) in den vertraulichen Richtlinien für die Polizei vom 9. Mai 1940 an.[18] Im letzten Satz des Aussiedlungsbefehls aus Leslau/Włocławek vom 13. Februar 1940 heißt es darüber hinaus: »Das Abschließen von Schränken und Türen und die Mitnahme der Schlüssel ist strengstens verboten.«[19] Auf diesen organisatorischen Aspekt der Umsiedlungen wurde stets hingewiesen, damit, so der SS-Inspekteur der Umwandererzentralstelle, »die nachfolgenden Wolhyniendeutschen den Haushalt bzw. die Wirtschaft sofort reibungslos weiterführen können«.[20]

In den direkt an das Reich angegliederten Gebieten des nördlichen und westlichen Polens wurden die Wohnungen jüdischer wie nichtjüdischer Polen buchstäblich von der ersten Stunde an beschlagnahmt und ausgeraubt. Die zunächst »wilden« Vertreibungen, hinter denen fast immer der »Volksdeutsche Selbstschutz« stand, erfolgten bald ganz offiziell, meist in Zusammenhang mit der Erschießung oder Deportation der Wohnungseigentümer. »Die Wohnung war beschlagnahmt und mit allem, was drin war, versiegelt«, schrieb Else (Elżbieta) Pintus, eine polnische Jüdin aus Karthaus, kurz nach Kriegsausbruch. »Die Arbeit mit dem Packen wurde mir erspart«, fügte sie ironisch hinzu, sie habe sich gefreut, nicht wie ihr Bruder verhaftet worden zu sein.[21] Ein polnischer Fotograf aus einer pommerellischen Kleinstadt hatte noch mehr Glück. Da er einen polnischen Namen trug, musste er seinen Betrieb von einem

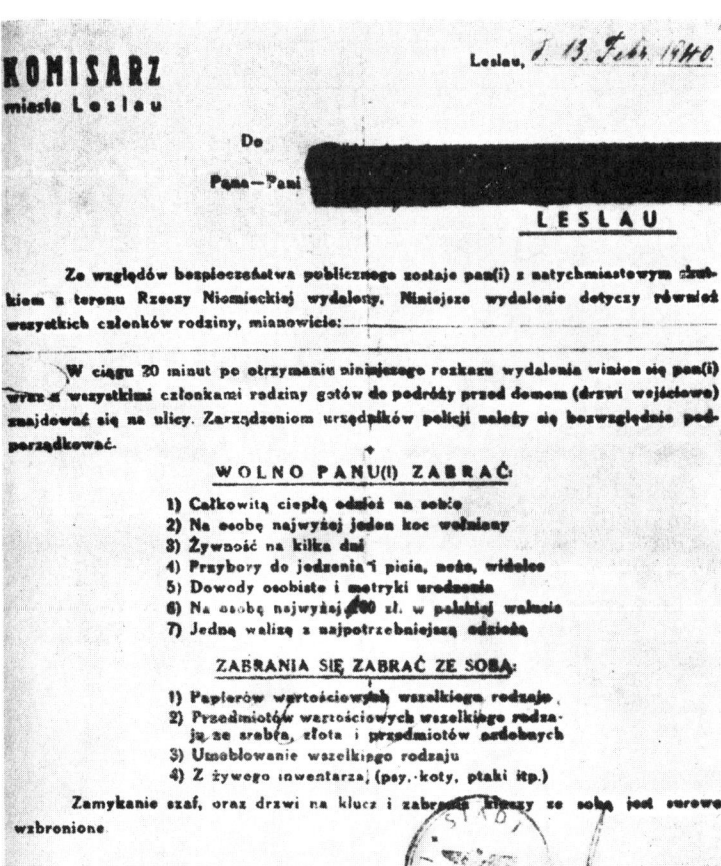

Deutscher Umsiedlungsbefehl für Polen aus Leslau/Włocławek

Tag auf den anderen einer Volksdeutschen übergeben, die er kurz zuvor eingestellt hatte. In diesem Fall hatten die Behörden sich allerdings verspekuliert, denn Brigitte und Jan verliebten sich »bis über beide Ohren« ineinander, und Brigitte spannte zur Rettung des gefährdeten Jan schließlich sogar ihren Bruder, einen SS-Mann, ein.[22]

Durch die Zwangsmaßnahmen der Besatzungsbehörden sollten einerseits die ans Reich angegliederten Gebiete rasch entpolonisiert und andererseits Unterkünfte für die aus dem Osten zuströmenden

Vertreibung der Landbevölkerung aus dem ans Reich angegliederten
Gebiet von Saybusch/Żywiec, Sommer 1940

Volksdeutschen geschaffen werden, die in Übergangslagern nahe der Häfen Stettin, Swinemünde, Danzig und Gdingen, später auch im Wartheland auf die Zuteilung einer Wohnung warteten. Nicht selten befanden sich diese Lager in ehemaligen psychiatrischen Anstalten, deren Patienten – im »Großdeutschen Reich« rund hunderttausend – beizeiten ermordet worden waren.[23] In Gdingen, nun Gotenhafen, wo es zur ersten Massenausweisung von Polen kam, wurden die Patienten der psychiatrischen Klinik bereits im Oktober 1939 umgebracht. Ihre Plätze nahmen Deutschbalten ein, die bald darauf in die Häuser vertriebener Polen zogen. Auch hier mussten, wie Helena Szwichtenberg in ihren Lebenserinnerungen schreibt, die Schlüssel in den Schlössern stecken bleiben.[24]

Die Verjagten wurden in Eisenbahnwaggons gepfercht und in Übergangslager und später in Reservate verfrachtet, die die SS im östlichen Wartheland für die polnischen Umsiedler einrichtete. Von dort schoben die Besatzer sie in größeren Gruppen ins Generalgouvernement ab.[25] Vorher wurden sie eingehend gefilzt, wie sich Halina Kiryłowa Sosnowska erinnert: »Zwei junge Mädchen reißen brutal Mäntel, Kleider, Blusen und Wäsche herunter, leeren die Taschen, betasten

*Einwohner des großpolnischen Schwarzenau/Czerniejewo
1940 auf dem Weg zum Bahnhof*

einen überall. Sie nehmen uns Geld fort, ziehen Ringe und Ketten ab, Haarspangen aus Metall werfen sie in einen besonderen Korb, sie konfiszieren Seife, Kerzen, Zündhölzer und Lebensmittelvorräte aus dem Gepäck«, und sie aßen vor den Augen der Kinder die letzte Orange auf. Auch die Plüschtiere der Kinder fielen ihnen zum Opfer – aufgeschlitzt auf der Suche nach Wertgegenständen. Eine Spezialkommission suchte »nordisch aussehende« Kinder heraus. Helena Szwichtenberg erinnert sich, dass »die Reise [von Gdingen] zwischen sieben und zehn Tagen dauerte. Es war sehr kalt. Wir waren sehr hungrig. Viele Tränen, Panik. Es gab Leichen, vor allem von Säuglingen und Greisen.« In Lublin wurden alle aus dem Zug geworfen. »Dort wussten wir nicht, was tun, was weiter, wohin wir gehen sollten – Hunger. Kleidung zum Wechseln hatten wir nicht. Wir übernachteten auf dem Bahnhof und in den Unterführungen, bettelten um Essen und Decken.«[26]

Diese Behandlung der Vertriebenen war üblich. Davon zeugen neben zahlreichen Erinnerungen der Betroffenen auch die Berichte des italienischen Kriegsberichterstatters Volpato aus Posen, der den Deutschen vorwarf, das polnische Volk bewusst vernichten zu wollen, ferner die Proteste des päpstlichen Nuntius Cesare Orsenigo, der sich im

Deutsche aus Estland gehen im November 1939 in Stettin
von Bord ihres Schiffes.

November 1939 in Berlin beschwerte, dass in Posen Frauen, Kinder und Greise nachts aus den Betten geworfen und ins Unbekannte gejagt würden, und schließlich auch die Einträge im Tagebuch der Reichskanzlei. Unter dem 21. Dezember 1939 findet sich hier der Bericht des kommissarischen Landrats von Tarnów über die Lage im Generalgouvernement: »Ein besonderes Problem sei die Überführung der aus Posen und Westpreußen Ausgewiesenen. Die Transporte seien überhaupt nicht organisiert. Sie kämen plötzlich an, ohne Rücksicht darauf, ob die Ausgewiesenen irgendwie untergebracht werden und eine Existenz finden könnten. [...] So sei kürzlich ein Transport am Dienstag in Posen abgegangen und ohne Verpflegung am Freitag angekommen. In Krakau habe man vierzig inzwischen verstorbene Kinder ausgeladen.«[27] Wie brutal die Aussiedlungen 1939 und Anfang 1940 waren, geht aus einer Äußerung des führenden NSDAP-Mitglieds Hans Frank hervor, der als Generalgouverneur auf der alten Königsburg Wawel residierte. Auf einer Sitzung der Besatzungsregierung am 9. Dezember 1942 sagte er: »Sie entsinnen sich dieser Schreckensmonate, in denen Tag um Tag Güterzüge ins Generalgouvernement hineinrollten, voll beladen mit Menschen, manche Waggons waren bis obenhin mit Leichen gefüllt.«[28]

*Deutschbalten erhalten im Januar 1940 die Schlüssel zu Wohnungen von Polen,
die aus Großpolen vertrieben worden sind.*

Die Lage in Polen im Frühjahr 1940 spiegelt sich auch in einer weiteren
Bemerkung Franks wider: Wollte er nach dem Vorbild des Protektorats
Böhmen und Mähren für »je sieben erschossene Polen ein Plakat aus-
hängen lassen […], dann würden die Wälder Polens nicht ausreichen,
das Papier herzustellen für solche Plakate«.[29]
    Während Hunderttausende Familien aus Pommerellen und Groß-
polen auf dem Weg ins Generalgouvernement waren, nahmen aus dem
Osten zuströmende Deutsche ihre Wohnungen in Besitz. Die Idee, die
Angehörigen der deutschen Minderheiten aus Ostmittel-, Südost- und
Osteuropa ins Reich »heimzuholen«, war nicht neu, aber bis 1933 blieben das theoretische Überlegungen, zumal diese Minderheiten dazu
dienen sollten, einen Anspruch auf die von ihnen bewohnten Gebiete
zu erheben, also eine Irredenta-Politik zu betreiben. Die Idee fand erst
mehr Beachtung, als in der zweiten Hälfte der 1930er Jahre der Zustrom von Volksdeutschen ins Reich auf mehrere Zehntausend Menschen jährlich anschwoll. Die Unterwerfung Westpolens und die dortigen Germanisierungsversuche der Nazis seit dem Herbst 1939 führten
dann zu einem Massentransfer, der insgesamt rund eine Million Deutsche oder, besser gesagt, deutschstämmige Menschen betraf, zunächst

aus den baltischen Staaten und dem damals sowjetisch besetzten Wolhynien, später auch aus der Sowjetunion und Südosteuropa. Deren Umsiedlung ins »Großdeutsche Reich« erfolgte im Prinzip freiwillig, doch gerade die Deutschen im Osten fällten ihre Entscheidung in der Furcht vor der näher rückenden Sowjetarmee und unter dem Druck der »Heim ins Reich«-Propaganda der Nazis. Denn wer 1940 die »Heimkehr« ablehnte, erregte das Misstrauen der deutschen Verwaltung, und wer sich im Baltikum in den ersten Monaten des Jahres 1941 noch nicht zur Ausreise entschlossen hatte – insgesamt ein Fünftel der Deutschbalten –, fiel nach der Annexion der baltischen Republiken durch die Sowjetunion bald den Razzien des NKWD zum Opfer. Aufgrund eines Abkommens zwischen NS-Deutschland und Italien wurden zur selben Zeit rund hunderttausend Südtiroler nach Nordtirol und Kärnten umgesiedelt. Sie hatten tatsächlich die Wahl, wussten aber, dass alle, die blieben, sich mit einer Politik der Italienisierung würden abfinden müssen; deshalb entschied sich nur jeder Dritte, in Italien zu bleiben.[30]

Gewiss muss für einen großen Teil der Deutschen, die in den besetzten polnischen Gebieten angesiedelt wurden, der Einzug in die ihnen zugewiesenen Häuser eine traumatische Erfahrung gewesen sein, zumal wenn sie den polnischen Besitzern fast noch begegneten: Die Betten waren frisch bezogen, und in der Küche fanden sie alle nötigen Gerätschaften vor, die die Bewohner hatten zurücklassen müssen, da es laut polizeilicher Anordnung untersagt war, »mehr als unbedingt nötig« mitzunehmen.[31] Andrea Boockmann, die damals noch ein Kind war, erinnerte sich im Gespräch nicht nur an die »Schüssel mit warmer Suppe auf dem Tisch«, die die Neuankömmlinge in Posen vorfanden, sondern auch an den Namen des Hausbesitzers Wilgocki. Dieser stand wenige Tage später vor der Tür, freudig begrüßt von dem Hund, der sich an sein Herrchen schmiegte, und nicht ahnend, dass seine Familie in der Zwischenzeit ausgesiedelt worden war. Nachdem er gebadet und einige Dinge aus den Schränken zusammengepackt hatte, verließ er sein Haus am nächsten Morgen auf Nimmerwiedersehen.

Wenige Jahre später sollten die Polen ähnlich Bedrückendes in den Wohnungen und Häusern der Deutschen erleben. Die Erinnerungen, aber auch Erzählungen und Romane sind voll davon, welchen Eindruck die gefüllten Schränke, der Geruch der Vorbesitzer (bei Stefan Chwin) oder ein nicht mehr geleertes Teeglas (bei Ryszard Liskowacki) auf die neuen Bewohner machten. In Liskowackis 1963 veröffentlichter Erzählung sitzt der neue Bewohner niedergeschlagen im Sessel einer Stettiner Wohnung und hat den Eindruck, »dass gleich jemand hierher zurückkommt, dass er sich an den Schreibtisch setzt und sich [...] für seine kurze Abwesenheit entschuldigt«. Er ist nicht fähig, »mit den Gesetzen der Geschichte das tragische Schicksal eines Menschen zu erklären, der in seiner eigenen Wohnung den Tee nicht mehr austrinken konnte«. Um die Gedanken loszuwerden, versucht er sich einzureden, der Vorgänger sei ein Polenhasser gewesen. Da das nicht hilft, schenkt er sich einen Selbstgebrannten ein und ermahnt sich: »Versuche, in dieser zerdepperten Stadt zu leben, und schreie laut auf Polnisch, damit man dich in einer anderen Straße hört, wo noch ein anderer Pole wohnt.« Von seiner sterbenden Frau muss er sich vorwerfen lassen: »Das ist deine Schuld. Das war deine Idee. Du hast uns hierher gebracht. Eine verfluchte Stadt. Sie hat uns zerstört. Diese fremde Wohnung hat uns kein Glück gebracht.«[32]

Die deutsche Lebensraum-Politik war, wie Hans-Åke Persson feststellt, der Anfang von Bevölkerungsverschiebungen, deren Konsequenzen für die ethnischen Verhältnisse in Europa die Nazis nicht vorhersahen. Da fuhr ein Zug los, der in der letzten Kriegsphase mit hoher Geschwindigkeit dahinraste und nach Kriegsende eine Richtung einschlug, die wegführte von dem, was sich die Deutschen vom »Dritten Reich« erhofft hatten.[33] Der große Traum vom Lebensraum, von »einer neuen völkischen Ordnung« war zerplatzt. Wahr geworden war, was die Brüder Aleksander und Eugene Kulischer kurz nach Kriegsausbruch vorausgesagt hatten, nämlich dass Deutschland mit seinem Aufbruch nach Osten einen folgenschweren Fehler begangen habe: Es habe den russischen Bären geweckt und »den großen Damm durchlöchert«, der Russland vom Westen trennt. Das habe den Sowjets die Expansion nach Westen ermöglicht.[34] Deren erste Phase vollzog sich in Zusammenarbeit mit Nazi-Deutschland, die zweite auf den von Hitler hinterlassenen Trümmern. Die mörderische Politik der Nazis hat die Bewohner fast des gesamten östlichen Teils des Kontinents so sehr gegen die Deutschen aufgebracht, dass sie die Unterwerfung durch Stalin als Befreiung wahrnahmen, zumindest als Entkommen vor dem überall lauernden Tod. »Das Volk ist erschöpft und ausgeblutet. Es wird hinnehmen, was da kommt. Wichtig ist nur, dass es ohne die Deutschen kommt«, sagt Graf Kaniowski, einst Gutsbesitzer in Ostpolen, in einem Roman von Włodzimierz Odojewski.[35]

DAS WAR EINE ÜBERRASCHENDE WENDUNG, mit der man nach den Monaten der sowjetischen Besatzung zwischen dem 17. September 1939 und dem 22. Juni 1941 nicht hatte rechnen können, als Meldungen von Raub, Razzien, Morden, überfüllten Gefängnissen und nicht enden wollenden Transporten in den Osten kursierten. Viele Polen entschlossen sich damals zur Rückkehr in die deutsche Besatzungszone und dachten, damit das kleinere Übel gewählt zu haben. Einige kehrten sogar illegal zurück, indem sie die Grenzposten bestachen oder versuchten, über die grüne Grenze zu gelangen. Eine größere Rückwandererwelle setzte dann im Frühjahr 1940 ein, als Gerüchte umliefen, in Lemberg würde eine deutsche Kommission entsprechende Anträge entgegennehmen. »Kaum hatten die Flüchtlinge erfahren, dass die Rückkehr zu ihren Familien und in ihre Häuser realistisch wurde, kamen sie in großer Zahl, merkwürdigerweise waren es vielfach Juden«, stellte etwas ratlos eine ehemalige Gymnasialdirektorin aus Sandomir fest, die offensichtlich nicht wusste, dass Juden unter den Flüchtlingen den bei Weitem größten Teil ausmachten.[36] Sechsundsechzigtausend Personen wurde die Rückkehr erlaubt, doch es gab mehr als doppelt so viele Anträge. »Erfolg« hatte eine Gruppe von Chassiden, die später in das Ghetto von Szydłowiec kam, wo sie unter Führung des Studenten Matus geistigen Widerstand gegen den Holocaust leistete und bis zum bitteren Ende den Herrn pries mit Tanz und Gesang.[37] Pater Albin Janocha und seine Mitbrüder aus dem Krakauer Kapuzinerkloster, die sich geschlossen zur Rückkehr entschieden hatten, wurden dagegen Ende Juni 1940 zusammen mit anderen Flüchtlingen gefasst und landeten in einer überfüllten Zelle des Lemberger Gefängnisses Zamarstynów. In der Gruppe gab es auch einige Juristen, die, wie sich Bruder Albin nicht ohne Ironie erinnerte, lange und laut »darüber nachdachten, nach welchem Recht man uns die Freiheit genommen hatte«. Aber die Sowjets fanden in ihren Gesetzbüchern für jeden von ihnen mühelos einen Paragraphen. Bruder Albin, der angesichts des heraufziehenden

Pater Albin Janocha 1940,
kurz vor seiner Verhaftung

Krieges sein Studium am Gregorianum in Rom unterbrochen hatte, erhielt fünf Jahre Lagerhaft, weil er Priester war. »Ich war aus Italien zurückgekehrt und fand mich in Sibirien wieder«, schrieb er kurz nach der Entlassung aus der Verbannung Ende 1955. Wie er gerieten in dieser dritten großen Deportationswelle rund achtzigtausend Flüchtlinge aus Polen in den Osten, überwiegend Juden, meist polnische, aber auch deutsche, österreichische und tschechische Staatsbürger.[38] Rabbiner und Priester galten als »Religionsverbrecher« und wurden auch wie Verbrecher behandelt.[39]

In den Jahren der sowjetischen Massenverfolgungen zwischen Mitte der 1930er und Mitte der 1950er Jahre haben Ströme von Deportierten, die seit der Revolution von Jahr zu Jahr breiter wurden, »den Gulag befruchtet«, wie Solschenizyn sagt. Flüchtlinge aus West- und Mittelpolen sowie die ansässige Bevölkerung aus dem Ostpolen der Vorkriegszeit sorgten dafür, dass dieser Strom niemals versiegte. Die *vorony* (Krähen), die Autos der Sicherheitspolizei, karrten Nacht für Nacht »Material« zum Verhör und anschließenden Abtransport in die

Lager und Gefängnisse. Unablässig waren Massen von polnischen, jüdischen, ukrainischen, weißrussischen, tschechischen, bald auch litauischen, lettischen, estnischen und seit 1941 auch deutschen Verbannten und Verurteilten, zumeist zu großen Transporten zusammengestellt, auf dem Weg gen Osten. Über das besetzte Ostpolen rollten vier große Deportationswellen hinweg, wobei die letzte auch die baltischen Staaten und die Region von Wilna sowie die 1940 Rumänien abgenommenen Gebiete erfasste. Die ersten drei Deportationen erfolgten in den Monaten Februar, April und Juni/Juli 1940, die vierte nach fast einjähriger Pause im Juni des Folgejahres. Nach neuesten Erkenntnissen wurden im Februar 1940 Forstarbeiter und Kolonisten mit ihren Familien, insgesamt hundertvierzigtausend Personen, die in der Zwischenkriegszeit an der Ostgrenze Polens angesiedelt worden waren, abtransportiert. Ins Visier der Häscher gerieten sie durch ihre weißrussischen und ukrainischen Nachbarn, die auf die Polen zumeist schlecht zu sprechen waren und sich zunächst von den sowjetischen Parolen einer Vereinigung aller Ostslawen verleiten ließen. Nicht selten wurden die nichtjüdischen Polen auch von ihren jüdischen Landsleuten denunziert, unter denen die kommunistische Ideologie verhältnismäßig viel Zuspruch fand, auch wenn sie nie dominierte. Im April wurden dann Offiziere, Polizisten, Gefängnispersonal, Staatsbeamte, Lehrer, aktive Genossenschafts- und Parteimitglieder, Kaufleute sowie Fabrikanten verhaftet, insgesamt rund fünfundsechzigtausend Personen. Die dritte Deportationswelle bildeten die bereits erwähnten Flüchtlinge aus West- und Mittelpolen. Im Jahr darauf folgte dann, unterbrochen vom deutschen Überfall am 22. Juni, die vierte Welle, deren Ausmaß am schwersten abzuschätzen ist. Sie umfasste wohl annähernd hunderttausend Personen, von denen weniger als die Hälfte polnische Staatsbürger gewesen sein dürften, dazu kamen siebzehntausend Einwohner der Moldau sowie Esten, Litauer und Letten. Bürger der baltischen Staaten waren im Übrigen bereits seit Juni 1940 von Deportationen betroffen, den Vorboten der »Wahlen« und »Volksabstimmungen« über den Anschluss des Baltikums an die Sowjetunion.[40]

Nach polnischen Schätzungen aus den ersten Kriegsjahren gab es damals anderthalb Millionen Verbannte, spätere Berechnungen von Historikern kamen auf mehr als eine Million. Nach den neuesten Forschungen von Alexander Gurjanow, der die sowjetischen Transportlisten untersucht hat, muss die Zahl der in den sowjetischen Osten Verschleppten auf gut dreihunderttausend reduziert werden, vielleicht etwas mehr, da die Statistiken lediglich die vier großen Deportationen betreffen, Verhaftungen aber während des gesamten Zeitraums an der Tagesordnung waren. Noch einmal so viele Menschen wurden festgenommen, zur Arbeit in die Ostukraine verschleppt oder in die Rote Armee gesteckt. Wenn man den Anteil der einzelnen Ethnien in den polnischen Ostgebieten berücksichtigt, so waren Polen – neben den Juden aller Nationalitäten – unter den Deportierten überdurchschnittlich stark vertreten, jedoch nicht in einem Umfang, der es rechtfertigte – wie in Pommerellen oder Großpolen –, diese Deportationen als ethnische Säuberungen zu bezeichnen. Dagegen spricht auch, dass die Deportierten wie alle Bewohner des annektierten Ostpolens automatisch die sowjetische Staatsbürgerschaft erhielten. Diese wurde im Übrigen auch den Flüchtlingen angeboten, wovon die zwischen die Fronten geratenen Juden nicht selten Gebrauch machten. Darüber hinaus wurden nicht nur Polen – darunter viele polnische Juden – verschleppt, sondern ebenso bis zu zwanzigtausend Weißrussen, insgesamt einige Tausend Deutsche, Litauer, Russen und Tschechen sowie mindestens fünfunddreißigtausend Ukrainer. Unter den Ukrainern waren es besonders die Angehörigen der Organisation Ukrainischer Nationalisten (OUN), die den zahlreichen Razzien, Schauprozessen und Deportationen zum Opfer fielen.[41]

Der Kampf gegen die Ukrainer begann unmittelbar nach der Einnahme der polnischen Ukraine, wo es eine starke ukrainische Unabhängigkeitsbewegung gab, da dort nach dem Ersten Weltkrieg viele Kämpfer für die unabhängige Ukraine Unterschlupf gefunden hatten. Zu diesen gehörte auch der Jurist Grigorij Stepura, Mitglied des Ukrainischen Zentralrats, 1917 Kommissar von Podolien und der Großvater eines meiner Schwäger. Obwohl die zur Bildungsschicht gehörenden Mitglieder der Familie Stepura ein ukrainisches Nationalbewusstsein besaßen und Grigorijs Sohn Taras kurz vor dem Krieg in ein polnisches Gefängnis gesteckt worden war, studierten seine Töchter an der Universität Warschau. Eine von ihnen heiratete später einen polnischen Polizisten aus Lodz. Grigorij Stepura wurde 1939 von den Sowjets verhaftet und verschwand spurlos. Sein Sohn Taras machte sich nach Westen auf, um über Krakau nach Berlin zu gelangen, ein Weg, den ukrainische Nationalisten relativ häufig nahmen. Das belegt auch Bohdan Osadczuk, der 1941 nach Berlin kam und dort 1966 zum Professor berufen wurde.[42]

Zumeist wurden die Familien geschlossen in die Verbannung geschickt, doch wenn man nicht alle antraf, wurden eben nur die Anwesenden mitgenommen, manchmal sogar nur die Kinder. Lediglich in den baltischen Staaten wurden die Väter vor dem Transport von den Familien getrennt. Präzise Instruktionen regelten, dass die Aussiedlungen nachts oder im Morgengrauen erfolgen sollten und was und wie viel die Aussiedler mitnehmen durften: Polnischen Staatsbürgern standen fünfhundert Kilo Gepäck pro Familie zu, den Balten nur hundert. In der Praxis hing viel vom guten oder bösen Willen der für die Vertreibung Verantwortlichen ab. Es gab hilfsbereite NKWD-Angehörige, aber auch besonders brutale. In Extremfällen wurde die Verladezeit auf gut zehn Minuten reduziert und die Mitnahme von Proviant untersagt. Die bisweilen viele Wochen dauernde Reise erfolgte in Güterwaggons, die für den Personentransport umgebaut waren, was hieß, dass sie mit zweistöckigen Pritschen und im Winter mit kleinen Öfen ausgestattet waren. Mit Beginn der zweiten Deportation verbesserten sich die Verhältnisse zwar, wodurch die Sterberate deutlich sank, doch es war durchaus nichts Ungewöhnliches, wenn vor allem Kinder und alte Menschen den Transport nicht überlebten. In dem Waggon, in dem Bruder Albin in den Osten gebracht wurde, ordnete der Arzt aus Sorge um den Zustand eines Kranken sogar an, die Tür offen zu lassen. Eine Zuggarnitur bestand durchschnittlich aus 62 Waggons, von denen 55 für die Verbannten bestimmt waren. Im Schnitt war ein Waggon mit 25 bis 30 Personen belegt. Das Handgepäck führten die Reisenden bei sich, das größere Gepäck wurde in vier Güterwaggons verladen. Ferner gab es Waggons eigens für die Begleitmannschaften, gelegentlich auch für Kranke sowie einen Waggon für die Verpflegung. Unterwegs mussten die Deportierten in der Regel keinen Hunger leiden, schlimmer waren im Winter die Kälte, weil es an Heizmaterial mangelte – weshalb es auch keine warmen Mahlzeiten gab –, und im Sommer der Durst. »Nie im Leben hat mir ein Getränk so gut geschmeckt wie dieses Wasser«, schrieb Bruder Albin im Sommer 1941, nachdem sein Transport im Lager eingetroffen war, wo es Wasser in Fässern gab.[43]

Wie ein Workuta-Häftling schrieb, unterschied sich die Verurteilung von der Verbannung durch die Länge der Leine und die Größe des Fressnapfs, was aber keineswegs belanglos war. »Wenn man im Lager gewesen war, schien die Welt der Verbannung nicht grausam, auch wenn sich die Menschen hier um das Wasser prügelten, an den Wasserstellen mit Hacken aufeinander losgingen. Die Welt der Verbannung war sehr viel weiträumiger, großzügiger, vielgestaltiger.« In Solschenizyns Roman *Krebsstation* kann Oleg während der ersten Nacht in der Verbannung keinen Schlaf finden: »Keine Wachtürme, niemand beobachtete ihn [...], neben ihnen standen unbeweglich die Pferde und kauten die ganze Nacht leise mahlend ihr Heu – einen süßeren Klang gab es nicht. [...] Kann es also einen Ort geben, der dir lieber ist als der Ort, an dem du eine solche Nacht verbracht hast?«[44] Während die Verurteilten meist in Lagern im Norden des europäischen Teils von Russland oder in Sibirien landeten, schickte man die Verbannten gewöhnlich in die Steppen des Südens, oft in Gegenden Kasachstans und Usbekistans, die während der Revolution entvölkert worden waren. Hier mussten sie selbst für sich sorgen, indem sie auf den umliegenden Kolchosen und Sowchosen arbeiteten. Da es sich bei den Verbannten überwiegend um Alte, Kinder und Frauen handelte, die durch den langen Transport oft völlig erschöpft waren, forderten hier Auszehrung, Kälte und Hunger viele Opfer, auch wenn sich heute die Auffassung durchgesetzt hat, dass frühere Opferzahlen zu hoch lagen. Am schwersten war der Überlebenskampf in den ersten Wochen und Monaten, bis man sich irgendwie eingerichtet hatte. Nicht selten war die erste Deportation nur der Auftakt zu weiteren erzwungenen und keineswegs weniger brutalen Umsiedlungen im Zuge groß angelegter Verlagerungen von Arbeitskräften innerhalb der Sowjetunion.[45]

OFT WIRD VERGESSEN, dass Finnland nach dem deutsch-sowjetischen Überfall auf Polen das nächste Angriffsziel war. Am 30. November 1939 bombardierten sowjetische Flugzeuge Helsinki. Jetzt musste sich Mussolini entscheiden, ob er das Bündnis mit Hitler fortführen sollte. Stalin arbeitete auf einen kommunistischen Umsturz in Finnland hin und wollte bei dieser Gelegenheit Karelien sowie Gebiete in der Nähe von Leningrad annektieren. Doch die von ihm arg gebeutelten finnischen Kommunisten erwiesen sich als zu schwach, die durch Exekutionen dezimierte Rote Armee war schlecht vorbereitet und die vom alten Freiherrn Carl Gustaf Mannerheim geführten Finnen leisteten unerwartet heftigen Widerstand. Der später sehr bekannte polnische Literaturhistoriker Kazimierz Wyka schrieb damals: »Die Wochen vergehen. Finnland lebt und kämpft auf gleicher Augenhöhe. Und wir? [...] In die Bewunderung und die brüderlichen Gefühle mischen sich langsam Neid und Scham.« Nach dem Winterkrieg behielten die Finnen ihre Unabhängigkeit, mussten sich aber mit dem Verlust von elf Prozent ihres Staatsgebiets abfinden. Das ruinierte, kaum vier Millionen Einwohner zählende Land war gezwungen, über vierhunderttausend mittellose Flüchtlinge aufzunehmen, da sich nur ein Prozent der Bewohner in den verlorenen Gebieten zum Bleiben entschloss. Zunächst teilte man sie auf die Kirchspiele auf, dann wurde ihnen Land zugeteilt, das durch tiefgreifende Eigentumsveränderungen gewonnen worden war. Selbst wenn niemand es so nannte: Die Finnen erlebten damals eine der radikalsten Landreformen Europas, bei der die kleineren Landbesitzer fünfzehn Prozent ihres Landbesitzes verloren, die Großgrundbesitzer sogar bis zu sechzig Prozent. Die schwedische Minderheit in Finnland legte dagegen Protest ein, da sie befürchtete, die Reform würde die Nationalitätenstruktur in den von ihr bewohnten Gegenden am Finnischen Meerbusen verändern. Trotz dieser Schwierigkeiten gelang es den Finnen 1941, alle Flüchtlinge unterzubringen. Max Mehl, damals Korrespondent der *Neuen Zürcher Zeitung*, urteilte, dass die finnische Lösung Anlass gebe zu vielen Zweifeln, insgesamt jedoch handle es sich um »ein gewagtes, aber notwendiges Experiment«.[46]

Seit dem Frühjahr 1940 überschlugen sich die Ereignisse an den europäischen Fronten. Deutschland griff Dänemark, Norwegen, die Niederlande, Belgien, Luxemburg und schließlich auch Frankreich an, unmittelbar danach brachte die Sowjetunion Litauen, Lettland und Estland in ihre Gewalt und annektierte die zu Rumänien gehörende nördliche Bukowina und Bessarabien. Überdies musste Rumänien einen großen Teil von Siebenbürgen an Ungarn sowie die südliche

Dobrudscha an Bulgarien abtreten. An der Jahreswende 1940/41 nahmen Italiener und Deutsche zunächst Griechenland und anschließend Jugoslawien ein. All dies bedeutete Zerstörungen, die Bombardierung von Städten sowie Massenevakuierungen und Umsiedlungen, die im besten Fall »freiwillig« waren, wie etwa beim Austausch von über einer halben Million Einwohner in den rumänisch-ungarischen und rumänisch-bulgarischen Grenzgebieten.

Besonders hart traf es die Menschen in dem seit 1941 aufgeteilten Jugoslawien, wo die kroatische Ustascha ihren deutschen Verbündeten an Grausamkeit in nichts nachstanden. Die serbischen Partisanen, insbesondere die Tschetniks, übten Vergeltung für deren brutales Vorgehen, wobei Tausende von Kroaten und Bosniaken ums Leben kamen, doch gingen sie dabei wenig systematisch und konsequent vor. In den kroatischen Konzentrationslagern wurden Juden und Serben ermordet, die – wie ein Vordenker der Bewegung schrieb – ein für alle Mal aus Kroatien verschwinden sollten. Hunderttausende Serben wurden zwangskatholisiert, Hunderttausende vertrieben, sofern sie nicht in Panik vor den Massenvergewaltigungen und den Massakern flohen. Zudem ordneten die Deutschen Vertreibungen aus Belgrad an, wo Volksdeutsche aus dem Banat angesiedelt werden sollten, und sie brachten rund eine halbe Million Serben zur Zwangsarbeit ins Reich, was bei der geringen Größe der serbischen Nation prozentual einen der höchsten Anteile an Zwangsarbeitern darstellte.[47]

In Frankreich machten sich mindestens fünf Millionen Menschen auf die Flucht, zum einen Flüchtlinge, die es dorthin verschlagen hatte, zum anderen alteingesessene Bewohner der nördlichen Departements. »Sie wälzten sich voller Furcht die Straßen entlang, schleppten ihre wenige mitgenommene Habe auf dem Rücken, auf Fahrrädern oder in Kinderwagen, trugen ihre Kinder auf den Schultern. Sehr bald waren die Straßen verstopft«, was nach Ansicht William Shirers zur Niederlage der französischen Armee beigetragen hat. Deutsche Luftangriffe hätten zudem Tod und Sterben verursacht. »Dazu keine Nahrung, kein Wasser, keine Unterkunft, keine medizinische Versorgung [...]. Eine menschliche Katastrophe.«[18] Hunderttausende brachten sich zunächst im semisouveränen südlichen Frankreich unter der Vichy-Regierung in Sicherheit. Anna Seghers, die dort mit zwei Kindern auf dem Weg nach Marseille war, beobachtete: »Die Bahnhöfe und die Asyle und selbst die Plätze und Kirchen der Städte voll von Flüchtlingen.« Besonders erschütterte sie der Anblick blitzschnell gealterter Menschen. »Wie war die Welt in diesem Jahr gealtert. Alt sah der Säugling aus, grau war das Haar der stillenden Mutter, und die Gesichter der beiden kleinen Brüder, die über die Schulter der Frau sahen, waren frech, alt und traurig«, stellt der Held eines ihrer Romane auf dem Bahnhof von Toulouse fest.[49] Seghers war unter den wenigen, die entweder über Marseille oder über Spanien und Lissabon aus Frankreich entkommen konnten. Die meisten gelangten nach Großbritannien, Nordafrika, Mexiko und in die USA. Vor allem Größen aus Wissenschaft und Kultur, etwa Marc Chagall, Alfred Döblin, Lion Feuchtwanger, Heinrich Mann, Walther Mehring und Eugene M. Kulischer, dessen Bruder Aleksander von der Vichy-Polizei festgenommen wurde und in einem Konzentrationslager ums Leben kam, konnten sich in den Vereinigten Staaten in Sicherheit bringen. Viele Flüchtlinge haben Szenen ihrer Flucht beschrieben. Von Irène Némirovsky stammt eine höchst realistische Schilderung der Menschenmassen, die die Bahnhöfe und Züge des »abscheuliche[n], bluttriefende[n] Europas« bevölkerten: »Die Kinder waren sehr viel ruhiger. Ihre Tränen trockneten schnell.«[50] Bei dem noch kleinen Jean-Marie Gustave Le Clézio saß oft der Hunger am Tisch, ein Motiv, das in seinen Büchern immer wiederkehrt. Die Dramatik des französischen Sommers 1940, als von heute auf morgen alle Geschäfte geschlossen wurden und es kaum noch etwas zu essen gab, hat sich in den Erinnerungen der über Portugal entkommenen Polin Maria Danielewicz-Zielińska niedergeschlagen. Aus Spanien sind ihr weniger die Zerstörungen des Bürgerkriegs im Gedächtnis haften geblieben, als vielmehr das reichliche Essen, und Portugal schien ihr das Paradies auf Erden zu sein, wobei sie Kartoffeln noch mehr zu schätzen wusste als alle portugiesischen Torten. Weitere Bevölkerungsverschiebungen gab es in den ans Reich angegliederten ehemals französischen Provinzen Elsass und Lothringen, wo im Zuge der deutschen Besatzungspolitik Hunderttausende zwangsausgesiedelt wurden und die Besatzer zugleich dreihunderttausend Evakuierten die Rückkehr verweigerten.[51]

Flüchtende Pariser im Frühjahr 1940

NACHDEM FRANKREICH GESCHLAGEN WAR, setzte nur noch
Großbritannien den Krieg gegen Hitler-Deutschland fort, dabei zunehmend offen unterstützt von den USA. Der Überfall Nazi-Deutschlands auf die Sowjetunion im Juni 1941 änderte die politische wie militärische Lage dann grundlegend, die militärische aber nicht sofort.

Mit dem »Dritten Reich« und der UdSSR waren zwei totalitäre
Regime, die seit einigen Jahren den Kontinent terrorisierten und mit
sehr ähnlichen Methoden ganz unterschiedliche Ziele verfolgten, in
den Kampf auf Leben und Tod eingetreten.[52] Hitler schwebte eine
Welt vor, in der versklavte Massen, vor allem Slawen, für wenige ger-
manische »Arier« arbeiteten, die wiederum hauptsächlich von Raub
und Plünderung der anderen leben sollten, während die Juden nach der
»Endlösung der Judenfrage« ganz verschwunden sein würden. Stalin
wiederum wollte die Welt mit einer umfassenden Revolution beglü-
cken, nach der alles vorbildlich und nach den aktuellen Bedürfnissen
der Revolutionsverwaltung organisiert sein würde, selbst die Flüsse
sollten nicht mehr ins Meer, sondern dorthin fließen, wo ihr Wasser

nötig war. Sowohl Hitler als auch Stalin hielten sich für Perfektionis-
ten, eher für Demiurgen denn für Zerstörer. Beide folgten im Grunde
alten, bis auf Platon zurückgehenden Utopien, von deren Umsetzung
man bis dahin infolge mangelnden Wissens nur hatte träumen können.
»Das wunderbare 19. Jahrhundert« mit seinem unglaublichen Fortschritt in Bezug auf Organisation, Technik und Technologie schien die
Menschheit der Verwirklichung des Traums von einer idealen Ordnung endlich näherzubringen. Dem entsprach, dass die neuen Welten
Hitlers und Stalins nach einfachen und eindeutigen Regeln organisiert
sein sollten. Es gab in ihnen keinen Platz für den Zufall, in Hitlers
Plänen noch nicht einmal für den genetischen Zufall.[53]

Dem deutschen Angriff auf die Sowjetunion schloss sich Finnland
an, das die im Winterkrieg verlorenen Gebiete wiedergewinnen wollte.
Marschall Mannerheim besetzte das russische Ostkarelien, lehnte aber
eine Beteiligung an den Kämpfen um Leningrad ab. Fast zwanzigtausend Karelier, die nicht in Mannerheims »Großfinnland« leben wollten,
wurden in Konzentrationslager gesteckt. Dass die Finnen gleichzeitig
fünfzigtausend Ingrier (Ischoren) aus Ostkarelien nach Finnland umsiedelten, zeigt allerdings, dass Ostkarelien für sie nur eine Verhand-
lungsmasse bei Friedensgesprächen darstellte und sie den Kriegsverlauf
offensichtlich voraussahen. Derweil kehrten die Flüchtlinge von 1939 in
das wiedergewonnene Westkarelien und in die Umgebung von Leningrad zurück. Innerhalb von zwei Jahren waren das zweihundertfünf-
undsechzigtausend Menschen, fast zwei Drittel aller Geflohenen. Sie
bauten ihre zerstörten Häuser wieder auf und bestellten immerhin gut
die Hälfte der zuvor bewirtschafteten Nutzfläche.[54]

Hitlers Überfall auf die Sowjetunion rief in Finnland und in Polen,
vor allem in den polnischen Ostgebieten, Erleichterung hervor. Für Familie Adamowicz aus Wilna, die heute in Danzig lebt, zählt der 22. Juni
1941 bis heute zu den glücklichsten Tagen ihres Lebens, auch wenn das
Glück nur kurz währte. Es schien ihnen, als würden die deutschen
Bomber auf Fürsprache der wundertätigen Muttergottes im Wilnaer
Spitzen Tor (poln. Ostra Brama, lit. Aušros Vartai) eingreifen. Auch
anderswo, etwa in den baltischen Staaten und in der Ukraine, wurden
die deutschen Truppen wie Befreier begrüßt. Erleichterung empfand
anfangs gewiss auch ein Teil der von den Revolutionswirren, von Hun-

ger und Verhaftungen geplagten Russen, denn es schien, als würde sich die Rote Armee auflösen, nicht zuletzt infolge massenhafter Desertionen.[55] Und unter den polnischen Verbannten machte sich Hoffnung breit, als knapp zwei Monate später ein Amnestiedekret verkündet wurde. »Ich dachte, dass mein Herz zu schlagen aufhört. [...] Wir tanzten [...] auf der Wiese«, heißt es in einem Bericht. »Obwohl wir von der Arbeit ausgelaugt waren, obwohl uns Hitze und Mücken geschwächt hatten, verließ uns die Apathie und erfüllte uns ein neuer Geist«, notierte Bruder Albin. Man habe ihnen die ein Jahr zuvor abgenommenen Gegenstände zurückgegeben, sogar eine nagelneue Armbanduhr der Marke Omega. Die Reiseroute war ihnen freigestellt, und so machten sie sich in Richtung Süden auf, wo nach ihrer Ansicht die Überlebenschancen größer waren, weil dort polnische Militäreinheiten zusammengestellt wurden: »Wir wollten uns wie Zugvögel in warme Länder aufmachen.«[56] Schließlich erhielten aber nur ethnische Polen und polnische Juden von den sowjetischen Behörden die Erlaubnis, nach Süden zu ziehen, obwohl die Exilregierung Sikorski aus leicht verständlichen Gründen die Gleichbehandlung aller Staatsbürger Polens von 1939 verlangte, also auch der – von Stalin als Russen betrachteten – orthodoxen Ukrainer in Ostpolen und der Weißrussen.

Mit der Amnestie waren aber keineswegs alle Probleme der Polen in der UdSSR gelöst. In Usbekistan wurden sie im strengen Winter 1941/42 von Krankheiten heimgesucht – vor allem von Typhus und Durchfall – und von Kälte und Hunger geplagt. »Die Kinder sterben wie die Fliegen«, dieser Satz kehrt in den polnischen Aufzeichnungen jener Zeit außerordentlich oft wieder. Die Sterberate dürfte bei den Kindern mehr als fünfzig Prozent betragen haben. Die wahren Opferzahlen werden sich vermutlich nie mehr ermitteln lassen, da es an glaubwürdigen Quellen fehlt. Es hat ganz einfach niemand die toten Kinder gezählt, vor allem nicht die Kleinkinder, weshalb man auf die trügerische und subjektive Erinnerung angewiesen ist. In der Familie Roplewski starben sechs Söhne, zwei Töchter, schließlich auch der Vater.[57] »Es schien, als sei dort unser Ende gekommen. Meine Frau, unsere Tochter, dann der Schwiegersohn, schließlich ich – alle erkrankten wir nacheinander an Fleckfieber. Dann kam der Hunger. Nicht nur wir, sondern auch die Usbeken bekamen angeschwollene Bäuche und starben«, gab Stefan Turek, ein pensionierter Finanzbeamter aus Tarnopol, die Erfahrungen Tausender wieder.[58] Turek gehörte zu den verhältnismäßig wenigen, die 1942 die Sowjetunion mit den neu aufgestellten Polnischen Streitkräften in der Sowjetunion unter General Władysław Anders, der sogenannten Anders-Armee, über den Iran und den Nahen Osten verlassen konnten. Die Gründe für diesen Exodus lagen auf der Hand, doch für die Zukunft des polnischen Staates war er verhängnisvoll. Es wurde immer deutlicher, dass die »Befreiung« Polens aus dem Osten kommen würde und man dort »Argumente« sammeln musste. Die polnische Exilregierung in London erkannte das durchaus, wollte es aber, wie Churchill bemerkte, nicht hinnehmen. So verlor sie schließlich jeden Einfluss in der polnischen Frage, die sie mit dieser politischen Fehlentscheidung quasi kampflos Stalin überließ, der in Kooperation mit den in der UdSSR gebliebenen polnischen Offizieren innerhalb kurzer Zeit eine neue linke polnische Volksarmee gründete, die mit den Sowjets bis Berlin marschierte.

Die meisten Polen, die in den Süden gelangten, teilten ihre Armut mit dem Gros der sowjetischen Verbannten und Evakuierten. Die Jahre 1941 bis 1943 waren für sie wahrlich dramatisch, da alle Mittel an die Front geworfen wurden. In den Diagrammen steigt die Kurve der Todesfälle auf den »Inseln« des Archipel Gulag sowie von Verbannten und Flüchtlingen in diesen Jahren steil an – von sieben auf achtzehn Prozent. Die Sterberate unter den Polen scheint damals sogar noch mehr zugenommen zu haben. Doch ohne das Drama der Polen schmälern zu wollen: Die Lager des Gulag wurden – ganz anders als Auschwitz, wo vor allem »Fremde« ermordet und eigentlich nur Juden sowie Sinti und Roma direkt ins Gas geschickt wurden – vor allem zum Schicksal von Millionen Sowjetbürgern. Die ethnische Zusammensetzung der Gulag-Insassen entsprach mehr oder weniger den Nationalitätenverhältnissen im Sowjetreich, weshalb Russen, Ukrainer und Weißrussen überwogen. Mit dem Schicksal der Polen ist vor allem Katyn verbunden, wo die erste mit Sicherheit gewollte Massenhinrichtung von Eliten stattfand. Da die polnischen Eliten zur selben Zeit auch den Deutschen zum Opfer fielen, wird bis heute darüber diskutiert, ob es beim Vorgehen gegen die polnische Intelligenz eine operative Zusammenarbeit zwischen NKWD und Gestapo gegeben hat.[59]

*Polnische Verbannte nach der Amnestie auf dem Weg aus der UdSSR
nach Persien, 1942*

Der Ausbruch des Deutsch-Sowjetischen Krieges bedeutete eine
gewaltige Verschärfung des Flüchtlingsdramas in Europa und Asien.
Mindestens zehn Millionen Evakuierte wurden nun mit kompletten
Fabrikanlagen in weit von der Front entfernte Gegenden verlegt, weitere Millionen flohen vor den Deutschen oder waren von der sowjetischen Verwaltung bereits vorsorglich fortgeschafft worden. Wieder
andere blieben an Ort und Stelle und wurden später von den Deutschen zur Evakuierung oder Umsiedlung gezwungen. Ein weiteres Mal
brannten die Häuser, machten sich die Menschen auf den Weg. »Auf
den Straßen wandernde Weiber und Männer, kleine zweirädrige Kar-
ren ziehend, immer mit dem Gleichen beladen: Säcke Getreide und
Bettzeug, oft kleinen Kindern«, schrieb ein deutscher Offizier traurig
in sein Tagebuch. Und ein junger Ukrainer beobachtete bei der Evakuierung von Kiew im Herbst 1943: Abgesehen von Schubkarren und
Kinderwagen gab es keine Transportmittel. Weil es aber so viele waren,
kam es immer wieder zu Verkehrsstockungen. Die Menschen machten
ein paar Schritte, dann standen sie, dann ging es wieder ein paar Meter

139

voran. »Das alles sah aus wie eine fantastische Demonstration von Bettlern.«[60] Wieder einmal verschlossen die Flüchtlinge ihre Häuser sorgfältig, aber viele würden die Türen nie mehr öffnen. »Jetzt suchen alle einander – Eltern ihre Kinder, Kinder ihre Eltern«, stellt Tante Polja 1943 in einem Roman von Konstantin Simonow fest. Ihr Gesprächspartner Oberst Artemjew findet zu Hause »nur eine leere Wohnung [...]: weder die Mutter noch die Schwester noch sonst jemand. Es gab keinen Wohnungsschlüssel [...], sie hatten ihn bei einem Nachbarn hinterlegt, doch der war gestorben.«[61] Zur selben Zeit verzeichneten die sowjetischen Bibliotheken eine steigende Nachfrage nach leichter Abenteuerliteratur sowie nach Märchen, und in den Kinos wurden vor allem Komödien und Musicals gezeigt.[62]

Die Lager und Verbannungsorte sollten sich auch im Krieg nicht leeren, denn die ineffektive Sowjetwirtschaft war immer mehr auf Häftlinge und Verbannte angewiesen, die in den unwirtlichen Gegenden Sklavenarbeit verrichteten. Die Zahl der Verbannten im Archipel Gulag wuchs von einer halben Million 1934 über anderthalb Millionen Anfang 1941 auf fast zwei Millionen zum Ende dieses Jahres. Mit dem Krieg änderte sich nur die Richtung, aus der die Wellen der Verurteilten heranrollten. Nun waren die Schwarzmeer-Griechen, die letzten Finnen aus der Umgebung von Leningrad und die Russland-Deutschen an der Reihe.[63] 1943 und 1944 kamen unter anderen Kalmücken, Inguschen, Tschetschenen und Tataren hinzu. Diese Völker wurden kollektiv der Kollaboration bezichtigt und verurteilt. Die Vollstreckung traf jeden, egal ob er sich tatsächlich schuldig gemacht hatte oder nicht. Hier handelte es sich, wie Norman Naimark feststellt, um eine klassische ethnische Säuberung, denn den Völkern sollte mit der historischen Heimat auch die nationale Identität genommen werden. Abgesehen von verhältnismäßig wenigen Ausnahmen wurden diese Menschen nicht getötet, es kümmerte sich einfach niemand um sie, weder während des Transports noch nach der Ankunft in der Verbannung. Eine Russin erinnerte sich, dass insbesondere während des ersten kasachischen Winters »die Unterkühlten, Geschwächten und Hungernden [...] starben wie die Fliegen«.[64] Insgesamt trafen die sowjetischen Präventiv- und Strafaussiedlungen zwischen 1941 und 1944 rund zwei Millionen Menschen, darunter neunhunderttausend Russland-Deutsche.

Die Finnen wurden zum Fischfang ins östliche Sibirien geschickt, die Deutschen meist in den Süden, vor allem nach Kasachstan. Doch während die Deutschen im besetzten Polen einen brutalen Kampf gegen die Bevölkerung führten, lebten Polen und Deutsche in Kasachstan friedlich zusammen, wie es in Russland seit dem 19. Jahrhundert Tradition war.[65]

IN NOCH GRÖSSEREM UMFANG als die Bolschewiken beuteten allerdings die Nazis Menschen während des Krieges als Sklaven aus. Sie träumten davon, eines Tages als »Herrenrasse« die ganze Welt zu beherrschen.[66] Schon jetzt verrichteten viele im besetzten Europa Zwangsarbeit für sie, schon jetzt war das Generalgouvernement ein »gigantisches Arbeitslager, dazu eingerichtet, den Bedarf des sich immer weiter ausdehnenden Reiches zu stillen«.[67] Seit September 1939 kamen Zug um Zug Kriegsgefangene und Arbeiter nach Deutschland, die allmählich die Deutschen und die vertriebenen beziehungsweise deportierten und ermordeten deutschen Juden in den Betrieben ersetzten. Dies geschah zunächst in der Landwirtschaft, wo diese Arbeitskräfte bald die Hälfte der Beschäftigten stellten, dann im Bergbau und in der Industrie, wo sie es im Durchschnitt auf einen Anteil von mehr als dreißig Prozent brachten. In vielen Unternehmen war schließlich nur noch die Verwaltung deutsch, manche Betriebe wurden sogar von Zwangsarbeitern aus »besseren« Rassen, vor allem aus Nordeuropa, geleitet. Die Sklavenarbeiter kamen aus aller Herren Länder, was ganz besonders dort deutlich wurde, wo KZ-Häftlinge eingesetzt wurden, deren Zahl bald die Millionengrenze erreichte. Je näher das Kriegsende rückte, desto mehr Nationen füllten die gelichteten Reihen in der Wehrmacht, die ihre Soldaten zunehmend aus den verbündeten und unterworfenen Ländern rekrutierte. Dabei handelte es sich nur selten um Freiwillige, vielmehr wurden die auf unterschiedliche Weise Ausgehobenen zum Dienst für das Reich gezwungen. Für die ausgehungerten sowjetischen Kriegsgefangenen stellte die Einberufung nicht selten eine Überlebenschance dar.[68] Aus ideologischen und rassischen Gründen wollte Hitler zunächst nämlich keine sowjetischen Kriegsgefangenen im Reich beschäftigen, weshalb sie de facto zum Tod durch Hunger, Krankheit und Kälte verurteilt waren. Einige wurden sogar in

Vernichtungslager geschickt, vor allem nach Auschwitz und Majdanek, wo sie nicht selten lebendiges »Versuchsmaterial« darstellten. Von den mehr als fünf Millionen Sowjetsoldaten in deutscher Kriegsgefangenschaft kamen die meisten ums Leben. Besonders schwierig war für sie das erste Kriegsjahr, als die Nazis sich im Glauben an einen raschen Sieg überhaupt nicht für sie interessierten. Erst als die Front 1942 steckenblieb und das Kriegsglück sich allmählich wendete, wurden wöchentlich zwanzigtausend Arbeiter aus der Sowjetunion nach Deutschland geschafft. Schon in seiner Posener Rede vom 4. Oktober 1943 gab Himmler vor seinen höchsten SS-Offizieren zu, dass es ein Fehler gewesen sei, die Rotarmisten dem Hungertod auszuliefern, denn man würde sie nun für die deutsche Wirtschaft gut gebrauchen können. Doch obwohl sie bald unentbehrlich waren, wurden Arbeiter mit der Bezeichnung »OST« weiterhin am schlechtesten behandelt.[69]

Das »Dritte Reich« lag wie ein Krake über dem Kontinent und bemächtigte sich der europäischen Ressourcen, ohne die es keinen Krieg hätte führen können. Schon Anfang 1940 arbeiteten im Reich über eine Million Polen, die man zunächst als »Freiwillige« hatte gewinnen wollen. Die Arbeitsämter handelten hier in enger Abstimmung mit Gestapo und SS. Doch dieser Politik war kein Erfolg beschieden, und so kam es schon bald zu Razzien, erstmals am 17. Oktober 1939 in Warschau – an diesem Abend gaben, wie Ludwik Hirszfeld sich erinnerte, die Dresdner Philharmoniker ein Konzert in der Stadt.[70] Im Frühjahr 1941 gab es mit drei Millionen bereits mehr Zwangsarbeiter als im Ersten Weltkrieg. Gegen Kriegsende waren es dann insgesamt rund elf Millionen Zivilisten und Kriegsgefangene, die in Deutschland arbeiteten. Sie stammten aus 26 Ländern, die meisten aus der UdSSR (je nach Schätzmethode zwischen drei und knapp fünf Millionen), aus Polen (zwischen knapp zwei und drei Millionen) und Frankreich (etwas mehr als eine Million). Außerdem kamen mehrere Hunderttausend aus Italien, aus den Niederlanden, aus Belgien, der Tschechoslowakei und Jugoslawien. Von Deportationen blieben auch die anfangs nachsichtig behandelten Bewohner der baltischen Staaten nicht verschont. So wurden fünfundsiebzigtausend Litauer ins Reich geschafft, eine bedeutende Zahl im Verhältnis zu den kaum mehr als zwei Millionen Einwohnern des Landes. Kriegsgefangenen und Zwangsarbeitern, unter denen der

Anteil der Frauen beständig bis auf rund ein Drittel stieg, konnte man im Reich auf Schritt und Tritt begegnen. Als 1943 der vierzehnjährige Kurt Kazimierz Orzołek mit seiner Mutter ins heimatliche Vietz an der Ostbahn, dem heute in Westpolen gelegenen Witnica, zurückkehrte, erkannte er das Städtchen kaum wieder, da man, wie er schreibt, auf den Straßen »mehr Ausländer als Deutsche« sah.[71]

Während fast alle jungen deutschen Männer zur Wehrmacht eingezogen wurden, kamen immer mehr junge Zwangsarbeiter ins Reich, die im Verwaltungsdeutsch nicht selten als »Zivilgefangene« bezeichnet wurden. Das musste auf Dauer zu Schwierigkeiten führen. Um diese im Zaum zu halten, wurde neben dem Polizeiterror, der sich auch gegen die eigenen Bürger richtete, ein gewaltiger Propagandaaufwand betrieben. »Es muß auch der letzten Kuhmagd in Deutschland klargemacht werden, daß das Polentum gleichwertig ist mit Untermenschentum. Polen, Juden und Zigeuner stehen auf der gleichen unterwertigen menschlichen Stufe«, hieß es in einer Kampagne des Propagandaministeriums vom Oktober 1939. Himmler höchstpersönlich informierte die Medien, als einer der ersten polnischen Männer wegen Geschlechtsverkehrs mit einer deutschen Frau gehenkt wurde. Bei weiteren Hinrichtungen wurde angeordnet, dass Zwangsarbeiter den Erhängten zu betrachten hätten. Auch die deutschen Frauen wurden streng bestraft. Ihnen drohten öffentliche Anprangerung, Gefängnis und Konzentrationslager, weshalb einige es vorzogen, Selbstmord zu begehen. In den Erinnerungen französischer und polnischer Zwangsarbeiter in Stettin taucht immer wieder ein fahrbarer Galgen auf, unter dem eine kahlgeschorene Deutsche und ein Schild mit der Aufschrift »Polenfreundin« zu sehen war. Im Sommer 1940 wurden in vielen deutschen Städten Plakate aufgehängt, die vor zu engen Kontakten mit Polen warnten. Mitte September soll jedem Berliner Haushalt folgender Aufruf zugestellt worden sein: »Deutsche! Der Pole kann niemals euer Kamerad sein! Er ist minderwertig im Vergleich zu seinen deutschen Volksgenossen auf dem Lande oder in der Fabrik. Verhaltet euch, wie es Deutsche stets getan haben, und vergeßt dabei nie, daß ihr Vertreter der Herrenrasse seid!«[72]

Wie stets in solchen Fällen offenbaren die propagandistischen Bemühungen, was eigentlich gar nicht an die Öffentlichkeit dringen soll,

143

Ukrainische Frauen werden bei der Erfassung
zur Zwangsarbeit fotografiert (1942).

nämlich dass es zumindest zu Beginn des Krieges relativ häufig Kontakte zwischen deutschen Frauen, ja überhaupt zwischen Deutschen und Polen gegeben hat. Der tägliche Umgang miteinander bestätigte die rassistischen Stereotype nicht, insbesondere nicht in Bezug auf die Polen aus den ehemals preußischen Gebieten, aus Posen, Westpreußen und Oberschlesien, die nicht selten fließend Deutsch sprachen und mit den deutschen Lebensgewohnheiten recht gut vertraut waren. Im Laufe der Zeit zeigten Propaganda und Terror dennoch Wirkung. Die Deutschen gewöhnten sich an den Anblick der Fremden, unter denen immer häufiger auch besser behandelte Zwangsarbeiter aus Westeuropa waren. In Wielgowo bei Stettin, damals noch Augustwalde, notierte der polnische Stabsoffizier Józef Kuropieska, der gegen Kriegsende mit den Kriegsgefangenen aus dem Lager Woldenberg, heute Dobiegniew, nach Westen getrieben wurde, dass er auf einem Hof übernachtet habe, auf dem ein französischer Gefangener arbeitete. »Ein Bauer von Beruf, er war sehr zufrieden mit dieser Arbeit und fühlte sich wie ein selbstständiger Landwirt. Sicherlich teilte er auch das Bett mit der Bäuerin, was man aus seinen begehrlichen und erwiderten Blicken schließen konnte, mit denen er selbst in unserer Gegenwart nicht geizte. [...] Der Franzose half uns, so gut er konnte, und beschenkte uns für den Weg nicht nur mit leckerem Brot, sondern auch mit einem ansehnlichen Töpfchen Schmalz.« Die Polizeibehörden in Stettin vermerkten, dass an Sonn- und Feiertagen das Auftauchen französischer Fremdarbeiter in den Gaststätten Empörung hervorgerufen haben soll. In den Straflagern wurden sie vor allem aufgrund historischer Ressentiments schlechter behandelt als Belgier, Niederländer und Dänen.[73]

Die Behandlung von Zwangsarbeitern ist ein noch nicht abschließend erforschtes Thema, da es an glaubwürdigen Quellen fehlt, aus denen sich allgemeingültige Rückschlüsse ziehen lassen. Die heute mit großem Aufwand durchgeführten Interviews können die Archivquellen nur ergänzen.[74] Die Polizeiakten, auf die man als Historiker angewiesen ist, zeichnen ein stark verzerrtes Bild der Wirklichkeit. Anzeigen, dass der Nachbar seine Zwangsarbeiter zu milde behandelt und diese etwa bei den Mahlzeiten mit am Tisch sitzen, offenbaren zwei prinzipiell gegensätzliche Einstellungen, doch man kann daraus nicht schließen, welche überwog. Ähnlich verhält es sich mit den Erinnerungen, die selten nüchterne Beschreibungen des Alltags liefern, sondern zumeist außergewöhnliche Begebenheiten, die naturgemäß länger im Gedächtnis haften bleiben. Auf jeden Fall hat es den Anschein, dass Verbrüderungen und Liebschaften, von denen manche das Jahr 1945 überdauerten, auf dem Land und in kleineren Städten eher vorkamen. Dennoch überwog sicher nicht das Gefühl der Sympathie, gerade unter den besonders fanatischen jungen Menschen nicht. In den Briefen von Zwangsarbeitern aus jener Zeit finden sich nur selten Hinweise auf Gesten von Solidarität vonseiten der Deutschen, und seien sie noch so klein.[75] Vielmehr wird geklagt über schlechte Behandlung, katastrophale Lebensbedingungen und die damit einhergehenden Erkrankungen, meist Läusebefall, Fleckfieber, Durchfall und Lungenentzündung, über Erniedrigung und Schläge, schließlich über den regelmäßigen Diebstahl der geringen Lebensmittelrationen. Vor allem ältere Arbeiter wurden dadurch nicht selten in den Selbstmord getrieben, und viele Zwangsarbeiter, vor allem Mädchen und Frauen, litten noch viele Jahre nach dem Krieg unter der fortwährenden Angst und der Demütigung, die sie während ihres Aufenthalts im Reich erfahren hatten. Die im Alter von fünfzehn Jahren zu schwerer Fabrikarbeit verschleppte Irena

Skibińska erinnerte sich vor allem »an den Hunger, der uns Tag und Nacht begleitete«, sie seien »schlimmer als Vieh« behandelt worden. Vor allem aber berichten betroffene Frauen wie Janina Zając von »Sklavenmärkten«, wo »von weit her kommende ›Käufer‹ diejenigen Personen auswählten, die sie zur Arbeit auf dem Feld oder in der Fabrik brauchten«. Wen das Schicksal in die Stadt verschlug, der fand oft bessere Bedingungen vor, allerdings war auch das Risiko größer, denn Zwangsarbeiter wurden dort zu Abrissarbeiten und zur Entschärfung von Blindgängern nach alliierten Luftangriffen eingeteilt. Auf dem Land hing letztlich alles von der Familie ab, der man zugeteilt wurde. Am schlimmsten war es wohl auf den großen Gütern.[76]

»LANGE WERDEN SIE SICH NICHT MEHR AMÜSIEREN«, sagt ein alter Franzose in Irène Némirovskys unvollendetem Roman *Französische Suite*, als er davon hört, dass die Deutschen im Juni 1941 die Demarkationslinie zur Sowjetunion überschritten haben. Das Reich, das die Luftschlacht um England bereits verloren hatte, kämpfte nun – wie im Ersten Weltkrieg – wieder an zwei Fronten. Hitlers Angriff beendete – was die Schriftstellerin richtig voraussah – das »süße« Leben der deutschen Soldaten im besetzten Westeuropa. Die Soldaten wussten, dass der Krieg im Osten, an den sie mit Bangen dachten, »viele Leiden, Schmerzen und Blut« bringen würde. Doch sie wussten nicht, »wieviele [...] in den russischen Ebenen ihr Grab finden« sollten.[77] Die meisten konnten nicht einmal ahnen, dass nun ein Vernichtungskrieg beginnen würde, zu dem die Vorfälle in Polen bereits den Auftakt geliefert hatten.[78] Seine ersten Opfer waren Massen von sowjetischen Kriegsgefangenen, deren Behandlung, wie es in einem Bericht der polnischen Regierungsdelegatur für die Heimat im Spätherbst 1941 heißt, »alle Vorstellungen von Grausamkeit und Bestialität überstieg«.[79] Fast gleichzeitig machten sich Einsatzgruppen der Gestapo unter dem Schutz und in Zusammenarbeit mit der Wehrmacht an die »Endlösung der Judenfrage«, sozusagen eine »persönliche Angelegenheit des Nationalsozialismus«.[80]

Alleine während der ersten Monate des Krieges fielen mehr als eine halbe Million polnischer und sowjetischer Juden in den Gebieten östlich von Bug und San wahren Todesorgien zum Opfer, an denen –

Budapester Juden auf dem Weg nach Auschwitz, Oktober 1944

so weit es ging – die örtliche nichtjüdische Bevölkerung sowie Hilfs-
truppen beteiligt wurden, was insbesondere in der Ukraine, in den
baltischen Staaten und im rumänisch besetzten Odessa gelang, aber
auch in einigen Kleinstädten bei Łomża in Polen, in Gebieten also, die
zwischen September 1939 und Juni 1941 unter sowjetischer Besatzung
gestanden hatten und wo man die Juden der Kollaboration mit der
Besatzungsmacht verdächtigte. Die unbefriedigende Effektivität der
chaotischen Mordaktionen, vielleicht auch die Sorge, dass diese sich
ungünstig auf die Psyche der deutschen Polizisten und Soldaten auswirken könnten, riefen jedoch bald die Verantwortlichen in Berlin auf
den Plan, sodass in der zweiten Jahreshälfte 1941 die systematische
Planung des Völkermords einsetzte. Zunächst wurden im besetzten
Polen, wo sich die meisten Juden aufhielten, Lager eingerichtet. Mit Widerstand der terrorisierten Bevölkerung war hier kaum zu rechnen,
dennoch stand – für alle Fälle – auf Unterstützung von Juden die Todesstrafe. Überdies gab es hier genügend abgelegene Orte wie Treblinka – wo die Einwohner des Warschauer Ghettos vergast wurden –
oder Sobibór und Bełzec. Die größte Vernichtungsfabrik, die zugleich
am längsten in Betrieb war, Auschwitz-Birkenau, wurde jedoch   wohl
aus logistischen Gründen – unweit des polnischen Oświęcim errichtet,

an der Grenze zwischen dem dicht besiedelten Oberschlesien und Kleinpolen. In dieses Lager kamen die meisten deutschen und fast alle ausländischen Juden: aus Frankreich, aus den Niederlanden, aus Belgien, Griechenland, Jugoslawien, Italien, Norwegen, der Tschechoslowakei, Österreich und Ungarn. Alles in allem haben die Nazis zwischen fünf und sechs von den insgesamt elf Millionen Juden ermordet, die die nationalsozialistischen »Rasse-Experten« 1941 in Europa gezählt haben wollen, darunter mehr als zweieinhalb von insgesamt knapp dreieinhalb Millionen polnischen Juden. In den Vernichtungslagern starben auch zwischen zweihundert- und fünfhunderttausend europäische Sinti und Roma.[81]

Der Transport polnischer, tschechischer, österreichischer und deutscher Juden ins Generalgouvernement begann bereits in den ersten Kriegsmonaten. Zunächst war geplant, bei Lublin ein Reservat einzurichten. Diesen Plan ließen die Verantwortlichen jedoch wieder fallen, sodass viele der ins Generalgouvernement deportierten Juden bald an Hunger, Krankheiten und Überarbeitung starben. Zugleich setzten die Massenumsiedlungen polnischer Juden in die Ghettos ein, zunächst am 28. Oktober 1939 nach Petrikau/Piotrków und zuletzt nach Warschau, wo im November des darauffolgenden Jahres das größte Ghetto Europas entstand. Anfangs lebten dort zweihundertachtzigtausend Warschauer sowie über hundertfünfzigtausend Verjagte aus den umliegenden Städten. Die Verhältnisse in den jüdischen Stadtteilen waren so erbärmlich und die Sterberate so hoch, dass man eigentlich schon von Massenausrottung sprechen muss, wenn auch noch mit »traditionellen« Methoden. Insbesondere in den von den ausgeplünderten Umsiedlern bewohnten Häusern raffte der Tod – wie sich Ludwik Hirszfeld erinnert, der im Warschauer Ghetto gegen ansteckende Krankheiten kämpfte – sechzig bis hundert Prozent der Bewohner hin.[82]

Im Sommer 1940, nachdem Frankreich besiegt war, stoppte Hitler die jüdischen Transporte in den Osten und griff eine im Deutschland des ausgehenden 19. Jahrhunderts als akademisches Gedankenspiel entstandene Idee auf, die dann Ende der 1930er Jahre in stark veränderter Form als eine Kombination von Judenaussiedlung, kolonialer Expansion und Großmachtperspektive auch im polnischen Außenministerium Karriere machte. Es ging um die Idee, die Juden nach

Madagaskar auszusiedeln. Die Nazis wollten dazu nicht einmal das Einverständnis der Betroffenen einholen, die überdies ihren gesamten Besitz zurücklassen mussten. Zunächst wurden ein paar Tausend deutsche Juden in die Pyrenäen umgesiedelt. Doch nach der Niederlage Deutschlands in der Luftschlacht um England mussten diese Pläne aufgegeben werden, weil die Deutschen von einem ungehinderten Seetransport nach Madagaskar nicht mehr ausgehen konnten. Daher rollten im Spätsommer 1941 wieder Züge mit deutschen, österreichischen und tschechischen Juden gen Osten. Angesichts des wachsenden sowjetischen Widerstands, den sie nicht vorausgesehen hatten, wussten die Nazis aber nicht, wo sie die Juden nun ausladen sollten. Da tauchte ein neuer Einfall auf, nämlich die europäischen Juden im östlichen Weißrussland unterzubringen, wohin 1942 sogar einige Tausend Warschauer Juden gelangten. Ganz allmählich nahm dann der Gedanke Gestalt an, die Juden industriell zu vernichten. Nun wurden sie auch im besetzten West- und Südeuropa registriert und zunächst in Übergangslagern gesammelt. Im Frühjahr 1942 erfolgten die ersten Transporte – anfangs fast ausschließlich staatenloser – westeuropäischer Juden in die Ghettos und Vernichtungslager im besetzten Polen. Mit einem dieser Transporte, der seine Fahrt am 17. Juli im Lager Pithiviers unweit von Paris aufnahm, gelangte Irène Némirovsky nach Auschwitz-Birkenau.

Noch Anfang Juni 1942 hatte die Autorin, die vor dem Krieg zum Katholizismus übergetreten war, notiert, dass sie mit der Erfüllung der Offenbarung des Nostradamus rechne. Und eine ihrer Romangestalten, die Gräfin von Montmort, hatte in einer französischen Kleinstadt verbreitet, dass die heilige Ottilie »die Vernichtung der Deutschen für Ende 1941 prophezeite«. Die Prophezeiungen, die die Schriftstellerin genauso leidenschaftlich verfolgte wie fast alle im besetzten Europa, waren aber nicht eingetreten, was wiederum Kazimierz Wyka bestätigte, der schon 1939 an die in Polen weit verbreitete Prophezeiung des heiligen Andreas Bobola erinnert hatte, dass Polen hundert Tage unfrei sein werde. Wyka hatte damals hinzugefügt: »Die Kraft der menschlichen Hoffnung, der Glaube der Menschen an das, was die Hoffnung verheißt, ist schier unermesslich.«[83]

Némirovsky war gemeinsam mit ihrem Mann und ihren beiden Töchtern vor den Deutschen aus Paris geflohen. Sie fühlte sich viel mehr als Französin denn als Russin, doch als russische Jüdin besaß sie nicht die französische Staatsbürgerschaft, weshalb sie bereits zum ersten »Schub« der Verhafteten gehörte. In der Hoffnung, die assimilierten Juden retten zu können, hatte die Vichy-Regierung nämlich angeordnet, alle jüdischen Staatenlosen zu Sammelstellen zu bringen. Tatsächlich wurden die meisten auch gerettet, unter anderen die Kinder der Schriftstellerin, die in Frankreich zur Welt gekommen waren und automatisch die französische Staatsbürgerschaft erhalten hatten. Im Vichy-Staat gelang es – trotz der herrschenden antisemitischen Stimmung –, so manches jüdische Flüchtlingskind wie den kleinen Pavliček Friedländer zu schützen, der später unter dem Namen Saul Friedländer ein bedeutender israelischer Historiker werden sollte. Seine Eltern, assimilierte tschechische Juden, hatten ihn in der Obhut französischer Ordensschwestern zurückgelassen und versucht, in die Schweiz zu gelangen. Sie wurden jedoch gefasst und der Vichy-Gendarmerie übergeben, was im Oktober 1942 ihre Deportation ins Vernichtungslager zur Folge hatte. In Belgien, wo allerdings die Staatenlosen überwogen, überlebten dagegen verhältnismäßig viel weniger Juden als in Frankreich. Noch geringer waren die Überlebenschancen für Juden in den Niederlanden, wo es eine große, wohlhabende und gut assimilierte Judenheit gab. Ihre fast vollständige Ausrottung war, wie Historiker gezeigt haben, nur mithilfe von Denunzianten möglich. Das Denunziantentum hat wesentlich dazu beigetragen, dass die Bereitschaft der Bevölkerung schwand, den Juden zu helfen.[84]

»Möge es ein Ende nehmen, ob im Guten oder im Bösen!«, schrieb Némirovsky am 3. Juli 1942, zehn Tage vor ihrer Verhaftung durch französische Gendarmen, kaum noch fähig, die ständige Unsicherheit und Angst zu ertragen. Etwas später vermerkte Ludwik Hirszfeld, der sich mit seiner Tochter in einem Gutshaus am Fluss Nida versteckte, dass die Spannung ihren Höhepunkt erreicht habe. »Möge das nur irgendwie aufhören«, stöhnten auch diejenigen, die den Juden halfen, »da sie diese Atmosphäre des Schmerzes, des Leidens und der Grausamkeit nicht mehr ertragen konnten.«

Im Generalgouvernement begann im Sommer 1942 die sogenannte Aktion Reinhard, der zwischen Sommer 1942 und Frühjahr 1943 zwei Millionen polnische Juden zum Opfer fielen. In der Regel leisteten sie gar keinen Widerstand, da sie sich der Ausweglosigkeit ihrer Situation bewusst waren. »Arische Papiere« konnten Leben retten, aber es gab nicht viele, »die sie sich leisten konnten. Es hing dabei weniger vom Geld ab«, schreibt Henryk Grynberg, der damals noch ein Kind war und den Winter mit seinen Eltern im Wald verbrachte, »sondern vor allem vom richtigen Aussehen und von der richtigen Redeweise«.[85] Die besten Überlebenschancen hatten assimilierte Juden, die nicht semitisch aussahen. Sie konnten mit der Hilfe der Żegota rechnen, einer Untergrundorganisation, die eigens zur Rettung von Juden gegründet worden war. Diese verschaffte ihnen falsche Dokumente, darunter Geburtsurkunden, die mithilfe einiger Ordensgemeinschaften hergestellt wurden, und organisierte materielle Unterstützung. Erwachsene wurden als »Arier« zum Arbeiten ins Reich geschickt, Kinder kamen in den Klöstern unter. Wenige und zumeist junge Juden flohen aus Furcht vor der Vernichtung in die Wälder, wo man jedoch kaum überleben konnte ohne die Hilfe der örtlichen Bevölkerung. Doch der fehlte es selbst am Nötigsten, sie verhielt sich gleichgültig oder hatte einfach Angst. Provokateure in Diensten der Polizei gab es dagegen reichlich, selbst unter den Juden. Schon die kleinste Geste des Mitleids konnte das Leben kosten. Jegliche Unterstützung von Juden wurde mit dem Tod bestraft, egal ob man einem Erwachsenen Unterschlupf gewährte oder einem Kind ein Glas Milch gab. Gelegentlich wurden sogar die Nachbarn zum Tode verurteilt, wenn sich herausstellte, dass sie derartige Hilfeleistungen nicht beobachtet und angezeigt hatten. So entstand eine Atmosphäre des Misstrauens. Hirszfeld, der sowohl die Verhältnisse in Warschau als auch auf dem Land kannte, hat später erklärt, dass viele ihn schützen wollten und es faktisch nur wenige Polen gab, die dabei halfen, Juden zu fangen. Das war vermutlich ein wenig übertrieben, schließlich war Hirszfeld bekannt und wurde in Polen sehr verehrt. Andere sahen das durchaus nicht so, witterten überall Häscher und waren Tag und Nacht in großer Sorge, dass man sie erkennen könnte. Jedenfalls war die Zahl der Verräter so groß, dass es gelang, ein Klima der Angst zu verbreiten. Gerade junge Leute und Angehörige uniformierter Dienste beteiligten sich an der Hetze auf Flüchtlinge, wobei sie es weniger auf die Flüchtlinge als vielmehr auf die Belohnung abgesehen hatten: ein paar Kilo Zucker und die Kleidung des Gefassten.

Die in den Wäldern lebenden Juden wurden bald zur Plage für die Bewohner der umliegenden Dörfer. Da die Bauern nicht wagten, den Verfolgten Proviant zu geben oder zu verkaufen, holten sich diese mit Gewalt, was sie zum Überleben brauchten. Es war ein Kampf auf Leben und Tod. Wenn es nichts mehr zu essen gab, verlangten die Polen, die Juden versteckten, dass diese als »Partisanen« in den benachbarten Dörfern und Gütern Lebensmittel »besorgten«. Aus Angst, aus Selbsterhaltungstrieb und gelegentlich auch aus Habgier haben Dorfbewohner aufgespürte Flüchtlinge umgebracht, manchmal sogar solche, die sie zunächst selbst versteckt hatten. Viele Juden schlossen sich daher den kommunistischen Partisanen an, da diese die Einzigen waren, die sie akzeptierten und nicht verrieten. Die kommunistischen Partisanen aber waren für die meisten Polen Verräter. Damit schloss sich der Teufelskreis, aus dem es kein Entkommen gab.[86]

In Weißrussland, wo besonders vielen Juden die Flucht in die Wälder gelang, war es ähnlich. Sie hausten dort in Verstecken, von denen uns Włodzimierz Odojewski – wenn auch aus der Ukraine – ein literarisches Bild überliefert hat, andere schlossen sich den in Weißrussland starken sowjetischen Partisanenverbänden an, und wieder andere bildeten sogar eigene, lose angeschlossene Abteilungen. Durch Nechama Tec fand ihr Schicksal den Weg in die Kinos der Welt.[87] Die Liebe zu der jungen Jüdin Ilse Stein aus der Gegend von Frankfurt am Main führte damals den SS-Offizier Willy Schulz, der seinen Dienst im Ghetto von Minsk versah, in ein weißrussisches Partisanendorf. Er kam später im Archipel Gulag ums Leben. Ilse, die in der Sowjetunion blieb, hat zur Zeit der Perestroika, als sie endlich Suchanzeigen aufgeben konnte, nach ihm gefahndet.[88] »Nur die Liebe«, sagt Jarosław Iwaszkiewicz, »vermittelt zwischen allen Paradoxen. Nicht unbedingt die Liebe zu einer Frau, sondern die Liebe überhaupt.«[89] Aus Liebe haben Menschen ihre Angst vor den Denunzianten überwunden und Juden geholfen, manchmal auf eine an Wahnsinn grenzende Weise. Solche Wahnsinnigen waren die Menschen in der von Irena Budzyńska im Herzen des Generalgouvernements geführten Pension »Sanato« in Busko. Ein Teil des Hauses war das »Deutsche Kurhotel«. Hier kümmerten sich jüdische Bedienstete mit gefälschten Papieren um die Kurgäste, spielte ein jüdisches Orchester den Wehrmachtssoldaten zum

Tanz auf. Ein in der Nachbarschaft lebender Volksdeutscher mit Namen Wagnitz unterstützte das Unternehmen.[90]

Erpressung und Denunziation wären wohl viel weniger verbreitet gewesen, wenn mit der Aussiedlung und Vernichtung der Juden nicht so viel materieller Nutzen verbunden gewesen wäre. Plünderung ist der Zwilling des Krieges und damit auch der von Zwangsmigration und Massenmord. Der eine verliert, der andere macht Profit, wobei nicht nur die direkten Täter auf ihre Kosten kommen. Das Beispiel des »Dritten Reiches« ist hier sehr lehrreich. Die Vertreibung der jüdischen Eliten stärkte das NS-System, da sich dessen Anhängern Aufstiegschancen eröffneten und diese an das System band, ebenso jene, die nicht unbedingt Antisemiten oder begeisterte Anhänger des Nationalsozialismus waren, sich aber jüdisches Eigentum aneigneten. Überall im Reich hielt man die Abschiebung der Juden für ein Allheilmittel gegen die Wohnungsnot, obwohl sie weniger als ein Prozent der Bevölkerung ausmachten und, wie Michael Burleigh schreibt, diesbezüglich gar nicht ins Gewicht fielen. Im 1938 annektierten Österreich bedienten sich die Nazis dann ganz bewusst des jüdischen Vermögens, um ihre aktiven Anhänger zu belohnen, vor allem wenn es um Wohnungen ging. Die mittlerweile auf Kriegswirtschaft umgestellte Volkswirtschaft des Reiches konnte – anders als fünf Jahre zuvor in Deutschland – nämlich nicht einmal mehr die grundlegenden sozialen Bedürfnisse der Österreicher befriedigen. So bemächtigten sich einige schon unmittelbar nach dem Anschluss der Wohnungen ihrer jüdischen Nachbarn und vertrieben die rechtmäßigen Mieter im Zuge einer »wilden Arisierung«, die vom Staat rasch sanktioniert wurde. Gerhard Botz hat also Recht, dass die »Arisierung« in diesem Fall eine Art Surrogat für eine faktisch nicht existierende Sozialpolitik war.

Die Vertreibung der Juden verbesserte die Lebensumstände von Hitlers Wiener Verbündeten fühlbar und schnell. Bald schon sollte Beute aus ganz Europa ins Reich strömen und nicht nur dem Fiskus zugutekommen, sondern auch Privathaushalten und privaten Bankkonten. Alleine aus Auschwitz wurden viele Dutzend Züge mit Gold nach Berlin geschickt. Aus Westeuropa kamen Hunderte von Waggons mit Haushaltsgegenständen. Auch viel Wertvolles, das im Zuge der Aktion Reinhard im Generalgouvernement zusammengetragen worden war, wurde auf den leergefegten deutschen Markt geworfen. Die Plünderungen machten Hitler für die Deutschen also immer attraktiver und ließen eine Verbindung entstehen, die sich selbst im Angesicht der Niederlage nur schwer lösen ließ.[91]

Das Wiener Modell zur »Arisierung« des jüdischen Vermögens kam später in vielen Teilen Europas zur Anwendung. Von den Deportationen und dem Holocaust profitierten auf diese Weise nicht nur die Deutschen, sondern auch – allerdings in sehr viel geringerem Maße – andere, am meisten vielleicht sogar die Polen, da in Polen besonders viele, allerdings meist arme Juden lebten. Chaim Aron Kaplan, der Gründer einer bekannten jüdischen Schule in Warschau, schreibt in seinem Tagebuch, dass einige Polen bereits vor dem deutschen Evakuierungsbefehl für jüdische Warschauer »die Juden von Praga [ein Warschauer Stadtteil östlich der Weichsel] aus ihren Wohnungen vertrieben« hätten. Die bei der Aktion Reinhard geraubten wertvollen Gegenstände, etwa Wohnungseinrichtungen und Kleidung von hoher Qualität, wurden zwar überwiegend nach Deutschland gebracht, aber vieles blieb auch an Ort und Stelle. Jüdische Grundstücke, Häuser und Wohnungen wurden an Polen verkauft. Auf dem lokalen Markt wurde auch der weniger wertvolle Hausrat angeboten und was an Kleidung noch brauchbar war. In einigen Quellen ist von einem regelrechten Kaufrausch in Kleinstädten und auf dem Land die Rede, doch am Ende wurde selbst Warschau von dem geraubten jüdischen Besitz überschwemmt. Die katholische Schriftstellerin Zofia Kossak scheute sich nicht, von der Seuche »der Vertierung und des Sadismus« zu schreiben. Sie warnte, dass sich »das Böse wie eine Epidemie ausbreitet, das Verbrechen wird zur Sucht«. Doch die einfachen Leute in den Dörfern und Kleinstädten des Generalgouvernements genossen es einfach, dass sie nun im Tausch gegen Nahrungsmittel horrend teure Luxuswaren erhielten. Aus der Perspektive von Henryk Grynberg »war Dobre [das Städtchen im östlichen Masowien in der Nähe von Treblinka, wo der Verfasser vor dem Krieg mit seinen Eltern gelebt hatte] nie so gut angezogen gewesen, nie hatte es so reichlich gegessen und so hübsch gewohnt«.

Etwas anders, aber mit ähnlichen Folgen, verlief die Entwicklung in Thessaloniki, wo christlicher und jüdischer Besitz schwer voneinander zu trennen war und die griechische Staatsverwaltung, die allerdings nicht viel zu sagen hatte, das Vorgehen der Besatzer torpedierte. Die Deutschen suchten hier Sympathisanten zu »kaufen«, denen der jüdische Besitz »legal« übertragen werden sollte. Den Juden wurde ihr Eigentum mit der Drohung abgepresst, wenn sie sich weigerten, es herauszugeben, würden sie ins Lager gesteckt. So wuchs auch hier die Zahl der Kollaborateure. Es kam sogar vor, dass Interessenten ganz konkret Immobilien benannten, die sie gerne übernehmen wollten. So meldete etwa die »Gesellschaft der Freunde Adolf Hitlers«, der extrem nationalistische Journalisten, Unternehmer und Polizisten angehörten, Bedarf an Büroräumen an. Andere richteten ihre begehrlichen Blicke auf einen bestimmten Laden oder eine Werkstatt. Auch die Jagd auf Juden, die sich der Deportation hatten entziehen können, verhieß reichlichen Lohn. In Thessaloniki kam es zu »wilden« Plünderungen, nachdem die Juden in die Vernichtungslager im besetzten Polen abtransportiert worden waren. Die Deutschen stürzten sich dabei auf die Ausstattung der prächtigen Villen und schickten Antiquitäten und Luxusgüter nach Deutschland, während der griechische Mob aus den weniger reichen Häusern alles herausschleppte, was nicht niet- und nagelfest war. Ehe die deutschen Behörden eingreifen konnten, waren viele Häuser auf der Suche nach versteckten Wertsachen verwüstet worden, die dann wenig später im Angebot von Gebrauchtwarenläden auftauchten. Dennoch galten die Transporte aus Thessaloniki in die Vernichtungslager im besetzten Polen als die erträglichsten, weil die Juden verhältnismäßig viel mitnehmen durften. Das kam – wie Richard Glazar, ein tschechischer Jude aus Treblinka, erklärt – sowohl den Deutschen und ihren freiwilligen Helfern als auch den Gefangenen zugute, die sich nach der Ankunft dieser Transporte in dem Lager immerhin satt essen und warm anziehen konnten.

Die Vernichtung der europäischen Juden war für das Reich von beträchtlichem wirtschaftlichen Nutzen. Mit den geraubten Konsumgütern deckten sich – bevor sie überhaupt auf den deutschen Binnenmarkt gelangten – erst einmal die an den Aktionen gegen die Juden unmittelbar Beteiligten ein, also Soldaten, Polizisten und Zivilbeamten. Aber auch Teile der Bevölkerung in den besetzten Ländern Europas ließen sich in den Raub mit hineinziehen, ja beteiligten sich sogar an der Vernichtung der Juden. Die Nazis sorgten dafür, dass sich dort bald »arische« Bevölkerungsgruppen von beträchtlicher Größe bildeten, die vom Holocaust profitierten und keine Rückkehr der Juden wollten, da nur so garantiert war, dass sie ihren unrechtmäßig erworbenen Besitz auf Dauer behalten konnten. »Die Menschen in Dobre waren keine Ungeheuer, und einige hatten aufrichtiges Mitleid mit den Juden. Doch im Grunde waren sie zufrieden. Selbst diejenigen, die Mitleid hatten. So viel Platz wurde im Städtchen frei. Und so viele so unterschiedliche Dinge. Sie konnten nicht anders, sie mussten eine stille Befriedigung verspüren. Selbst die Besten, die sich schwer damit taten, das vor sich selbst einzugestehen. Die Deutschen wussten davon und rechneten mit Sicherheit damit«, schrieb Grynberg über das polnische Städtchen seiner Kindheit, das nur ein Beispiel ist für viele ähnliche Städtchen in ganz Europa.[92]

NACHDEM DIE NATIONALSOZIALISTEN die Vernichtung der europäischen Juden beschlossen hatten, stürzte sich das Reichssicherheitshauptamt (RSHA) 1941 mit ganzer Kraft in die Arbeiten am Generalplan Ost. Der Plan sah vor, Polen und die baltischen Staaten zu germanisieren und die staatlichen, demographischen sowie gesellschaftlichen Strukturen von Weißrussland, Russland und der Ukraine innerhalb von fünfundzwanzig bis dreißig Jahren zu zerstören. Die Ergebnisse der Berechnungen, wie viele Menschen im Zuge dieser Planungen umgesiedelt werden müssten, lagen zwischen dreißig und fünfundsechzig Millionen und damit weit auseinander. Fast alle Polen waren davon betroffen. Sofern sie nicht zur Germanisierung taugten, sollten sie zu Sklaven gemacht werden, da – wie es im Entwurf vom Frühjahr 1942 heißt – der Widerstand des Auslands und die Unruhe unter den Nachbarvölkern es nicht erlauben würden, die »Polenfrage« wie die »Judenfrage« zu lösen. Die polnischen Eliten sollten nach Südamerika, vorzugsweise nach Brasilien umgesiedelt werden, und zwar im Tausch gegen die dort lebenden Deutschen, »die überwiegende Anzahl der rassisch unerwünschten Polen« dagegen ins westliche Sibirien. Der Auferstehung eines gefährlichen »Groß-Polens« in Sibirien suchten die Nazis durch die komplette Zerstörung der katholischen Kirche vorzubeugen. Die Polen sollten sich vielmehr mit Russen und Ukrainern zu »Sibiriaken« mischen, einem neuen Volksstamm, der durch den

»polnischen Bluteinschlag« ein natürlicher Gegner der Russen sein würde. Die »Sibiriaken« sollten Europa Rohstoffe liefern und das stark beschnittene Russland, mit dem die Nazis so recht nichts anzufangen wussten, irgendwie in Schach halten. Im RSHA schwankte man zwischen der Eindeutschung eines Teils der Russen, vor allem der Bewohner des europäischen Nordens, und der »Ausrottung des russischen Volkes«, was aus politischen und wirtschaftlichen Gründen aber »kaum [sic!] möglich« sei. Der einzige Ausweg aus diesem Dilemma schien die Beschränkung der biologischen Lebenskräfte der Russen zu sein, und zwar indem man sie hungern ließ oder sie zur »freiwilligen« Sterilisierung und zu Massenabtreibungen in besonderen Abtreibungseinrichtungen mit eigens dafür ausgebildeten »Hebammen und Feldscherinnen« bewegte.

Ein großes Problem stellte für die Verfasser des Generalplans Ost auch der Mangel an deutschen Siedlern dar, den man auf acht Millionen schätzte. Da es kaum Deutsche gab, die Lust hatten, die Weiten des Ostens zu besiedeln, erwog man, einen »gewisse[n] Druck auf die deutsche Bevölkerung im Altreich« auszuüben, ja sogar eine »Zwangsansiedlung von Deutschen im Osten« anzuordnen, obwohl die freiwillige Siedlung zu bevorzugen sei, die durch ein ausgeklügeltes System von Privilegien und Erleichterungen massiv gefördert werden sollte. Als mögliche Kolonisten der Ostgebiete fasste man auch deutsche »Mischlinge« ins Auge, nämlich in der deutschen Kultur erzogene Kinder deutscher Frauen aus Beziehungen mit »Artfremden«, insbesondere Chinesen und Kaukasiern. Im Reich galten diese »Mischlinge« als rassische Gefahr, da diese Männer einen stärkeren Sexualtrieb besäßen und die deutschen Frauen allzu leicht ihren Reizen erlägen. Wenn man diese Männer aber in der deutschen Verwaltung in Sibirien und im Kaukasus einsetzte, wo sie keinen Kontakt zu deutschen Frauen haben sollten, könnten sie eine nützliche Rolle als Germanisatoren und Verbreiter deutscher Kultur spielen.[93]

Den Realitätsverlust der Führung im »Dritten Reich« und den Größenwahn der Pläne zur »neuen Ordnung der ethnographischen Verhältnisse« Europas und der Welt offenbaren vielleicht am deutlichsten Himmlers Ausführungen vor den Verfassern des Generalplans im Juni 1942. Zunächst stellte der Reichsführer-SS fest, dass man ihn falsch verstanden habe. Der Plan gefalle ihm zwar, doch sei er zu vorsichtig formuliert. Er habe mehr in kürzerer Zeit gewollt. »In diesem Zwanzigjahresplan muß die totale Eindeutschung von Estland und Lettland sowie des gesamten Generalgouvernements mit enthalten sein. Wir müssen das im Laufe von möglichst zwanzig Jahren schaffen. Ich persönlich habe die Überzeugung, dass es zu schaffen ist.«[94]

In der Nacht vom 28. auf den 29. November 1942 begann Himmler dann mit der Umsetzung des Generalplans Ost. Die Behörden des Generalgouvernements erfuhren davon nichts. Als Versuchsfeld wählte er die Gegend um Zamość im Lubliner Land, aus der mehr als hunderttausend Bauern ausgesiedelt wurden. Sie wurden selektiert und in vier Gruppen unterteilt, wobei man die Familienmitglieder sofort trennte, lediglich Säuglinge bis zum sechsten Lebensmonat durften bei den Müttern bleiben. Die beiden ersten Gruppen bildeten diejenigen, die zur Eindeutschung bestimmt waren, darunter besonders viele Kinder, die zur Adoption im Reich freigegeben wurden. Ihre Eltern kamen meist ebenfalls dorthin, allerdings als Zwangsarbeiter. Sie sollten in der Industrie die »Rüstungsjuden« ersetzen, die nach Auschwitz gebracht wurden. Wie Götz Aly gezeigt hat, wurden Juden und polnische Zwangsarbeiter zuweilen in denselben Zügen transportiert, nur in entgegengesetzter Richtung. Die dritte Gruppe bildeten Alte von mehr als sechzig und Kinder bis vierzehn Jahren. Sie wurden in einen Landstrich bei Treblinka geschickt, aus dem man zuvor die Juden entfernt hatte. Es ist ungewiss, ob dies ein erster Schritt zu ihrer Liquidierung sein sollte. Jedenfalls wurden sie, wenn sie nicht aus eigener Kraft zu den Sammelpunkten in den einzelnen Dörfern gelangen konnten, gleich getötet. Viele starben auch während des Transports in die Umgebung von Treblinka. Die vierte Gruppe bestand aus politisch beziehungsweise militärisch als besonders gefährlich eingestuften Personen, insgesamt waren das fast zwanzigtausend, die direkt nach Majdanek und Auschwitz geschickt wurden, wo sie allerdings eines »natürlichen« Todes sterben sollten, was für die Lagerverwaltung kein geringes Problem darstellte.[95]

Die Aussiedlungen aus der Gegend um Zamość wurden im Spätsommer 1943 eingestellt wegen des wachsenden Widerstands der Partisanen, vor allem aber wegen der angespannten Versorgungslage an der Ostfront nach den Schlachten bei Stalingrad und Kursk. Die blutige Pazifizierung der Dörfer im Lubliner Land ging jedoch weiter, bis im Jahr darauf die Rote Armee einmarschierte, die hier nicht von ungefähr mit einem Gefühl der Erleichterung begrüßt wurde. Der einzige nachhaltige Effekt der Lubliner Aussiedlungsaktion war die Angst, die die Polen auf dem Land wie in den Städten ergriff, ganz besonders in Warschau, wo die Massenerschießungen zunahmen. Maria Dąbrowska, damals die bekannteste polnische Schriftstellerin, schrieb im November 1943, dass »alle von Gaskammern sprechen und dass die Deutschen uns wie die Juden ermorden wollen«.[96]

Die Aussiedlungen aus der Gegend von Zamość haben in Zusammenhang mit den Vorbereitung zum Generalplan Ost viel Beachtung gefunden; viel schlechter erforscht sind die schreckliche Vertreibungswelle und die Brandschatzung von Dörfern bei Lublin und Grodno, eigentlich in ganz Weißrussland, deren Bewohner der Zusammenarbeit mit Partisanen verdächtigt wurden. Doch sie sind überliefert in Wiesław Myśliwskis meisterhaften Roman *Traktat über das Enthülsen der Bohnen*. Der aus der Nähe von Lublin stammende Autor schreibt von einem Österreicher oder Deutschen, der im letzten Augenblick den Flammenwerfer von einem Jungen abwendet, da dieser ihn an seinen eigenen Sohn erinnert. Noch mehr Glück als der verwaiste, heimatlose Romanheld hatten die Schwestern Rewkowski aus der Gegend von Grodno. Als sie den auf ihre Mutter gerichteten Gewehrlauf sahen und hörten, dass Befehl erteilt wurde, das Haus anzuzünden, weinten sie und flehten, »es nicht anzustecken, da es hier so viele Kinder gebe«. Dann sprachen sie das Gebet »Unter deinen Schutz und Schirm«. Das erweichte die Deutschen derart, dass sie sich zurückzogen. Marianna Mazurek aus dem Lubliner Land befand sich mit anderen Frauen ihres Dorfes in einer ähnlichen Lage, doch ihr Flehen wurde mit Schlägen, Schüssen und am Ende mit dem Anzünden des Hauses beantwortet, aus dem sie – als Einzige – herauskriechen konnte. Winicjusz Nataniowski, ein Junge aus der Gegend von Lublin, konnte sich ebenfalls aus einem brennenden Haus retten. Mit schweren Verbrennungen floh er aus dem in Flammen stehenden Dorf, lief um sein Leben, denn das war alles, was er noch besaß. Alle, die es nicht schafften, aus dem Dorf zu fliehen, unter anderem eine Familie von Vertriebenen aus Großpolen oder Pommerellen, wurden bei lebendigem Leib und mit voller Absicht verbrannt.[97]

»STREIT IST WIE EINE ÖFFNUNG, durch die Wasser rinnt; je größer die Öffnung wird, desto stärker wird der Wasserstrahl«, heißt es im Talmud (Sanhedrin 7a).[98] Konflikte, die nicht rasch beigelegt werden, entwickeln eine Eigendynamik und erklimmen immer neue Stufen der Radikalisierung. Dinge, die unvorstellbar schienen, werden nun alltäglich. Im Vorgehen der Nationalsozialisten im Lubliner Land, wo seit Jahrhunderten viele – meist assimilierte – deutsche Siedler die fruchtbaren Böden bestellten, trat die ganze Unersättlichkeit und brutale Maßlosigkeit des »Dritten Reiches« zutage, die im Verlauf des Krieges noch zunahmen. Hier sollte ein Reservat für Juden entstehen, weshalb die ansässigen »Volksdeutschen« 1940, oft unter Zwang, in die dem Reich angegliederten Gebiete umgesiedelt wurden. Zwei Jahre später ermordeten die Nazis die dort lebende jüdische Bevölkerung, während die Polen Platz machen mussten für mehr als zehntausend Volksdeutsche aus Südosteuropa, die sich inzwischen in Übergangslagern in Schlesien aufhielten. Geplant war ferner, »unerwünschte Elemente« des Deutschtums oder sich vom Deutschen entfernende Bevölkerungsteile aus Lothringen, dem Elsass, Luxemburg, Norwegen und dem annektierten Nordslowenien in dieser Gegend anzusiedeln. Diese »Elemente« würden sich, so Himmlers Plan, rasch germanisieren und nazifizieren lassen, wenn man sie nur in der richtigen Mischung zusammenbrachte. Die Realität sah aber anders aus: Die militärisch gesicherten deutschen Kolonistendörfer wurden von bäuerlichen polnischen Partisanen angegriffen, sodass die Siedler keine Ruhe fanden. Die einen wurden dadurch demoralisiert, die anderen träumten davon, die Gegend so schnell wie möglich wieder zu verlassen. Doch Himmler, für den die Kolonisierung des Lubliner Landes eine Prestigeangelegenheit war, erlaubte die Räumung erst im Mai 1944.

Insgesamt siedelten die Nationalsozialisten eine Million Deutsche um, genauer gesagt Menschen deutscher Herkunft, wodurch sich der ethnische Charakter Ostmittel- und Osteuropas vollkommen änderte. Man versprach den Kolonisten das Blaue vom Himmel und versicherte ihnen, dass sie »zwar ihre Heimat verlieren, doch ein Vaterland gewinnen« würden.[99] In Wahrheit verbrachten die meisten die Kriegsjahre, zumindest aber eine ganze Zeit in Übergangslagern oder zogen von einem Ort zum anderen, je nachdem wie sich Hitlers Pläne zur Kolonisierung des europäischen Ostens entwickelten. Die Deutschen aus Litauen, die zwischen 1939 und 1941 ins Reich geholt wurden, mussten schon ein Jahr später, nach der Eroberung des Baltikums, nach Litauen zurückkehren, das Hitler nun germanisieren wollte.[100] Joseph B. Schechtman, ein amerikanischer Wissenschaftler jüdisch-russisch-ukrainischer Herkunft, der wie die meisten seiner Zeitgenossen die ethnische Homogenisierung der europäischen Staaten befürwortete, lobte noch kurz nach dem Krieg »die ausgezeichnete Organisation der Transfers der deutschen Minderheit« während des Zweiten Weltkriegs.[101] Ganz offensichtlich war er – und nicht nur er – der NS-Propaganda erlegen, die den Erfolg der Aktion »Heim ins Reich« besang. Dabei war diese Aktion trotz aller Bemühungen ein Fehlschlag. Die hygienischen Verhältnisse in den Lagern, die viel zu wünschen übrig ließen, und die strapaziösen Reisen im Winter rafften Kinder und alte Menschen dahin. Männer und Frauen im besten Alter, entwurzelt und ihres gewohnten Rhythmus beraubt, sahen keinen Sinn mehr im Leben und versanken in Stumpfsinn und Apathie – die üblichen Begleiterscheinungen eines Lagerlebens. Otto Dietrich, ein SS-Mann aus der Lodzer »Einwandererzentralstelle« für die Volksdeutschen, empörte sich im Februar 1940 in einem Schreiben an den Chef der Sicherheitspolizei über die deutsche Propaganda: »Man scheint in Berlin nicht zu wissen, daß halbe Familien ausgestorben sind.«[102] Doch die Volksdeutschen wurden weiterhin erbarmungslos umgesiedelt. Als Bitten nichts mehr half, verlegte man sich aufs Drohen. Egal wie die Volksdeutschen sich zu Hitler und seinen Kolonisierungsplänen verhielten, ob sie dem Drängen nachgaben oder ihre alte Heimat partout nicht verlassen wollten und sogar Widerstand leisteten – sie gerieten auf jeden Fall in eine teuflische Lage. Nach dem Krieg hieß es: Mitgefangen, mitgehangen. Als das »Dritte Reich« untergegangen war, galten die Volksdeutschen in ganz Europa und selbst bei den Deutschen im »Altreich« ausnahmslos als begeisterte Anhänger des »Führers«, denen nun alle Schuld für die Verbrechen, die in deutschen Namen begangen worden waren, aufgebürdet wurde.

Im Krieg ist es schwerer als in Friedenszeiten, dem Herdentrieb zu widerstehen und dem eigenen Gewissen zu folgen. Dies dürfte allerdings – entgegen den Schätzungen der Aufklärungsabteilung der polnischen Untergrundarmee für das masowische Mława – mehr als einem Prozent der Deutschen gelungen sein.[103] Sie durften das öffentlich aber nicht zu erkennen geben, weshalb man nur gelegentlich über Beichtväter oder andere Vertrauenspersonen davon erfuhr.[104] In dem mit dem »Dritten Reich« verbündeten Ungarn, wo es viel leichter war, einen eigenen Standpunkt zu vertreten, identifizierte sich weit über ein Drittel der deutschsprachigen Bevölkerung 1941 nicht mit der deutschen Nation. Im besetzten Polen dagegen wirkte die NS-Propaganda im Verein mit dem Opportunismus vor allem auf junge Leute so stark, dass sich Menschen zum »Deutschtum« bekannten, die nahezu vollkommen polnisch assimiliert waren und zuweilen gar kein Deutsch sprachen.[105]

Im Spätherbst 1943 gingen die großen Umsiedlungen von Volksdeutschen im Zuge der Aktion »Heim ins Reich« über in die allgemeine und mit der Zeit immer chaotischere Flucht vor der Roten Armee. Schon Ende Oktober 1943 notierte der deutsche Quartiermeister August Töpperwien irgendwo zwischen dem Dniepr und dem Südlichen Bug in seinem Tagebuch, dass die Ostfront ganz offensichtlich wanke und es nun an den Deutschen sei, »das Kreuz zu tragen«. »Überall Trecks von Volksdeutschen. Erschütterndes Symbol des deutschen Volksschicksals!« Dazu die traurigen Begleiterscheinungen des Rückzugs: »Feigheit und hemmungslose Raubgier«. Die massenhafte Flucht von Volksdeutschen aus Ost- und Ostmitteleuropa nahm während des Jahres 1944 noch beständig zu. Im Herbst befand sich rund eine Million Menschen auf der Flucht, vor allem aus Russland, der Ukraine, Jugoslawien, Rumänien und der Slowakei. Die Angehörigen der deutschen Minderheiten aus den östlich des Reiches gelegenen Ländern, die nun mit dürftigem Gepäck gen Westen strebten, wussten, dass die NS-Politik die Grundlagen einer weiteren Existenz der Deutschen in dieser Region auf lange Zeit vernichtet hatte, weshalb sich nur wenige zum Bleiben entschlossen.[106]

In der Ukraine schlossen sich die Polen den fliehenden Deutschen an, weil sie vor den ukrainischen Nationalisten noch mehr Angst hatten

Schwarzmeerdeutsche fliehen quer durch Ungarn in den Westen, Juli 1944.

als vor den Deutschen. Zwar war der Antagonismus in den ethnisch und religiös gemischten polnisch-ukrainischen Grenzgebieten schon lange fest verwurzelt, doch erst unter der Besatzungsherrschaft und mit Billigung der Deutschen eskalierte er und artete schließlich in einen Bürgerkrieg aus. Das »Dritte Reich« bediente sich von Anfang an der Ukrainer, um die Polen in Schach zu halten, wodurch die nationalen Bestrebungen der Ukrainer noch mehr angestachelt wurden. Das war allerdings keineswegs im Sinne der Deutschen. Die Ergebnisse dieser Politik des *divide et impera* waren katastrophal, wie ein hoher deutscher Beamter des Generalgouvernements im Sommer 1944 schrieb. Sie habe stellenweise zum gegenseitigen Abschlachten von Polen und Ukrainern geführt. Beide Gruppen seien verbittert und hätten sich von den Deutschen abgewandt.[107]

Die systematischen Überfälle auf polnische Dörfer begannen zu Beginn des Frühjahrs 1943 in Wolhynien, wo die Polen demographisch verhältnismäßig schwach waren. In den Abteilungen der Ukrainischen Aufstandsarmee (UPA) dienten viele Männer, die von SS-Sonderein heiten eigens für die Ermordung der wolhynischen Juden ausgebildet

163

worden waren. Der UPA-Führung ging es sicherlich vor allem darum, die Polen zur Flucht zu zwingen. Man wollte diese sich nach Jahrhunderten bietende Möglichkeit ergreifen, das Grenzland endlich national zu »säubern«. Was folgte, war ein einziges großes Morden. Nachdem die Bolschewiken und Nationalsozialisten die örtlichen polnischen wie ukrainischen Eliten ausgerottet hatten, gab es niemanden mehr, der den nationalen Rechten im Wege stand.[108] Paradoxerweise kollaborierten die sich verteidigenden Polen nun mal mit der Wehrmacht, von der sie Waffen erhielten und mit der sie manchmal gemeinsam gegen die Ukrainer vorgingen, mal mit den sowjetischen Partisanen, denen rund fünftausend polnische Wolhynier beitraten. Viele Polen kamen in die vom NKWD geschaffenen Jagdbataillone, die gegen die ukrainische Untergrundbewegung kämpften. Dies alles bestätigte die UPA aber nur in ihrer Theorie von den drei Feinden: an erster Stelle die Bolschewiken, dann die Polen und schließlich die Deutschen, die die Ukrainer seit Kriegsbeginn für ihre Ziele benutzt hatten.

Im Laufe der Jahre 1943 und 1944 dehnten sich die polnisch-ukrainischen Kämpfe auf das gesamte Grenzland bis in die Gegend von Lublin aus, wo das Reich die Ukrainer deutlich bevorzugte und sie in eine Aktion gegen die Polen einzubinden suchte. Insgesamt kamen bei den Pogromen in der Ukraine achtzigtausend Polen und weit mehr als zehntausend Ukrainer ums Leben. Sie starben durch Kugeln, wurden bei lebendigem Leibe verbrannt oder mit Äxten erschlagen. Dreihunderttausend Polen ergriffen die Flucht, die in vielen Fällen erst nach ein bis zwei Jahren in den ehemaligen deutschen Ostgebieten, die 1945 zu Westpolen geworden waren, endete.[109] Andere bildeten Gruppen, die sich unter Führung von katholischen Priestern verteidigten und – nicht weniger paradox – auf den Einmarsch der Roten Armee hofften. In Ostróg (ukr. Ostroh) in Wolhynien rief der Kapuzinermönch Remigiusz Kranc, der im Januar 1944 die Verteidigung gegen die UPA leitete, die Polen unmittelbar nach der Eroberung der Stadt durch die Rote Armee auf, der an der Seite der Sowjets kämpfenden Polnischen Volksarmee (den ehemaligen Polnischen Streitkräften in der Sowjetunion, die inzwischen mit der kommunistischen Untergrundarmee zusammengelegt worden waren) beizutreten. »Es wurden rund achthundert Männer einberufen«, schrieb er später stolz.[110]

Übergangslager – vielleicht Dulag (Durchgangslager) 121 Pruszków –
für ausgesiedelte Warschauer unter freiem Himmel, Herbst 1944

Obwohl die Ostfront bereits wankte, war die Wehrmacht weiterhin so stark, dass sie noch zwei lange Jahre Widerstand leisten konnte.
In dieser Zeit kam es zu brutalen Aussiedlungen in Weißrussland, die
anscheinend Teil der deutschen Kriegsstrategie waren. Die sich zurückziehende Wehrmacht wählte die Taktik der verbrannten Erde, um so
den sowjetischen Vormarsch zu verlangsamen. Wer nicht in den Wald
floh, wurde evakuiert, meistens alte Männer, Frauen und Kinder, die
solchen Strapazen gar nicht gewachsen waren. Die hinter der Front
angelegten Evakuierungslager erwiesen sich in der Regel nämlich als ein
Stück nackter Erde, umgeben von einem Stacheldrahtzaun. Die hygienischen Zustände waren entsetzlich und die Versorgung erbärmlich;
wer zu fliehen versuchte, wurde beschossen. Als die Rote Armee im
März 1944 drei derartige Lager bei Babruisk befreite, fand sie dreißigtausend ausgehungerte Elendsgestalten und zehntausend Leichen vor.
Genauso sollte es ein Jahr später im Konzentrationslager Bergen-Belsen bei Celle sein. Die Briten, die das Lager befreiten, haben damals
nicht nur Rettungsmaßnahmen eingeleitet, sondern auch das Elend,
das sie vorfanden, in Fotos festgehalten.[111] Doch zuvor kam es im

Spätsommer und Herbst 1944 in Warschau noch zu einer Tragödie. Nach der Niederschlagung des Warschauer Aufstands vertrieben die Nazis die gesamte Bevölkerung und machten anschließend die Stadt dem Erdboden gleich. Hunderttausende Warschauer wurden zunächst in das Übergangslager Pruszków gebracht, von wo man sie dann entweder in Konzentrationslager oder zur Arbeit ins Reich schickte. Die übrigen aus der Stadt Vertriebenen suchten Zuflucht bei Bauernfamilien, denen es ebenfalls nicht gut ging und die sie oft nur ungern aufnahmen. »Wie die Raupe Blätter im ganzen Walde« vertilgten die Warschauer Vertriebenen im ganzen noch deutsch besetzten Westen des Generalgouvernements die Lebensmittel, schrieb die polnische Schriftstellerin Zofia Nałkowska in ihr Tagebuch. »Niemand war mehr der, der er früher gewesen war. Sie sind eine ganze Armee neu entstandener Hungerleider, die das hiesige elende Leben heimgesucht hat. Niemand hat Essen, Kleidung, Wäsche, Schuhe.«[112]

*

AUF EINEN RELATIV KURZEN, doch eisigen Winter folgte 1945 ein langer und wechselhafter Frühling. Ob eine gemessene Temperatur als warm oder kalt empfunden wird, ist aber ganz subjektiv. Was den Evakuierten und Gefangenen und ebenso den in Angst und Panik vor der Roten Armee fliehenden Deutschen wie klirrende Kälte vorkam, konnten die jungen, abgehärteten Sowjetsoldaten durchaus als angenehm empfinden. Während sich Wladimir Gelfand, ein zweiundzwanzig Jahre alter Offizier, der durch das mittlere Polen in Richtung Berlin unterwegs war, nicht genug darüber wundern konnte, dass der Winter noch nicht begonnen hatte, ist der letzte Kriegswinter in deutschen Erinnerungen und literarischen Werken – wie für die Polen die Besatzungswinter seit 1939 – eisig und mörderisch. Bitterkalt fand es auch Hubert Orłowski aus dem damals deutschen Ermland – dem katholischen, teils von Polen bewohnten Teil Ostpreußen –, der später ein bedeutender Germanist werden sollte: Nach der Flucht der letzten deutschen Soldaten sei »eine böse, kalte, mörderisch weiße [Stille eingekehrt], die angefüllt war mit Angst vor dem Unbekannten«. Dabei lugten in Großpolen schon Ende Januar, früher als gewöhnlich, die Schneeglöckchen aus der Erde, und im April, gleich nach dem wechselhaften, außergewöhnlich milden, wenn auch feuchten März, strömte Warmluft nach ganz Europa. Bald blühten an der Oder die Magnolien, von deren Pracht am Monatsende aber schon nichts mehr zu sehen war. Es folgte ein noch schönerer, eigentlich schon sommerlicher Mai. Blühende, duftende Wiesen, das saftige Grün des Grases, Vogelgezwitscher, aber auch die allgegenwärtigen Läuse und Flöhe und die mit ihnen einhergehenden ansteckenden Krankheiten, das verbindet Libussa von Krockow mit diesem Frühling in Pommern. Der deutsche Mediävist Gerd Tellenbach behielt aus jener Zeit vor allem die farbenfrohen Akeleiwiesen bei Gießen in Erinnerung und dass die Vögel im Mai fröhlicher zu singen schienen. Doch dann wurde es, vor allem im Westen, ungewöhnlich kalt. »Ich habe das Gefühl, nie mehr warm zu werden«, sagt in einer Erzählung von Heinrich Böll ein erkälteter Pfarrer im Juni zu dem Deserteur Hans Schnitzler, der damit beschäftigt ist, Kohle aus den vorüberfahrenden Zügen zu »fringsen«.[113]

Der Zweite Weltkrieg ging zu Ende, verlor aber nichts von seiner Brutalität. Besonders in Mittel- und Osteuropa lagen in den letzten Kriegs- und ersten Friedensmonaten Leben und Tod nah beieinander. In dem totalen Chaos verfielen die alten Strukturen, und sie wurden erst allmählich durch neue ersetzt. Unvorstellbare Menschenmassen ergossen sich in die völlig zerstörten und ausgeplünderten Gegenden Westrusslands, Weißrusslands, der Ukraine und schließlich Polens, wo seit Jahren ein »Leben als ob« (Kazimierz Wyka) geherrscht hatte, das Tadeusz Różewicz derb das Leben von Menschen nannte, die zur Schlachtbank geführt wurden, aber zufällig überlebten.[114] Deutsche, Balten, Bewohner des Kaukasus und der Krim, Weißrussen, Ukrainer, Polen, Russen und Kriegsgefangene aus aller Herren Länder flohen Richtung Westen oder wurden dorthin zwangsevakuiert. Ihnen folgten die nach Rache dürstende Rote Armee sowie über zehn Millionen Flüchtlinge und Evakuierte aus den zuvor vom Reich besetzten Gebieten, eine Mischung von ähnlicher nationaler Zusammensetzung – sieht man einmal von den Deutschen ab –, wie sie auch vor der Front anzutreffen war.[115] Bald wurden Millionen in die Gegenrichtung in Bewegung gesetzt – und zwar nicht nur Richtung Heimat. Nach Osten, in die sowjetischen Lager, wanderten nun Deutsche und Polen, Ukrainer, Balten, ja selbst Russen. »Jenes Frühjahr 1945 war in unseren Gefängnissen vornehmlich ein Frühjahr der russischen Kriegsgefangenen«, schreibt Alexander Solschenizyn. Neue Forschungen zeigen jedoch, dass wohl weniger als zehn Prozent der sowjetischen Kriegsgefangenen und Zwangsarbeiter, die aus Deutschland zurückkehrten, sich in sowjetischen Gefängnissen und Lagern wiederfanden, weit weniger, als vor Kurzem noch angenommen wurde, aber die absoluten Zahlen, immerhin mindestens dreihundertfünfzigtausend, sind erschreckend genug. »Wie die Heringszüge im Ozean, so durchzogen sie, ein unübersehbarer dichter grauer Strom, die Gefängnisse der Union – unnötige Zeugen schändlicher Niederlagen«, so der russische Nobelpreisträger. Sie gehörten zu den Siegern, aber den großen Sieg hatten sie nicht errungen, und auch nicht die vielen anderen Völker in diesem Teil Europas. Die Lager waren überfüllt, die Zahl der Gefangenen wuchs stetig und erreichte 1950 ihr Maximum: über zweieinhalb Millionen.[116]

Lange wollte man nicht erkennen, dass der »Frühling«, der mit dem Kriegsende einherging, nicht überall in Europa Einkehr hielt. Ohne Zweifel endete mit ihm eine Epoche, in der »die Welt aus der Umlaufbahn gesprungen« zu sein schien, wie Jarosław Iwaszkiewicz schrieb, in denen es den Menschen nach der Invasion von »stummen Automaten ohne Gefühle« vorgekommen war, als habe eine biblische Plage sie heimgesucht. Und so empfanden die meisten Europäer in diesem Frühjahr wohl Erleichterung, wenn nicht Freude.[117] »Der anglo-amerikanische Terror vom Himmel verschwand und der braune Terror auf Erden«, stellte Gerd Tellenbach fest, und die »Hoffnung auf Frieden veränderte die seelische Atmosphäre«. Der Autor hatte den Fanatismus der jungen Deutschen gesehen, die selbst noch in den letzten Kriegstagen ihr Leben für den »Führer« hatten hingeben wollen. Er wusste, dass angesichts des Vormarschs der alliierten Truppen ganze Familien, und zwar nicht nur im Osten, gemeinsam Selbstmord begangen hatten. Er hatte das Leben in den bombardierten und hungernden Städten kennengelernt, wo man, um eine Mahlzeit kochen zu können, Möbel und Türen verfeuerte. Die Fensterrahmen blieben von solchem Vandalismus verschont und wurden, da die Scheiben zerborsten waren, sorgfältig mit Pappe, Brettern, Glas aus Bilderrahmen oder schwer erhältlicher Folie ausgekleidet. Dennoch: »Dankbarkeit erfüllte uns, daß das Böse nicht gesiegt hatte.«

In Holland stehlen Kinder im »Hungerwinter« 1944/45
Rüben von einem Schiff.

Den Optimismus des deutschen Historikers dürften vor allem die
Menschen in den von den alliierten Streitkräften befreiten Ländern
Westeuropas geteilt haben, vielleicht mit Ausnahme der größten Kollaborateure – und das waren wohl einige Zehntausend –, die nun mit den
Deutschen flohen.[118] Wiederum bereicherten sich viele am Hab und
Gut ihrer ehemaligen Nachbarn, indem sie zu Spottpreisen kauften, was
die Flüchtlinge zurückließen.[119] In den westeuropäischen Staaten, insbesondere in den Niederlanden, herrschten während der letzten Kriegsmonate große Kälte und Hunger, ein *hongerwinter*, der achtzehntausend
Menschen das Leben kostete. Besonders reiche Ernte hielt der Tod in
den größten Städten, und wie immer waren es vor allem die Alten und
die Jüngsten, die ihm zum Opfer fielen. Da man nicht nachkam, die
Toten zu beerdigen, wurden die Leichname in den Kirchen gesammelt
und in Massenbestattungen beigesetzt.[120]

Im Nordosten des Kontinents gab es bei Kriegsende keinen Anlass
zu großen Hoffnungen. Finnland gelang es zwar, seine Unabhängigkeit
zu wahren, doch bereits im Sommer 1944 hatten mehr als vierhunderttausend Finnen Karelien erneut verlassen müssen. Sie erhielten Land,
das Großgrundbesitzer, Gemeinden, die Kirche und Vereine zuvor im

Zweite Evakuierung der Finnen
aus Karelien, 1944

Zuge einer sogenannten Waffenbrüderschaft zu einem niedrigen Preis hatten hergeben müssen. Zudem musste die Summe erst nach fünfzehn Jahren beglichen werden, bis dahin wurde sie mit vier Prozent im Jahr verzinst. Zwar kam es aufgrund der Enteignungen und der steigenden Inflation zu Streitigkeiten zwischen den Einheimischen und den Umsiedlern, doch insgesamt gelang die Integration der Flüchtlinge so gut, dass keine extreme politische Gruppierung an Boden gewann, was Finnland vielleicht sogar vor einer kommunistischen Revolte bewahrte. Allerdings wurden die landwirtschaftlichen Flächen durch die Aufteilung sehr zersplittert.[121]

Von einer »Finnlandisierung«, also der Bewahrung von Unabhängigkeit und Demokratie bei beschränkter Handlungsfreiheit in der Außenpolitik, konnten die übrigen Staaten Ost- und Ostmitteleuropas nur träumen. Das zweifellos schlimmste Schicksal traf die Esten, Letten und Litauer, die sich für ein halbes Jahrhundert mit der Zugehörigkeit zur Sowjetunion abfinden mussten. Tausende Balten flohen daher nach Finnland und Schweden, was viele ihrer Landsleute schon wäh-

170

rend des Krieges getan hatten, um nicht zur SS oder zu den an der Seite der deutschen Truppen stehenden Hilfsabteilungen eingezogen zu werden. Theoretisch sollten sie sich freiwillig in den Stellungen einer dieser Einheiten melden, schreibt Jaan Kross in einer autobiographischen Erzählung, das Schlimme aber war, dass faktisch nur diese diabolische Alternative bestand und ein Rekrut nicht selten nur deshalb zur SS ging, weil er so den Dienstantritt hinauszögern konnte. Die in die SS Aufgenommenen wurden nämlich zunächst aufgepäppelt und in Lager zur Leibesertüchtigung geschickt.

Beim Vormarsch der Roten Armee zogen sich Hunderttausende Balten, darunter Zehntausende Soldaten, von denen ein Teil bei der Niederschlagung des Warschauer Aufstands eine unrühmliche Rolle gespielt hatte, mit den deutschen Einheiten zurück. 1945 stand ihnen dazu nur noch der Seeweg offen. Als schließlich auf den deutschen Transportschiffen kein Platz mehr für sie war, flohen sie – wie später die vietnamesischen *boat people* in Indochina – in Fischerbooten über die Ostsee Richtung Schweden und Finnland. »Im Mai 1945, als die letzte Hoffnung schwand, flüchteten die Menschen«, so der kanadische, in Riga geborene Historiker Modris Eksteins, »massenhaft aus den brennenden [aber immer noch nicht eroberten] Häfen Windau und Libau [im lettischen Kurland]. Hauptsächlich Frauen und Kinder. Man floh mit Segelbooten, Jollen, Schleppern, sogar mit Ruderbooten. Einige dieser Schiffe gelangten bis Gotland. Viele wurden von russischen Patrouillenschiffen versenkt, was für die Passagiere den sicheren Tod bedeutete.« Wer nicht floh, durchlief die sowjetischen Auffanglager, von wo es, falls der Verdacht einer Zusammenarbeit mit den Deutschen oder eines Engagements für die Unabhängigkeit bestand, direkt in ein Straf- oder Verbannungslager ging.

Nick Baron betont, dass in dieser Zeit Filterungen, Verifizierungen und Rehabilitierungen nicht nur im Osten, sondern in ganz Europa stattfanden. Sie waren eine Art Re-Initiationsritual, ein integraler Bestandteil bei der Wiederherstellung der Nachkriegsordnung, weshalb »der Sowjetstaat […] nichts Außergewöhnliches tat«, abgesehen davon, dass das Ausmaß der Verhaftungen und die Dauer der Verfolgungen außergewöhnlich waren. Besonders betroffen waren die Einwohner der baltischen Staaten, die in den Jahren 1948 und 1949 in zwei Aktionen mit den romantischen Bezeichnungen »Frühling« und »Flut« massenhaft deportiert wurden. In der ersten Aktion wurden fast fünfzigtausend Litauer – »Banditen«, »Nationalisten« und »Kulaken« mit ihren Familien – nach Sibirien verschleppt, in der zweiten traf es fast hunderttausend »bourgeoise Nationalisten« aus allen drei Baltenrepubliken. Im Dezember 1949 wurden »Kulaken« und Personen fortgebracht, die verdächtigt wurden, Partisanen aus den Regionen des Bezirks Pleskau zu unterstützen, die den Esten 1940 abgenommen und direkt der Sowjetrepublik Russland eingegliedert worden waren. Die Ausmaße der Deportationen aus Litauen in seinen Nachkriegsgrenzen lassen sich an der Bevölkerungszahl der Republik ablesen, die für sowjetische Verhältnisse nach dem Krieg ungewöhnlich stark sank. Auf der anderen Seite muss man sehen, dass gerade die Litauer in Wilna den NKWD zwischen 1944 und 1946 bei seinem Vorgehen gegen die Polen unterstützten, in denen sie noch immer ihren Hauptfeind sahen, und den wollten sie bei dieser sich nun bietenden Gelegenheit unbedingt loswerden.[122]

ALS STALIN IN DIE VON NATIONALEN ANTAGONISMEN zerrissene Ukraine einmarschierte, wo Polen und Ukrainer auf Leben und Tod miteinander kämpften, setzte er umgehend ein erprobtes Mittel zur Stabilisierung der Stimmungslage ein: Herrsche und teile. Da seine Truppen von den Polen in Wolhynien und Ostgalizien – trotz aller Befürchtungen – mit Erleichterung empfangen worden waren, ging er zunächst gegen die national gesinnten Ukrainer im Westen vor. Schon im Mai 1944 setzten sich die ersten Kolonnen deportierter Ukrainer in Bewegung. Bis 1952 wurden mehr als zweihunderttausend Ukrainer in die Gegenden östlich des Urals geschafft. Ganze Familien wurden verbannt, weshalb unter den Deportierten Frauen und Kinder überwogen. Anfangs waren im Prinzip nur Angehörige des nationalistischen Untergrunds und die ihn unterstützende griechisch-katholische Geistlichkeit betroffen, später auch wohlhabendere Bauern, repatriierte ukrainische Soldaten der Polnischen Streitkräfte im Westen und Zeugen Jehovas. Die meisten Deportationen gab es im Spätherbst 1947, als die Kämpfe gegen die ukrainischen Partisanen deutlich nachließen, weshalb angenommen wird, dass auch wirtschaftliche und gesellschaftliche

Faktoren eine Rolle gespielt haben könnten. In den sibirischen Kohlegebieten fehlte es schließlich an Arbeitskräften, und mit dem Vermögen der Verbannten konnten besonders engagierte Parteimitglieder belohnt werden, die empfindliche Verluste hatten hinnehmen müssen, als der Krieg den Westen der Ukraine erreichte. In einem streng geheimen Beschluss der sowjetukrainischen Führung, an deren Spitze damals Nikita Chruschtschow stand, hieß es, dass das Land der Deportierten zu verstaatlichen und ihr Vieh an Kolchosen und Schlachthöfe abzugeben sei, während ihre Häuser öffentlich genutzt werden und ihre Wohnungen dem »Parteiaktiv« und den Unterschichten zufallen sollten.[123]

Die Erleichterung der Polen in den von deutscher Herrschaft befreiten Gebieten im Westen der Ukraine währte nicht lange. Die nationalistische ukrainische Widerstandsbewegung nutzte nämlich die neue Lage, um sich heftiger als zuvor gegen die polnische Zivilbevölkerung zu wenden. Diese floh nun massenhaft in Regionen, wo sie in der Mehrheit war, falls sie es nicht vorzog, gleich über den Bug zu gehen und sich in den Schutz der Polnischen Volksarmee zu begeben. Da viele Polen in die volkspolnische beziehungsweise in die Rote Armee eingezogen wurden und es immer häufiger Verhaftungen durch die Sowjets gab, war eine geordnete polnische Verteidigung in der Ukraine selbst zunehmend schwierig. In dem von der Roten Armee geretteten Ostróg in Wolhynien etwa sollten bald die ersten Mädchen zur Arbeit im Ural abtransportiert werden. Zunächst konnte eine Intervention von Bruder Remigiusz bei der polnischen Regierung in Lublin das Schlimmste noch verhindern, doch als der auch von den Russen geschätzte Kapuzinermönch die sowjetischen Behörden im November 1944 von der Kanzel aus aufrief, die winterlichen Transporte mit »Repatrianten« (damals die offizielle polnische Bezeichnung) nach Polen einzustellen, weil so viele auf dem Weg dorthin starben, wurde er umgehend festgenommen. In der Haft fand er sich unter sowjetischen Offizieren und ukrainischen Aufständischen wieder. Letztere waren für ihn – wie auch für die Regierungen des »Lubliner Polen« und der Sowjetunion – nichts anderes als Banditen. Mit diesen wurde er – ein weiteres der ostpolnischen Paradoxe – nach Kolyma transportiert.

In der Polnischen Volksarmee unter General Berling dienten seit dem Einmarsch der Russen auch mehrere Tausend Angehörige der

Heimatarmee, die der Londoner Regierung unterstellt war. Doch bereits 1944 fanden sich viele dieser Offiziere und Soldaten in Gefängnissen oder Arbeitslagern im Osten wieder und teilten damit das Schicksal von Bruder Remigiusz. Von den Deportationen nach der »Befreiung« waren mindestens sechzigtausend Menschen betroffen, zunächst vor allem in Ostpolen, später in Pommerellen und Oberschlesien, wo regelrecht Jagd auf Wehrmachtssoldaten gemacht wurde, die vielfach im zivilen Leben Fachkräfte waren, gerade Bergleute, an denen in der UdSSR großer Mangel herrschte.[124] In Ostpolen, das nun Teil der Sowjetunion wurde, ging man zunächst gegen den Untergrund vor. Den Soldaten der Heimatarmee folgten dann bald ihre Angehörigen – Eltern, Geschwister, Frauen und Kinder – in die Lager nach. Wie viele es de facto waren, die bis in die 1950er Jahre verhaftet wurden, wird sich nie genau feststellen lassen, da die Verurteilten als sowjetische Staatsbürger galten.

Die Familie Rewkowski aus Marysin in der Gegend von Grodno zählte neun Personen – die Eltern und sieben Töchter. Nach der »Befreiung« kam der Vater in ein sowjetisches Lager, wo er verstarb. Einige der Töchter wurden 1950 verhaftet und ins Lager gesperrt, darunter die hochschwangere Grażyna Dzieniszczyk. Die übrigen Mädchen wurden mit der Mutter nach Kasachstan geschickt, wo auch Grażyna sich nach der Entlassung aus dem Lager 1955 niederlassen durfte, allerdings ohne ihren kleinen Sohn. In der Siedlung lebten neben Kasachen abchasische, weißrussische, deutsche, estnische, griechische, karatschaische, polnische und tschetschenische Verbannte, die halbe Welt in einem kleinen Ort. »Lieber Gott, gib niemandem einen Krieg!«, flehte Grażyna, die sich 1956 in der Ukraine niederließ, noch Jahre später. Für ihre und viele andere Familien aus den alten polnischen Ostgebieten dauerte der Krieg, der 1939 begann, zwanzig Jahre.[125]

Die meisten Soldaten der Heimatarmee konnten nach zwei oder drei Jahren in sowjetischer Haft nach Polen zurückkehren. Auch Bruder Remigiusz Kranz aus Ostróg wurde aus dem Lager entlassen. Im Juni 1948 brachte man ihn mit dem Auto nach Magadan, denn er gehörte infolge der auszehrenden Arbeit in einem Goldbergwerk zu den sogenannten *dochodjagi*, den Gefangenen im Zustand extremer physischer und psychischer Erschöpfung. Wie die »Muselmänner«, die bis auf die Knochen abgemagerten Häftlinge in den deutschen Konzentrationslagern, hatten sie dem Tod nichts mehr entgegenzusetzen. Einige bessere Mahlzeiten brachten Bruder Remigiusz aber wieder auf die Beine, sodass zwei jüdische Ärztinnen, sicherlich ebenfalls Gefangene, ihn für reisefähig erklären konnten. Man brachte ihn mit dem Schiff nach Wladiwostok und von dort mit der Transsibirischen Eisenbahn nach Westen; über Minsk und Brest am Bug gelangte er im August nach Krakau und schließlich nach Deutsch Krone, aus dem inzwischen das polnische Wałcz geworden war. Nach seiner »Rückkehr« erinnerte sich Bruder Remigiusz, dass er in Sibirien mehrmals vonseiten der Juden »Anzeichen von Freundschaft [...] zu den Polen« erfahren habe. »Wäre mir die Möglichkeit zur Rückkehr nicht geboten worden, hätte man meine Knochen in sowjetischer Erde bestatten müssen.«[126] Die sowjetischen Juden retteten auch so manchen polnischen Juden, den es 1940 und 1941 in die sowjetischen Lager verschlug. Zeew Frankel, der die Sowjetunion mit der Anders-Armee verließ, erinnerte sich, dass man seine Familie trotz der Amnestie für die Polen nicht freilassen wollte. Die Wende brachte schließlich ein Gespräch seines Vaters – eines Rabbiners aus Leżajsk, der wegen religiösem Übereifer und der Weigerung, die gemeinsamen Gebete einzustellen, verhaftet worden war – mit einem älteren NKWD-Offizier, einem sowjetischen Juden.[127]

In der Ukraine, wo über Jahrhunderte verschiedene Kulturen aufeinandergetroffen waren, nämlich die ukrainische, polnische, jüdische, deutsche und russische, floss im letzten Krieg besonders viel Blut. Die mehr oder weniger erzwungenen Umsiedlungen vollendeten die kulturelle Verwüstung, selbst wenn die brutal durchgeführte ethnische Homogenisierung einer seit Jahrhunderten vermischten Grenzbevölkerung tatsächlich dazu beitrug, die Stimmung zu beruhigen, also kurzfristig ein Erfolg war.[128] Die meisten aus dem neuen Polen stammenden Ukrainer, fast eine halbe Million Menschen, gelangten zwischen 1944 und 1946 in Kolchosen der sowjetischen Ostukraine, wohin sie der NKWD aus dem Gebiet westlich vom Bug noch vor Kriegsende ausgesiedelt hatte. Spätere Transporte von Ukrainern organisierte die Polnische Volksarmee, was die Lage dieser Menschen keineswegs weniger dramatisch machte. Im März 1945 wurde Chruschtschow darüber informiert, dass in Polen ukrainische Dörfer niedergebrannt und die Bewohner ausgerottet würden. Die Polen aus der Ukraine – darunter auch die letzten polnischen Juden –, insgesamt rund eine Million Menschen, kamen nun in die ehemals deutschen Gebiete in Westpolen. 1947 folgten im Zuge der Aktion »Weichsel« noch hundertfünfzigtausend polnische Ukrainer und Lemken aus dem Südosten des Landes.[129] Die Bieszczady, die sogenannten Waldkarpaten, wurden allmählich zur menschenleeren Ödnis. Bis in die 1980er Jahre waren sie ein beliebtes Reiseziel oppositioneller Studenten aus Polen und Ungarn, die oft gar nicht wussten, was es mit den niedergebrannten und verfallenen Dörfern auf sich hatte, auf deren Reste sie überall stießen. Die Behörden versuchten zwar, in den Bergdörfern der Lemken kommunistische Flüchtlinge aus Griechenland anzusiedeln, von denen bis 1949 rund zwölftausend nach Polen kamen.[130] Doch der Erfolg war mäßig. Die meisten Dörfer blieben leer und ebenso die Bahnhöfe an den nicht enden wollenden Bahnstrecken, die der bekannteste aller Lemken, der Maler Nikifor, in seinen Bildern festgehalten hat. Auch der Künstler wurde damals ausgesiedelt, kehrte aber 1947 zu Fuß aus der Gegend von Stettin in sein geliebtes Krynica in Kleinpolen zurück. Nach all den Umsiedlungen fanden sich die Polen aus dem Osten sowie die polnischen Lemken und Ukrainer paradoxerweise wieder zusammen, diesmal allerdings in den West- und Nordgebieten, und nicht selten geschah das – wie im Fall der Familien Czerkas und Bilewicz in Henryk Panas' Roman *Die Sünder* (*Grzesznicy*) – in einem gemeinsamen, ehemals von Deutschen bewohnten Haus.[131]

Anne Applebaum, die zu Beginn der 1990er Jahre durch die östlichen Grenzgebiete Europas reiste, stieß überall auf in Polen geborene Menschen, die in der UdSSR aufgewachsen waren und nun in den unabhängigen Staaten Litauen, Weißrussland oder Ukraine lebten. Die Journalistin aus Washington beobachtete, dass viele sich dort immer noch nicht zu Hause fühlten und die Aussiedlung aus Polen wie eine Vertreibung aus dem Paradies empfanden. Von einer Rückkehr in ihre Häuser im Osten träumten auch die im Grenzland zu Deutschland angesiedelten Polen.[132] Das offenbart nicht zuletzt die polnischen Literatur, die sehr lange, wie Bogusław Bakuła schreibt, eine ganz besondere Gesellschaft darstellte, eine Gesellschaft auf dem Weg »in Richtung Westen, aber den Kopf immer noch nach Osten gewendet«, wo das verlorene Arkadien lag. Der kollektive Traum von der Rückkehr in den Osten, am besten unter Bewahrung des Westens, endete seiner Meinung nach erst in der Konfrontation mit der Realität des Jahres 1989.[133]

Nostalgie, Träume und literarische Mythen vermitteln Stimmungen, doch man sollte beachten, dass sie nicht notwendigerweise die Stimmung der Zeit, in diesem Fall der letzten Kriegs- und ersten Friedensjahre wiedergeben. Josef Wagner, ein deutscher Apotheker aus Slawonien, schrieb nach Deutschland »zurückgekehrt« mit großer Offenheit, dass es ihm dort, wo er gelebt hatte, gutgegangen sei, aber nur bis 1944, weshalb er schließlich »freudig« in das ihm unbekannte Land seiner Vorfahren gezogen sei und »keinerlei Heimweh nach meiner einstigen Heimat« mehr verspüre.[134] Die Polen aus Wolhynien und Ostgalizien empfanden die Übersiedlung nach Polen nicht selten sogar als Erlösung. Es stimmt, dass sie sich in den Gebieten, wo sie die Mehrheit stellten, anfangs gegen die Ausreise stemmten, doch mit der Einsetzung der kommunistischen Provisorischen Regierung der Nationalen Einheit Mitte 1945 schwanden ihre letzten Hoffnungen. Es gab bald mehr Ausreisewillige als Ausreisebewilligungen, und zwar unabhängig davon, ob die Entscheidung zur Ausreise – nach dem damaligen Verständnis – freiwilliger Natur war, was in Weißrussland in der Regel der Fall war, oder ob sie in erheblichem Maße erzwungen war, wie in der Ukraine, wo schon 1944 eine ganze Reihe von Unentschlossenen vorsorglich verhaftet wurden, denen nun die Verbannung in den Osten drohte. Von den fast zwei Millionen registrierten Polen gelangten in der ersten Etappe rund 1,3 Millionen nach Polen. Aus der Ukraine, wo beide Seiten die im Krieg entstandenen Nationalitätengrenzen anerkannten, kamen fast alle, aus Weißrussland und Litauen dagegen weniger als die Hälfte. Aus dem litauischen Staatsgebiet von vor 1939 (also ohne Wilna) kamen nur knapp zehn Prozent der Polen. In Weißrussland stritt man heftig über die Kriterien der nationalen Zuordnung, und in Litauen suchte man die Migration aufzuhalten, indem man die Polen vor die Wahl stellte zwischen Ausreise und Besitzstandswahrung. Nur in Wilna und einigen anderen größeren Städten wurden die Polen so intensiv zur Ausreise ermuntert, dass der Erfolg fast hundertprozentig war. Ihre bewegliche Habe mussten sie entgegen den vertraglichen Festlegungen oft noch auf den Bahnsteigen zurücklassen, da die Behörden ganz einfach weniger Waggons schickten als nötig.[135]

Viele Umgesiedelte kehrten nach Jahren zurück, manche sogar aus den Verbannungsorten weit im sowjetischen Osten, wo im Sommer 1945 sehr überhastet und unter strenger Aufsicht von NKWD-Beamten fast dreihunderttausend Polen registriert wurden, alleine siebzigtausend in Kasachstan.[136] Von den im Februar 1940 nach Sibirien deportierten Einwohnern Czerwony Jars, in der Vorkriegszeit ein Dorf im polnischen Podolien, kehren in einem Roman Zbigniew Dominos im Frühjahr 1946 nur sehr wenige aus der Gegend von Tulun nach Polen zurück. In Swerdlowsk, das heute wieder Jekaterinburg heißt, stoßen sie auf einen Transport von Litauern, die auf dem Weg in die Verbannung nach Sibirien sind. In Woronesch sehen sie die ersten deutschen Kriegsgefangenen, deren Anblick bei ihnen eher Mitleid als Entsetzen auslöst. Schließlich hält ihr Zug in Kowel neben einem Transport mit Polen aus Wolhynien, die in den Westen »repatriiert« werden. »Es ist ein Wunder, ein Wunder, dass wir gerettet sind«, rufen sie den Verbannten zu. »Anstatt zu weinen, dass man uns aus unserem Heimatort auf die Wanderschaft jagt, freuen wir uns jetzt, dass wir mit heiler Haut dieser Hölle entkommen sind.«[137]

Nach den Beschlüssen von Teheran und Jalta, wo Roosevelt, Stalin und Churchill trotz des Widerstands der polnischen Exilregierung in London prinzipiell übereinkamen, Polen nach Westen zu verschieben und die Staaten Ostmitteleuropas national zu homogenisieren, waren weitere große Bevölkerungsverschiebungen nicht mehr aufzuhalten. Im September 1944 schloss die mit Moskau verbündete und in Lublin amtierende polnische Regierung Verträge mit den angrenzenden Sowjetrepubliken, nach denen die Aussiedlung der Polen aus Weißrussland und der Ukraine bis zum 1. Februar 1945, aus Litauen bis zum 1. April 1945 beendet sein sollte. Das war ganz offensichtlich undurchführbar, vor allem weil der Krieg noch andauerte, die Versorgungslage äußerst schlecht und die Verwaltung auf beiden Seiten der künftigen Grenze schwach war. Ganz abgesehen davon gab es nicht genügend Transportkapazitäten, da die gesamte Eisenbahnlogistik noch an den Erfordernissen des Krieges ausgerichtet war. Dennoch setzten sich die ersten Sammeltransporte mit polnischen Aussiedlern Anfang Dezember 1944 in Bewegung. Sie boten ein Bild des Jammers, denn sie kamen Tag für Tag nur wenige Kilometer voran, und die Menschen, die bei Hunger und Kälte auf den Wagen ausharren mussten, wussten ja noch nicht einmal, wohin es ging. Im Winter 1944/45 hielten sie sich vorübergehend in den im Sommer 1944 befreiten Territorien zwischen Bug und Weichsel auf, einem Teil des alten polnischen Staatsgebietes.[138] Erst die Offensive der Roten Armee Mitte Januar 1945 von Weichsel und Memel in Richtung Berlin ermöglichte den Umsiedlerzügen die Weiterfahrt, was anfangs Widerstand hervorrief, da die Siedler befürchteten, über die Zugehörigkeit des südlichen Ostpreußens sowie der Gebiete an Oder und Neiße zu Polen sei noch nicht endgültig entschieden.[139] Auch die unsichere Lage machte ihnen Angst, allerdings erwarteten sie die Gefahr eher von einer Seite, von der nichts mehr zu befürchten war: »Am meisten freute uns, daß Ruhe herrschte, daß die kleine deutsche Bevölkerungsgruppe vorwiegend aus Alten und Kindern bestand, die sich selber fürchteten«, notierte ein »Repatriant« aus Litauen in Ostpreußen.[140]

Als die Sowjetarmee in der ersten Jahreshälfte 1945 fünf Millionen Deutsche aus den besetzten Gebieten des mittleren und westlichen Polen, aus Ostpreußen, Pommern und Schlesien in die Flucht trieb und so im Vorfeld der Potsdamer Konferenz vollendete Tatsachen schuf, hatte sie bereits während des Winters 1944/45 die Politik der vollendeten Tatsachen im Osten Polens erprobt. Da die Westmächte in Jalta nicht gegen die Umsiedlung der Polen und anderer Völker protestiert hatten, konnten sie noch viel weniger etwas gegen die Flucht der Deutschen einwenden, die eigentlich allen gelegen kam. Denn wenn die Deutschen verschwanden, ließe sich die Wohnungsnot unter den Polen lindern, die immerhin Bürger eines verbündeten Staates waren, der im Westen wie im Osten mit einer starken Armee vertreten war. Die der Front unmittelbar folgenden Züge mit den polnischen Umsiedlern waren gewissermaßen ein lebendes Memento für die Alliierten, das sie nicht übersehen konnten, weshalb nur noch über das Ausmaß der territorialen Entschädigung für Polen diskutiert wurde, und das heißt über die Zugehörigkeit des westlichen Hinterpommerns und der pommerschen Gebiete am Unterlauf der Oder mit Stettin sowie des westlichen Schlesiens zwischen Oder und Glatzer beziehungsweise Lausitzer Neiße.

Wie die Deutschen zurechtkamen, das interessierte die Westalliierten herzlich wenig, sodass man deren Flucht und Vertreibung nur im

Zusammenhang mit den Problemen betrachtete, welche die Transportlogistik, die Lebensmittel- und Kohleversorgung oder die Aufteilung der deutschen Reparationen hervorrufen konnten. Bedeutung gewann diese Bevölkerungsverschiebung erst im Kalten Krieg, als den Westalliierten klar wurde, dass sie Polen und damit ganz Ostmitteleuropa verspielt hatten, ja dass die sowjetische Politik der Grenzverschiebungen die Polen an die Sowjetunion gebunden hatte. Aber auch jetzt beließen es die Alliierten bei Worten, denn inzwischen suchten sie die Deutschen zu gewinnen, derer sie in dem sich verstärkenden Ost-West-Konflikt bedurften.[141] Faktisch ließ die amerikanische Besatzungsverwaltung, die damals – in feiner Abgrenzung zu den sowjetischen Besatzern – im Westen Deutschlands als Schutzmacht bezeichnet wurde, aber schon damals den deutschen Flüchtlingen und Vertriebenen nicht die Spur einer Hoffnung auf Rückkehr, was sich in dem Begriff offenbarte, den sie den deutschen Behörden für die Flüchtlinge aufdrängte: *expellees* – Vertriebene. Die moralische Schuld trug damit der Gegner im Osten, und zugleich wurde deutlich, dass das Geschehene endgültig war, da ausschließlich diejenigen Deutschen als Vertriebene bezeichnet wurden, deren Repatriierung nicht in Frage kam.[142]

AUFGESCHRECKT DURCH DIE NACHRICHT von der immer näher rückenden Front und zusätzlich verschreckt durch die nationalsozialistische Propaganda, ergriffen die Deutschen überhastet die Flucht, die ihnen unter Androhung der Todesstrafe von den braunen Bonzen bis zum letzten Augenblick untersagt wurde. »Jede Räumung wird die Moral der Truppe schwächen«, bemerkte in Ostpreußen der Gauleiter Erich Koch zynisch. Schon spürten die Soldaten den Atem der Mütter und Ehefrauen im Nacken, doch sie konnten das Schicksal nicht mehr abwenden, das nun über die Deutschen hereinbrach. Ihnen drohte nicht nur die Niederlage durch die alliierten Streitkräfte, sondern auch der gegen das eigene Volk gerichtete NS-Terror, der in der kollektiven Erinnerung der Deutschen, wie es scheint, kaum bewahrt ist. Dabei forderte die sinnlose Verteidigung von Breslau in den letzten Kriegsmonaten vierzigtausend Opfer, deutsche Kriegsgerichte verurteilten mindestens dreiundzwanzigtausend Soldaten wegen Fahnenflucht zum Tode (im Ersten Weltkrieg waren es achtzehn [sic!] gewesen) und Son-

dergerichte Tausende von Zivilisten, meistens wegen »Plünderung«
und »Wehrkraftzersetzung«, wozu auch die Verbreitung von Gerüchten und das Erzählen politischer Witze gehörten. Des Diebstahls be-
zichtigte Zivilisten – sehr oft Frauen – wurden zum Tode verurteilt,
was öffentlich bekanntgemacht wurde. Im Zoologischen Garten des
seit Ende Januar von Panik ergriffenen Königsberg fanden täglich Hinrichtungen statt.[143] Die Laternen und Bäume der nach und nach verlorenen Städte und Orte mussten als Galgen herhalten. Libussa von
Krockow erinnerte sich an eine »Galgenallee« nahe Leba. In Danzig
hingen die meisten Verurteilten in den Durchgangsstraßen Hinden-
burgallee und Hitlerstraße (heute aleja Zwycięstwa [Siegesallee] und
ulica Grunwaldzka [Grunwaldallee]). In Stettin wurden sie am zentral
gelegenen Paradeplatz aufgehängt, der bald darauf in aleja Niepodleg-
łości (Unabhängigkeitsallee) umbenannt werden sollte, aber auch längs
der Uferanlagen und auf den Anhöhen westlich der Oder. Die damals
sechzehn Jahre alte Stettinerin Ilse Gudden meinte, die deutsche Bevölkerung habe sich mit diesen Opfern nicht identifiziert, und äußerte
Verständnis für die drastischen Maßnahmen, da die Disziplin von Armee und Zivilbevölkerung aufrechterhalten werden musste. Przytulla
aus Siegfried Lenz' Ostpreußenroman *Heimatmuseum* will in den von
den Bäumen am Wegrand baumelnden Infanteristen sogar ein Zeichen
für eine Wende im Krieg sehen und glaubt, »daß es nun wieder ›berg-
auf‹ ging, einfach weil die Führung sich offensichtlich entschlossen
hatte, die Disziplin mit allen Mitteln wieder herzustellen«. Viele mögen
die Bilder von den Gehenkten verdrängt haben, doch in das Gedächtnis
so manches jungen Menschen gruben sie sich tief ein. Arno-Erhard
Schulz, ein damals sechzehn Jahre alter Junge aus Seelow bei Berlin,
wird bis heute von den schrecklichen Schreien der Sterbenden aus dem
Schlaf gerissen. Aber es waren eben auch die Jungen, die sich durch
größeren Fanatismus auszeichneten und etwa in den Trupps der Hit-
lerjugend in Königsberg und Breslau buchstäblich bis zur letzten
Patrone kämpften. Nicht wenige Städte im Osten des Reiches wurden
gerade durch diesen Fanatismus zerstört,[144] und auch an der Westfront
haben die Alliierten gelegentlich die Sprengung von Häusern angeordnet als Strafe dafür, dass die Bewohner den deutschen Soldaten geholfen hatten.[145]

Die hastige und viel zu späte Flucht erzeugte sogleich ein schlimmes Wirrwarr von Menschen und Geräten. Unzählige deutsche Flüchtlinge und Massen von Zwangsevakuierten aller möglichen Nationalitäten trieben die Wehrmacht und die Polizeieinheiten nun vor sich her. Lediglich die amerikanischen Kriegsgefangenen, die sich in immer besserer Stimmung befanden, wurden per Bahn gen Westen geschafft, obwohl sie es wohl vorgezogen hätten, an Ort und Stelle auf die Russen zu warten. Die durch den langen Rückzug demoralisierten, abgerissenen, schlecht ausgerüsteten Soldaten der Wehrmacht, die den Tod im Nacken hatten und entsetzlich müde waren, interessierten sich nicht besonders für das Schicksal der Zivilisten und drängten die Wagen mit den deutschen Flüchtlingen in die verschneiten Straßengräben, aus denen es bisweilen kein Entkommen mehr gab.[146] »Anstatt uns vor den bolschewistischen Horden (nach der Goebbelsschen Propaganda) zu bewahren, überrollten sie [die Wehrmachtsteile] jetzt ihre eigenen Landsleute«, erinnert sich Wolfgang Schmidt, ein Flüchtling aus der Niederlausitz, an die ersten Maitage. Den Flüchtlingen aus Ostpreußen war es im Januar nicht anders ergangen, wie das Schicksal der Einwohner von Lucknow im Roman *Heimatmuseum* zeigt, deren Treck von Panzern überrollt wird.[147]

Nicht weniger dramatisch verlief die Evakuierung mit dem Zug, zumeist in Güterwaggons, von denen ein Teil offen war. Libussa von Krockow erlebte auf dem Bahnhof in Stolp die Ankunft eines Zuges mit ostpreußischen Flüchtlingen. Die durchgefrorenen Menschen hatten keine Kraft, aus dem Zug zu steigen. Von Helfern wurden an den Waggons »kleine stille Bündel eingesammelt und auf dem Bahnsteig abgelegt: erfrorene Kinder«. Sie hörte die verzweifelten Rufe einer Mutter, die sich mit dem Verlust nicht abfinden wollte. »Das sind ja wir, das kommt auf uns zu«, dachte sie entsetzt. Libussa war selbst hochschwanger und geriet bei diesem Anblick in Panik und Ratlosigkeit. Bis dahin hatte sie über eine Evakuierung gar nicht nachgedacht, nun aber erinnerte sie sich wohl an die Warnung des Vaters, der einige Zeit zuvor aus dem Matthäus-Evangelium zitiert hatte (24, 20): »Bittet aber, daß eure Flucht nicht geschehe im Winter.«[148] Nun war Winter, und es war der Frost, dem etwa die Säuglinge aus dem Heim in Schönlanke – dem heutigen Trzcianka – zum Opfer fielen. Angeblich hatte

Himmler persönlich im letzten Augenblick noch den Autobus geschickt, in dem bei der Evakuierung Ende Januar von den etwas mehr als hundert Kindern einundvierzig starben.[149]

Die rapide wachsende Angst schwächte die Selbstkontrolle und die Überlebensinstinkte. Mütter ergriffen mitten in der Nacht die Flucht, mit Neugeborenen auf dem Arm, was deren Schicksal besiegelte. Sie flohen wahnsinnig vor Angst, dabei hätte ihnen die Entscheidung, an Ort und Stelle zu bleiben, wohl ungleich höhere Überlebenschancen geboten, allerdings nur unter der Voraussetzung – wie das eben so ist –, dass sie sich nicht zur falschen Zeit am falschen Ort befanden.

Zwischen Flüchtlingen, Evakuierten, Kriegsgefangenen, Zwangsarbeitern, Häftlingen und Soldaten drängten sich auch Polizei- und SS-Abteilungen, die bis ganz zum Schluss Jagd auf Flüchtlinge aus den Lagern und auf Deserteure machten, aber auch auf Deutsche, die ihre Heimat ohne Genehmigung verließen. »Wenn überhaupt noch etwas funktioniert, dann dieser unerbittliche Kontrollapparat. […] Nicht der Feind läßt sich mehr aufhalten, bloß noch die eigene Bevölkerung«, erinnert sich Libussa von Krockow an die ersten Märztage in Hinterpommern.[150] Der Landrat des Ende Januar 1945 von der Sowjetarmee und der Polnischen Volksarmee angegriffenen Kreises Deutsch Krone berichtete von einem verzweifelten Durcheinander bei der Evakuierung, über das die Polizei keine Kontrolle mehr hatte. Die Befehle wurden von Tag zu Tag, ja von Stunde zu Stunde geändert und erreichten die Zivilbevölkerung vermutlich gar nicht mehr. Erst am 20. Januar wurde die Aktion »Regen« angeordnet, die Vorbereitung der Evakuierung. Zwei Tage später folgte »Hagel«, die sofortige Evakuierung. Doch dann gab Himmler, der mit seinem Sonderzug zum Pommernwall gekommen war, Anweisung, alle Transporte zu stoppen, jede Änderung der Befehle behielt er sich ausdrücklich vor. Am 24. Januar wurde eine »zeitweilige« Verlegung von Frauen und Kindern unter sechs Jahren in den Norden der Verteidigungsstellung angeordnet. Am selben Tag hielt Franz Schwede, der NS-Gauleiter von Pommern, auf dem Marktplatz von Schloppe, dem heutigen Człopa, eine flammende Rede, in der er die Bevölkerung aufforderte, die Koffer wieder auszupacken. Währenddessen überquerten sowjetische Panzer die Netze und rückten auf Deutsch Krone vor, wo mehrere Stäbe der deutschen Verteidigung lagen: neben den Wehrmachtsstäben der Generalstab der SS und der Stab des Reichsverteidigungskommissars für Pommern, in dem Gauleiter Schwede den Vorsitz führte. Aufgrund des Organisationschaos und widersprüchlicher Befehle konnte aus dem Kreis Deutsch Krone und den anderen Kreisen an der mittleren Netze nur ein Viertel der Bevölkerung fliehen, darunter die Familie Fischer. Der Rest geriet direkt ins Feuer der angreifenden Russen, Polen sowie der eigenen Truppen und der immer noch aktiven Luftwaffe. Deutsch Krone verteidigte sich, wie ein deutscher Zeuge mit Inbrunst beteuert, tapfer, was erhebliche Zerstörungen zur Folge hatte.[151]

Den Flüchtlingen folgten die Rotarmisten buchstäblich auf den Fersen. Bald rückten die rachedurstigen Sowjetsoldaten sogar vor und mischten sich direkt unter sie. Tagtäglich wurden ihnen Meldungen von befreiten Konzentrationslagern und den dort vorgefundenen Verhältnissen verlesen. Sie wussten, dass sie sich nach dem Überschreiten der alten deutsch-polnischen Grenze im Niemandsland befanden, wo ihnen – zumindest bis Mitte April – niemand verbieten konnte, Schrecken und Zerstörung zu verbreiten.[152] Adam Bromberg, vor dem Krieg polnischer Kommunist, während des Krieges Panzerfahrer und später Verleger, notierte zu Beginn des Frühjahrs 1945 irgendwo an der Grenze zwischen Hinterpommern und Pommerellen, dass die Russen »sich wie aus ihren Käfigen freigelassene Raubtiere auf alles stürzten, was man in Besitz bringen konnte, sie vergewaltigten öffentlich Frauen, kollektiv, auf der Straße, sie zerrten Mädchen für ihre Anführer aus den Häusern, tranken bis zur Bewusstlosigkeit und tanzten an Lagerfeuern, die sie in den Wohnungen mit eleganten Möbeln entfachten. Diese Orgien endeten in absichtlich oder unabsichtlich gelegten Bränden, denen die großartigsten Gebäude und die schönsten Stadtviertel zum Opfer fielen.«

Historische Forschungen belegen, dass es tatsächlich während der ersten beiden Monate der Januaroffensive im Ermland und in den umliegenden ostpreußischen Gebieten, in der Gegend von Danzig sowie im östlichen Hinterpommern bei Stolp und Schlawe zu den größten Verlusten unter der Zivilbevölkerung und zu den schlimmsten Zerstörungen kam. Dies war zum einen auf den über Jahre gewachsenen Wunsch nach Vergeltung am verhassten Feind zurückzuführen, zum anderen auf die schlecht organisierte Evakuierung, durch die völlig orientierungslose Flüchtlingsmassen zwischen die Kampflinien gerieten. Adam Bromberg, dessen ganze Familie ermordet worden war, vergoss dennoch keine Träne über das Schicksal der Deutschen. Er sah Haustüren, in denen – gewiss aufgrund eines örtlichen deutschen Evakuierungsbefehls die Schlüssel steckten, und dachte dabei an die sinnlosen Zerstörungen in Gebieten, die nach den Vereinbarungen von Jalta Polen zufallen sollten. Zu den deutschen Flüchtlingstrecks, dem endlosen Zug von hoch beladenen Wagen, Fahrrädern und Pferden, notierte er nur: »Sie gingen so, wie wir zu Kriegsbeginn.«[153] Auch der junge Offizier Gelfand, der seine Scham über das Verhalten seiner Soldaten in Polen nicht verbergen konnte, verspürte kein Mitleid, als er die Grenzen Deutschlands überschritt. »Deutschland steht in Flammen, und es stimmt einen irgendwie froh, diesem bösen Schauspiel beizuwohnen. Tod um Tod, Blut um Blut. Mir tun diese Menschenhasser, diese Tiere, nicht leid«, schrieb er und nahm höchstens Anstoß daran, dass die Soldaten die Büsten Goethes und Schillers zerstörten. »Genies können nicht mit Barbaren gleichgesetzt werden.«[154]

Mit dem Einmarsch ins Reich verändert sich die Sprache in den Briefen der sowjetischen Soldaten an ihre Familien. Nach wie vor überwiegen die kleinen Dinge, Familienangelegenheiten, die für die Soldaten am wichtigsten sind, aber daneben klingen Dankbarkeit, ja sogar Bewunderung für Stalin an, was bis dahin kaum der Fall war. Auch Ungeduld ist zu spüren. Sie wollen sich rächen, wollen »die faschistische Schlange in ihrem Nest« zertreten, vor allem aber wollen sie schnell »nach Berlin«, um – wie Elke Scherstjanoi, eine hervorragende Kennerin der Äußerungen sowjetischer Soldaten im Zweiten Weltkrieg, meint – endlich heimkehren zu können.[155]

PUNKT MITTERNACHT, an das genaue Datum konnte sie sich nicht erinnern, reihte sich Marion Gräfin Dönhoff mit ihren Leuten in den nicht enden wollenden Flüchtlingstreck aus Ostpreußen ein. Die Schlosstüren hatte sie nicht einmal abgeschlossen. In der Familie hatte man seit Langem davon gesprochen, dass das in der Zwischenkriegszeit modernisierte Gut von den Russen übernommen werden würde, wenn Hitler, jener Wahnsinnige, dessen Namen die kluge Gräfin nicht aussprechen wollte, einen Krieg beginnen würde. Sie floh zu Pferde, hörte

Marion Gräfin Dönhoff gegen Ende der 1920er Jahre
vor ihrem Schloss in Ostpreußen

rechts und links das sorgenvolle »Alles raus, die Russen sind in …«, hörte den grauenerregenden Lärm der Panzer und der sowjetischen Geschütze. Die von Tag zu Tag anschwellende Flüchtlingsflut löste Panik aus, erst recht, als immer mehr Leichen den Weg säumten, für deren Bestattung keine Zeit blieb. In den wenigen freien Augenblicken las man in den Zeitungen von der Barbarei der nachrückenden Rotarmisten, und es war die Rede von der Grausamkeit der Polen nach dem Ersten Weltkrieg. Die Bemerkungen über die deutsche Verrohung, derer sich die Gräfin hin und wieder nicht enthalten konnte, wurden gerne überhört und Augen und Ohren verschlossen, wenn Beispiele aus der nächsten Umgebung angeführt wurden. Der Königsberger Arzt Hans von Lehndorff, der gelegentlich als Chronist der Flucht bezeichnet wird, beschreibt jede Einzelheit des deutschen Leidens in den ostpreußischen Gütern seiner Tante, erwähnt aber mit keinem Wort die zur selben Zeit begangenen Verbrechen an Juden und Polen. »Die über einhundert sozusagen hinter dem Zaun ermordeten Polen sind Menschen wie von einem anderen Planeten«, stellt Hubert Orłowski fest. Der monatelang bei Krakau einquartierte August Töpperwien, der wie

Anfang 1945 fliehen Deutsche aus Ostpreußen
über das zugefrorene Pillauer Tief.

Lehndorff Hitler gegenüber kritisch eingestellt war, schrieb ebenfalls lang und breit über die aus dem Osten anrückende asiatische Bestie, verlor aber kein Sterbenswörtchen über das nahegelegene Auschwitz. Selbst wenn er gelegentlich sieht, dass deutsche Soldaten Unrecht begehen, wenn sie etwa die Bevölkerung ausbeuten, nennt er das Unrecht nicht beim Namen und scheint sich nicht darüber im Klaren zu sein, dass er daran beteiligt ist, und sei es durch die Beschlagnahmung von Lebensmitteln im besetzten Polen, wo es kaum noch etwas zu beißen gibt. »Unter den Deutschen herrschte so ein Hunger, dass alle Hunde und Katzen starben«, gibt Aleksander Sala seine Kindheitseindrücke wieder. Von diesem Hunger ist in den meisten polnischen Besatzungserinnerungen die Rede. Wer wie der damals zwölfjährige Józef Chromik beide Besatzungen – die deutsche und die sowjetische – erlebt hatte, neigte der Ansicht zu, dass es schwerer war, die deutsche Okkupation zu überleben, vor allem in den Städten, wo die Versorgung der darbenden Bevölkerung eigentlich nur noch durch Schmuggel möglich war.[156]

Nachdem sie die Weichsel überquert hatte, erreichte Marion Gräfin Dönhoff das nach wie vor deutsch besetzte, vor 1939 polnische Pommerellen. Als der Winter endete und der Frühling begann, sammelten sich hier Massen von Deutschen aus Ostpreußen, aber auch aus dem benachbarten Hinterpommern. Wem es in Pillau bei Königsberg nicht gelungen war, auf ein Schiff zu kommen, versuchte über die nach wie vor von der Wehrmacht kontrollierte Frische Nehrung in die Häfen von Danzig und Gdingen sowie nach Hela zu gelangen, das sich noch einige Tage nach der Unterzeichnung der bedingungslosen Kapitulation verteidigte, als wollte die Geschichte den Krieg dort beenden, wo er begonnen hatte, nämlich in Sichtweite der Westerplatte. Da die Straßen nach Westen versperrt waren, mussten die Trecks den Weg über die zugefrorene Ostsee nehmen. Doch das Eis hielt die Last oft nicht aus oder brach infolge der Bombardierungen, sodass die Wagen mitsamt der Ladung und nicht selten auch mit ihren Besitzern im Wasser versanken. In den überfüllten Städten, in denen die Hafenanlagen nach Bombenangriffen brannten, spielten sich unvorstellbare Szenen ab. Die Gestrandeten mussten, wenn sie überhaupt einen Platz auf einem Schiff ergatterten, oft ihre letzte Habe zurücklassen. Männer, sofern sie nicht alt oder verwundet waren, durften nicht an Bord, sodass viele sich nun von ihren Familien trennen mussten. Andere Familien wurden in dem heillosen Durcheinander auseinandergerissen. Nur die Einschiffung der verletzten Soldaten vollzog sich halbwegs geordnet. Insgesamt brachte die deutsche Flotte über zwei Millionen Flüchtlinge in die deutschen Häfen im Westen und ins besetzte Dänemark. Nicht selten befanden sich an Bord der Schiffe Flüchtlinge und Soldaten, was zur Folge hatte, dass sie angegriffen wurden und nicht selten untergingen.

Wie viele Opfer die Flucht über das Meer gefordert hat, wird man wohl nie feststellen können, da schon die Schätzungen zu einem einzigen versenkten Schiff, der legendären »Wilhelm Gustloff«, zwischen fünf- und zehntausend Toten liegen.[157] Auf jeden Fall befanden sich an Bord Tausende Säuglinge und Kleinkinder, deren Leichen rings um das sinkende Passagierschiff im Meer trieben. Von den meisten ist nicht einmal ein Foto geblieben.[158] Zygmunt Rogalla aus Lenz' *Heimatmuseum* drückt es so aus: »Taucher könnten unsern Fluchtweg rekonstruieren; auf dem Grund des Haffs und der Ostsee, von Fischen bewohnt, von Seepocken beschlagnahmt und besiegt vom Rost, liegen noch heute die unzähligen Zeugen unseres verzweifelten Zuges nach Westen, kolossale Findlinge der Not, Wegzeichen selbstverschuldeten Unglücks, die erbarmungslose Antwort der Gewalt, die wir selbst gesät hatten.«[159] Es war, als wollte die Geschichte den Überlebenden so eindringlich und so grausam wie möglich vorführen, dass für alles gezahlt werden muss und dass – wie in Odojewskis Roman *Katharina oder Alles verwehen wird der Schnee* ein alter Jude sagt – »des Öfteren andere bezahlen als die Schuldigen«.[160]

Ungefähr eine halbe Million Deutsche aus Ostpreußen, also ein Fünftel der Gesamtbevölkerung, hatte beschlossen, in der Heimat zu bleiben, oder war vom raschen Vormarsch der Roten Armee überrascht worden und nach Hause zurückgekehrt. Auch die Bewohner des Dönhoffschen Vorwerks kehrten um in der Überzeugung, dass einfache Landarbeiter von den sowjetischen Soldaten nichts zu befürchten hätten. Doch sie erlebten die Hölle, die ihnen bereits in Nemmersdorf angekündigt worden war, einem ostpreußischen Dorf, das die Rote Armee im Oktober 1944 kurzzeitig eingenommen hatte. Das Reichspropagandaministerium und die SS hatten hier, neuesten Forschungen zufolge, die Wahrheit stark verdreht und die Leichen von Deutschen, die zufällig bei den Kämpfen um das Dorf getötet worden waren, schlimm zugerichtet. Die Zeitungen veröffentlichten entsetzliche Bilder ermordeter Greise und Kinder sowie vergewaltigter Frauen. Goebbels beabsichtigte mit dieser Gräuelpropaganda den Deutschen einen Vorgeschmack dessen zu geben, was ihnen drohte, wenn sie ihre Kampfentschlossenheit nicht steigerten.[161] In Wirklichkeit schlug nach den Ereignissen von Nemmersdorf, die Marion Dönhoff damals zu Recht bezweifelte, »die eingeübte Verachtung des Russischen in Angst vor den Russen« um.[162] Die Gräfin erfuhr später, dass sich einige ihrer Leute vor dem Einmarsch der Russen das Leben genommen hatten, andere erschossen worden waren, und ein Teil der Frauen nach Massenvergewaltigungen gestorben war. Im Februar brachen Transporte in den Ural auf, vor allem mit Mädchen vom Vorwerk.[163]

Im damals deutschen Ermland versteckten sich nach der Erinnerung Hubert Orłowskis deutsche und polnische Frauen in den Sümpfen. Anderswo war es ähnlich. Das Eintreffen der Sowjetarmee irgendwie zu überleben wurde zu einer Art ostmitteleuropäischem Mythos, den Ondřej Trojan am Beispiel des Karpatennests Želary im Film vorgeführt hat. Die lokalen Eliten, vor allem Geistliche, Adlige und Beamte, wurden am häufigsten Opfer des NKWD. Nur wenigen gelang es, der Verhaftung zu entgehen, viele wurden bereits in den ersten Tagen nach der Eroberung hingerichtet. Wer diese erste Gewaltwelle überlebte und sich nicht allzu offensichtlich aufseiten der Nazis engagiert hatte, konnte hoffen, mit dem Leben davonzukommen.[164] Orłowski erzählte von dem ersten, nicht mehr ganz jungen Sowjetsoldaten, der in sein Elternhaus kam und der, nachdem seine Mutter beteuert hatte, *»Germancev net«* (Es gibt keine Deutschen), in Tränen ausbrach und sich vor den Heiligenbildern bekreuzigte. Gleich darauf tauchten weitere auf, die alle – auch die deutschen Flüchtlinge, die dort Zuflucht gesucht hatten – aus dem Haus warfen und den Vater, einen Onkel sowie dessen Tochter mitnahmen; die drei wurden nach Russland verschleppt und kehrten nie mehr zurück.[165]

Die Erinnerungen aus Ostpreußen sind voll von solchen und ähnlichen Erzählungen über Deportationen in die Sowjetunion.[166] Dabei gab es, was unseren Gefühlen ganz und gar widerspricht, gemessen an der Gesamteinwohnerzahl der Region vor 1944 nicht viele solcher Fälle. Jedenfalls gelangten zunächst mehr Deutsche aus Rumänien, Jugoslawien und Ungarn nach Russland, darunter die Mutter der Literaturnobelpreisträgerin Herta Müller. Später teilten auch viele Deutsche aus Schlesien dieses Schicksal. Insgesamt rund hundertfünfzigtausend Männer, nicht eingeschlossen einige Zehntausend Polen – oder, besser gesagt, polnische Bürger Oberschlesiens – wurden in Arbeitslager gesteckt, zumeist im Bergbau, während die Frauen, über deren Zahl und Schicksal wenig bekannt ist, entweder in Fabriken eingesetzt wurden oder als Melkerinnen Vieh aus Deutschland in die ausgehungerte Sowjetunion trieben. Die wertvolle Milch, an der es überall mangelte, floss während des Marsches jeden Morgen und jeden Abend sinnlos aus den Eutern auf die Erde. »Milch und nochmals Milch, Milch buchstäblich im Überfluß«, erinnert sich Libussa von Krockow, die als Melkerin in die Sowjetunion unterwegs war, aber gleich hinter Leba eine Unachtsamkeit der sowjetischen Bewacher nutzte, um zu fliehen. Die größte Welle von Deportationen fiel in die letzten Monate des Jahres 1944 und in die ersten des Jahres 1945, als insbesondere zwangsverschleppte Deutsche aus Rumänien, Ungarn und Jugoslawaien – es war ja immer

Else/Elżbieta Pintus zwanzig Jahre nach dem Krieg

noch Krieg – die Arbeit der an der Front stehenden Sowjetbürger ver-
richten mussten. Im Herbst 1945 begann die Repatriierung, die im Großen und Ganzen zwei Jahre dauerte. Dennoch kehrte Herta Müllers
Mutter wie auch viele andere Deportierte erst 1949 nach Rumänien
zurück; die letzten Internierten mussten bis Mitte der 1950er Jahre auf
ihre Heimkehr warten.[167]

Auf ihrem Weg über Dirschau zum hinterpommerschen Bismarck-
Gut Varzin, wo die greise Schwiegertochter des »Eisernen Kanzlers«
nicht an Flucht dachte und sich ein Grab im Garten vorbereiten ließ,
kam Marion Dönhoff sicherlich auch durch die Gegend von Karthaus,
wo Else Pintus mit wachsender Hoffnung dem Grollen der sowjetischen Geschütze lauschte. Kaschuben, die durch keinerlei Abneigung
gegen die Deutschen auffielen, versteckten die deutschsprachige polnische Jüdin dort. Von den Fenstern ihres Verstecks aus konnte sie sehen,
wie KZ-Häftlinge vorbeigetrieben und geflohene Jüdinnen erschossen

wurden. Obwohl das Ende abzusehen war, gab es – nicht nur unter den Deutschen – immer noch Menschen, und das waren gar nicht so wenige, die denunzierten und Flüchtlinge schnappten. »Das Gesindel – Bengels schlimmster Sorte, denen man schon das Teuflische an den Fratzen angesehen hat –, ging dann immer auf Jagd. Häuser wurden umstellt, ein Haus nach dem anderen durchsucht«, erinnerte sich Else an die letzten Tage der Besatzungszeit in der Kaschubei. Ähnliches beobachtete der kleine Henryk Grynberg in den letzten Kriegswochen östlich der Weichsel: »Die SS-Leute rannten durch die Gegend und schnüffelten wie die Hunde, es wimmelte von ihnen. Die Gendarmen schauten in jeden Stall und jede Scheune auf der Suche nach Vieh und Getreide. […] Das bedeutete Unglück für nicht wenige Partisanen, geflohene Russen und einige der letzten übriggebliebenen Juden.« In dem Haus, in dem Else Pintus sich verbarg, war eine Abteilung der SS einquartiert, deren Mitglieder die umliegenden Gehöfte und Wälder durchkämmten. Sie griffen dabei die Tochter eines polnischen Postbeamten auf, »ein bildhübsches junges Mädchen, etwa 20 Jahre«, das während des Todesmarsches aus dem KZ Stutthof hatte fliehen können und bei einem Bauern Unterschlupf gefunden hatte – bis es von einer Flüchtlingsfrau aus Ostpreußen verraten wurde.[168]

War die Flüchtlingsfrau schuldlos? Diese Frage sei angesichts der manchmal allzu einfachen Urteile über das Verhalten der Zivilbevölkerung im verlorenen Osten des Reiches hier einmal gestellt. Die Frauen, aber auch die Alten werden, warum auch immer, oft auf die gleiche Stufe gestellt wie Kinder. Wenn man das Prinzip der kollektiven Verantwortung ablehnt, kann man nicht gleich in das zweite Extrem verfallen – das Prinzip der kollektiven Unschuld, zumal der Nationalsozialismus keine gegen die Deutschen gerichtete Diktatur war, sondern bei ihnen große Unterstützung fand. Unabhängig vom Ausmaß der Leiden einzelner Flüchtlinge, die kein vernünftiger Mensch bestreitet, muss der Historiker nach der politischen Verantwortlichkeit sowie der ursächlichen Verantwortlichkeit jedes »gewöhnlichen« Deutschen fragen, der lebhaften Anteil nahm an der nationalsozialistischen Entwicklung und nicht selten viele Jahre deren Früchte genoss. Selbst wenn man sich aufgrund fehlender Forschungen nicht traut, das Verhalten des Großteils zu verurteilen, ist es doch schwer, über der *communis opinio*, der zufolge »die meisten Leute [...] halt den falschen Propheten« geglaubt haben, zur Tagesordnung überzugehen.[169] Es bleibt doch die Frage, wie groß diese Mehrheit war, woran sie geglaubt hat – und warum. Umso schwieriger ist es zu akzeptieren, dass im »totalen Krieg« ein Fronteinsatz über Schuld oder Unschuld entscheiden sollte. Viel weniger schuldig als manche Frau war vielleicht – ja gewiss – dieser oder jener deutsche Soldat, der nicht bereitwillig in den Krieg zog, selbst wenn die meisten sich – aufgrund ihrer Jugend oder der allgegenwärtigen Propaganda – ein nüchternes Urteil und eine humane Einstellung zur Bevölkerung der besetzten Länder vor allem im Osten nicht zu bewahren vermochten. Doch waren die älteren Lehrer und Geistlichen weniger schuldig als ein junger Frontsoldat? Schließlich hatten sie ihn mental auf die Teilnahme an dem bestialischen Krieg vorbereitet, und nicht selten waren sie es auch, die vor Ort mit ihrem Verhalten gegenüber den Zwangsarbeitern ein schlechtes Beispiel gaben. Ein Schuldirektor im pommerschen Städtchen Bernstein, dem heutigen Pełczyce, hatte die Angewohnheit, den Polen, die mit ihrem »P«-Abzeichen leicht auszumachen waren, ins Gesicht zu spucken, wenn er ihnen begegnete, weshalb diese seinen Tod an der Ostfront als verdiente Strafe und Zeichen Gottes ansahen.

»Die Mädchen verloren als erste den Verstand«, stellt in Ernst Wiecherts Roman *Missa sine nomine* der Protagonist Erasmus fest und drückt damit eine weit verbreitete Ansicht aus. Vor allem junge Frauen in den annektierten und unterworfenen Gebieten unterstützten das NS-System oft sehr aktiv – und sei es nur durch Denunziationen, wobei es keine Rolle spielt, was sie im konkreten Moment zum Verrat veranlasste. Die Frauen standen den Männern bei der Plünderung polnischen und jüdischen Eigentums in den besetzten Gebieten nicht nach. Mit ihren Männern inspizierten sie in Militärbegleitung die Wohnungen und wählten aus, was sie brauchten. Sie scheuten sich nicht vor der Mitnahme sehr persönlicher Gegenstände, und sie brachten es fertig, Dinge, die sie nicht benötigten, vor den Augen der entsetzten Eigentümer und deren verängstigten Kindern aus schierem Mutwillen zu zerstören. Frauen arbeiteten in den Umsiedlerlagern, in den Einrichtungen für »Rassenfragen« und als Propagandistinnen der Germanisierung. Auch »auf dem Gipfel des Vulkans« fehlten sie nicht – im Generalgouvernement während der Aktion Reinhard und direkt danach bei der Vertreibung der Polen aus dem Gebiet von Zamość. Sie waren es, die laut aufschrien, wenn sie einen Zwangsarbeiter verbotenerweise auf dem Bürgersteig erwischten. Und Frauen stellten auch den Großteil der Denunzianten, die die Polizei unter anderem auf ihre deutschen Nachbarn ansetzten, etwa weil diese ihre Zwangsarbeiter zu gut behandelten. Zuweilen haben Gendarmen in kleinen Städten, etwa in Bernstein, die Beschwerden der Frauen gar nicht aufgenommen, um die Zwangsarbeiter nicht der Gefahr auszusetzen, bestraft zu werden, ja sie hielten die Frauen sogar an, die Arbeiter besser zu behandeln und zu versorgen. Ohne Zweifel waren flüchtende Frauen mit ihren kleinen Kindern und greisen Eltern Opfer, aber sie waren nicht automatisch unschuldig.

Nicht alle Frauen reagierten gleich, und es lässt sich nicht ausschließen, dass ihr denunziatorisches Verhalten besondere Abscheu hervorruft, weil wir aufgrund unserer kulturellen Prägung ein anderes Bild von ihnen haben. Polinnen, Tschechinnen, Russinnen und auch Jüdinnen haben den deutschen Flüchtlingen und Vertriebenen in den Zügen gen Westen und in den Übergangslagern aus ganz ähnlichen Motiven Angst und Schrecken eingejagt. »Frauen, rasende Weiber, vielleicht die schlimmsten von allen«, notierte Libussa von Krockow im Februar 1946 in einem Zug zwischen Stolp und Stettin knapp, der immer wieder überfallen wurde. Junge deutsche Frauen, die mit Russen zusammenlebten, würden diese gegen die Polen aufhetzen, beklagten zur selben Zeit polnische Siedler in den ehemaligen deutschen Ostgebieten, die nun zum polnischen Westen geworden waren.

Im 20. Jahrhundert kamen massenhaft Frauen zum Militär, anfangs hauptsächlich zur Roten Armee. Auch hier mussten sie damit rechnen, unter besonderer Beobachtung zu stehen. Isaak Babel widmete den Frauen der Reiterarmee 1920 viel Aufmerksamkeit, konnte aber keine sympathischen Seiten an ihnen entdecken. »[...] alle sind Nutten, aber Kameraden, und Nutten, weil sie Kameraden sind«, stellte er fest und fügte hinzu, dass sie sich auf die Plünderung von Häusern und Kirchen spezialisiert hätten. Reizend fand er die Polinnen, selbst die nationalistischen polnischen Lehrergattinnen. In Wladimir Gelfands Tagebuch aus den Jahren 1944 bis 1946 kommen die sowjetischen Soldatinnen ebenfalls nicht gut weg. Der Verfasser be-

wundert dagegen die Polinnen und begeistert sich für eine schöne
Witwe, »obwohl sie eine Frau ist und eine Deutsche, und obwohl sie im
Theater arbeitet«. Er träumt davon, tugendhafte deutsche Frauen aus
den Frauenbataillonen gefangen zu nehmen, die Hitler angeblich gegen
Kriegsende aufgestellt hatte. Unter den Russinnen fand er Schönheit
nur bei den Krankenschwestern. Viele sowjetische Soldatinnen hatten
nach dem Krieg enorme Schwierigkeiten, sich in ihrer alten Umgebung
wieder zurechtzufinden. Manchmal wurden sie von ihren eigenen Müttern, die sich um ihren Ruf sorgten, nicht mehr ins Haus gelassen. Man
warf den ausgedienten Soldatinnen kriegsbedingte Sittenlosigkeit und
Mord vor, also Dinge, mit denen Frauen in unserer Kultur gewöhnlich
nicht in Zusammenhang gebracht werden.[170]

Für die auf dem Dachboden versteckte Else Pintus klangen die
Geräusche der sich nähernden Front ganz anders als für die Deutschen
in ihrer Umgebung. »Das war himmlische Musik in meinen Ohren«,
erinnert sie sich. Wenn sie sich vor etwas fürchtete, dann eher davor,
dass der Angriff ins Stocken geraten oder die Russen sich gar zurück-
ziehen könnten.[171] Ähnlich hoffnungsvoll waren die Leute in Großpolen, wo man von den Verhaftungen im polnischen Osten zwischen
1939 und 1941 oder von der Inhaftnahme der Soldaten der Heimatarmee durch die Sowjets noch immer wenig wusste. Hier hatte man
während des Krieges ganz andere Probleme, und man hatte auch ein
ganz anderes historisches Verhältnis zu den Russen, die man seit dem
19. Jahrhundert als slawische Verbündete gegen die Preußen und dann
gegen die Deutschen schätzte. Man erwartete die Russen also ungedul-
dig, auch wenn sich viele darüber im Klaren waren, dass sie nicht wirkliche Freiheit bringen würden. »Die Polen äußern sich fast liebevoll
über Rußland«, notierte Wladimir Gelfand im Januar 1945 in der Nähe
von Znin.[172] Auch meine Mutter dachte mit Sympathie an die Russen.
Sie war noch ein junges Mädchen und verbrachte den Krieg in dem
kleinen Städtchen Samotschin in dem direkt ins Reich eingegliederten
großpolnisch-pommerschen Grenzland. Dort wurde sie immer wieder
zu den verschiedensten Arbeiten gezwungen. Ihre ältere Schwester
Zofia war während des Kriegs – ebenfalls gezwungenermaßen – Köchin
in einem Jagdschlösschen im Netzebruch, wo sie einmal für Reichs-
jägermeister Göring höchstpersönlich kochen musste. Bis zum Ende

Urszula Janke, die Mutter des Verfassers, in Jaktorowo,
Sommer 1938

ihres Lebens bereitete es ihr Freude, dass die Deutschen hatten fliehen müssen. Dabei war sie fest mit der deutschen Kultur verwachsen und sprach ebenso gut Deutsch wie Polnisch. Die Mutter des späteren Wirtschaftswissenschaftlers Waldemar Kuczyński, dessen Vater in Auschwitz gefangen war, stürzte mit anderen Bewohnern der im östlichen Großpolen gelegenen Stadt Kalisch sogar auf die Straße und empfing die einrückenden Rotarmisten mit dem Ruf: »*Ruskie, rusoczki kochane!*« (Russen, geliebte Russen). Die sowjetischen Soldaten, so Kuczyński, brachten Freiheit, was für die meisten Menschen damals Freiheit von den Deutschen bedeutete. Immer wieder halfen die Menschen in Großpolen sowjetischen Soldaten, die aus der deutschen Gefangenschaft entkommen waren. Für diese Hilfe kamen Hunderte Polen in Konzentrationslager und Gefängnisse, wo viele starben oder

Zofia Janke, die Tante des Verfassers, in Jaktorowo,
Sommer 1938

ermordet wurden. Es ist also nicht verwunderlich, dass Gelfand in
Großpolen feststellen konnte, »wir leben hier wie zu Hause«. Anlass
zur Klage gaben ihm nur die dicken Daunendecken, unter denen er
entsetzlich schwitzte: »Wie können die Polen bloß so schlafen?« Dagegen hat ihn ein Strauß Schneeglöckchen, den ihm eine junge Polin in
der Nähe von Posen schenkte, sehr gefreut: »Ich habe ihn lange an meinem Herzen gehalten.«[173]

Kaum hatte sie die Weichsel überquert, bemerkte Marion Gräfin
Dönhoff unter den Flüchtlingen Tausende von französischen Kriegs-
gefangenen, die auf Holzbrettchen Pappkartons mit ihrer persönlichen
Habe hinter sich herzogen. Später, schon jenseits der Oder, sah sie
Hunderte polnischer Offiziere, die vermutlich aus dem Kriegsgefange-
nenlager Woldenberg kamen.[174] Sie nahm an, dass diese freiwillig nach

Witold Duniłłowicz in polnischer
Armeeuniform, 1945

Westen unterwegs waren, dabei wurden sie in großen Evakuierungs-
märschen durch Pommern getrieben, wobei gelegentlich kleine Gruppen
von Offizieren das wachsende Durcheinander nutzten und sich absetz-
ten. Eines dieser Grüppchen stieß bei Stargard auf Witold Duniłłowicz,
einen assimilierten polnischen Juden aus Siedlce, der Rettung suchte. Er
hatte fast den ganzen Krieg als Arbeiter in Stettin verbracht, theoretisch
freiwillig, da ihn der polnische Untergrund mit Papieren ausgestattet
und er sich zur Arbeit in Deutschland gemeldet hatte. Zu viert schlug
man sich nun nachts in Richtung Osten durch, wo Geschützdonner zu
hören war und die Männer schließlich glücklich auf Russen trafen. »Unter russischem Schutz weiterfahrend«, erinnert sich Duniłłowicz, »versuchte ich mir bewusst zu machen, dass der deutsche Albtraum für mich
vorüber war. Ich konnte das nicht glauben. Der Terror, in dem ich diese
schrecklichen Jahre hindurch gelebt hatte, die Angst, dass ich entdeckt
und in Deutschland liquidiert werden könnte, alles dies hatte in meiner
Psyche offenbar einen permanenten Bedrohungszustand hervorgerufen, aus dem ich mich nicht befreien konnte. Ich wiederholte mir zum
hundertsten Mal, dass die Hitlerherrschaft endlich vorbei sei, doch ich
konnte mich noch lange nicht entspannen.«[175]

Die wiedererlangte Freiheit stimmte keinesfalls immer fröhlich. Der Krieg hatte bei denen, die die Besatzungszeit erlebt hatten, tiefe Spuren auf der Seele hinterlassen und ihr Verhalten stark geprägt. Die Mutter von Henryk Grynberg, die mit falschen »arischen« Papieren von Polen gerettet wurde, vergoss bei der Befreiung zwar Tränen des Glücks, zog es aber noch lange vor, ihrer Umgebung nicht zu verraten, dass sie Jüdin sei. »Vorerst darf man darüber nicht laut sprechen«, erklärte sie ihrem Sohn.[176] Als Else Pintus am 25. März nach vielen Tagen, die sie mit anderen Mädchen und jungen Frauen vorsorglich im Keller verbracht hatte, endlich aus ihrem Versteck kam, gaben ihr einige Einheimische sowie ein sowjetischer Sicherheitsoffizier zu verstehen, dass Hitler sich bei den Juden nicht geirrt habe und dass sie Polen so oder so verlassen müsse. »Sie haben viel von Hitler gelernt«, schreibt sie in ihren Erinnerungen, zum Glück aber seien bald Menschen aufgetaucht, die keinen Zweifel an ihrer polnischen Staatsbürgerschaft hegten. Im Rehabilitierungsprozess sei auch das heldenhafte Verhalten der Volksdeutschen, die sie versteckt hatten, gewurdigt worden, sodass sie ohne Probleme in Polen bleiben konnten und die vollen Bürgerrechte erhielten.[177]

Nach einer kurzen Umschulung in einer polnischen Militäreinheit in der Nähe von Deutsch Krone kehrte Witold Duniłłowicz am 28. April 1945 als Adjutant des polnischen Regierungsbeauftragten für Hinterpommern, Leonard Borkowicz, nach Stettin zurück.[178] Er teilte damit das Schicksal zahlreicher polnischer Zwangsarbeiter in den neuen polnischen West- und Nordgebieten. Nach der Flucht der deutschen Einwohner waren sie geblieben, oft hatten sie deren Wohnungen und Höfe übernommen, gelegentlich sogar deren Töchter geheiratet. »Gepflegte, gebildete Frauen boten ihnen die Kleidung ihrer Männer, Väter und Brüder an. Sie wuschen ihnen die Fußlappen, reinigten die Schuhe, säuberten ihnen die Füße, nur damit sie nicht fortgingen und sie nicht wieder alleine ließen.«[179]

Sobald die Front nach Westen weitergerückt war, bahnte sich in den Gebieten dahinter das neue Leben seinen Weg, obwohl es noch lange voller Risiken und Probleme war, von denen man heute keine Vorstellung mehr hat.[180] Im Osten begann das Drama der Deutschen nun erst, etwa in Böhmen und westlich der Oder, oder es trat in eine weitere Phase ein, so in den Gegenden östlich der Oder. Nachdem die

Kampfeinheiten der Roten Armee die Gebiete verlassen hatten, wurden – aus Angst vor Sabotageakten – hinter der Front alle Deutschen, die nicht geflohen waren, in improvisierten Internierungslagern gesammelt, die damals ganz selbstverständlich Konzentrationslager genannt wurden.[181] Insgesamt entstanden im Winter und Frühjahr 1945 innerhalb der heutigen Grenzen Polens über tausend Internierungslager, die zuweilen so klein waren, dass dort allenfalls ein Dutzend Insassen untergebracht werden konnten. Die meisten waren vom NKWD eingerichtet worden und wurden gleich nach Ende der Kampfhandlungen aufgelöst, genauso wie Tausende anderer Deutschenlager in ganz Europa.[182] In den von der NS-Herrschaft befreiten Gegenden »Altpolens«, besonders im Lubliner Land, in Pommerellen und Großpolen, kam es daraufhin zu blutigen Vergeltungsmaßnahmen gegen die Deutschen. Wenn sie nicht rechtzeitig geflohen waren, was bei den rasanten Fortschritten der sowjetischen Januaroffensive nicht leicht war, und erst recht wenn sie sich während der Besatzungszeit gegen die Polen nicht loyal verhalten hatten, mussten sie nun einiges befürchten. Die mehr oder weniger spontane Rache traf – wie stets – auch Unschuldige, darunter Kinder. In Polen geschah das wohl vor allem in Kujawien südlich von Bromberg, wo die deutsch-polnische nationale Rivalität in den Kriegsjahren besonders blutig ausgetragen worden war.

In der Regel forderte der kollektive lokale Zorn nur wenige Opfer, in Ausnahmefällen konnten es aber, wie zum Beispiel in Aleksandrów Kujawski, auch einige Dutzend sein. In Nieszawa wurden Anfang April Dutzende Deutsche in die Weichsel geworfen – die Säuglinge und Kleinkinder lebten noch, während ihre Eltern vorher an der Uferpromenade erschossen worden waren. Im selben Monat zwang im nahegelegenen Stary Ciechocinek die empörte Menge die bei Exhumierungsarbeiten eingesetzten Deutschen, die Knochen der ausgegrabenen Polen zu küssen, dann wurden sie verprügelt und in die ausgehobenen Löcher gestoßen. Henryk Grynberg erzählt, dass Kinder in Lodz gegen Kriegsende einen erschrockenen deutschen Soldaten in den Trümmern fanden und diesen steinigten. Wenig später wäre ihnen beinahe auch ein stummer Pole zum Opfer gefallen, weil sie ihn für einen jungen Deutschen hielten, der sich nicht zu erkennen geben wollte. In Posen wurde sogar ein Gorilla gesteinigt, der aus dem Berliner Zoo evakuiert worden war. Trotz Polizeibewachung wurde das arme Tier immer wieder mit Steinen beworfen und als Deutscher beschimpft, bis es schließlich verendet ist. Im tschechischen Prag hatten Vergeltungsakte während des Aufstands in den ersten Maitagen 1945 den Tod mehrerer Hundert deutscher Zivilisten zur Folge. Damals waren die Lager für manchen Prager Deutschen die letzte Rettung. Noch mehr Deutsche wurden im Herbst 1944 von Titos Partisanen getötet, nachdem sich die deutschen Truppen aus Jugoslawien zurückgezogen hatten.[183]

Mit der Flucht der Deutschen aus dem Osten gingen mancherorts Aufstände von Zwangsarbeitern einher, meistens zogen diese es aber vor zu fliehen, oder sie tanzten ausgelassen, um den entsetzten Deutschen ihre Freude zu demonstrieren. Gar nicht selten retteten Zwangsarbeiter, die gut behandelt worden waren, ihren Arbeitgebern das Leben, so zum Beispiel im berüchtigten Nemmersdorf.[184] Von den Dramen, die sich während des Vormarsches der Roten Armee abspielten, blieben auch die Zwangsarbeiter nicht verschont, aber in ihren Erinnerungen erzählen sie vor allem, dass sie sich – unter fortwährenden Gefahren und in ständiger Angst – endlich auf den Heimweg machen konnten.[185] Die Deutschen reagierten mit Unverständnis, Empörung oder Verbitterung auf die ihnen entgegenschlagende Verachtung wie auf die Freudenausbrüche und Freudentänze. Sie ahnten ja nicht, wo überall getanzt wurde. Der merkwürdigste Ball fand in der Nacht vom 29. auf den 30. April in der von der Roten Armee umzingelten und von den Alliierten aus der Luft bombardierten Reichskanzlei statt, nachdem der Führer des »Tausendjährigen Reiches« seinen Mitarbeitern mitgeteilt hatte, dass er Selbstmord begehen werde. Nun spätestens dämmerte den Menschen seiner Entourage, dass dies das Ende war. Ihre angespannten Nerven hielten diese Erkenntnis nicht aus, und so begannen sie spontan zu tanzen und ein so rauschendes Fest in der Kantine zu feiern, dass das Wachpersonal eingreifen musste. Wenige Stunden später, am Morgen des 30. April 1945, erschoss Hitler sich.[186] Als am späten Abend des folgenden Tages Radio Hamburg die Nachricht vom Tod des »Führers« verbreitete, der angeblich bis zum letzten Atemzug gekämpft hatte, ahnten viele der im Reich lebenden Ausländer, etwa die beiden lettischen Eisenbahnarbeiter Jānis Tumulus und Jānis Osis in Schwerin, dass sich das lange ersehnte Kriegsende ankündigte.[187] Für viele Deutsche bedeutete diese Nachricht dagegen eine Katastrophe. Es gab einige, die es Goebbels gleichtaten, der nicht nur sich selbst, sondern auch seine sechs Kinder vergiftet hatte.

Am Abend des 1. Mai entschied sich auch das Schicksal von Dorothee Köpp aus dem pommerschen Demmin. Bei der sinnlosen Verteidigung der Stadt durch eine kleine Gruppe junger Fanatiker waren einige in die Stadt einrückende sowjetische Offiziere getötet worden. Die Antwort der Russen war brutal und löste eine kollektive Panik aus. Schätzungsweise begingen damals bis zu tausend Demminer Selbstmord. Die von der Goebbelsschen Propaganda beeinflussten Mütter vergifteten, erhängten und ertränkten ihre Kinder in der Peene oder in der Tollense, da sie Angst hatten, die bolschewistischen »Untermenschen« würden den Kleinen die Schädel zertrümmern. Die Rotarmisten übten zwar Vergeltung, aber es gab auch Russen, die den Mädchen und Frauen in die Flüsse hinterhersprangen und, wie sich Ursula Strohschein erinnert, »viele herauszogen, Wiederbelebungsversuche machten oder Pulsadern verbanden«. Dreimal schafften sie es rechtzeitig, das Seil zu durchtrennen, an dem Dorothee Köpps Mutter hing, doch Dorothees drei Geschwister konnten sie nicht retten.

Kollektive Hysterie und damit zusammenhängende kollektive Selbstmorde in den ersten Maitagen 1945 sind aus vielen Regionen des Reichs überliefert. Es gab Mütter, die durch Propaganda und Panik dermaßen um den Verstand gebracht waren, dass sich ihre Kinder vor ihnen verstecken mussten, wenn sie überleben wollten. Nirgendwo kam es aber zu so vielen Selbstmorden wie in Demmin – rund fünf Prozent der Einwohner schieden auf diese Weise aus dem Leben. Die braunen Führer der Stadt hatten sich dagegen rechtzeitig aus dem Staub gemacht. Die Wehrmacht hatte die Brücken gesprengt und dadurch den Weg in den Westen versperrt. Bis zum letzten Augenblick verhinderten SA-Einheiten, dass weiße Fahnen aus den Fenstern gehängt wurden. Es fand sich niemand, der mit den Russen die kampflose Übergabe der Stadt hätte verhandeln können, wie das in der benachbarten Universitätsstadt Greifswald geschah. Niemand wollte im letzten Moment sein Leben riskieren. Deshalb unterblieben auch Versuche, auf die eigenen Offiziere zu schießen, denn das hätte damals keine Armee der Welt toleriert. Die sowjetischen Truppen zogen sich bei Gegenwehr entweder zurück, um die betreffende Stadt oder das Dorf zu bombardieren, oder sie erschossen zur Strafe die Männer, auf die sie trafen, vor allem wenn diese im wehrfähigen Alter waren oder eine Uniform trugen, gleichgültig ob es die eines Soldaten oder die eines Briefträgers war. »Der totale Krieg von Goebbels war total auch hier zu Ende«, sagt Wilhelm Dammann, vor dem »Dritten Reich« Lehrer am Demminer Gymnasium, und fügt hinzu, dass er die Motive der Selbstmörder wohl verstehe: »Bisher hatten wir den Krieg nur in der Entfernung erlebt, […] jetzt aber brannte es an allen Ecken.« Die Russen hätten damals aber wohl gewusst, was sie niederbrannten – in vielen Straßen Demmins seien nur die Häuser der lokalen NS-Elite in Flammen aufgegangen.[188]

Vorfälle wie in Demmin bringen den Historiker an die Grenzen seiner Erkenntnismöglichkeiten und lassen ihn Erklärungen bei der immer noch in den Kinderschuhen steckenden Psychohistorie suchen. Das offenbart, dass es bis heute erhebliche Lücken gibt in unserem Wissen vom Wesen des »Dritten Reiches«, das zwar nur von kurzer Dauer war, aber gewaltige Wirkung auf die Deutschen hatte. Ihr Verhalten bei Kriegsende mit der Angst vor sowjetischen Gräueltaten zu erklären oder auch vor Vergeltung für die kräftige Unterstützung, die sie den Nazis in Vorpommern hatten zukommen lassen, bringt uns einer Lösung des Rätsels nicht näher. Hitler war in Niederschlesien, Hinterpommern oder Ostpreußen nicht weniger beliebt, aber von dort sind keine derartigen Fälle bekannt, was nicht heißt, dass es dort nicht zu Suiziden gekommen ist, vor allem in der verängstigten kleinstädtischen Mittelschicht und unter den Angehörigen des Adels, die sich darüber im Klaren waren, dass die Rote Armee an ihnen Rache nehmen würde. Zum Selbstmord entschlossen waren auch die Eltern Libussa von Krockows, doch die Tochter konnte sie unter Hinweis auf ihre Schwangerschaft von dem Vorhaben abbringen. Alle überlebten.[189]

Noch unerklärlicher werden die Motive für die vielen Selbstmorde in Demmin, nachdem aktuelle Forschungen zweifelsfrei belegt haben, dass die sowjetischen Soldaten sich zu Beginn der Westoffensive impulsiv und brutal verhielten, ihr Drang nach Vergeltung aber nachließ, je weiter sie sich nach Westen vorkämpften. Deshalb schilderten die Deutschen am Ostrand des damaligen Reiches die erste Begegnung mit den sowjetischen Truppen völlig anders als die Menschen, die in den

Gebieten westlich der Oder lebten. Im Osten kannte der Zorn der Sowjetsoldaten beim Aufeinandertreffen mit Deutschen keine Grenzen, sodass die Zivilbevölkerung, vor allem junge Frauen und sogar kleine Kinder, dort unerhörte Gewalt erlitten. In den Gegenden westlich der Oder waren die Menschen dagegen schon vor dem Eintreffen der sowjetischen Soldaten vor Angst wie gelähmt, wozu die totale Propaganda und die Hiobsbotschaften, die die Flüchtlinge aus dem Osten mitbrachten, gehörig beigetragen haben dürften. Dabei wurde hier, wenn man einige Gegenden ausnimmt, insbesondere die mecklenburgisch-pommerschen Grenzgebiete, das Auftauchen der Rotarmisten meist mit Erleichterung wahrgenommen. Auch in den westlich der Oder gelegenen Gebieten war der Einmarsch der viele Millionen Menschen zählenden Armee mit Drangsalierungen und Gewalt verbunden, die vor allem heranwachsende Mädchen und junge Frauen erdulden mussten; doch die Zeugen stellen sehr häufig fest: »In der Wirklichkeit war der Russe anders«, anders als ihn die Propaganda dargestellt hatte, denn: »Die Russen kamen, doch es ist nicht das passiert, was wir gefürchtet haben.« Diese Bemerkung ist durchaus mehrdeutig, bestätigt aber, dass das deutsch-russische Aufeinandertreffen weniger bedrohlich war, als man vor dem Hintergrund der NS-Propaganda erwartet hatte. Vor allem die Kinder, die jeden Tag Plakate sahen, von denen Bolschewiken mit Wolfsköpfen und Messern zwischen den Zähnen sie anstarrten, waren auf das Schlimmste gefasst und erlebten nun Soldaten, die ihnen gegenüber mit jeder Woche, die sie in Deutschland verbrachten, zutraulicher wurden und die sich alle Mühe gaben, ihnen nichts Böses anzutun. Sie blieben sogar gutmütig, wenn die Kleinen sie gelegentlich provozierten und Steine auf Panzer und Fahrzeuge warfen.[190]

Die Eroberung Deutschlands durch die Rote Armee hatte auf jeden Fall nicht viel gemein mit der Eroberung des östlichen Europas durch die Wehrmacht. Am Ende des Frühjahrs und im Sommer 1945 war das Bild der Rotarmisten bei den Deutschen sicherlich viel differenzierter, als dies in manchen neueren Büchern dargestellt wird, nicht nur in deutschen. Alle Deutschen waren jedoch tief erschüttert durch die vollkommene Niederlage.[191] »Mein Gott, wie wenige in unserem Lande hatten sich das Ende so vorgestellt«, erinnert sich Marion Gräfin

Dönhoff. Bis zum letzten Augenblick hatten sich viele eingeredet, dass die ganze Anstrengung doch nicht vergebens gewesen sein konnte. Frau Durittke aus dem Vorwerk der Gräfin unterstützte den Führer, bis ihr letzter Sohn im Krieg fiel. Von diesem Moment an dachte sie, dass sie umsonst gelebt hatte.[192]

Soldaten sind keine Engel, denn sie sollen Menschen, die ihre Feinde sind, töten. Da dies der menschlichen Natur widerspricht, müssen sie entsprechend trainiert, mit Propaganda gefüttert und nicht selten auch mit Alkohol abgefüllt werden.[193] Jugend, Alkohol und Gruppenzwang sind Faktoren, die Verbrechen begünstigen. Die Soldaten der Alliierten an der Westfront waren ebenso wenig Engel wie die Rotarmisten, dennoch wurden sie während des Kalten Krieges – die einen im Westen, die anderen im Osten – so dargestellt. Tatsächlich wurden an der Westfront weitaus weniger Verbrechen an deutschen Zivilisten begangen als an der Ostfront. Doch das lässt sich kaum vergleichen, denn der sowjetische Marsch auf Berlin fand nicht im luftleeren Raum statt. Der Krieg hatte im Osten des europäischen Kontinents einen ganz und gar anderen Charakter als im Westen. Von den unausgeschlafenen und erschöpften sowjetischen Soldaten konnten die Deutschen kaum Sympathiebekundungen erwarten,[194] zumal diese in großer Zahl auftraten, von der stalinistischen Propaganda gelenkt waren und lange mit der stillschweigenden Zustimmung ihrer Vorgesetzten bei Ausschreitungen rechnen konnten. Dennoch verhielten sie sich nicht immer gleich, sondern reagierten – wenn man österreichische Daten verallgemeinern kann – sehr stark darauf, wie sie empfangen wurden. Wenn die Einnahme eines Ortes, einer Stadt oder eines dicht besiedelten Gebietes mit schweren Kämpfen einherging, kam es zu Vergeltung und Vergewaltigungen, von denen bis zu vierzig Prozent der weiblichen Bevölkerung betroffen sein konnten. Wurde kein Widerstand geleistet, fiel dieser Anteil auf weniger als sechs Prozent, in dünn besiedelten Gebieten war er noch geringer.[195] Alten Menschen, vor allem alten Frauen, begegneten die Sowjetsoldaten mit Achtung. Sie boten »ein Kommissbrot mit einem unvergleichlich guten Geschmack« an, wie sich Hubert Orłowski erinnert. Sie liebten Kinder über alles in der Welt, krümmten ihnen nur selten ein Haar und beschenkten sie mit Süßigkeiten. Solche Geschenke hatten diese schon lange nicht mehr bekommen, deshalb erinnern sich gerade Kinder, die in den Gebieten westlich der Oder oder in Berlin lebten, wo heftige Straßenkämpfe tobten, mit Rührung an »die Russen«. Eine dreizehnjährige Berliner Schülerin notierte: »Durch die Rote Armee wurden wir endlich von dieser schweren Zeit erlöst.« Ihre Altersgenossen und die kleineren Kinder, die erst recht das Privileg der Unschuld genossen, wunderten sich, dass die sowjetischen Soldaten sich so sehr um sie kümmerten. Die Dankbarkeit der Kinder, die etwa beim Füttern und Tränken der Pferde helfen durften, gab den Soldaten ein Gefühl von Normalität, das sie lange bitter entbehrt hatten. Nicht selten hört man auch, dass sich Rotarmisten fürsorglich um Waisenkinder kümmerten, denen es an nichts fehlte, und um junge Mütter im Wochenbett. Die Menschen im unterworfenen Deutschland wurden von ihnen gewiss nicht als »Untermenschen« behandelt. Sie erklärten sich deutschen Frauen und boten ihnen – wie ein junger Offizier in Ostpreußen, der im Zivilberuf Arzt in Moskau war – ein Leben an ihrer Seite an. Sie träumten von Liebe, »und sei es zu einer Deutschen, wenn sie nur klug ist, hübsch und reinlich, und wenn sie mich – das vor allem – treu liebt«, vertraute Wladimir Gelfand seinem Tagebuch an. Doch noch hatte er eine solche nicht gefunden. Vielmehr habe sich ihm eine deutsche Frau genähert, die ihm im Bett mit vollem Ernst die Rassentheorie erläuterte.[196]

Grausamkeit wird unterschiedlich empfunden. Was für Häftlinge, Kriegsgefangene oder Zwangsarbeiter normal war und für die jungen Leute, die nach Deutschland zur Arbeit entführt worden waren, alltäglich, sofern sie nicht an anständige Deutsche geraten waren, musste für die an ein Dasein als Opfer nicht gewöhnten Deutschen ein Schock sein. Vor allem die deutsche Jugend war aufgewachsen im Selbstverständnis, einer »Herrenrasse« anzugehören, und hatte sich dabei gar nicht einmal schlecht gefühlt: »Mit achtzehn Jahren hat sie die Welt erobert und mit zweiundzwanzig hat sie alles verloren«, zitierte der schwedische Reporter Stig Dagerman im Herbst 1946 die Aussage eines deutschen Verlegers über die deutsche Jugend.

Die meisten Deutschen im Osten, vor allem auf dem Land und in den kleineren Städten, waren bis Anfang 1945 eigentlich nicht direkt mit dem Krieg in Berührung gekommen.[197] Gerade sie hatten nun unter schwierigen Bedingungen viel nachzuholen, nämlich beim Aufeinandertreffen mit Menschen, die den Krieg seit Jahren unter der Besatzung der Deutschen erlebt hatten. Aber die Verhältnisse in der direkten Nachkriegszeit waren Gedankenaustausch und Reflexion eher abträglich.[198] Deshalb hielten sich viele Deutsche 1945 für Opfer, nicht für »Hitlers letzte Opfer«, wie seit den 1990er Jahren immer wieder zu lesen ist, sondern für Opfer der Alliierten. Lange Zeit galt sogar Hitler als Opfer der Alliierten.[199] Ich selbst habe das noch 1988 in Göttingen erlebt bei einer netten ostpreußischen Familie, bei der ich während meines ersten Aufenthalts in Westdeutschland für eine Weile wohnte. Die an körperliche Arbeit nicht gewöhnten Deutschen fanden es schon schrecklich genug, mit der Hacke aufs Feld zu gehen. Noch mehr empörten sie sich darüber, dass sie, unschuldige Opfer, immer wieder von sowjetischen Soldaten und »polnische[n] Horden, [...] plötzlich freigewordenen polnischen Landarbeiter[n]« überfallen wurden. Diese hätten die Pferde eingespannt, das geraubte Gut auf Wagen geladen und seien nach Osten gezogen. Ähnlich brutal sollten sich die amerikanischen Soldaten verhalten, die die Bewohner aus ihren Häusern warfen, um sich dort einzuquartieren, und bei dieser Gelegenheit Schmuck, Fotoapparate und Armbanduhren mitgehen ließen.[200] Nur wenige Deutsche konnten damals ermessen und noch viel weniger konnten beschreiben und beim Namen nennen, was die Wehrmacht angerichtet hatte, die in der letzten Kriegsphase sogar die eigenen Landsleute ausplünderte und – wohl irrtümlich oder in einem Amoklauf vor dem sicheren Tod – aus der Luft Kinder angriff, die übers Feld liefen – auch deutsche.[201]

Deutsche Soldaten, Polizisten und Zivilbeamte legten sich beim Rückzug keinerlei Hemmung auf in ihrem Verhalten gegenüber der Bevölkerung der unterworfenen Länder. Sie ließen alles mitgehen, nicht nur Armbanduhren, die beliebteste Kriegsbeute am Ende des 19. und in der ersten Hälfte des 20. Jahrhunderts, bei der man heute zu Unrecht nur an die Russen denkt.[202] Alexander Solschenizyn erwähnt, welcher »Wertschätzung« Armbanduhren sich bei den Angehörigen der sowjetischen Sicherheitspolizei erfreuten, und Arno Surminski bemerkt, dass alle Armbanduhren Ostpreußens, wenn sie nicht unter Trümmern lagen, an russischen Handgelenken tickten. Doch dem Ordensgeistlichen Albin Janocha wurde bei der Entlassung aus dem Lager Mitte 1941 die Uhr ausgehändigt, die man ihm ein Jahr zuvor abgenommen hatte. Eine neue Omega! Bruder Albin, der das System von sowjetischen Gefängnissen, Lagern und Verbannungen kennenlernte wie kaum ein anderer, betont, dass man auch den mit ihm freigelassenen Gefangenen ihre gesamte Habe ausgehändigt habe, sogar Ringe und Goldketten. Ich kann nicht sagen, ob das die Regel oder eher eine Ausnahme war. Jedenfalls mussten selbst diejenigen, die am 19. September 1939 den Einmarsch der Roten Armee in Wilna feierten, zugestehen, dass die sowjetischen Soldaten an jenem Tag »eifrig nach Armbanduhren jagten«. Vom ersten Kriegstag an haben auch die deutschen Soldaten, die Offiziere eingeschlossen, in Polen in großem Maßstab geraubt. Ihre Raubzüge sollten sogar die Russen in Erstaunen versetzen, als man sich in Łomża an der festgelegten Demarkationslinie traf und gestohlene Autos, voll beladen mit geplünderten Gütern, gen Westen fahren sah. In Wyszków am Bug versuchte ein deutscher Soldat dem Dichter Jarosław Iwaszkiewicz eine Armbanduhr abzunehmen, nur war er zu Kriegsbeginn wohl noch nicht abgebrüht genug und scheiterte in der Konfrontation mit dem weltgewandten Intellektuellen. Doch im Oktober 1943 äußerte sich selbst Himmler bedenklich zur Plage des Stehlens und der Korruption, die das Reich und die Deutschen ergriffen habe, und beklagte, dass der Krieg die Moral und die Achtung fremden Eigentums schwäche. »Ich kann und werde niemals jeden Dieb fassen. Ich möchte ihn auch gar nicht fassen, denn sonst müsste ich zu viele Tausende fassen«, sagte er in Posen vor hohen Beamten des Reiches und SS-Offizieren.

Der Uhrendiebstahl der deutschen Soldaten war ein häufig verwandtes Motiv in polnischen Kriegssatiren. Wie sich Ludwik Hirszfeld erinnert, gaben im befreiten Mińsk Mazowiecki im Sommer 1944 auf die Frage nach der Uhrzeit alle dieselbe Antwort: »Ein Deutscher hat mir meine Uhr geklaut.« Doch seien wir gerecht: Bruno Fischer, der sich amerikanischen Soldaten ergab, musste ihnen seine Uhr überlassen. Eine Beschwerde half nicht. »Das ist international, das haben die Deutschen auch gemacht«, entgegnete ihm ein Offizier leicht verlegen. Tatsächlich kehrten auch die englischen, vor allem aber die amerikanischen Kriegsgefangenen in einem Roman Kurt Vonneguts, der die Ereignisse aus eigener Anschauung kannte, mit reicher Beute aus dem Krieg heim: gelegentlich mit merkwürdigen Dingen, etwa mit goldfar-

benen Gipsuhren in Gestalt des Eiffelturms oder Uhren, die durch die
Änderung des Luftdrucks angetrieben wurden, gelegentlich auch mit
anderen Wertsachen – mit Briefmarkensammlungen, Fotoapparaten
und Edelsteinen.[203] In einem Befehl an eine polnische Infanteriedivision, die an den »wilden Aussiedlungen« aus den Grenzgebieten zu
Deutschland beteiligt war, wird brutales Vorgehen gegen die Deutschen verboten, ausdrücklich dürfen sie nicht beraubt werden, zugleich
wird aber angeordnet, dass man den Soldaten bei Kontrollen nach den
Aussiedlungen »Siegestrophäen aus Kampfzeiten« nicht abnehmen
dürfe. Die Plünderungen gingen also ganz offensichtlich weiter, verloren mit der voranschreitenden Normalisierung aber an Brutalität. In
einem Bericht vom September 1945 erwähnt der Leiter der Stargarder
Abteilung des Polnischen Staatlichen Repatriierungsamts (PUR), dass
die dortige Bahnpolizei weiterhin »unter dem Vorwand, bei den [polnischen] Repatrianten Kontrollen durchzuführen, selbst Armbanduhren« stiehlt.[204] Erst recht wurden sie den Deutschen abgenommen.
Lucia Müller aus Ostpreußen hatte vom neuen Besitzer ihrer Mühle,
einem Polen, mit dem sie eine Zeitlang gemeinsam gearbeitet hatte,
einige Kleinigkeiten sowie eine Armbanduhr mit auf den Weg nach
Westen bekommen. Diese Uhr hatte sie ihm zuvor für fünfundzwanzig
Kilo Mehl verkauft. Es ist anzunehmen, dass sie alle diesen Gaben einbüßte, da noch im Sommer 1947 jeder Transport mit deutschen Aussiedlern unterwegs mehrfach durchsucht wurde, wobei man ihnen
»alles, was glänzte und noch gut war«, abnahm.[205] Noch im selben Jahr
wies das polnische Ministerium für die »Wiedergewonnenen Gebiete«
die Zöllner an, das Gepäck der ausgesiedelten Deutschen wohlwollender zu behandeln. Geistlichen und Wissenschaftlern gestatte man zumindest offiziell, goldene Uhren auszuführen, die man als Gegenstände
des täglichen Gebrauchs ansah.[206]

DIE DEUTSCHE FLUCHT fand unter schwierigen Bedingungen im
Winter und Frühjahr 1944/45 statt. Doch da es damals in Europa
Millionen Gefangene, Sklavenarbeiter und Flüchtlinge gab, von denen
die allermeisten im noch nicht besetzten Teil des Reiches lebten, sahen die Alliierten keinen Grund, sich besonders der deutschen Flüchtlinge anzunehmen, die, wie die schweizerische Zeitung *Der Bund* am

5. Februar 1945 schrieb, »das Schicksal erlitten, das die deutschen Armeen in den vorherigen Jahren Millionen unschuldigen Menschen bereitet hatten«.[207] Deutsche Zivilisten kamen auf der Flucht massenhaft ums Leben – und mit ihnen, nicht selten an denselben Orten, Kriegsgefangene, Zwangsarbeiter und KZ-Häftlinge. Sie starben während der Gewaltmärsche nach Westen vor Erschöpfung oder wurden ohne Erbarmen ermordet, wenn sie nicht mehr aus eigener Kraft gehen konnten.[208]

Der Krieg war immer noch nicht zu Ende. Die Deutschen verteidigten sich, stellenweise geradezu fanatisch, fügten den Alliierten schwere Verluste zu und bombardierten mit V1- und V2-Raketen Städte wie Antwerpen, die sie bereits verloren hatten. Heute kann man kaum glauben, dass kein geringer Teil der Deutschen, sogar solche, die gegen den Nationalsozialismus Vorbehalte hegten, sich mit Hitler eng verbunden fühlte und an die »Wunderwaffen« glaubte, die im letzten Augenblick den Ausschlag für den Sieg des »Dritten Reiches« geben oder es Hitler zumindest ermöglichen sollten, ehrenhafte Verhandlungen aufzunehmen.[209] Letztlich führte das dazu, dass die Bombenangriffe auf deutsche Städte nicht eingestellt wurden. Es bleibt allerdings zu fragen, wie sie sich auswirkten, denn vermutlich haben gerade die zunehmenden Bombenangriffe auf zivile Ziele es der NS-Propaganda erleichtert, die Deutschen enger an Hitler zu binden. Andererseits trafen sie, wie mit William Shirer und Richard Glazar zwei scharfsinnige Beobachter feststellten, die Deutschland von innen kannten, die deutsche Industrie und vor allem die Transportlogistik empfindlich.[210] Vor allem aber brachten sie Terror und Tod über die Zivilbevölkerung, auch über die Flüchtlinge aus dem Osten, die nicht selten – wie im Februar 1945 in Dresden oder im März im Hafen Swinemünde – einen erheblichen Teil der Opfer ausmachten. Dennoch begrüßten die überlebenden Zwangsarbeiter, Kriegsgefangenen und Häftlinge aus den gegen Hitler verbündeten Staaten, die mitten in diesem Inferno steckten, die Bombardierungen. »Die brennenden Balken krachten auf arische und nichtarische Köpfe«, notierte auch Victor Klemperer, dem es wie anderen Juden in Dresden gelang, in diesem allgemeinen Durcheinander der Gestapo zu entkommen. Erich Mosbach, ein Stettiner Arzt jüdischer Herkunft, der damals von Lager zu Lager getrieben wurde,

schrieb direkt nach dem Krieg: »Die einzige Freude für uns waren tägliche Flugzeugangriffe.«[211] Der Anblick der amerikanischen und britischen Flugzeuge, die seit 1943 immer häufiger über Linz auftauchten,
weckte auch bei meinem Vater Hoffnung, obwohl die außerhalb der
Lager arbeitenden Häftlinge von den Bomben nicht verschont blieben.
Erst sehr spät, am Nachmittag des 5. Mai, wurde sein Lager befreit. Die
Sterberate unter den Häftlingen war gerade in den letzten Monaten
und Wochen des Krieges keineswegs gering gewesen. »Diese systematischen, jeden Tag an Stärke gewinnenden Fliegerangriffe verkündeten
uns das nahe Kriegsende. Es war höchste Zeit«, schreibt Feliks
Załachowski, ein anderer Häftling des KZ Mauthausen. Noch einige
Tage zuvor hatte Hitler selbst den Befehl zur Verteidigung der »Alpen-
festung« gegeben, und der Gauleiter von Oberösterreich hatte zum
Entscheidungskampf aufgerufen.[212]

*

»NACH JEDEM KRIEG / muß jemand aufräumen. / Leidliche Ordnung / kommt nicht von allein. / Jemand muß die Trümmer / an den
Straßenrand kehren, / damit die Leichenkarren / sie passieren können«,
hat Wisława Szymborska gedichtet. Auf dem bescheidenen Hof der
Familie Orłowski im Ermland war die Müllschicht, die nach der Eroberung zwischen Januar und Mai entstanden war, fast einen halben Meter
dick. In Dresden, im Februar 1945 Ziel eines der schwersten alliierten
Bombenangriffe des Zweiten Weltkriegs, wurde das gesamte Stadtzentrum mit der berühmten Frauenkirche zerstört, rund fünfundzwanzig-
tausend Menschen kamen um, darunter viele Flüchtlinge aus Schlesien;
hier war die Schicht so hoch, dass man, um die verwesenden Leichen
bergen und anschließend verbrennen zu können, mit Leitern tief in die
Trümmer klettern musste. Dabei wurden Kriegsgefangene aus der ganzen Welt eingesetzt, unter ihnen Kurt Vonnegut. »Und irgendwo dort
war Frühling«, schrieb der amerikanische Schriftsteller viele Jahre später. »Die Leichenbergwerke wurden geschlossen [...]. Der Zweite
Weltkrieg in Europa war zu Ende.« Dies erlebten einige hübsche Mädchen nicht mehr, die aus Breslau geflohen waren, die ersten nackten
Frauen, die Billy   das alter ego des Autors – sah. Auch Edgar Derby
erlebte das Kriegsende nicht mehr, ein armer alter Mittelschullehrer,

der Einzige aus der Gruppe der Kriegsgefangenen, für den der Anblick nackter Frauen nichts Neues war. Er wurde mit einem Teekessel gefasst, den er sich in den Kellern angeeignet hatte, und wegen Plünderung erschossen.[213]

Die Geschütze an den Fronten verstummten. Man begann die Leichen einzusammeln, meistens getrennt nach Zivilisten, die in den Gräben und zwischen den Trümmern lagen, und Soldaten, die zuweilen so vorgefunden wurden, wie das nach dem Kriegsgeschehen nicht vorauszusehen gewesen war: in tödlicher Umarmung mit dem Feind auf einem Misthaufen.[214] Der Tod hielt zwar nach wie vor reiche Ernte, doch war das kaum vergleichbar mit der Kriegszeit, als jährlich fast zehn Millionen Menschen umkamen; nun sanken die Zahlen von Monat zu Monat. In ganz Europa dürfte es weniger Nachkriegsopfer gegeben haben als während des Krieges im Durchschnitt in einem halben Monat zu beklagen waren. Der Tod war in den meisten Fällen die Folge von Chaos, Hunger, Krankheiten und schließlich auch gewöhnlichen Verbrechen, gegen die alle Staaten mehr oder weniger konsequent und strikt vorgingen, aber ohne unmittelbaren Erfolg. In den Köpfen der Soldaten endete der Krieg auch nicht von einem Tag auf den anderen, was auf der Hand liegt, dennoch lässt sich der Umbruch vom Mai 1945 in der Geschichte dieses Jahres nicht übersehen.[215] Es war Zeit, sich erstmals an einer Schätzung der Verluste zu versuchen. Sie erwiesen sich aber als so gewaltig, dass man bis heute zählt und dabei immer wieder auf Schwierigkeiten und emotionale Reaktionen stößt. Gewiss ist, dass während des Zweiten Weltkriegs – anders als in den bewaffneten Konflikten zuvor – die Zivilisten am meisten litten, was auf die Judenvernichtung, die Vernichtungskriege in Polen und in der Sowjetunion, die alliierte Bombardierung deutscher Städte und am Ende auf das Chaos der deutschen Flucht aus dem Osten und der von der Roten Armee 1945 verursachten Schäden zurückzuführen ist.

Die Gesamtzahl der Gefallenen wird auf fünfzig bis sechzig Millionen geschätzt, darunter vierundzwanzig Millionen Soldaten. Die meisten Opfer waren Europäer – mindestens vierzig Millionen, darunter neunzehn Millionen Soldaten. Die größten Verluste erlitt die Sowjetunion – nicht weniger als zwanzig Millionen Menschen, darunter rund zehn Millionen Soldaten. Die größte Differenz zwischen der Zahl der getöteten Soldaten und getöteten Zivilisten weist Polen auf, nämlich eins zu fünfzig, wobei sich unter den fast sechs Millionen polnischen Opfern mehr als zweieinhalb Millionen polnische Juden, sehr viele polnische Zigeuner sowie mehrere Hunderttausend polnische Weißrussen, Litauer, Ukrainer und Deutsche befanden, darunter jene sechstausend Deutsche, die während ihrer Evakuierung in den Osten durch polnische Stellen im September 1939 umkamen oder ermordet wurden.

Große Verluste beklagen auch die Deutschen. Nach unterschiedlichen Schätzungen beläuft sich die Zahl der Opfer auf fünf bis sechs Millionen. Eine halbe Million davon sind – nach Rüdiger Overmans, dem besten Kenner der Materie – nachzuweisen als Opfer in Zusammenhang mit Flucht, Vergeltung und Aussiedlung, hauptsächlich zwischen 1944 und 1946. Faktisch waren es sicherlich mehr. Lange Zeit kam man bei den Berechnungen auf zwei Millionen, doch heute stimmen die Historiker weitgehend darin überein, dass davon anderthalb Millionen Fälle ungeklärt sind. Selbst wenn sich dadurch die Opferzahlen an sich nicht grundlegend ändern, so verändert sich die Aussage doch ganz erheblich: Es handelt sich dann nämlich in der überwiegenden Mehrheit um Opfer des Krieges, nicht der Vertreibungen und noch weniger der Umsiedlungen in der Nachkriegszeit. In dieser Zahl enthalten sind Wehrmachtsoldaten aus dem östlichen Deutschland, die bei Kampfhandlungen ums Leben kamen. Enthalten sind Zivilisten, die zufällig zwischen die Fronten gerieten und durch Beschuss und Bombardierung von beiden Seiten starben. Enthalten sind Opfer der in letzter Minute angeordneten chaotischen Evakuierung und spontanen Flucht, die nicht selten mit dem Tod durch Hunger oder Erfrieren endeten. Enthalten sind zahlreiche Zivilisten, die während der langen und total sinnlosen Verteidigung von Städten wie Königsberg und Breslau starben, um nur an die bekanntesten Fälle zu erinnern. Enthalten sind Opfer alliierter Luftangriffe, die nur in Ausnahmefällen direkt gegen Flüchtlinge gerichtet waren, sondern in der Regel den sich ebenfalls zurückziehenden Truppen galten. Enthalten sind Selbstmörder, die wohl ebenso oft Opfer der Goebbelsschen Propaganda wie der Alliierten waren, wobei nicht vergessen werden darf, dass es sich in Tausenden von Fällen schlicht und einfach um Verbrecher handelte, die genau wussten, warum sie den Tod wählten. Enthalten sind Opfer des NS-

Terrors, der Tausende Deutsche – zumeist im Osten – das Leben kostete. Enthalten sind schließlich Menschen, die den Krieg überlebten und im Osten blieben, wo sie unter den veränderten Bedingungen ihre deutsche Identität allerdings zu verbergen suchten.

Die polnischen Verluste unter den Umsiedlern aus dem Zweiten Weltkrieg und der unmittelbaren Nachkriegszeit sind noch nie eigens gezählt worden, da dies aufgrund der territorialen Veränderungen des polnischen Staates und der dadurch hervorgerufenen Veränderungen in der nationalen Zusammensetzung der Bevölkerung im Grunde auch nicht möglich ist. Eine endgültige Zahl der Opfer von Krieg und Umsiedlungen in Polen sowie in Deutschland könnte die von Overmans geforderte internationale Kommission ermitteln. Sicherlich würde man so die nicht seltenen Doppelzählungen vermeiden, die darauf zurückzuführen sind, dass die Opfer – je nachdem, wie die Umstände waren – ihre Nationalität als polnisch oder deutsch angaben. Die Beteiligung russischer und vielleicht auch israelischer Wissenschaftler an einem solchen Unterfangen würde es ermöglichen, auch die Zahl der Juden – vor allem der polnischen, aber ebenso der vereinzelten deutschen – festzustellen, die nach dem Krieg in der UdSSR blieben, doch in den Statistiken als getötet geführt werden. Wie sehr weitverbreitete Vorstellungen – die gerade vor 1989 sogar in gewichtigen Büchern wiederholt wurden – sich von der historischen Realität unterscheiden können, zeigt die Arbeit von Kommissionen, die in den letzten Jahren die Zahl der Getöteten bei der Bombardierung Dresdens (rund 25 000) oder bei der Vertreibung aus der Tschechoslowakei (zwischen 20 000 und 30 000) untersucht haben. In beiden Fällen kamen die internationalen Forschergruppen zu Ergebnissen, die bei rund zehn Prozent der während des Kalten Krieges genannten Zahlen liegen. Da auch die tatsächliche Zahl der Volksdeutschen in Polen, die im September 1939 ums Leben kamen oder getötet wurden, sich auf ein Zehntel der zuvor immer wieder genannten Menge beläuft, liegt es nahe anzunehmen, dass wir immer noch der NS-Propaganda erliegen, die anscheinend die Opferzahlen gerne verzehnfacht hat.

Einer kritischen Überprüfung bedürfen auch die Opferzahlen der diversen antideutschen Ausschreitungen im Frühjahr und Sommer 1945. In Aussig an der Elbe, einem dafür geradezu symbolhaften Ort, sollen nach Informationen aus der Nachkriegszeit fast dreitausend Deutsche ums Leben gekommen sein. Nach Meinung angesehener Historiker schwanken die Zahlen jedoch zwischen fünfzig und zweihundert Opfern. Das Problem beschränkt sich allerdings nicht auf die Angaben zu den verschiedenen deutschen Opferkategorien. Zum Beispiel mussten auch die während und nach dem Krieg genannten polnischen Zahlen, besonders was die Deportationen in den Osten angeht, nach Öffnung der sowjetischen Archive stark nach unten korrigiert werden. Selbst die Zahl der Opfer in den Konzentrations- und Vernichtungslagern hat sich erheblich verringert, vor allem in Auschwitz und Majdanek, wobei sich hier die allgemeine Opferstatistik des Holocaust nicht grundlegend verändert hat, weil sich herausstellte, dass die früher zu niedrig angesetzte Sterberate in den Ghettos höher lag.

Die Zahl der umgesiedelten Europäer ist schier unvorstellbar. Alleine zwischen 1939 und 1942/43 waren über dreißig Millionen Menschen von Umsiedlungen betroffen, darunter noch relativ wenige Deutsche, im Prinzip nur Volksdeutsche außerhalb des Reiches. Die zweite Kriegshälfte und der Zeitraum unmittelbar nach dem Krieg ließen die Zahlen auf das Doppelte ansteigen, wobei nun die Deutschen die größte Gruppe stellten. Zunächst dominierten unter ihnen die »Umquartierten« und »Ausgebombten«, das waren Evakuierte aus den von Luftangriffen heimgesuchten deutschen Städten. Gerade im Rheinland und in Westfalen fiel die städtische Bevölkerung gegen Kriegsende unter die Hälfte des Stands von 1939, in dem am stärksten entvölkerten Köln gar auf fünfzehn Prozent. Insgesamt gab es fast zehn Millionen deutsche Evakuierte, die sich kurz vor Beginn der großen Flucht überwiegend im Osten des Reiches und in den besetzten oder an Deutschland angegliederten Gebieten Westpolens aufhielten. Im Januar 1945 flohen sie gemeinsam mit den in den Ostprovinzen ansässigen Deutschen vor der Roten Armee gen Westen. Im Frühjahr 1945 überquerten Massen von deutschen Flüchtlingen die Oder. Westlich des Flusses hielten sich damals zwischen zehn und zwölf Millionen *displaced persons* (DPs) auf, meist Zwangsarbeiter, die nach Erkenntnissen von Historikern zwanzig verschiedenen Nationalitäten angehörten und fünfunddreißig verschiedene Sprachen sprachen. Mitteleuropa war in den letzten Kriegs- und den ersten Friedensjahren so etwas wie ein zerstörter Turm von Babel, was sich besonders in den Erinnerungen von Kindern und Jugendlichen niederschlug. Der damals zwölf Jahre alte Aleksander Sala, der im Juni 1945 in Altdamm bei Stettin den Zug verließ und sich auf die Suche nach seinem Vater machte, erinnert sich, dass es »nichts gab, nur Schutt, Schutt und Millionen von Menschen, Arbeiter, Deutsche, Russen, verschiedene Völker«.[216]

Die Zwangsumsiedler des Zweiten Weltkriegs machten rund zehn Prozent der Bevölkerung Europas aus, in Deutschland und Polen aber betrug der Anteil sicherlich mehr als zwanzig Prozent. Es wird geschätzt, dass zwischen 1939 und 1959, als die letzten Polen aus der Sowjetunion zurückkehrten (es kamen jedoch nicht alle, große polnische Gruppen lebten später in Kasachstan), ein Drittel aller Polen den Wohnort wechselte, gelegentlich mehrmals und meist unter Zwang, wenn dieser auch nicht immer unmittelbar ausgeübt wurde. Zu beträchtlichen Umsiedlungen, die allerdings im Verhältnis zu den Gesamteinwohnerzahlen nicht ganz so gewaltig waren, kam es auch im Fernen Osten, wo mehr als dreißig Millionen Chinesen, Birmanen, Malaien, Philippiner und Einwohner Indochinas ihre Wohnungen verlassen mussten. Vergleichsweise am schlimmsten war die Lage der Koreaner, unter denen die Japaner billige Arbeitskräfte rekrutierten, was nicht selten unter Zwang geschah. Die meisten Koreaner arbeiteten in Japan selbst – gegen Kriegsende fast zwei Millionen –, aber auch in der von den Japanern besetzten chinesischen Mandschurei. Hundert- bis zweihunderttausend Koreanerinnen wurden dazu gezwungen, in Bordellen für japanische Soldaten zu arbeiten. Gleich nach dem Krieg setzte in Südostasien eine große Repatriierungswelle ein, die gerade in den ersten beiden Jahren nach dem Krieg viele Menschen wieder in ihre Heimat spülte.[217]

DAS BEFREITE EUROPA lag vor allem in seiner Mitte und im Osten in Trümmern. Die Produktion war zum Stillstand gekommen. Die Wirtschaft kehrte in vielen Gebieten, etwa im einstigen deutsch-polnischen Grenzland, zur Naturalwirtschaft zurück. Das Geld hatte im Grunde seine Bedeutung verloren. Die Staatsverwaltung war entweder – wie in Deutschland – zerschlagen worden oder befand sich – wie

in Polen – im Anfangsstadium, vor allem in den neuen polnischen Westgebieten, wo sie de facto von Lust und Laune der sowjetischen Militär-
kommandanten abhing. Unter solchen Umständen einen Kandidaten
für das Bürgermeisteramt einer Kleinstadt oder einen Dorfschulzen zu
finden, war nicht einfach. Hunger, Läuse, Typhus, Gelbfieber, Diphterie
und Tuberkulose herrschten in fast ganz Mittel- und Osteuropa. Ein
weiteres Problem waren die Geschlechtskrankheiten, eine Folge der Vergewaltigungen, aber in nicht geringem Maße auch der Verwahrlosung
der Sitten im Krieg und in der Nachkriegszeit. Was half es schon, Krankenhäuser in Betrieb zu halten, wenn es an den nötigsten Medikamenten fehlte? Im Frühjahr und Sommer 1945 arbeiteten in den polnischen
Westgebieten oft noch deutsche Ärzte, Krankenschwestern und Hebammen in den Spitälern, da es immer noch zu wenig polnisches Personal gab. Die Zusammenarbeit gelang hier besser als in vielen anderen
Lebensbereichen, sogar besser als in der Seelsorge. Auch Priester wurden händeringend gesucht, da nur sie die Toten bestatten durften – es
sei denn, es handelte sich um sowjetische Soldaten. Und Tote gab es in
den ersten Jahren nach dem Krieg reichlich.[218]

Hastig wurden im Frühjahr 1945 die Felder bestellt, wobei man auf
das Heer der Zwangsarbeiter angewiesen war, das sich nun aus deutschen Kriegsgefangenen und zufällig aufgegriffenen deutschen Zivilisten rekrutierte. Aber man hielt auch ehemalige Zwangsarbeiter auf, die
auf dem Heimweg waren. Die Felder mussten bestellt werden, wenn
man im nächsten Jahr nicht noch mehr hungern wollte. Infolge des
Kompetenzgerangels zwischen den Kriegskommandanturen und den
Zivilbehörden gelang das nicht überall. Schwierig war es insbesondere
dort, wo es zum Bevölkerungsaustausch durch »wilde« Vertreibungen,
also militärische Aussiedlungsaktionen, in den ersten Monaten nach
dem Krieg gekommen war. Zur Erntezeit konnte deshalb nicht selten
nur das Wintergetreide geerntet werden, da die für das Sommergetreide
vorgesehenen Felder von Unkraut überwuchert waren. Im Herbst gelang
es nicht einmal, überall die Wintersaat auszubringen. Ganz schlecht war
die Versorgung mit Kartoffeln. Die unter sowjetischer Verwaltung stehenden Brennereien hatten in den letzten Kriegs- und in den ersten
Friedensmonaten mit voller Kraft produziert und alle Vorräte aufge-
braucht, bisweilen sogar die Saatkartoffeln.

Am stärksten sank der Lebensmittelverbrauch in Deutschland, nämlich um mehr als vierzig Prozent, allerdings im Vergleich zu den verhältnismäßig fetten Jahren 1939 bis 1941, als Shirer in seinem Tagebuch notierte, dass Hitler zunächst alle unterworfenen Völker aushungern werde, ehe auch nur ein Deutscher an Hunger sterben müsse. Im Frühjahr 1945 hatte sich die Situation verändert. Die Deutschen litten nun unter den Plagen, die sie seit 1939 über ganz Europa gebracht hatten. Zweifellos waren sie jetzt diejenigen, denen es von allen am schlechtesten ging, da die Alliierten zunächst die Lage der bisherigen Opfer verbessern wollten. »Lebensmittel sind heute wertvoller als das Leben, sogar als das Leben einer [...] jungen, zärtlichen und lieben Schönheit wie dieses Mädchen«, schrieb Wladimir Gelfand in der sowjetischen Besatzungszone, verwundert über die Leichtigkeit, mit der ihm eine Mutter ihre Tochter für Süßigkeiten, Butter, Wurst und Zigaretten verkaufen wollte. In vielen Häusern erwartete man von den jungen Frauen – Töchtern und Schwiegertöchtern – Opfer, die Sicherheit bieten und die Familie vor dem Hungertod bewahren sollten. Brot und Speck verändern die Ansichten der Menschen, vermerkte eine der betroffenen Frauen traurig in ihrem Tagebuch.[219]

Eine ganz besondere Lage herrschte in Stettin, wo sich im späten Frühjahr und Frühsommer 1945 die deutsche und die polnische Stadtverwaltung mehrmals abwechselten. Im Grunde spielte das keine große Rolle, weil sie ohnehin nur wenig zu melden hatte, da faktisch die Russen regierten. Dennoch führten die Kompetenzstreitigkeiten zu absurden Situationen. So wurde zum Beispiel ein polnischer Offizier geschlagen, der versuchte, ein Feuer im Museum zu löschen.[220] Als Piotr Zaremba schließlich im Juli die Leitung der Stadtverwaltung übernahm, hielt er fest: »Essen gibt es nicht [...], was hilft die Hoffnung auf sechshundert Tonnen zugeteilten Mehls, wenn es in den Lagern kein einziges Kilogramm gibt.« Derweil strömten »entblößte, heruntergekommene« polnische Siedler in die Stadt und in noch größerer Zahl Deutsche, die auch nichts zu essen hatten, »was weder aus politischen noch aus anderen menschlichen Gründen erwünscht ist«.[221] Den Deutschen wurde nichts erspart. Im Dezember 1945 teilte ein Polizeikommandeur dem Provisorischen Stadtrat mit, dass deutsche Kinder keine Milchzuteilungen mehr erhalten sollten. Das sagt über die damals herrschende

Stimmung mehr aus als alle Berichte über den Hunger in den neuen polnischen Westgebieten.[222] Die Grenzen der Hilfsbereitschaft wurden äußerst eng gezogen. So hatte kurz zuvor der Landrat im unweit gelegenen mecklenburgischen Neubrandenburg die ansässige deutsche Bevölkerung aufrufen müssen, die Milch mit den Kindern der deutschen Flüchtlinge zu teilen, denen sie verweigert worden war.

Die Armut nach Kriegen trägt nicht zu Humanität und Gemeinsinn bei, sie fördert auch nicht den nationalen Zusammenhalt, vor allem dann nicht, wenn abzusehen ist, dass die Flüchtlinge lange bleiben werden.[223] In Stettin scheint die Unterernährung vor allem der Deutschen, um deren Versorgung man sich gewiss weniger kümmerte, katastrophale Ausmaße angenommen zu haben. In einem Bericht vom Juli 1945 heißt es: »Deutsche sterben massenweise den Hungertod, da sie pro Woche 0,5 kg Brot erhalten.«[224] In einem weiteren Bericht vom August 1945 an das Ministerium für die »Wiedergewonnenen Gebiete« wird den örtlichen polnischen und sowjetischen Behörden Raub vorgeworfen und nicht verschwiegen, dass »objektiv betrachtet [die hiesigen Deutschen] alle Voraussetzungen [haben], uns zu hassen«, da vorerst »die antideutsche Politik zur wirtschaftlichen und physischen Vernichtung der deutschen Bevölkerung« führe, die ganz schlicht und ergreifend Hunger leide. Der unbekannte Autor dieses interessanten Berichts empfiehlt, die Deutschen unabhängig von ihrer Haltung im Krieg möglichst schnell und geordnet auszusiedeln, wobei auf bestehende Vorbilder zurückgegriffen werden solle. »Die deutsche Gesetzgebung in den polnischen Gebieten während der deutschen Besatzungszeit bietet sie in hinreichendem Maße«, setzte er mit Nachdruck hinzu.[225]

Derartige Äußerungen, die heute schwer verständlich sind, bestimmten damals das europäische Denken in Bezug auf Minderheitenfragen. Nachdem die Europäer in der NS-Zeit von den Deutschen instrumentalisiert worden waren, wollten sie nun keine weiteren Risiken eingehen. Allgemein herrschte Einigkeit, dass es in Europa eines »ethnographischen Aufräumens« bedürfe, nur eben nicht mittels physischer Vernichtung, sondern auf dem Weg »geordneter« Umsiedlungen, die sich weitgehend an der Aktion »Heim ins Reich« orientierten.[226] Und ebenso allgemein herrschte Gleichgültigkeit gegenüber

dem Schicksal der Deutschen,[227] vor allem der Flüchtlinge aus dem
Osten, die vor allen anderen für die deutsche Unterdrückungspolitik
verantwortlich gemacht wurden. Bei den Vereinten Nationen wurden
sie derselben Kategorie wie Kollaborateure, Verräter und Kriegsverbrecher zugerechnet.[228] Deshalb standen ihnen noch nicht einmal
Lebensmittelpakete der 1943 gegründeten Organisation der Vereinten
Nationen für Hilfe und Wiederaufbau (UNRRA) zu, die die Menschen
in den vom Zweiten Weltkrieg am stärksten betroffenen Ländern mit
Lebensmitteln und Medikamenten versorgen sollte. In den Hilfspake-
ten der UNRRA befanden sich, wie Hedwig Trautmann aus dem nun
polnisch gewordenen Ermland aufzählt, »Mehl, Zucker, Kaffee,
schwarzer Tee, Fett, Fleischkonserven, einfach alles, was das Herz be-
gehrt«. Der reale Wert eines solchen Pakets für die tägliche Ernährung
dürfte nicht sehr groß gewesen sein, doch verband sich mit ihm die
Hoffnung auf die Rückkehr zur Normalität, für die Empfänger war es
ein Zeichen, dass man sie nicht vergessen hatte. Für die Menschen in
den ehemaligen deutschen Ostgebieten, egal ob sie nun Orłowski oder
Trautmann hießen, bedeutete die Zuteilung der Pakete, dass die polnischen Behörden ihre Anwesenheit informell sanktioniert hatten.
Langfristig von größerer Bedeutung war die Lieferung von Pferden,
Rindern und Zuchtvieh. Doch anfangs gelangte nichts dergleichen
nach Deutschland, vielmehr wurden die Tiere aus der sowjetischen
Besatzungszone, aber auch aus den neuen polnischen Westgebieten
nach Osten fortgeschafft.[229]

In der Sowjetunion stieg die Kriminalität direkt nach dem Krieg
stark an. Ganze Städte wurden von Marodeuren und Banden entlassener Soldaten terrorisiert, die nun keine Aufgabe mehr hatten und sich
in der Nachkriegsrealität nicht zurechtfanden. Dieses Problem war
noch nicht gelöst, als der Hunger über das Land hereinbrach. Im
Sommer 1946 wurde die Ernte im europäischen Russland und in der
Ukraine durch große Trockenheit vernichtet, im westlichen Sibirien
waren starke Regenfälle dafür verantwortlich. Hundert Millionen
Menschen litten an Unterernährung, zwei Millionen starben, davon
alleine in Russland eine halbe Million. Dennoch verwendeten die sowjetischen Behörden das Wort »Hunger« nie, sondern sprachen lediglich von »Versorgungsschwierigkeiten«.[230]

Der Lebensmittelmangel im besetzten Deutschland war infolge der Gleichgültigkeit der Alliierten gegenüber der Not der Deutschen überall schlimm, aber in einigen Gegenden kam der Wunsch nach Vergeltung hinzu und machte alles noch unerträglicher. Der junge Günter Grass, der durch alle westlichen Besatzungszonen kam, meint, dass man »im Saarland erbärmlicher [hungerte] als anderswo. Die französische Besatzungsmacht wollte wohl alle Saarländer [...] nachträglich abstrafen.« Gegen die allgemeine Gleichgültigkeit initiierten Victor Gollancz, Bertrand Russell und Richard Stokes in Großbritannien die Kampagne »*Save Europe Now*«. Danach sollten die Briten auf einen Teil ihrer Lebensmittelrationen verzichten und diese den Menschen in der britischen Besatzungszone zukommen lassen, die in den ersten Nachkriegsjahren kaum etwas zum Anziehen, geschweige denn etwas zum Essen hatten. Der Höhepunkt der Hungerzeit fiel in den strengen Winter 1946/47 und in den heißen, trockenen Sommer 1947. Im Ruhrgebiet wurde einige Wochen lang kein Brot mehr ausgegeben. Tausende Menschen kamen mit Erfrierungen und Hungerödemen in die Krankenhäuser. Obwohl die Urheber der Kampagne »*Save Europe Now*« großen Einfluss hatten, scheiterten sie mit ihrer Initiative. Schließlich machten Gerüchte die Runde, dass die Alliierten die Deutschen verhungern lassen wollten.

Der Krieg ist kein guter Lehrmeister, bemerkte damals der junge schwedische Schriftsteller Stig Dagerman in seinen Deutschland-Reportagen. Er beschrieb Bahnhöfe voller abgerissener und hungriger Flüchtlinge und Vertriebener, berichtete aber auch von den vielen Evakuierten aus Norddeutschland, die die bayerische Staatsregierung gewaltsam aus dem von Kriegszerstörungen weitgehend verschonten Bayern ausweisen ließ. Sie waren dann oft wochenlang in alten Güterwaggons, nicht selten ohne Schutz vor Wind und Wetter, unterwegs. Auf den Waggons prangten ironische Aufschriften wie etwa »Heim ins Reich« oder »Wir danken Herrn Högner [dem damaligen bayerischen Ministerpräsidenten] für die freie Fahrt«. Am Ende kampierten die Heimatlosen hungernd und frierend auf den Bahnhöfen der zerstörten Städte oder auf irgendeinem Abstellgleis. Die einen hassten Polen und Russen, die anderen die bayerischen Bauern.[231]

DIE VERSORGUNGSLAGE IN EUROPA war dramatisch, doch noch schlimmer stand es um die psychische Verfasstheit von Menschen, die eine mehrjährige Apokalypse durchlitten hatten und die als Flüchtlinge auf den Straßen und Schienen Europas und des asiatischen Teils der UdSSR immer noch in einem Millionenheer unterwegs waren. Die einen strebten nach einem Zuhause, das oft nicht mehr existierte oder längst von anderen in Beschlag genommen war, andere flohen oder waren aus ihren Wohnungen hinausgeworfen worden. Für all diese Menschen war der Krieg noch nicht zu Ende. Im Grunde wussten sie meist nicht allzu viel von der aktuellen weltpolitischen Lage. Sie saßen auf ihren Bündeln, füllten die Bahnhöfe und Eisenbahnwaggons, kümmerten sich um die Angelegenheiten des Alltags und fürchteten sich vor dem, was sie an der nächsten Station erwarten würde. In Mitteleuropa und in der Sowjetunion nahm die Kriminalität sprunghaft zu, vor allem gab es viel mehr Diebstähle. In Mannheim etwa erhöhten sie sich im Vergleich zu 1928 um tausend Prozent.[232]

Unter den damaligen Verhältnissen war es aber gar nicht so leicht, einen »klassischen« Diebstahl vom *szaber* zu unterscheiden, wie die »Mitnahme« von »herrenlosem Gut« auf Polnisch genannt wurde, und auch die Trennlinie zum »Fringsen«, zum »Besorgen« von Lebensmitteln und anderen überlebenswichtigen Dingen, die auf legale Weise nicht erhältlich waren, war nicht scharf. Die polnischen Zwangsarbeiter, die von deutschen Höfen Fuhrwerke mitsamt Pferden entwendeten und sie mit geraubten Gütern beluden, auf die sie einen Anspruch zu haben glaubten, kamen oft nicht weit. Auf dem langen Weg nach Hause fielen die meisten Räuberbanden in die Hände,[233] die gewöhnlich international zusammengesetzt waren. »Alle […] nannten sie Ruskie, aber das war eine zusammengewürfelte Truppe«, hebt Rozalia Sala hervor. Es gab auch deutsche Verbrecherbanden, die in sowjetischen Uniformen auftraten, was damals viel Eindruck machte.[234] Gelegentlich befanden sich sogar Kinder darunter, was es noch schwieriger machte, ihnen beizukommen. Die Kinder, die keine andere Wirklichkeit als die des Krieges kannten, mussten aufgegriffen und entweder zu ihren Eltern oder, was häufiger der Fall war, in Pflegefamilien oder Kinderheime gebracht werden. Gerade heranwachsende Jungen wie etwa der sechzehnjährige Samuel Pisar, ein Sohn polnischer Juden, der Majdanek, Auschwitz und Dachau überlebt hatte, schlugen ständig über die Stränge und trieben bei jeder sich bietenden Gelegenheit illegalen Handel. Diebstahl, Gewalt, Grausamkeit, Leiden, ja sogar der Tod waren allgegenwärtig in der Welt der Kinder und Jugendlichen, die den Krieg überlebten. Jüdische Waisen, die aus den Kinderheimen in Taschkent und Samarkand in das polnische Heim für umgesiedelte Kinder polnischer Juden in Helenówek gelangten, bestahlen schon zur Begrüßung ihre Betreuerinnen, wobei sie es vor allem auf deren Armbanduhren abgesehen hatten.[235]

Als Diebe betätigten sich auch Zwangsarbeiter und sowjetische Kriegsgefangene, die in den letzten Kriegsmonaten kaum zu essen bekommen hatten. Sie tauchten wie Heuschreckenschwärme auf, weshalb manchmal »die regulären russischen Truppen den Deutschen sogar gegen die Ostarbeiter« halfen.[236] Durch die ehemals deutschen, nun polnischen Westgebiete zogen plündernde Polen, die seit 1939 massenhaft verelendet waren und den *szaber* sozusagen als Wiedergutmachung der Kriegsverluste ansahen. Aber auch die ansässigen Deutschen folgten ihrem Beispiel, sobald sie ihre Vorräte aufgezehrt hatten. Die Gärten rings um die Häuser wurden tief umgewühlt auf der Suche nach vergrabenen Schätzen. Wenn der Spaten nicht mehr ausreichte, wurde mit eisernen Spitzhacken das Erdreich direkt an den Gebäuden aufgegraben, wodurch es gelang, auch tief versteckte Gegenstände zu finden.[237] Die Großmutter Hubert Orłowskis durchsuchte im Frühjahr, als alles aufgetaut war, die am Wegrand zurückgelassenen Wagen der Flüchtlinge aus Ostpreußen, denn die Orłowskis waren inzwischen durch die sowjetische Streitmacht, die polnische Miliz und Plündererbanden von allem »total befreit« worden und besaßen nichts mehr.[238] Günter Grass zog mit seinen Kameraden aus dem Lazarett durch das tschechische Marienbad, bis er in amerikanische Gefangenschaft geriet. Gierig füllten sie ihre Beutel mit allem, was sich später gegen etwas anderes eintauschen ließ.[239]

Die deutschen Flüchtlinge aus dem Osten plünderten unterwegs nicht selten die Schränke der Leute, die sie aufnahmen. Und auch die Frauen, die auf sich selbst angewiesen waren und in vielen Fällen für ihre betagten Eltern und kleinen Kinder zu sorgen hatten, klauten. Gerade sie, denen in einer äußerst schwierigen Lage plötzlich so viel Ver-

Libussa von Krockow mit ihrer Tochter, 1947

antwortung aufgebürdet war, begriffen die Regeln des neuen »Marktes« oft erstaunlich schnell. »Wir klauen – mit Verlaub – wie Raben«, erinnert sich Libussa von Krockow, die nach dem Einmarsch der Roten Armee im Frühjahr 1945 aus der Hand ihres Stiefvaters die Verwaltung der Familien-»Wirtschaft« übernahm, was vor allem Verwaltung des Mangels hieß. Je weniger sie hatten, desto eifriger hielt Libussa in den Gärten der russischen Kommandantur, ja selbst im Hühnerstall des neuen polnischen Dorfbürgermeisters nach Essbarem Ausschau. Der Stiefvater beharrte eisern auf den Prinzipien von Ehre und Anstand, für Libussa aber war »das Kind doch die Hauptsache«, die am 23. März geborene Claudia Christina.[240]

»Leben muß man ja, Sie verstehen?«, mit diesen Worten erteilt ein Kölner Priester im Juni 1945 in Heinrich Bölls Roman *Der Engel schwieg* die Absolution, nachdem Hans ihm das »Organisieren« von Kohlebriketts aus vorüberfahrenden Zügen gebeichtet hatte. Am Oberrhein, wo Richard Glazar die Befreiung erlebte, stürzten sich buchstäblich alle, die Deutschen wie die Zwangsarbeiter, auf einen Zug mit italienischem Beutegut. Kurz darauf plünderten die amerikanischen Soldaten gründlich in den deutschen Häusern. Im Westen war es nicht anders als im Osten, wo die aufgewirbelten Federn aus den aufgeschlitzen Daunendecken vom Durchzug der Front und den damit einhergehenden Plünderungen kündeten. Die neue deutsche Moral erlaube Diebstahl unter bestimmten Umständen, da er eine gerechtere Güterverteilung bedeute, stellte Stig Dagerman im Herbst 1946 fest. Im besetzten Polen hatte sich eine vergleichbare Moral eigentlich schon seit 1939 ausgebreitet. Ohne Schwarzmarkt, »Organisationskunst« und Diebstahl hätte man dort nicht überleben können, meint Czesław Miłosz, zumal dieses ganze System durch die von Diebstahl und Bestechungsgeldern lebenden NS-Beamten angefacht worden sei.[241]

»Europa war […] die Hölle und ein Irrenhaus zugleich«, schrieb Ludwik Hirszfeld unmittelbar nach dem Krieg, und der Priester Kazimierz Żarnowiecki ergänzte im September 1945 im *Pionier Szczeciński*, einer Wochenzeitung, die unter anderem von meinem Vater gegründet worden war, dass das größte Problem der Nachkriegszeit nicht die ausgebrannten Häuser seien, sondern der Sittenverfall. »Der Krieg hat die Nationen entzweit, die Menschen entzweit, vor allem aber hat sich der Mensch mit sich selbst zerstritten, mit seinem eigenen Gewissen.« Den Wiederaufbau der »lebenden Ruinen« hielt Żarnowski für die drängendste Aufgabe.[242] Die Dynamik jedes Krieges oder überhaupt der langfristigen Gewalt führt allmählich dazu, dass nicht nur die Täter verrohen, sondern auch die unbeteiligten Beobachter, ja sogar die Opfer. Allmählich gewöhnen sie sich an das Schreckliche. Nach fünf Jahren des immer schlimmer werdenden Terrors, so schrieb eine Polin aus Warschau 1944, können einem selbst die Gaskammern nicht mehr den Appetit verderben.[243] Der Preis eines Lebens sinkt radikal. Zu Beginn des Krieges, so überliefert Richard Glazar die Ansicht seiner jüdischen Mithäftlinge in Treblinka, habe es nicht an Polen gefehlt, die Juden schützten, doch nach einigen Jahren habe sich die Lage gewandelt: »Neun von zehn Polen, die alle die Deutschen hassen, sind solche Judenhasser, daß sie ohne weiteres jeden Juden ausliefern, besonders wenn sie dafür noch eine Belohnung bekommen.« Es ist nicht wichtig, ob diese Behauptung in den Einzelheiten wahr ist, wichtig ist, dass sie die Dynamik des Prozesses erkennen lässt. Anders als Hiob nehmen Menschen, denen Böses widerfährt, das selten mit Demut hin und noch seltener bessern sie sich, vor allem nicht sofort. Eher werden sie gleichgültig oder übernehmen die ihnen von den Umständen aufgezwungenen Spielregeln, selbst wenn die abscheulich sind. Sogar anfängliche Abneigung oder Abscheu retten die Zeugen von Grausamkeiten nicht davor, sich am Spektakel der wachsenden Gewalt zu beteiligen. »Der Anblick von Blut löst [...] Gier nach weiterem Blut aus.«[244]

Obwohl es den Anschein hatte, »dass die schreckliche Erfahrung der Besatzung und die Maßlosigkeit der an den Juden begangenen Verbrechen große Veränderungen in der Sicht auf die Judenfrage herbeiführen wird, ist es anders gekommen«, schrieb Stanisław Stomma 1946 in der katholischen Wochenzeitung *Tygodnik Powszechny*.[245] Für kritische Beobachter war das keine Überraschung, vor allem da die antisemitische Propaganda in Europa auf fruchtbaren Boden gefallen war. Als besonders anfällig dafür erwiesen sich Kinder, die, wie die Untergrundzeitung *Vrij Nederland* (Freie Niederlande) bemerkte, in der zunehmend geteilten Überzeugung lebten, dass ein Jude etwas völlig Außergewöhnliches sei. Darum müsse man langfristig mit einer Infektion durch den rassistischen Antisemitismus in seiner nationalsozialistischen Variante rechnen, schrieb die Zeitung. Nicht wenige sind der Meinung, dass dieses Erbe bis heute fortwirkt.[246] Die Tragödie der Shoah verstärkte auch den polnischen Antisemitismus. Die Vernichtung von Millionen Juden vor ihren Augen hat viele Polen moralisch tief fallen lassen. Maria Kann, die in Warschau Zeugin war, wie der Ghettoaufstand 1943 niedergeschlagen wurde, hielt in ihrem Tagebuch fest: »Hitler wird verschwinden, die Welt wird aufhören, ein Schlachthof zu sein. [...] Doch viele Jahre später wird ein Kind fragen, ob man einen Menschen oder einen Juden erschlagen habe, Mama? Bei aller Empörung freunden wir uns mit dem Gedanken an, dass man morden, dass man Krematorien für lebendige Menschen bauen kann. In den Köpfen der Kinder wächst die Vorstellung, dass es verschiedene Arten von Völkern gibt: ›Herren‹, ›Knechte‹ und schließlich ›Hunde‹, die man straflos töten darf. Und das ist die schrecklichste Saat des blutigen ›Führers‹ und sein Sieg.«[247]

Kaum war die Front weiter nach Westen vorgerückt, da setzten in Zentral- und Südpolen die Übergriffe auf Juden ein, die aus ihren Verstecken auftauchten oder aus der Sowjetunion zurückkehrten.[248] Sie hatten die ehemaligen polnischen Ostgebiete eiliger und fast leichter als die dort lebenden christlichen Polen verlassen.[249] Doch an der neuen Ostgrenze wurden sie nicht selten mit Schüssen und Rufen wie »Juden nach Palästina« begrüßt.[250] Eugenio Reale, der erste Botschafter Italiens in Warschau nach dem Krieg, schrieb 1946, dass »die Juden [...] seit den ersten Tagen der Befreiung unaufhörlich Opfer von Gewalttaten und Morden sind, die sie in absolute Panik versetzen«.[251] Dieses mörderische Feuer, dem nach Marcin Zarembas neuesten Forschungen zwischen sechshundertfünfzig und tausend Menschen zum Opfer fielen – das waren nicht wenige, wenn man bedenkt, dass damals kaum noch Juden in Polen lebten –, entzündete sich vor allem an Eigentumsfragen. Die Polen wehrten sich so gegen die Rückgabe von Vermögen, das sie sich im Krieg angeeignet und oft sogar »legal« – wenn auch von den Besatzern – erworben hatten. Nachdem diese sich aus dem Staub gemacht hatten, trieb sie die Angst um, dass die Transaktionen ihre Gültigkeit verlieren könnten. Als Adam Bromberg 1944 aus Russland zurückkehrte und in der Wohnung seiner Eltern vorbeischaute, die als jüdische Kaufleute in Lublin gelebt hatten, war diese bereits vom »Anführer der Lubliner Nationaldemokratie und dem größten Feind« seines Vaters in Beschlag genommen worden; sein Vater und die anderen Mitglieder der Familie waren allesamt umgekommen. Nachdem Else Pintus ihr Versteck verlassen hatte, stand sie vor dem Problem, wie sie ihren im Krieg beschlagnahmten Hof zurückbekommen könnte.[252] Dies war kein spezifisch polnisches oder mitteleuropäisches Problem. Auch in Griechenland wurden die zurückkehrenden »Polen«, wie man dort die Juden nannte, die das Vernichtungslager Auschwitz überlebt hatten, kühl empfangen. Nicht anders verhielt es sich in den Niederlanden, wo gelegentlich Beamte zurückkehrenden jüdischen Frauen anboten, Wohnungsfragen im Tausch gegen Sex zu regeln. Insgesamt hat sich der Antisemitismus in Europa nach dem Krieg durch Hass sowie Befürchtungen, dass zu Lasten der Juden erworbenes Vermögen zurückgegeben werden müsse, eher noch verstärkt. Nicht von ungefähr erreichte er seinen Höhepunkt im Sommer 1945 und hielt sich danach noch einige Jahre. Nicht wenige aus den Lagern oder Verstecken heimkehrende Juden mussten sich Bemerkungen gefallen lassen, die sie ihr ganzes Leben lang nicht mehr vergessen sollten: »Schade, dass so viele von euch lebendig zurückgekommen sind«, oder: »Du schmutzige, stinkende Jüdin, man hat wohl vergessen, dich zu vergasen!«[253]

Die griechischen Behörden bemühten sich viele Jahre lang erfolglos um die Klärung der jüdischen Eigentumsfragen. Mehrmals schienen sie einer Entscheidung zur Rückgabe nahe, doch dann machten sich jedesmal derartig starke antijüdische Stimmungen breit, dass die Pläne nicht weiter verfolgt wurden. Ende 1945 wurde entschieden, dass den Juden keine automatische Rückgabe von Wohnungen und Betrieben zustehe, da sie diese während des Krieges »aufgegeben« hätten.[254]

Die kommunistischen Machthaber in Polen und später diejenigen der DDR entschieden sich ebenfalls gegen die Rückgabe des geraubten Vermögens, was eine zwar schwierige, aber doch die einzig ehrliche Lösung gewesen wäre. Den polnischen Lemken erging es übrigens nicht anders als den Juden. Die Regierung hat sich bei ihnen 1956 zwar für die Umsiedlungen im Zuge der »Aktion Weichsel« entschuldigt, ihren Besitz erhielten sie aber nicht zurück, obwohl damals sogar Parteiaktivisten und engagierte propolnische Lemken umgesiedelt worden waren.[255] Im Falle der Juden versuchten die polnischen Behörden einem Antagonismus vorzubeugen, indem sie die »Störenfriede« in die Westgebiete schickten, wo es in der ersten Zeit nach dem Krieg noch genügend Wohnraum gab. Der Antisemitismus in den Westgebieten soll deshalb viel schwächer gewesen sein.[256] Es gab auch Versuche zur »Rückführung der Juden in den Produktionsprozess«. Sie wurden angelernt in Berufen der Fabrikation oder der Lebensmittelproduktion. In Hinterpommern und bei Stettin sollten sie im Fischfang eingesetzt werden, der in Polen keine größere Tradition hatte, aber nun an Attraktivität gewann, weil sich die Fischbestände im Krieg regeneriert hatten und außerordentlich reiche Fänge zu erwarten waren.[257] Dennoch wurde die Ansiedlung in den Westgebieten für viele Juden lediglich zur Etappe auf der Flucht in den Westen. Die meiste Anziehungskraft übten die Lager in der amerikanischen Zone aus, eventuell – wenn es sein musste – kamen noch die in der britischen Besatzungszone infrage. Die Franzosen nahmen prinzipiell keine Infiltranten (infiltrés) auf, wie damals mit Ausnahme der Deutschen alle Flüchtlinge aus dem sowjetisch besetzten Osteuropa bezeichnet wurden.

In Deutschland wartete auf die Juden ein Leben in feindlicher Umgebung, vor allem nachdem die UNRRA nach anfänglichem Zögern entschieden hatte, sie zu unterstützen – eine Hilfe, die zum Zankapfel zwischen den Juden und den am Hungertuch nagenden Deutschen wurde. Polen aber war für die jüdischen Überlebenden wie ein großer jüdischer Friedhof, und es ist, wie ein jüdisch-polnischer Feldscher aus der Krakauer Gegend erklärte, nicht leicht, »unter Feinden auf einem Friedhof« zu leben. Es wurde mit der Zeit auch immer offensichtlicher, dass die polnische Wirtschaft sich in Richtung Kollektivierung bewegte, was – wie der damals selbst dem Kommunismus zugetane Eugenio Reale bemerkte – für die meisten Juden schwer zu akzeptieren war. Wie der Joachim aus Henryk Grynbergs *Memorbuch* verlegten sich viele auf Menschenschmuggel und konnten auf diese Weise ein durchaus ansehnliches Emigrationskapital zusammentragen, bevor sie sich auf den Weg machen. Im Laufe der ersten beiden Jahre nach dem Krieg verließen über hunderttausend Juden Polen, das war die Hälfte aller polnischen Juden. Die meisten gelangten früher oder später nach Israel. Ausreisedokumente wurden ihnen anstandslos ausgestellt.[258]

»WIR VERSTEHEN DIE UNMITTELBARE REAKTION der unmittelbar Betroffenen«, schrieben der katholische Journalist Walter Dirks und Eugen Kogon, der Politikwissenschaftler und Buchenwald-Häftling, im Mai 1947 zur Welle der Vergeltung, die 1945 über die Deutschen hereingebrochen war. »Entladungen der Wut, die den Charakter eines Vulkanausbruches hatten, unvermeidliche Reaktionen auf die jahrelange Grausamkeit der SS-Menschen« waren in den heißen Monaten an der Grenze zwischen Krieg und Frieden kaum zu vermeiden, und ein beträchtlicher Teil der Deutschen, so die Verfasser, erwartete das auch. »Man könnte sagen, dass das Herrenvolk sich das in sechs Jahren voll und ganz verdient hat«, fügte Botschafter Reale in seinem Bericht vom April 1946 mitleidlos hinzu.[259] Die Quellen sind eindeutig bei der Bewertung des gegen die Deutschen gerichteten Hasses – in ganz Europa, vor allem aber in Europas Osten.[260] Aber auch der Hass der Deutschen auf die Völker im Osten des Kontinents, vor allem auf die Polen, ließ nicht nach, nur hatten sie im Alltag keine Gelegenheit, ihn zu zeigen, weil sie den neuen Herren meist aus dem Weg gingen. Sieger, erkannte Libussa von Krockow in Stettin, beanspruchen immer mehr Platz als die Besiegten.[261] Wenn sich jedoch die Gelegenheit bot, was dank des sowjetischen Schutzes gelegentlich geschah, spuckten sie den verachteten Polen mit Vergnügen ins Gesicht.[262] »Wenn es noch einen Krieg gibt, dann werden die Deutschen es den Polen zeigen! Die

Russen werden sie nicht mehr in Schutz nehmen! Dann werden wir sie
bis an den Rand der Welt jagen und Polen von der Landkarte tilgen«,
äußerte ein deutscher Schiffskapitän, der im September 1946 in Swinemünde anlegte, gegenüber Gelfand.[263] Die Niederlage gegen das
große Russland konnten die Deutschen zweifellos leichter verschmer-
zen als die Schlappe gegen Polen, das auf die Landkarte zurückgekehrt
war, oder gegen die »Tschechei«, die sie letztlich als Teil des Reiches
betrachtet hatten. Unter derartigen Umständen waren Vergeltungsakte
gut vorstellbar. Doch sie waren, sieht man einmal von einigen wenigen
Gebieten ab, seltener, als man erwartet hatte. Selbst die Deutschen, die
im Angesicht der Niederlage immer häufiger gefragt hatten, was die
Sieger wohl mit ihnen anstellen würden, hatten Schlimmeres befürch-
tet. Thomas Mann ging von hundert Jahren Isolation aus. Harald Sei-
ler, ein Landgerichtsdirektor aus Münster, »dachte erbittert an das
Unrecht, das Polen geschehen war, und die zu erwartende Rache dafür«, und prophezeite, dass es in Deutschland noch nicht einmal mehr
Universitäten geben werde.[264] Aber auch die auf den Erfahrungen mit
dem Balkan basierenden amerikanischen Prognosen über die Zahl der
Umsiedlungsopfer in der Nachkriegszeit bewahrheiteten sich nicht. Im
Vergleich zu den durchaus nicht geringen tatsächlichen Verlusten
waren sie viel zu hoch.[265]

Das Bedürfnis nach Vergeltung, besonders das nach kollektiver
Vergeltung, war Ausdruck der sich in Europa unmittelbar nach Kriegsende ausbreitenden Verwilderung und ist heute nur noch schwer nach-
zuvollziehen. Dirks und Kogon machen zu Recht darauf aufmerksam,
dass die Erklärung der damaligen Ereignisse ausschließlich als Rache
der Opfer oder gar kollektive Vergeltung eine grobe Vereinfachung ist.
Eva und Hans Henning Hahn verweisen in diesem Zusammenhang
sogar auf den ungebrochenen Einfluss der NS-Propaganda, deren
Sprachrohr – der in fast zwei Millionen Exemplaren gedruckte Völkische Beobachter – jeden Tag vor Rache gewarnt und damit zum Kampf
angestachelt, vor allem jedoch die Angst verstärkt habe, die viele Deutsche am Ende in den Selbstmord trieb. Tatsächlich handelt es sich hier
aber, wie Dirks und Kogon mit ungewöhnlichem Einfühlungsver-
mögen darlegen, eher um eine »Ansteckung«. Denn es rächten sich
nicht unbedingt diejenigen, die tatsächlich Opfer von Gewalt geworden

waren. Nicht selten, vielleicht sogar in überwiegendem Maße, wurden die vergifteten Umstände dieser Zeit der »lebendigen Opfer« von Kriminellen und Kollaborateuren genutzt, die so von sich abzulenken versuchten. Ferner wurde die Stimmung der tolerierten Vergeltung von psychisch labilen Menschen genutzt, die es in jeder Gesellschaft, an jedem Ort und zu jeder Zeit in einer gewissen Menge gibt, nur sind sie normalerweise an die zivilisatorische Leine gelegt.[266] »Schlagt das feine Porzellan entzwei, wir können auch von irdenem Geschirr essen und trinken«, rief am 30. Juni 1933 in Heidelberg Martin Heidegger. Aber die Zivilisation ist eine komplex gewobene Struktur, die sich nicht einfach wie Ballast abwerfen lässt. In ihren Tiefen lauern unverändert die primitiven Instinkte, vor allem der uralte Drang nach Gewalt. Geraten diese niederen Instinkte außer Kontrolle und wird das – wie im »Dritten Reich« – von Staats wegen toleriert, lassen sie sich nicht so leicht wieder einfangen und beherrschen. Zur Abwehr von Dieben, die Kisten aufbrechen, Taschen durchsuchen, Schränke aufreißen, aber auch Geschirr und Köpfe zerschlagen, müsse man sich sichern, »indem man Stricke und Seile darum schlingt«, riet vor zweieinhalbtausend Jahren der Philosoph Zhuangzi. Er nannte das Vorsorge. Man solle sich, so fügte er ausdrücklich hinzu, ganz besonders vor moralisch niedergegangenen Staaten schützen.[267]

Aus Weißrussland sind jüdische Vergeltungsaktionen bekannt, die sich auch gegen Menschen richteten, die den Juden im Krieg keine Hilfe leisten wollten oder konnten.[268] »Manche sind so von Haß erfüllt, wie ihre Peiniger es waren«, schrieb Ernst Wiechert, der selbst KZ-Häftling gewesen war. Das seien aber nicht viele, denn die meisten säßen »in den Lagern der Sieger und warten, was die Sieger beschließen werden«. Andere »wandern wieder und singen wieder. Sie singen und handeln, und manchmal denken sie an das Gelobte Land.«[269]

Die UNRRA-Berichte schenken der kriegsbedingten Demoralisierung der Polen im besetzten Deutschland viel Aufmerksamkeit. Die Polen würden sich nun, da sie die Ketten der Unfreiheit abgeschüttelt hatten, gegen alle Autoritäten wenden, was auf der einen Seite auf ihre Jugend zurückzuführen sei, andererseits aber auch ihrem durch die Geschichte geprägten Nationalcharakter entspreche.[270] Auch in Polen selbst schien das Vergeltungsstreben unter jungen Menschen besonders ausgeprägt zu sein, vor allem unter der dezimierten jungen Intelligenz und unter den jungen polnischen Juden.[271] Wenn diese auf verantwortungsvolle Positionen in den Lagern für Deutsche kamen, die der polnische Sicherheitsdienst vom NKWD übernahm, war die Gefahr groß, dass sie ihrem Drang nach Vergeltung erlagen. Die größten derartigen Lager bestanden bis 1950 und dienten als Sammelpunkte für die Deutschen, die man dort bis zur endgültigen Aussiedlung von ihrer polnischen Umgebung isolierte. Anfangs sollten dort die deutschen Kriegsbiographien geprüft und Verbrecher dingfest gemacht werden. Später ging es vor allem darum, an diesen Sammelpunkten die arbeitsfähigen Deutschen zu konzentrieren und ihre Arbeitskraft, die nichts oder fast nichts kostete, zu nutzen, eine Praxis, die auch in anderen Ländern üblich war. Doch unter den polnischen Bedingungen, wo Vergeltung eine besondere Rolle spielte und die schwache Staatsmacht außerstande war, das Lagerleben halbwegs zu kontrollieren, kam es wohl häufiger und vor allem länger als in den westeuropäischen Lagern zu physischen und psychischen Misshandlungen, die nicht selten zum Tod des Opfers führten. Einen besonders schlechten Ruf hatten die Lager in Potulitz an der Grenze von Kujawien und Pommerellen sowie Lamsdorf und Schwientochlowitz in Oberschlesien, wo ausgefeilte Methoden des Schlagens, Folterns und Vergewaltigens angewandt wurden.

Zwei Berichte aus dem Jahr 1949, ein deutscher aus der Perspektive der Internierten sowie ein polnischer, der von der Regierung in Auftrag gegeben wurde, zeichnen ein dramatisches Bild von der Lage in Potulitz, wo sich aufgrund des chaotischen Meldewesens vier Jahre nach dem Krieg noch immer Kinder befanden, von denen niemand wusste, zu wem sie gehörten. Die Lagerverwaltung behandelte die internierten Deutschen wie Sklaven und vermietete sie zur Arbeit an Bauern in der Umgebung. Wie sehr Schluderei in der Verwaltung und gebilligte Gewaltanwendung von Einzelnen abhängen, lässt sich am Fall Potulitz sehr gut nachvollziehen. Nach dem polnischen Bericht trug der deutsche Arzt (ein Kriegsgefangener) die Verantwortung für die schlechte Behandlung der Kranken, und der deutsche Bericht ergänzt, dass sich nach der Ankunft eines neuen Arztes, des Polen Dr. Jasinowski, die Situation komplett gewandelt habe.[272] Trotz aller Drangsalierungen galten die Lager und andere Internierungsorte in den Monaten um das

Kriegsende als eine Art Refugium, da sie in schwieriger Zeit und bei der unsicheren allgemeinen Lage ein Minimum an Versorgung und Sicherheit boten – und zwar nicht nur in den westlichen Besatzungs-zonen. Es mochte eine bessere Wahl sein, bei einem Bauern zu leben und zu arbeiten – und in der Regel war es das auch –, doch erstens hatte man nicht immer die Wahl und zweitens hing die Behandlung dort vom guten oder bösen Willen des Einzelnen ab.[273]

Eine intensivere und wohl längere Phase der Vergeltung gab es in der Tschechoslowakei. Dass der Wunsch nach Rache für die Erniedri-gung von München 1938 sowie für die Leiden und Demütigungen wäh-rend des Krieges hier stark war, lässt sich durchaus nachvollziehen. Die Summe dieser Faktoren, ergänzt durch die Frustration der tschechoslo-wakischen Soldaten, die keine Gelegenheit gehabt hatten, sich mit den Deutschen zu messen, könnte der psychologische Hintergrund dafür sein, dass die tschechoslowakische Armee bei Vorfällen von Vergeltung eine größere Rolle spielte. Bekanntlich ließen sich Soldaten in mehreren Internierungslagern nicht nur zu Diebstählen und Gewalttaten hinrei-ßen, sondern zu Massenhinrichtungen, denen mehrere Hundert Men-schen zum Opfer fielen. Anderswo wurden Deutsche von Mitgliedern der Revolutionsgarde oder von Partisanen erschossen. Die tschecho-slowakischen Behörden tolerierten diese Gewalt und betrachteten sie als ein Instrument der Außen- und Innenpolitik. Die antideutschen Ausschreitungen waren nämlich Teil der Propaganda, durch die das Ausland davon überzeugt werden sollte, dass ein weiteres Zusammen-leben von Tschechen und Deutschen nicht infrage komme und die Deutschen daher ausgesiedelt werden müssten. Zugleich suchte man durch Zwang den Emigrationswillen der Deutschen zu befördern. Die lebhafte Mitwirkung der tschechoslowakischen Armee an der Gewalt in den letzten Frühjahrswochen und im Frühsommer 1945 haben manche Historiker zu der Hypothese veranlasst, zumindest ein Teil der Über-griffe sei von oben geplant worden. In diesem Zusammenhang werden vor allem die Vorfälle von Aussig genannt, wo Ende Juli bei antideut-schen Unruhen rund hundert Menschen ihr Leben verloren, die von einer Brücke in die Elbe geworfen und anschließend beschossen wur-den. Es gibt zwar nach wie vor keinen Beleg dafür, dass der tschecho-slowakische Sicherheitsdienst die Vorfälle provoziert hat, um den

Verlauf der gerade beginnenden Potsdamer Konferenz zu beeinflussen, doch es spricht vieles dafür.[274]

Die Anweisungen der zivilen und militärischen Stellen in Polen waren eindeutig. Rachegelüste sollten gezügelt werden, was viele nicht verstehen konnten oder wollten. Deshalb sah sich der Staat veranlasst, den Sicherheits- und Milizapparat fortwährend auszubauen, sodass dort bald mehr Beamte beschäftigt waren als in der Zwischenkriegszeit. Allerdings wurden gerade diese Beamten zur großen Gefahr sowohl für die Polen als auch für die polnischen Juden und noch mehr für die Deutschen. An das große Umsiedlerlager in Stettin-Scheune haben die vertriebenen Deutschen besonders schlechte Erinnerungen. »Es gibt dort nicht weniger als sechs verschiedene Sicherheitskräfte«, heißt es in einem polnischen Bericht vom Januar 1946, »aber Sicherheit herrscht dort nicht, weil diese Organe selbst die Hauptquelle der Unsicherheit darstellen«.[275] Ohne Zweifel gab es 1945 viele Probleme bei der Miliz, hauptsächlich Trunkenheit, Demoralisierung, die starke Personalfluktuation, die damit zusammenhing, dass das Personal zufällig zusammengewürfelt war. Es dürfte auch zutreffen, was in polnischen Berichten zu lesen ist, nämlich dass ein Fünftel aller Verbrechen auf das Konto der Miliz geht. Doch ohne die Miliz wäre es sicher noch schlimmer gekommen. Paul Pieczewski, ein deutscher Masure aus Ostpreußen, der sich nach dem Krieg zur Rückkehr nach Polen entschlossen hatte, erinnert sich, dass erst Ordnung eintrat, »als die polnische Miliz auf den Dörfern eingesetzt wurde«.[276] Mit der Wiederherstellung der Ordnung rings um Stettin hatte auch die eigens aus Berlin herbeigerufene sowjetische Militärpolizei ihre liebe Not. Mit Unterstützung polnischer Einheiten machte sie Mitte September 1945 Tag für Tag Jagd auf internationale Plündererbanden, die es auf Züge abgesehen hatten.[277]

Rache, vor allem Rache im Affekt, trifft meistens blind; dennoch meinten die Zeitzeugen nicht selten Kausalzusammenhänge zu erkennen, die sich heute nicht mehr erschließen. Maride Tscherne zitiert ihren deutschen Großvater aus der slowenischen Gottschee, der davon überzeugt war, dass die jugoslawischen Partisanen, die 1945 die Dörfer auf der Suche nach Kollaborateuren durchkämmten, wohl gewusst hätten, wen sie suchten.[278] So habe ein deutscher Bauer aus der serbischen Vojvodina durch Zeugen belegt, dass er die NS-Politik der Rassentrennung abgelehnt habe und dafür sogar in Gestapo-Haft gekommen sei. Daraufhin sei er nicht nur aus dem Internierungslager entlassen worden, sondern habe auch seinen Hof zurückerhalten.[279] Wilhelm Berning, ein katholischer Pfarrer in Hasbergen bei Osnabrück, vermerkte im Mai 1945 in der Kirchenchronik: »Nacht für Nacht gab es Überfälle, die wohl meist von den zwangsverschleppten Russen ausgingen, die im Ohrbecker Lager hausten. Aber die Russen kannten ihre Leute. Mir hat keiner ein Haar gekrümmt, und auch den Leuten, die ihnen zu essen gegeben haben, taten sie nichts. Dagegen rächten sie sich an ihren Bedrückern und raubten ihnen sämtliche Kleider und Anzüge.«[280] Ähnliche Beobachtungen sind einem Schreiben des Stadtkomitees der Polnischen Sozialistischen Partei (PPS) im hinterpommerschen Schivelbein zu entnehmen, das nun Świdwin hieß. Hier wird auf das – wie der Verfasser findet – allzu große Wohlwollen der in der Gegend verbliebenen polnischen Zwangsarbeiter gegenüber den Deutschen hingewiesen, das sie allerdings nicht jedem gegenüber zeigten.[281] Ohne Zweifel hat die Tolerierung von Vergeltungsmaßnahmen in der unmittelbaren Nachkriegszeit das Treiben von Kriminellen und Abrechnungen mit den Nachbarn begünstigt, die oft ganz einfach dem Neid oder eben dem Wunsch nach Vergeltung entsprangen. In Gebieten, wo es bereits zum Bevölkerungsaustausch gekommen war, aber auch in Niederschlesien, wo noch keine neuen Nachbarschaftsbeziehungen entstanden waren, konnte man zuweilen schon aufgrund der Beschuldigung, dass man die Deutschen unterstützt habe oder deutscher Herkunft sei, im Lager landen. Wer hartnäckig war, kam nach einiger Zeit wieder frei, doch in der Regel war seine Wohnung dann geplündert oder belegt.

IM JUNI 1945 hielt die tschechoslowakische Armee in Ober Moschtienitz (Horní Moštěnice) einen Zug mit deutschen Evakuierten und Flüchtlingen an, die in die Slowakei zurückkehrten. Man befahl den Reisenden auszusteigen und erschoss rund dreihundert von ihnen, überwiegend Frauen und Kinder.[282] Diese Tragödie veranschaulicht etwas Neues: Als der Krieg vorüber war, kehrten die Deutschen aus dem Osten in ihre Heimat zurück, gelegentlich auf eigene Faust, gelegentlich auf Befehl der Russen. Herbert Venske, ein evangelischer

Pfarrer aus der Gegend von Belgard in Pommern, lag in Grimmen im Lazarett, nachdem er bei einem alliierten Luftangriff auf Swinemünde seine ganze Familie verloren hatte. Hier erhielten alle die Anweisung zur Rückkehr. »So erlebte ich das merkwürdige Schauspiel, daß russischer Befehl uns in unsere Heimat, die den Polen bereits zugesprochen war, zurücktrieb und daß wenige Monate später die polnischen Behörden mit russischem Einverständnis aus derselben Heimat für immer uns vertrieben.«[283] Schon im Mai schwoll der Rückkehrerstrom so stark an, dass auf allen wichtigen Ausfallstraßen Posten aufgestellt wurden, die den Individualverkehr zwar nicht unterbinden konnten, aber bis zu einem gewissen Grad die Rückkehr ganzer Familien und erst recht ganzer Dörfer. Gegen Kriegsende lebten östlich und südlich von Oder, Neiße und Erzgebirge schätzungsweise noch einige Millionen von ursprünglich mehr als fünfzehn Millionen Deutschen (die Volksdeutschen eingerechnet), die vor 1939 in Ostmittel- und Osteuropa beheimatet gewesen waren. Die meisten waren im Verlauf der mehrere Phasen umfassenden NS-Aktion »Heim ins Reich« umgesiedelt worden oder zwischen Ende 1943 und Mai 1945 mit der Wehrmacht vor der Roten Armee geflohen, sodass das multinationale Ostmitteleuropa in weiten Bereichen in ethnischer Hinsicht »gesäubert« war, ehe die deutschen Truppen es endgültig verließen.[284] Drei Millionen Deutsche, darunter viele Zehntausend Ausquartierte aus dem Reich, hielten sich nach wie vor in der Tschechoslowakei auf, hauptsächlich in den Sudeten und in Mähren, wo seit Jahrhunderten Deutsche lebten. Innerhalb der neuen Landesgrenzen von Polen lebten immer noch etwa drei bis vier Millionen Deutsche, vor allem in den Provinzen, die vor dem Krieg zu Deutschland gehört hatten, die wenigsten im fast völlig menschenleeren Ostpreußen, die meisten in Oberschlesien. Auch unter diesen befanden sich Ausquartierte, nicht selten Schulkinder ohne Eltern, die aus anderen Regionen des Reichs stammten, vor allem aus dem Rheinland.

In den letzten Wochen des Frühjahrs und im Frühsommer strömte gut eine weitere Million Deutsche nach Polen. Meistens waren es die Jungen, die sich nach Osten durchschlugen, mal durch Wälder und Felder, mal mit der Bahn oder mit dem Schiff und nicht selten in Begleitung ihrer bisherigen Opfer, die es ebenfalls nach Osten in ihre Heimat zog. Opfer waren nun die einen wie die anderen. In die entgegengesetzte

Richtung strebten Deutsche, die zwar die allmähliche Verbesserung der Sicherheitslage registrierten, es aber trotzdem vorzogen, in die Gebiete westlich der Oder zu gehen.[285] All diese umherziehenden Menschen konnten in Stettin landen, das relativ unproblematisch aus den verschiedenen Gegenden des neuen Polen erreichbar war und von wo man vergleichsweise leicht nach Deutschland gelangen konnte. Einige blieben schließlich für immer in Stettin und Umgebung, da sie zunächst nicht weiter konnten und dann nicht mehr weiter wollten. Das galt vor allem für deutsche Frauen, die polnische Männer heirateten, sowie für Fachleute aller Art – von Ingenieuren über Schiffsbauer, Stellmacher und Schmiede bis hin zu Hebammen.[286] Das Leben der Stettiner Deutschen gestaltete sich nach schwierigen Anfängen bald viel besser als das der Oberschlesier, die sich der deutschen Kultur eng verbunden fühlten. Während in Oberschlesien ein strenges »Repolonisierungsprogramm« umgesetzt wurde, das die Deutschen in Massen zur Ausreise trieb und die antideutsche Stimmung deutlich anschwellen ließ, besaßen die Deutschen in Stettin ein Kulturzentrum, Schulen, Theater, eine Bibliothek, ja sogar eine Fußballmannschaft. Auf einer großen Propagandaveranstaltung im April 1946, die unter dem Motto »Wir halten Wacht an der Oder« stand und an der auch Präsident Bolesław Bierut teilnahm, wurde die polnische Hymne von einem Orchester gespielt, das überwiegend aus deutschen Musikern bestand, da es in der Stadt nicht genügend polnische Musiker gab.[287]

Mit den Rückwanderungen fielen die sogenannten wilden oder auch Armee-Aussiedlungen zusammen, die sicherlich zum Teil deren Nebeneffekt waren, da die Machthaber – angesichts der schnell wachsenden Zahl von entwurzelten Deutschen und der aus dem Osten eintreffenden Polen – meinten, rasch handeln zu müssen. Ihr Vorgehen war jedoch wenig durchdacht, vor allem überschätzten sie ihre Möglichkeiten. Durch diese Fehleinschätzungen wurde den Vertriebenen viel Leid zugefügt, und überdies wurden Militär wie Miliz in den Westgebieten nun endgültig demoralisiert. In Polen ging es hauptsächlich darum, die Deutschen aus einem über hundert Kilometer breiten Grenzstreifen abzuschieben. In Böhmen und Mähren wurden die Sudetendeutschen sowie die deutschen Einwohner der Städte ausgesiedelt, insbesondere die Evakuierten aus dem Reich sowie Flüchtlinge aus Schlesien. Hier

Sonderbefehl

für die deutsche Bevölkerung der Stadt Bad Salzbrunn einschliesslich Ortsteil Sandberg.

Laut Befehl der Polnischen Regierung wird befohlen:

1. Am 14. Juli 1945 ab 6 bis 9 Uhr wird eine Umsiedlung der deutschen Bevölkerung stattfinden.

2. Die deutsche Bevölkerung wird in das Gebiet westlich des Flusses Neisse umgesiedelt.

3. Jeder Deutsche darf höchstens 20 kg Reisegepäck mitnehmen.

4. Kein Transport (Wagen, Ochsen, Pferde, Kühe usw.) wird erlaubt.

5. Das ganze lebendige und tote Inventar in unbeschädigtem Zustande bleibt als Eigentum der Polnischen Regierung.

6. Die letzte Umsiedlungsfrist läuft am 14. Juli 10 Uhr ab.

7. Nichtausführung des Befehls wird mit schärfsten Strafen verfolgt, einschließlich Waffengebrauch.

8. Auch mit Waffengebrauch wird verhindert Sabotage u. Plünderung.

9. Sammelplatz an der Straße Bhf. Bad Salzbrunn-Adelsbacher Weg in einer Marschkolonne zu 4 Personen. Spitze der Kolonne 20 Meter vor der Ortschaft Adelsbach.

10. Diejenigen Deutschen, die im Besitz der Nichtevakuierungsbescheinigungen sind, dürfen die Wohnung mit ihren Angehörigen in der Zeit von 5 bis 14 Uhr nicht verlassen.

11. Alle Wohnungen in der Stadt müssen offen bleiben, die Wohnungs- und Hausschlüssel müssen nach außen gesteckt werden.

Bad Salzbrunn, 14. Juli 1945, 6 Uhr.

Abschnittskommandant
(-) Zinkowski
Oberstleutnant

Polnischer Umsiedlungsbefehl für die Deutschen aus Bad Salzbrunn
vom 14. Juli 1945

wie dort wurden keine Transportmittel bereitgestellt, sondern man trieb die Deutschen gruppenweise zu Fuß an die Grenze, was kein so großes Problem gewesen wäre, wenn die Gruppen nicht zum Großteil aus Frauen mit Kindern und betagten Eltern bestanden hätten. Schließlich wurden gelegentlich doch Transportmittel eingesetzt, oder den Deutschen wurde gestattet, private Fuhrwerke mit sich zu führen, die ihnen allerdings an der Grenze mit allem, was irgendeinen Wert besaß, abgenommen wurden. In einem Sonderbefehl für die Deutschen aus dem niederschlesischen Bad Salzbrunn, das bald darauf zu Szczawno Zdrój werden sollte, hieß es: »Alle Wohnungen in der Stadt müssen offen bleiben, die Wohnungs- und Hausschlüssel müssen nach außen gesteckt werden.«[288]

Einen besonders dramatischen Verlauf nahm der Marsch der Einwohner der mährischen Hauptstadt Brünn, die wochenlang in einem Lager an der Grenze zu Österreich hausten, wo viele an Typhus oder einfach nur an Erschöpfung starben.[289] Die Österreicher ließen sie nicht hinein, weil sie auf die Deutschen schlecht zu sprechen waren und sie so schnell wie möglich loszuwerden suchten, um sich so von der Beteiligung an dem nationalsozialistischen Projekt zu distanzieren. Man hielt sich in Österreich an den Deutschen schadlos und steckte sie, nachdem man ihnen den beweglichen und unbeweglichen Besitz abgenommen hatte, in Lager oder brachte sie in die amerikanische oder sowjetische Besatzungszone. »Lieber eine Ungerechtigkeit gegen den einen oder anderen Nazi oder Reichsdeutschen als eine Ungerechtigkeit gegen die Masse des österreichischen Volkes«, erklärte Ernst Fischer, Mitglied der Kommunistischen Partei Österreichs, auf einer Sitzung der österreichischen Regierung im Mai 1945.[290] In Polen erging es den Einwohnern von Liegnitz ähnlich. Sie wurden von den Russen nicht nach Westen gelassen, während die Polen ihnen die Rückkehr nicht erlauben wollten.

Es stellte sich schließlich heraus, dass der »Ertrag« der »wilden« Vertreibungen vom Juni und Juli zumindest in Polen in keinem Verhältnis zu den unternommenen Anstrengungen stand. Aus Tschechien wurden schätzungsweise siebenhunderttausend Menschen auf diese Weise ausgewiesen. In Polen gab die Armee offiziell die Zahl 1,2 Millionen an, doch die Historiker schätzen, dass es zweihundert- bis siebenhunderttausend waren, wobei die meisten eher zu dem geringeren Wert neigen. Es ist unklar, ob die Armee in ihren Berichten nur die erwünschten Statistiken weitergab oder die meisten Ausgewiesenen angesichts der wenigen Bewacher, vielleicht auch mit deren Beteiligung,[291] unterwegs flohen. Sicher ist, dass der Inspektionsbericht der 12. Infanteriedivision vom Juli zutraf, wonach »die Aussiedlungsaktion […] zu einer erheblichen Lockerung der Disziplin sowie zum Niedergang des moralischen Niveaus unter den Soldaten geführt« habe.[292] Dabei versuchten die Behörden durchaus, der Disziplinlosigkeit Herr zu werden, und griffen sogar zu dem praktisch undurchführbaren Verbot, Soldaten – egal welcher Nationalität – Alkohol zu verkaufen.[293] Dass die eigentliche Ursache für die zerrüttete Moral die Zwangsaussiedlungen waren, wollten sie offenbar nicht sehen. An dieser Praxis änderte sich jedenfalls nichts. Diebstähle waren an der Tagesordnung, und trotz aller Ermahnungen und Belehrungen wurde man der Vergewaltigungen nicht Herr, weil es, wie in einem Bericht über die Tätigkeit der Militärgerichte der 1. Polnischen Armee für das zweite Quartal 1945 zu lesen ist, »zur Entstehung einer Psychose der Legalität von Vergewaltigung als Akt der Vergeltung [gekommen war], für deren Bekämpfung nicht mehr nur Befehle der Armeeleitung genügen«.[294] Oft wurden auch ganz einfach die falschen Signale gesetzt, etwa indem einige Divisionskommandeure den Offizieren, deren Einheiten die Aussiedlungen besser organisiert und zugleich weniger »ertragreich« durchführten, Gutmütigkeit vorwarfen. In einem Befehl des Kommandierenden der 5. Infanteriedivision wurde angeordnet, »›weniger Versailles‹« zu spielen, »indem die deutschen [sic!] ›gebeten‹ werden, gütigst unser Land zu verlassen«.[295]

Da die »wilden« Vertreibungen sich als kontraproduktiv erwiesen, wurden sie in der zweiten Julihälfte schließlich abgebrochen. Immer wieder hatten nicht nur die sowjetischen Kommandanten dagegen protestiert, sondern auch die – überrumpelte – polnische Zivilverwaltung, die hilflos zusehen musste, dass Felder und Höfe während der arbeitsintensiven Sommer- und Erntezeit nicht bewirtschaftet wurden. Allerdings wurden auch weiterhin noch Deutsche ausgesiedelt, vor allem aus den Städten, nur handelte es sich nun um angeblich freiwillige Ausreisen, deren Organisation den Zivilverwaltungen oblag. Diese bemühten sich redlich, die Umsiedlungen ordentlich vorzubereiten, und sei es auch nur, um keine Freiwilligen abzuschrecken. Da die Überfälle auf die Ausgewiesenen – meist durch das Begleitpersonal, das sie eigentlich bewachen sollte – aber nicht aufhörten, fehlte es an Ausreisewilligen. So wurde die »Freiwilligkeit« schließlich erzwungen, indem man den Aussiedlern keine Lebensmittelrationen mehr zuteilte, ihnen die medi-

Deutsche verlassen Prag (Mai 1945).

zinische Behandlung verweigerte oder bei ihnen höhere Wasser- und Gaspreise erhob.[296] Als im Spätherbst die Feldarbeit getan war und die Deutschen kaum noch etwas hatten, was sie auf dem Schwarzmarkt verkaufen konnten, organisierten die Umsichtigeren unter ihnen ihre individuelle Ausreise, besonders oft in Schlesien, während die weniger Gewitzten sich zu Transporten meldeten oder einfach auf ihre Aussiedlung warteten. Wie viele Menschen auf eigene Faust – legal und illegal – ausreisten, ist nicht bekannt, es waren aber auf jeden Fall einige Zehntausend. Die polnischen Staatsbahnen (PKP) transportierten in dieser Zeit knapp vierhunderttausend Personen. Im kalten Dezember 1945 kam es allerdings vor, wie der beunruhigte Außenminister an den Minister für öffentliche Verwaltung schrieb, »dass am Bestimmungsort Waggons mit Leichen anstatt mit lebendigen Menschen ankamen«.[297] Darum wurden die Transporte in der Zeit der größten Kälte eingestellt, verliefen aber noch lange dramatisch, was die »Inspektionsreise« Libussa von Krockows nach Deutschland in den ersten Februartagen 1946 bestätigt. Sie war »freiwillig« unterwegs, da sie sich über die Lage im Nachkriegsdeutschland informieren wollte, und erlebte eine gespenstische Nacht in einem ständig von Überfällen heimgesuchten Zug, wobei die schlimmsten Mitglieder der Banden Frauen gewesen seien. Vom Umsiedlerlager in Stettin-Scheune blieben ihr die Revisionen und das prüfende Abgreifen in Erinnerung, ferner alte Menschen, die mit Gewehrkolben geschlagen wurden, Kinder, die um Brot bettelten, und ein nackter Säugling auf dem Arm einer kraftlosen, vielleicht sogar vergewaltigten Mutter. Im deutschen Angermünde wartete niemand auf den Zug. Als ein durch die Bahnhofshalle patrouillierender Russe die dort liegende Libussa von Krockow sah, prüfte er mit einem Fußtritt, ob sie lebte, und fragte, ob sie hungrig sei. Ohne die Antwort abzuwarten, gab er ihr ein Stück Brot, verbeugte sich und ging weiter.[298]

»Sicherlich sind die Deutschen sehr grausam gegen die Polen vorgegangen, aber es bestand keine Veranlassung, sie in dieser Hinsicht nachzuahmen«, bemerkte Jerzy Giedroyc, einer der großen Intellektuellen der polnischen politischen Emigration nach 1945, völlig zu Recht in einem Gespräch mit Krzysztof Pomian. Aber er ließ dabei völlig die Eigendynamik des Krieges außer Acht. Die Polen »unterschieden [...] sich in nichts vom Verhalten anderer vom Krieg heimgesuchter Völker«, stellte Bernadette Nitschke fest, was aber keinesfalls die Gleichgültigkeit, Herzlosigkeit und Bestialität gegenüber den Deutschen entschuldigt. Sechs Jahre deutscher Terror rechtfertigen die Deportation der Deutschen nicht, machen sie aber – nach den Worten Pertti Ahonens – verständlich.[299] Die Sozialwissenschaften kennen den Mechanismus von Konflikten gut: Einmal begonnen, wachsen sie immer weiter, und je länger sie dauern, desto schwieriger wird es, sie zu beenden. Die Menschen haben tausend eigene Probleme, sie werden von immer größeren Schmerzen geplagt, und selbst wenn sie sich nicht persönlich an der um sich greifenden Gewalt beteiligen, betrachten sie diese mit wachsender Gleichgültigkeit, vor allem wenn sie ihre alten Verfolger trifft. Auf kurze Sicht ändert die Einstellung der Kampfhandlungen nicht viel, da der von Hass vergiftete Organismus einige Zeit für die Regeneration benötigt.[300] Wie schnell die Regeneration gelingt, hängt in hohem Maße von der Stärke der rechtsstaatlichen Ordnung ab. Der polnische Staat hatte aber weder Stärke noch war er rechtsstaatlich.

Heimatlose in den Straßen des zerstörten Berlin,
Sommer 1945

IM NOVEMBER 1945 erläuterte Minister Władysław Wolski, der Generalbevollmächtigte für Repatriierungsfragen, dem italienischen Botschafter Reale die Anstrengungen, derer es beim Transfer der Polen aus West und Ost in ihr Heimatland bedurfte. »Trotz Schwierigkeiten und diversen Hindernissen wird die Repatriierungsaktion ohne die geringste Pause den ganzen Winter über anhalten«, kündigte er an. Dabei war er sich seit Langem über die damit verbundenen Gefahren bewusst, doch zugleich war er davon überzeugt, dass man die Repatriierungsverträge erfüllen müsse. »Es mag Krankheiten geben, es mag Todesfälle geben«, erklärte er im Mai 1945 vor den Delegierten der Staatlichen Repatriierungsbehörde (PUR), die im Oktober des Vorjahres gegründet worden war, dennoch müsse man die Anstrengungen fortsetzen. Wie er Reale erzählte, müssten in den Westgebieten vollendete Tatsachen geschaffen werden, bevor es zu der angekündigten Friedenskonferenz komme.

Zu dieser Konferenz kam es bekanntlich nicht.[301] Unter den außerordentlich komplizierten Bedingungen von Kriegszerstörungen, Lockerung der Sitten und des Herrschaftswechsels in den Westgebieten fand vielmehr eine »kolossale Veranstaltung statt, die kein Vorbild in der Geschichte hat«, stellte Oberst P. F. A. Growse, der Chef der Britischen Repatriierungskommission, Anfang 1946 fest. Der Oberst erwähnte »kleinere Vorkommnisse« in Zusammenhang mit dem Transfer der Deutschen, denen er jedoch »keine Bedeutung angesichts der Ausmaße der durchgeführten Aktion« beimaß.[302] Die großen angelsächsischen Zeitungen teilten seinen Optimismus in dieser Zeit jedoch schon nicht mehr. Deren Artikel müssen nicht zwangsläufig die Meinung breiterer Bevölkerungskreise wiedergegeben haben, doch immerhin wurden hier das Vorgehen der Alliierten kritisiert, gelegentlich die Idee der Umsiedlungen an sich infrage gestellt und die Beschlüsse von Potsdam angeprangert. Bertrand Russell, der bedeutende britische Philosoph und Pazifist, der für sein Engagement zweimal ins Gefängnis ging, fragte in einem Brief an die *Times* vom 23. Oktober 1945 rhetorisch, ob es humaner sei, alte Frauen und Kinder aus ihrem Zuhause zu holen und in der Ferne sterben zu lassen als Juden zu vergasen, womit er auf die dramatische Versorgungslage in der britischen Besatzungszone hinwies.[303]

Die Bedingungen des Transfers der Polen aus dem Osten interessierten die angelsächsischen Medien ebenso wenig wie die anderen großen Umsiedlungen im Gebiet des weiten sowjetischen Imperiums. Dies war nicht unbedingt nur auf Unwissenheit oder ein gewissermaßen »natürliches« größeres Verständnis für den sowjetischen Bündnispartner zurückzuführen. Im polnischen Fall dürften, wie Philipp Ther ausführt, wohl auch Gewissensbisse eine Rolle gespielt haben. »Da Winston Churchill und Franklin D. Roosevelt der Aussiedlung der Polen aus dem Osten zustimmten und dazu die polnische Regierung noch nicht einmal konsultierten, akzeptierte der Westen gerne eine geschönte Version der polnischen Nachkriegsgeschichte.«[304] Und so hatte Oberst Growse zu den Umsiedlungen aus dem Osten eben wenig zu sagen; vermutlich war er fest davon überzeugt, dass die »Vorfälle« in Zusammenhang mit den Nachkriegstransfers vor dem Hintergrund dessen, was während des Krieges geschehen war und was man in der Nachkriegszeit an Anstrengungen unternahm auf der Suche nach einem neuen *modus vivendi*, tatsächlich belanglos waren. Wenn der Wind der Geschichte heftiger weht, trifft er schließlich alle und eben nicht nur jene, die den Wind gesät haben, wie man frei nach Hosea (8,7) sagen könnte. Die Züge mit den polnischen Umsiedlern aus dem Osten wurden weder im letzten Kriegswinter noch im ersten Friedenswinter gestoppt, obwohl unabhängig voneinander der oberste Arzt im Land, der Vizeminister für Arbeit und Sozialfürsorge Jerzy Morzycki, und Adam Sapieha, der Kardinal von Krakau, dazu aufgerufen hatten.[305]

Im Dezember 1945 war die Lage im Süden Polens katastrophal. Mehr als zwanzigtausend Menschen steckten in offenen Eisenbahnwaggons fest, denn die Bahnstrecken nach Schlesien, wohin das ganze Jahr 1945 hindurch die meisten Züge fuhren, waren total verstopft. Zu allem Überfluss drängten die sowjetischen Stellen auf eine Beschleunigung der »Repatriierung«. Viele Menschen starben auf den Gleisen und an den Bahnrampen, wie immer vor allem die Ältesten und die Jüngsten. Tote wurden aber auch aus einem Zug herausgeholt, der im Winter 1945 zweitausend Facharbeiter von Lemberg nach Breslau brachte. Viele hatten Erfrierungen und ausnahmslos alle waren extrem erschöpft. Die Opfer unter den Expatriierten aus dem Osten sind nie gezählt worden, später durfte man noch nicht einmal an sie erinnern, obwohl bekannt war, dass es Tausende waren. Zweifellos erging es hier den Polen besser, denn die polnischen Umsiedler empfingen mehr Fürsorge als die deutschen, in denen man die Verursacher allen Unglücks sah. Die Deutschen waren die Letzten, die in Europa mit Empathie rechnen konnten. »Angesichts der deutschen Herrschaft auf polnischem Boden und der deutschen Besatzungspolitik 1941 bis 1944 in Rußland waren Regungen des Mitleids für die künftigen Opfer der Vertreibung unwahrscheinlich.«[306] Vor allem aber war Polen mit seinem schwachen Verwaltungsapparat und seiner zerstörten Infrastruktur nach dem Krieg überhaupt nicht darauf vorbereitet, solch riesige Menschenmengen zu verlagern; Hilfe, von welcher Seite auch immer, war unter den damaligen Verhältnissen kaum zu erwarten. Deshalb gibt es Beschreibungen von Lagerplätzen der »Repatrianten«, die sich über Kilometer erstreckten, mit einem Gewimmel hungernder Menschen, die ohne die nötigsten sanitären Einrichtungen auskommen mussten und nicht wussten, was mit ihnen geschehen würde.[307]

In Schlesien kamen die ersten Züge aus dem Osten schon im März 1945 an. Bis Anfang Mai trafen vierzig Züge mit fast dreißigtausend Menschen ein. Gleich nach der Kapitulation Deutschlands setzte ein Pendelverkehr ein zwischen den ehemaligen polnischen Ostgebieten und Schlesien. Nach Westen fuhren die Polen, die ihre Heimat verlassen mussten, nach Osten Kriegsgefangene und Zwangsarbeiter aus Deutschland zurück in ihre Heimat. Etwas später begann die Siedlungsaktion im Lebuser Land und in Hinterpommern. Im Sommer waren Zehntausende Umsiedler auf den Bahnstrecken unterwegs. Wie viele es tatsächlich waren, wusste niemand genau, weshalb die Versorgung mangelhaft war. »Die Menschen taumeln vor Müdigkeit und flehen, sie zu erschießen«, heißt es in einem Bericht aus Rzeszów. In Oppeln, wichtiger Etappenpunkt auf dem Weg von Ost nach West und umgekehrt, schliefen Tausende unter freiem Himmel. Nicht anders sah es in Brockau bei Breslau und in Ellgoth bei Kattowitz aus, das gelegentlich als »zweites Auschwitz« bezeichnet wurde. Aber immer noch kamen weitere Gruppen aus dem Osten an, ebenso Rückwanderer aus dem Westen, insbesondere aus Frankreich und Deutschland, schließlich die Einwohner des zerstörten Warschaus und junge Menschen aus allen Regionen Vorkriegspolens, die in den Westgebieten die Chance auf ein besseres Leben nutzen wollten. Nachdem etwa die Hälfte der ehemaligen deutschen Bevölkerung in den neuen polnischen Gebieten vor der Roten Armee geflohen war, boten sich hier für Siedler tatsächlich beträchtliche Möglichkeiten, auch wenn die Städte stark zerstört waren – im Schnitt waren bis zu sechzig Prozent der Bausubstanz unbenutzbar.[308] Zudem waren die am besten erhaltenen Stadtteile noch von der Roten Armee besetzt, die sie nur ganz allmählich aufgab, wobei sie Häuser und Wohnungen meist völlig verwahrlost zurückließ.[309] Nicht selten ruinierten auch die Deutschen vor Wut und Trauer die Wohnungen, die sie räumen mussten. Ähnlich verhielten sich viele Polen, wenn sie die polnischen Ostgebiete verlassen mussten.[310] Leid-

Polnische Aussiedler aus den Ostgebieten steigen in Kattowitz aus sowjetischen in polnische Eisenbahnwaggons um (März 1946).

tragende waren die nach und nach ausgesiedelten Gruppen, die oft erst im letzten Augenblick von ihrem Transfer erfuhren, weil die Behörden wohl hofften, so mutwilligen Zerstörungen vorzubeugen.

Ein beträchtlicher Teil der jungen Leute in den neuen polnischen Territorien an Oder und Ostsee waren ehemalige Zwangsarbeiter aus Deutschland. Einige waren ganz einfach dort geblieben, wo sie bislang hatten arbeiten müssen. Andere kamen aus dem Westen, gelegentlich sogar mit ihren deutschen Partnern.[311] Auch sie blieben nicht selten, wenn sie dazu aufgerufen wurden, da sie sich hier schneller zurechtfinden konnten, nachdem sie jahrelang in Deutschland gearbeitet hatten.[312] So hielten sich in den Westgebieten viel mehr ehemalige Zwangsarbeiter auf als in den altpolnischen Gebieten. Unter den Männern in Breslau stellten sie unmittelbar nach dem Krieg dreißig Prozent, unter den Frauen – sehr oft junge Witwen – waren es elf Prozent gegenüber elf beziehungsweise vier Prozent in Krakau. Viele hatten kein Zuhause mehr, in das sie zurückkehren konnten, da dieses sich nun außerhalb der Grenzen des polnischen Staates befand.[313] Die während des Krieges aus den polnischen Ostgebieten ausgesiedelten Zwangsarbeiter waren deshalb wie die *kresowiacy*, die ehemaligen Bewohner der Ostgebiete, der Bevölkerungsteil in den neuen Westgebieten, der die engsten Beziehungen zur neuen Umgebung aufbaute und darin sogar die alteingesessenen Bewohner im Oppelner Schlesien übertraf. Diese hatte sich vor dem Krieg zwar in der Regel zum Polentum bekannt, aber nun, beim direkten Aufeinandertreffen mit diesem Polentum, mit der neuen Kommunalverwaltung und den zuwandernden Polen, von denen sie als Deutsche angesehen wurden, entschieden sie sich nicht selten für die deutsche Seite ihrer doppelten Identität und siedelten nach und nach in die Bundesrepublik Deutschland über. Dort fühlten sie sich ebenfalls nicht wirklich heimisch, da im engen Kontakt mit den Deutschen ihre polnische Identität wiedererwachte. Die Zwangsarbeiter aus dem ehemaligen Zentral- und Westpolen dagegen stellten nach der Rückkehr in ihre Heimat zumeist fest, dass sie sich dort nicht mehr recht einleben konnten, und kehrten rasch in den Westen zurück, nach Möglichkeit in jene Orte, die sie während des Krieges kennengelernt hatten.

Im pommerschen Hohengrape, das in der NS-Zeit – wie fast alle anderen Dörfer der Umgebung – an ein internationales Arbeitslager erinnerte, tauchten die ersten Polen bereits im Herbst 1939 auf. Nicht selten fanden sie hier ihr kleines Glück im Unglück. »Ich weiß nicht, was sonst mit mir geschehen wäre«, meint heute Jan Bieniak, der, kaum zwanzigjährig, aus dem im Krieg schwer gebeutelten Lubliner Land nach Hohengrape verschlagen wurde. Hier lernte er seine sechs Jahre jüngere Frau kennen, die ebenfalls als Arbeiterin hergebracht worden war. Gleich nach dem Krieg heirateten sie »in Polen«, wie er sagt, doch zog es sie wieder nach Hohengrape, das nun Chrapowo hieß. Hier fanden sie wie viele ihrer polnischen und dann auch ukrainischen Nachbarn eine neue Heimat. Es war ein schwieriges Zuhause inmitten einer bunt zusammengewürfelten Bevölkerung, aber es bot ihnen in der unsteten Nachkriegszeit ein Gefühl von Stabilität. In den 1970er Jahren lebten die Kontakte zum einstigen katholischen Pfarrer von Hohengrape sowie zu einigen der ehemaligen deutschen Hofbesitzer wieder auf, meist katholischen Kolonisten aus Süddeutschland.[314]

Wenn man die nach dem Krieg benachteiligte, mehr als eine Million Menschen zählende Menge der Autochthonen, der ehemaligen deutschen Staatsbürger in den neuen polnischen Westgebieten, außer Acht lässt, waren es gerade die als Zwangsarbeiter eingesetzten Polen, die am längsten in den Westgebieten lebten. Sie stellten hier die ersten Dorfschulzen, Bürgermeister und Milizbeamten.[315] Auch das lokale Parteiaktiv der Polnischen Arbeiterpartei (PPR) rekrutierte seine Mitglieder aus ihren Reihen. Diese in jungen Jahren entwurzelte Generation der Zwangsarbeiter, die in der polnischen Fachliteratur als »vom Schicksal geschlagene Generation« bezeichnet wird, hatte ein engeres Verhältnis zu den an die Macht kommenden Kommunisten als andere Gruppen. Man erklärt das in der Regel mit ihrem in der Zeit der Unfreiheit ausgebildeten Opportunismus, aber meiner Meinung nach ist nicht ohne Bedeutung, dass sich die Kommunisten sofort und ganz eindeutig für die Zugehörigkeit ihrer neuen Heimat, der »Wiedergewonnenen Gebiete«, also der Gegenden östlich von Oder und Lausitzer Neiße, zu Polen aussprachen. Die Angehörigen der »vom Schicksal geschlagenen Generation« waren weniger gut gebildet, da der Krieg ihre Schulzeit unterbrochen hatte, und sie besaßen häufig problematische Eigenschaften: Für viele galt »Kraft vor Recht«, und ihre Arbeitsmoral war gering, was sich destruktiv auf ihr Leben auswirkte.[316] Aber für ihre Kinder, die unter ganz anderen Bedingungen aufwuchsen und die sich weder an den Nationalsozialismus noch an den Stalinismus erinnern konnten, wurden die Arbeiter- und Menschenrechte wichtig, vor allem das Recht auf ein menschenwürdiges Leben, was schließlich auch zur Entstehung der Gewerkschaftsbewegung Solidarność beitrug, die ihren Anfang in Pommern, Pommerellen und Schlesien nahm. Auf die Angehörigen dieser Generation, die nicht wie ihre Eltern fürchteten, dass man sie aus ihrer neuen Heimat wieder vertreiben könnte, machte die Parteipropaganda keinen Eindruck, die Schrecken zu verbreiten suchte mit der Behauptung, die westdeutschen Revanchisten hätten es auf die von Streiks erfassten »Wiedergewonnenen Gebiete« abgesehen. Für diese Generation waren die neuen Gebiete bereits ganz selbstverständlich Heimat.

Am schleppendsten verlief die Neubesiedlung des ehemaligen Ostpreußens, wo die polnische Verwaltung aufgrund des Mangels an polnischen Siedlern eine besonders pragmatische Politik gegenüber der verbliebenen deutschen Bevölkerung verfolgte, vor allem wenn sie slawischer Herkunft war, was im Ermland und in den südlichen Grenzkreisen oft der Fall war. Da eine nationale Verifizierung, die deutsche, sich zum Polentum bekennende Staatsbürger beantragen konnten, hier ziemlich unproblematisch war – man musste noch nicht einmal Polnischkenntnisse nachweisen –, entschlossen sich Zehntausende Deutsche, an Ort und Stelle zu bleiben und die polnische Staatsbürgerschaft anzunehmen.[317]

In der Nähe von Stolp in Pommern bemerkte Libussa von Krockow die polnische Präsenz bereits in den ersten Sommerwochen 1945. Neben Kriegsgefangenen und Zwangsarbeitern, die sich hier niederließen, tauchten auch die ersten Umsiedler auf, die Läden in der Stadt und Bauernhöfe übernahmen. »Knechte und Herren tauschen die Rolle«, notierte die junge Deutsche damals.[318] Sicherlich konnte sie aus ihrer begrenzten Perspektive nicht erkennen, dass die Gegenden zwischen der Leba und der Oder bis hin zur schlesischen Grenze damals so gut wie menschenleer waren und nur einige Bevölkerungsinseln bei Belgard, Schlawe, Stolp und Lauenburg bestanden, wo meist Deutsche lebten, während es näher an der Oder vor allem Polen waren. Noch im August schrieb der anonyme Verfasser eines Reiseberichts, dass der Weg nordwestlich von Schönlanke und Deutsch Krone durch Pommern nach Stettin und dann über Landsberg nach Posen »sozusagen durch eine Wüste [führte]. Auf Entfernungen von einigen Dutzend Kilometern trafen wir keine lebende Seele, die Mehrzahl der kleinen Städte ist völlig zerstört, polnische Ansiedler gibt es wenige, die deutsche Bevölkerung bildet einen verschwindenden Prozentsatz.«[319] Die meisten Deutschen waren geflohen oder aus ihren Häusern verjagt worden, während der Zustrom neuer Siedler nach Pommern noch einem schmalen Rinnsal glich, das sich erst vom Herbst an allmählich verbreitete.

WENN MAN VON DEN WENIGEN ZWANGSARBEITERN und Kriegsgefangenen absieht, auch von der kleinen Gruppe der Ortsansässigen in Deutsch Krone, die sich für Polen aussprach, kamen die ersten Siedler erst Mitte April 1945 in die Stadt. Zu diesem Zeitpunkt dürfte das kleine Lager, in dem die Rotarmisten die deutsche Bevölkerung der Stadt gesammelt hatten, bis die Front weiter nach Westen vorgerückt war, bereits aufgelöst gewesen sein. Über dieses Lager haben sich nur wenige Informationen erhalten, wahrscheinlich befand es sich auf der Wusterhof-Halbinsel (heute Orla). Der Etappenpunkt an der Märkisch-Friedländer-Straße, unweit des Bahnhofs im Stadtteil Radun, entstand wohl erst in Zusammenhang mit der späteren Ausweisungswelle. Auf jeden Fall brachten es die Stadt Deutsch Krone und der Landkreis im Frühjahr 1945 nur auf ein Fünftel der Einwohnerzahl von 1939 und waren damit weitgehend entvölkert. Im April wurde in der Landwirtschaftsschule an der Südbahnhofstraße ein Etappenpunkt für polnische Umsiedler eingerichtet, einer von über zweihundertfünfzig derartigen Punkten der Staatlichen Repatriierungsbehörde. Bis Mai 1945 passierten dreitausend Menschen diesen Etappenpunkt, meistens aus Litauen, Weißrussland und der Ukraine. Der erste große Transport mit Polen traf Mitte Mai aus dem wolhynischen Korzec ein. Er zählte tausendfünfhundert Personen, die sich um den Pfarrer Walerian Głowacz scharten. Weitere Flüchtlinge kamen in Gruppen oder einzeln aus Podolien, Wilna, Grodno sowie schließlich aus Zentralpolen. Aus Ożenin in Wolhynien übersiedelte schließlich der Kapuzinermönch Gabriel Banaś mitsamt den Mitgliedern seiner Pfarrgemeinde in die Westgebiete. Gabriel Banaś wurde bekannt, weil er im Krieg dem von den ukrainischen Partisanen belagerten Ostróg Hilfe gebracht hatte. Der in Innsbruck promovierte Philosoph übernahm 1946 die bis dahin protestantische Kirche am Deutsch Kroner Schlosssee.

Bereits 1945 hatten sich die Kapuziner an der Stadt interessiert gezeigt und zunächst eine katholische Pfarrei in der unzerstörten Sankt-Nikolaus-Kirche aufgebaut. In diese Kirche waren bis dahin Maria und Leo Fischer gegangen. Hier waren ihre Kinder getauft worden, und hier hatte noch am 18. Januar 1945 Pfarrer Heinrich Wilhelmi, der bis Mitte 1946 in der Stadt blieb, den kleinen Ekkehard Krüger getauft. Taufpate war zufällig Cousin Bruno Fischer, der wegen einer Verletzung Heimaturlaub erhalten hatte. Später erzählte er, der russische Beschuss habe ihm sicherlich das Leben gerettet, da er in ein Lazarett in Bautzen kam, von wo er in amerikanische Kriegsgefangenschaft floh. Cousine Maria, die mit Bangen die Nachrichten von der

Januaroffensive verfolgte, hatte ihn damals noch gefragt, ob die Russen bis Deutsch Krone kommen würden. Genau zwei Wochen später stand die Rote Armee vor der Stadt, und die Fischers mussten fliehen.[320]

Der Deutsch Kroner Etappenpunkt hatte im Frühjahr 1945 sechsundzwanzig Mitarbeiter, verfügte über eine eigene Miliz, Pferdefuhrwerke und eine medizinische Versorgungsstelle, die von der aus Grodno stammenden Ärztin Klaudia Ottowicz betreut wurde. Lebensmittel wurden – wie der Leiter berichtete – »im Gelände erbeutet«. Noch zwei bis drei Monate zuvor hatte frei herumlaufende »Nahrung« – die von den fliehenden Deutschen zurückgelassenen Zuchttiere – die sowjetischen Soldaten begeistert. Inzwischen wurden die Tiere wohl auf den deutschen Höfen beschlagnahmt oder von sowjetischen Militärgütern »übernommen«. Frei herumlaufendes Vieh gab es nicht mehr, selbst Hühner wurden am Halsband gehalten.[321] In den Quellen aus dieser Zeit gibt es reichlich Hinweise auf Scharmützel zwischen der polnischen Miliz und dem sowjetischen Militär; auch gegen zahlreiche Marodeure wurde gekämpft. Ende Mai, Anfang Juni kehrte der deutsche Dorfschulze aus den Gebieten westlich der Oder nach Trebbin, dem heutigen Trzebin, zurück. Er hat ein farbiges, wenn auch wohl leicht überzeichnetes Bild von der Lage in der Gegend überliefert: »Östlich der Oder bestanden schon in allen Orten polnische Verwaltungen, die Straßen wimmelten von polnischer Miliz, die halb Zivil, halb Soldat, schwer bewaffnet ein wahres Räuberleben führte und oft mit den Russen schwere Zusammenstöße hatte, die selten ohne Schießerei abgingen.«[322] Die Frau eines deutschen Pächters aus dem benachbarten Schrotz berichtet dagegen: Ihrer Erinnerung nach habe die polnische Verwaltung den Ort erst im November von den Russen übernommen, was es den deutschen Frauen schließlich erlaubt habe, sich wieder mehr ihren Kindern zuzuwenden. »Wir hatten das Glück, einen einsichtigen [polnischen] Gemeindevorsteher zu haben, wie auch die früheren polnischen Arbeiter, die jetzt die deutschen Bauernhöfe besetzt hatten, sich uns gegenüber nicht ausgesprochen feindlich verhielten.«[323]

IM FEBRUAR 1946 hatte mein dreißigjähriger Vater Czesław sich bereits in Stettin niedergelassen und mit einigen Kameraden aus Mauthausen-Gusen den Verlag »Polskie Pismo i Książka« (Polnische Schrift

Mitarbeiter des Etappenpunkts der polnischen Staatlichen Repatriierungsbehörde in Deutsch Krone auf einem Gruppenbild von 1946

und Polnisches Buch) gegründet. Gleich nach der Befreiung des Lagers war er nach Linz gezogen, wo er stellvertretender Leiter des Polnischen Zentrums wurde und damit ermächtigt, »alle polnischen Angelegenheiten zu erledigen«. Er begann mit dem Wichtigsten: Er besorgte Lebensmittelkarten für sich selbst, ohne die man sogar in Oberösterreich, wo die Versorgungslage gar nicht so schlecht war, nicht überleben konnte. Am 12. Mai meldete er sich diesbezüglich beim Linzer Polizeipräsidium, wo er eine Bescheinigung erhielt, mit der er beim Ernährungsamt, das trotz des Zerfalls der deutschen staatlichen Strukturen ohne Unterbrechung weiterarbeitete, in der Abteilung B seine Karten abholen konnte. Nun machte er sich daran, in Abstimmung mit den amerikanischen Militärbehörden das Leben der in der Region lebenden Polen zu organisieren, vor allem aber befasste er sich mit deren allmählicher Rückführung in die Heimat. Er war davon überzeugt, dass sich die meisten in Österreich auf Dauer nicht zu helfen wüssten und zu einem Dasein als Hungerleider verdammt wären. Früher oder später würden sie dann ihre nationale Identität verlieren. Für den jungen Mann, der in der polnisch-nationaldemokratischen, de facto also nationalistischen Tra-

Czesław Piskorskis Ausweis als politischer Häftling des
Konzentrationslagers Mauthausen

dition aufgewachsen war, war das eine Aussicht, mit der er sich nicht
abfinden wollte und konnte. Andererseits hatten selbst er und einige
seiner Kameraden aus der ersten großpolnischen Widerstandsbewegung »Ojczyzna« (Vaterland) Bedenken hinsichtlich der Rückkehr in
das zerstörte Polen, obwohl dort jeder dringend gebraucht wurde.

Vermutlich fand in Linz das erste Treffen meines Vater mit Florian,
seinem älteren Cousin väterlicherseits, nach dem Krieg statt. Florian
Piskorski war der Chef der europäischen Delegatur des Rats der in
Amerika lebenden Polen, der besser als *Polish War Relief* oder auch
American Relief for Poland bekannt ist. Zwischen den beiden kam es zu
einem sehr heftigen Wortwechsel, unter dem beide bis zum Ende ihres
Lebens litten, doch verrieten sie – wie das in dieser Generation der Fall
zu sein pflegte – den Grund ihrer Auseinandersetzung nie, obwohl es
genügend Gelegenheit dazu gegeben hätte. Onkel Florek, wie wir ihn
nannten, hatte in der Zwischenkriegszeit in den USA gelebt und war im
Frühjahr 1940 nach Europa geschickt worden, um sich der Bedürfnisse
der Polen in Frankreich, der Schweiz, Rumänien und Ungarn anzunehmen. Zu seinen Aufgaben gehörte es, eine europäische Zweigstelle zu

Die Gattin des US-Botschafters in Portugal verfolgt am 28. März 1944 in Begleitung von Florian Piskorski das Packen von Paketen nach Polen.

gründen, die den Landsleuten in enger Zusammenarbeit mit der Exil-regierung in London helfen sollte. Das Büro sollte zunächst in Paris eingerichtet werden, doch nach der Niederlage Frankreichs entschied man sich 1941 für Lissabon, von wo man nicht nur vergleichsweise leicht aus Europa fliehen, sondern auch Hilfe nach Europa bringen konnte. Die Delegatur verschickte Kleidung, Medikamente und Lebensmittel ins Generalgouvernement sowie in die Konzentrations- und Kriegs-gefangenenlager. 1945 verlegte sie ihren Sitz nach Genf und eröffnete Filialen in Österreich und Deutschland. Nun konzentrierte sie sich vor allem auf die polnischen *displaced persons* und seit Dezember 1945 auf Polen selbst. Dort wurden vier Unterabteilungen eingerichtet (in Gdin-gen, Krakau, Posen und Warschau), die vor allem Hilfe für Kranken-häuser organisieren sowie in Abstimmung mit dem Internationalen Komitee vom Roten Kreuz Vermisste suchen sollten. Was die polni-schen DPs in Westeuropa und in den westlichen Besatzungszonen be-traf, so waren die Vorstellungen, was mit ihnen geschehen sollte, in der Genfer Delegatur sehr verschieden. Florian Piskorski hielt die Repatri-ierung für verfrüht, doch nach Gesprächen mit dem Botschafter in Bern, dem Schriftsteller Jerzy Putrament, erklärte er sich zur Zusammenarbeit mit der polnischen Regierung bereit. Es ist zu vermuten, dass seine Entscheidung teilweise durch die Tatsache beeinflusst war, dass die polnische Bevölkerung in den USA sich kaum noch für die DPs interessierte, viel stärker aber dafür, was in Polen selbst geschah.[324]

Dreieinhalb Monate nach Kriegsende machte sich mein Vater, ausgestattet mit einer Bescheinigung der *Administration of D.P. Camps*, nach Polen auf, um die Lage dort zu erkunden. Am Grenzübergang in Deetz, wo in dieser Zeit noch nicht einmal die hier sonst üblichen polnisch-sowjetischen Scharmützel stattfanden, gab er ein falsches Reiseziel an, nämlich Bromberg. Tatsächlich fuhr er nach Posen, wo er seine Eltern besuchte, wichtige Informationen einholte und wohl eine Entscheidung fällte, die sein Leben von da an bestimmte. Die Lage schien ihm besser als angenommen, vor allem da er – wie die meisten jungen Leute in Posen und Umgebung, die aus dem nationaldemokratischen Lager stammten – keine antirussischen Phobien hatte; er sah in den Russen wie auch in den Tschechen, deren Sprache er in der Schule erlernt hatte, vielmehr slawische Brüder. Nachdem er bei dem in ganz Nord- und Westpolen sehr bekannten Posener Sankt-Albert-Verlag (Wydawnictwo Świętego Wojciecha) polnische Lettern besorgt hatte – an das Gewicht dieser Bleilettern erinnerte er sich noch nach vielen Jahren –, reiste er nach Stettin, wo er den Leitartikel für die am 5. September erscheinende neue hinterpommersche Wochenzeitung *Pionier Szczeciński* verfasste. Es ist wenig wahrscheinlich, dass er diesen Artikel schon an dem Schreibtisch entwarf, an dem er dann sein ganzes Arbeitsleben verbringen sollte. Mein Vater hatte das gute Stück wohl 1945 von einem Deutschen erworben, mit dem er bereits länger in Kontakt gestanden haben muss – möglicherweise im Zusammenhang mit der Übernahme der Druckerei an der ulica Wojska Polskiego, früher Falkenwalder Allee. Dieser hatte ihn damals gebeten, einen innen in der Schublade befestigten Schlüssel aufzubewahren. Der Schlüssel blieb dort bis zum Tod meines Vaters im Jahr 1987.

Nachdem er den Artikel fertiggestellt hatte, in dem er erklärte, dass die Polen »hier waren, hier sind und hier sein werden« und dass »wir gekommen sind und hier ausharren werden«, ging mein Vater noch einmal über die grüne Grenze nach Linz, wo die Kameraden aus dem

Bogusław Piskorski (Zweiter von links) als Zwangsarbeiter

Lager auf ihn warteten, und kehrte schließlich mit ihnen nach Stettin zurück – für immer.[325] In offiziellen Lebensläufen betonte er stets, dass er unverzüglich nach Polen zurückgekehrt und dort geblieben sei. Offensichtlich hatte er Angst, dass die Wahrheit ans Licht kommen würde, vor allem während des Stalinismus, als so viele seiner Freunde und Bekannten im Gefängnis saßen und ihm der Sicherheitsdienst dicht auf den Fersen war.[326]

Während sich die zwanzigjährige Witwe Libussa von Krockow im Sommer 1946 mit ihrer Mutter, der kleinen Tochter und der Haushälterin abermals in den Westen aufmachte, heiratete mein in Posen geborener Vater, der sich inzwischen in Stettin niedergelassen hatte, in der Nähe von Lissa in Großpolen. Er hatte eine neue Bewerberin für die Rolle der Frau an seiner Seite finden müssen. Seine Verlobte aus der Zeit vor der Lagerhaft hatte nicht gewartet, sondern war – wie es hieß – davon überzeugt gewesen, dass man aus den Fängen der Gestapo kaum lebendig zurückkehren könne. Bevor er heiratete, hatte er noch zwei Bücher über Pommern geschrieben und seinen jüngeren Bruder Bogusław nach Stettin geholt, der mit 24 Jahren soeben das Abitur am Polnischen Allgemeinbildenden Lyzeum in Rom abgelegt hatte, wohin er nach einem mehrjährigen Aufenthalt als Zwangsarbeiter in Deutschland gelangt war. Unter der Aufsicht meines Vaters und mit Unterstützung seiner tüchtigen Frau Bożena konnte Bogusław in Stettin die Technische Hochschule absolvieren und fand danach Arbeit als Schiffsbauer auf der Werft. Er gehörte 1981 zu den Mitgliedern des von Kardinal Stefan Wyszyński während der Solidarność-Zeit einberufenen ersten Primasrates.

So wie mein Vater und sein Bruder reisten Millionen befreiter *displaced persons* durch Europa, ehemalige Häftlinge, Zwangsarbeiter, Kriegsgefangene, allesamt durch den Krieg entwurzelte Menschen. Die alliierte Führung hatte sich lange auf diesen Umstand vorbereitet und war sich im Prinzip der Ausmaße des Problems bewusst, doch die Wirklichkeit überstieg alle Erwartungen. Seit den ersten Apriltagen 1945 berichtete die *New York Times* von den vielen DPs, die Unterkunft und Verpflegung suchten und dadurch den Vormarsch der nach Deutschland einrückenden Einheiten behinderten. Zu ihrer Rettung und zu ihrem Schutz mussten viele Tausend Mann starke Abteilungen abgestellt werden. Platz für die DPs fand man vor allem in verlassenen Kasernen, bei Bedarf siedelte man aber auch die Einwohnerschaft deutscher Dörfer komplett aus. Wie sich herausstellen sollte, mussten sie zuweilen sehr lange auf die Rückkehr in ihre Häuser warten, da viele DPs aus dem Osten – Balten, Juden, Polen, Ukrainer und auch einige Russen – Angst hatten, in ihre Heimat zurückzukehren, oder sie hatten kein Zuhause mehr, wohin sie gehen konnten.[327]

Nachdem die erste Begeisterung über die Befreiung verflogen war, machten die DPs – allen voran die Juden – den Befreiern schwere Vorwürfe, dass sie so lange hatten warten müssen und dass sie noch immer schlecht behandelt und nicht ausreichend mit Nahrung und Kleidung versorgt würden. Mitunter hielten sie sich an der deutschen Nachbarschaft schadlos und entschieden selbst darüber, was Recht und was Unrecht sei. Dies schien ihnen schon deshalb gerechtfertigt, weil ihre alten Arbeitgeber zum Teil nicht begriffen, dass die Zeiten sich vollkommen geändert hatten. Die jahrelang gefangen gehaltenen jungen, oft sehr jungen Leute wurden, nachdem sie ihre Fesseln abgestreift hatten, nun zu einer von Tag zu Tag weniger berechenbaren, gefährlichen Gruppe.[328]

»Das Land ist von Plünderern erfüllt, Leuten, die ohne Arbeit in den Lagern sitzen, aus allen Nationen, und für die fremdes Eigentum und fremdes Leben so wenig bedeuten, wie sie für ihre gestürzten Fronvögel bedeutet haben«, schrieb Ernst Wiechert. Der Sänger aus der masurischen Waldeinsamkeit und romantische Einsiedler fügte aber auch hinzu, dass die besiegten Deutschen sich nicht besser verhielten, indem sie »die wenigen Rettungsboote der Katastrophe« stürmten »ohne Erbarmen für den Nächsten«. Die Wirklichkeit war, so Wolfgang Jacobmeyer, noch trostloser. Die Zahl der Morde und Überfälle stieg – wie nach jedem Krieg – rasant an, das galt für beide Gruppe gleichermaßen, doch die Diebstähle, die von Deutschen verübt wurden, nahmen noch mehr zu als die von DPs organisierten Raubzüge.[329] Wie Wiechert klar erkannte, waren viele Überfälle und Diebstähle, die den DPs zur Last gelegt wurden, in Wahrheit gar nicht begangen worden, vielmehr wollten die Deutschen nur von den tatsächlichen Tätern ablenken, indem sie mit dem Finger auf die unbekannten »Leute aus den Lagern [...], Fremde, nach denen zu suchen zwecklos sei«, zeigten. Auf diese Weise kam reichlich Ware für den Schwarzhandel zusammen.[330]

Alleine in den westlichen Besatzungszonen entstanden siebenhundertfünfzig Hilfszentren für DPs, die – nicht anders als das *Polish Centre* in Linz – nach staatlicher Zugehörigkeit organisiert wurden. Die Repatriierungen begannen in den ersten Wochen des Frühjahrs und erreichten ihren Höhepunkt im Mai und Juni 1945, als täglich jeweils fünfzigtausend Menschen alleine in die UdSSR gebracht wurden. Bis Ende September wurden insgesamt über zehn Millionen Kriegsgefangene und DPs repatriiert, darunter fast alle Staatsbürger der Sowjetunion sowie der west- und nordeuropäischen Staaten, eine beinahe unglaubliche Zahl, wenn man das Chaos in Europa, insbesondere in seinem östlichen Teil, in Betracht zieht. Schließlich zogen auch die ersten Militäreinheiten nach Hause, die schrittweise in die Reserve versetzt wurden.

Der normale Soldat träumt von der Heimkehr und kann sie kaum erwarten. Besonders für die sowjetischen Soldaten bedeuteten die Kasernen im besetzten Deutschland Langeweile, die sie mit dem allgegenwärtigen, obschon eigentlich verbotenen Alkohol zu bekämpfen suchten. Der Weg zu deutschen Frauen wurde gar nicht so bereitwillig eingeschlagen, wie in der breiten Öffentlichkeit angenommen wird. Flüchtige Bekanntschaften kamen so gut wie gar nicht infrage und galten aufgrund der grassierenden Geschlechtskrankheiten auch als

gefährlich. Feste Beziehungen, die durchaus auf gegenseitiger Liebe be-
ruhen konnten, wurden erst recht nicht gern gesehen, auf beiden Seiten
nicht, und endeten meistens mit der Versetzung des Armeeangehörigen
zu einer anderen Einheit oder gar der Abkommandierung in die UdSSR.
Eine deutsche Geliebte durfte, selbst wenn sie ein Kind mit dem Soldaten hatte, nicht mitgenommen werden, schließlich warteten auf die
Heimkehrer in der Sowjetunion genügend Frauen, die aufgrund des
Männermangels infolge des Krieges alleinstehend waren. In viele sowjetische Dörfer, vor allem im russischen Norden, kehrte kein einziger
Mann aus dem Krieg zurück.[331]

Wenn man Wladimir Gelfand Glauben schenken darf, waren die
Mädchen aus den sowjetischen Hilfseinheiten, die in Kantinen, Wä-
schereien und Krankenhäusern beschäftigt waren, nicht begeistert
davon, dass es wieder nach Hause ging, da sie sich »eines luxuriösen
Lebens [erfreuten], das sie sich durch Handel mit ihrem Körper ver-
schafften«. Swetlana Alexijewitschs Gespräche mit den sowjetischen
Soldatinnen bestätigen dieses Bild allerdings nicht: Die meisten wollten so schnell wie möglich nach Hause, obwohl sie nicht wussten, ob
und in welchem Zustand sie ihr Zuhause vorfinden würden.[332] Sehr
viel heikler war, was damals in Europa aber kaum erkannt wurde, die
Zwangsrepatriierung von russischen Wlassow-Soldaten, Ukrainern
und Balten, denen man ohne Ausnahme das Etikett von Kriminellen
und Verrätern anheftete, ganz gleich, was sie während des Krieges getan
hatten und welches ihre Motive gewesen waren. Die Westalliierten lieferten sie den Sowjets aus, was nicht selten ihren sicheren Tod, zumindest aber viele Jahre Verbannung bedeutete. Wie problematisch diese
Überstellung sein konnte, zeigte Olexa Woropay in ihrer Erinnerungen.
Sie schildert, wie im schwäbischen Kempten im August 1945 Ukrainer
von amerikanischen Soldaten aufgebracht wurden: »Die Soldaten kamen in die Kirche und begannen die Menschen mit Gewalt herauszu-
zerren. Sie zogen die Frauen an ihren Haaren und drehten den Männern
die Arme auf den Rücken, wobei sie diese mit Gewehrkolben schlugen.
Ein Soldat nahm dem Priester das Kreuz ab und schlug ihn mit seinem
Gewehrkolben. Es begann ein wahres Pandemonium. Die Menschen
stürzten sich in Panik vom zweiten Stock herab, da sich die Kirche im
zweiten Stock des Gebäudes befand, sie kamen dabei zu Tode oder wur-

Die ersten sowjetischen »displaced persons« machen sich aus Hamburg in der britischen Besatzungszone auf den Weg nach Hause.

den ihr Leben lang verkrüppelt. Es gab in der Kirche auch Selbstmord-versuche.«[333] Angesichts solcher Vorkommnisse konnten die West-mächte das Problem kaum noch leugnen, zumal einige amerikanische Offiziere es ablehnten, Befehle auszuführen, die Menschen in derartige Bedrängnis brachten, andere Proteste einreichten und weitere den Ver-folgten halfen, was allerdings nicht allzu häufig geschah. Die meisten Soldaten verstanden aber gar nicht, warum sich die Leute gegen ihre Abschiebung zur Wehr setzten. Sie selbst hatten genug vom Krieg und wollten so schnell wie möglich nach Hause.

In der britischen Besatzungszone in Österreich gab es in Wolfs-berg noch drei Jahre nach Kriegsende ein Lager für sowjetische Staats-bürger, die aus ganz Europa hier zusammengeführt wurden, nicht selten tatsächlich Kriegsverbrecher, aber ebenso häufig Opfer der burokratischen Routine. Dass es in dem britischen Konzentrationslager relativ regelmäßig zur Folterung von Frauen gekommen sein soll, ließ Alexander Solschenizyn – einer der größten Moralisten des 20. Jahrhunderts – ernsthaft an der europäischen Zivilisation zweifeln.[334] Ein anderer Schriftsteller und Moralist, Stefan Żeromski, zwei Generationen älter als Solschenizyn und mit sozialistischen Wurzeln, hätte in diesem Verhalten wohl eher die kolonialen Hinterlassenschaften der britischen Macht gesehen und sich wohl – wie dies zu seiner Zeit üblich war – optimistischer gezeigt.[335]

Gegen Ende des Jahres 1945 befand sich die überwiegende Mehrheit der Häftlinge, Zwangsarbeiter und Kriegsgefangenen in ihren Heimatländern. Sowohl die Militärbehörden der Besatzungsmächte als auch die UNRRA hatten bei der Rückführung Fehler begangen. Sie hatten wohl zu schnell »aufgeräumt« und sich oft allzu einfacher Mittel bedient. Wenn man jedoch die Ausmaße des Durcheinanders berücksichtigt, in dem sich Europa damals befand, und die Tatsache, dass der Krieg im Fernen Osten immer noch nicht zu Ende war, muss man doch zugestehen, dass keine andere Organisation diese Aufgaben besser hätte meistern können. Im Winter kam die Repatriierungsaktion wegen der schwierigen Wetterverhältnisse zum Erliegen und wurde danach nicht wieder aufgenommen, weil die meisten der verbliebenen DPs gar nicht zurückkehren wollten. Dafür gab es verschiedene Gründe. Einige hatten Angst vor dem Schicksal, das ihnen in ihrem Heimatland drohte, andere hatten sich inzwischen an die Lager gewöhnt, wo man trotz aller Unbequemlichkeiten »Kost und Logis« erhielt. Was die polnischen DPs betrifft, so spielte die Propaganda der Londoner Regierung eine wichtige Rolle, die sich längst von der Realität gelöst hatte. Sie wollte weiterhin nicht wahrhaben, dass Polen aus dem Osten befreit worden war und dass es auf unabsehbare Zeit zum sowjetischen Einflussbereich gehören würde. Sie wollte den Tatsachen nicht ins Auge schauen und die polnische Armee im Westen weiter ausbauen als Argument bei weiteren Gesprächen. Ihre Soldaten rekrutierte sie vornehmlich aus den DP-Lagern in Deutschland.

Die *non-repatriable DPs*, letztlich rund eine Million Menschen, lebten in fast tausend Lagern in Österreich, Deutschland und Italien. Sie gehörten zweiundfünfzig Nationen und allen wichtigen Religionen an.

Am häufigsten vertreten waren Christen, es gab aber auch viele Juden und kleinere Gruppen von Muslimen, Buddhisten und Atheisten. Die größte Gruppe stellten die Polen. Auch unter der großen Gruppe der Juden waren die polnischen Juden in der Mehrheit. Darüber hinaus gab es viele Spanier, Balten, Jugoslawen und Ukrainer – Letztere ebenfalls fast durchweg aus Polen stammend oder zumindest bestrebt, sich die polnische Staatsbürgerschaft zuzuschreiben, die für sie die Rettung bedeutete, weil sie dann nicht in die Sowjetunion zwangsübersiedeln mussten. Nach der Konferenz von Potsdam wurde aus der »letzten Million« eines der größten politischen Probleme Nachkriegseuropas. Die Sowjetunion und die Länder Ostmitteleuropas drangen nämlich darauf, die Repatriierung schnellstens abzuschließen, und waren allenfalls bereit, die Juden davon auszunehmen, während die Amerikaner sich immer stärker einer erzwungenen Rückkehr widersetzten. Im Zusammenhang mit den Auseinandersetzungen um die »letzte Million« meinte noch 1946 der Direktor der UNRRA, der amerikanische Konservative Fiorello H. La Guardia, er verstehe nicht, warum Unstimmigkeiten mit der eigenen Regierung zwangsläufig das Exil bedeuten müssten. Mit dem heraufziehenden Kalten Krieg wurden Flüchtlinge der anderen Seite dann zu einem Wert an sich, was aber nicht bedeutete, dass man sie nicht weiterhin instrumentalisierte.[336]

ALS DIE ANFÜHRER DER DREI GROSSEN MÄCHTE Ende Juli, Anfang August 1945 in Potsdam zusammentrafen, um sich über die Nachkriegsordnung in Europa zu verständigen, war schon längst alles entschieden – zunächst in Jalta und dann vor Ort. Daraus darf nicht gefolgert werden, dass die Entscheidungen der Konferenz von Potsdam keine Bedeutung mehr hatten. Die Konferenzteilnehmer sanktionierten die bis dahin vorgenommenen »wilden« Vertreibungen, forderten von Polen, der Tschechoslowakei und Ungarn die Einstellung von weiteren Zwangsaussiedlungen und brachten – mithilfe von Artikel 13 – eine gewisse Ordnung in die Umsiedlung der deutschen Bevölkerung aus den östlich und südlich von Oder, Neiße und Erzgebirge gelegenen Gebieten. Mit anderen Umsiedlern befasste man sich in Potsdam nicht, da sie als ein bilaterales Problem angesehen wurden. Im Grunde hat auch die Umsiedlung der Deutschen die Aufmerksamkeit der alliierten

Führer nicht besonders in Anspruch genommen. Stalin konzentrierte sich darauf, die Gewinne der letzten Kriegsmonate zu verteidigen, und für die Anführer des Westens war das Schicksal der von der Sowjetarmee besetzten Länder von größerer Bedeutung. Das galt vor allem für Polen, dessen Unterordnung unter den Kommunismus – wie Winston Churchill vorhersah – zu Veränderungen des politischen Systems in ganz Ostmitteleuropa führen musste. Die Veröffentlichung immer neuer Verbrechen, die die Deutschen im Krieg begangen hatten, erwiesen sich zudem als wirksames Mittel, die Öffentlichkeit gegen die Probleme der Deutschen zu immunisieren (auf einem anderen Blatt steht geschrieben, ob dies zu Recht oder zu Unrecht geschah).[337] Man darf auch nicht vergessen, dass die Ängste vor einem Wiedererstarken Deutschlands und des deutschen Militarismus immer noch groß waren. Nicht zuletzt aus diesen Gründen entschieden sich die »Großen Drei« in Potsdam für Umsiedlungen großen Stils, die dazu beitragen sollten, das Europa der Nachkriegszeit zu stabilisieren. Die Deutschen wurden nicht ausgesiedelt, weil man sie für »rassisch weniger wertvoll« hielt und ihnen keine Rechte (einschließlich des Rechts auf Leben) zugestand, sondern weil man vor ihnen immer noch Angst hatte. Für die aus ihren Häusern Verjagten war das im Grunde gleichgültig, doch ist gerade das der entscheidende Unterschied bei der Nationalitätenpolitik zwischen NS-Deutschland und den Alliierten – zu denen auch Polen, die Tschechoslowakei und die Sowjetunion gehörten, also jene Länder, aus denen der Großteil der deutschen Flüchtlinge und Vertriebenen stammte. Auch die Zwangsarbeit der Deutschen nach dem Krieg hatte einen völlig anderen Charakter. Niemand kam auf den Gedanken, sie in eine Sklavennation zu verwandeln, die, durch Terror gezwungen, den Siegernationen zu dienen hätte. Selbst die Deutschen, die nach dem Krieg – gelegentlich sogar unter Zwang – in Polen blieben, erhielten relativ rasch die vollen staatsbürgerlichen Rechte.[338]

»Die Ausrottung der Volksdeutschen wäre eine Nachahmung der nationalsozialistischen Grausamkeiten gewesen«, kommentierte Eugene M. Kulischer, der sich dagegen aussprach, die Verjagten im kleiner gewordenen Deutschland zu sammeln. »Es wäre viel klüger, sie auf die ganze Welt zu verteilen.«[339] Joseph B. Schechtman schrieb, dass die »Großen Drei« nur zwei Auswege hatten: Entweder die Teilung der

Tschechoslowakei in München anzuerkennen oder die Umsiedlung der deutschen Bevölkerung anzuordnen. Da man sich bereits auf die Verschiebung der polnischen Grenzen geeinigt hatte, wäre es für Polen »ein Bärendienst gewesen [...], ihm ein von Millionen hypernationalistischer Deutscher besiedeltes Territorium aufzubürden«, meinte Schechtman, der sich wie viele Angehörige seiner Generation für die Umsiedlungen aussprach, weil nur so einer erneuten Instrumentalisierung der deutschen Minderheit in Europa vorgebeugt werden könne.[340] Der Politikwissenschaftler und Historiker war sich gewiss darüber im Klaren, dass die Minderheiten Hitler nur einen Vorwand für den Krieg geliefert hatten, aber eben – was unterstrichen werden muss – einen sehr nützlichen Vorwand. Die Londoner *Times*, die im Februar 1944 behauptete, nicht die Minderheiten seien die eigentliche Ursache des Kriegs gewesen, hatte im Juni 1938 als Gegenmittel gegen Hitlers Forderungen eine Volksabstimmung unter den Sudetendeutschen vorgeschlagen und damit William Shirer in Berlin zu dem enttäuschten Kommentar veranlasst: »Die alte Tante ›Times‹ will einfach nichts dazulernen.«[341]

Dass es notwendig sei, die durch den Krieg tödlich entzweiten Völker zu trennen, also eine nationale Homogenisierung der europäischen Staaten herbeizuführen, bezweifelte viele Jahre lang kaum jemand. Als es 1947 in den Vereinten Nationen zur Abstimmung über einen Bevölkerungsaustausch zwischen Griechenland, Jugoslawien, Bulgarien und Albanien kam, sprachen sich aus Gründen, die mit der eigentlichen Sache nichts zu tun hatten, nur zwei von elf Mitgliedern der vom Sicherheitsrat eingesetzten Sonderkommission dagegen aus, nämlich die UdSSR und Polen, die beide eine sehr aktive Umsiedlungspolitik betrieben. Einen ähnlichen Standpunkt wie sie nahm damals der stellvertretende jugoslawische Präsident Dmitar Vlahov ein, der argumentierte, dass ein Bevölkerungsaustausch zwischen den Balkanländern die größte Bedrohung für den Frieden in Europa darstelle. Im Grunde hatten aber alle Angst vor der Aussiedlung der mazedonischen Slawen aus Griechenland.[342]

Ein Konflikt lässt sich stets leichter beginnen als beenden, für Vernichtungskriege gilt das erst recht. »Wenn sich ethnische Gruppen für einen Krieg rüsten, so endet dieser nicht, wenn die kämpfenden Parteien sich voneinander getrennt in leicht zu verteidigenden, meist homogenen Gebieten sammeln«, stellt Chaim Kaufmann, ein Kenner ethnischer Konflikte, fest. Viel zu oft, so Filippo Coarelli in einem anderen Zusammenhang, versuche man heute, komplexe historische Probleme mittels einer einzigen Methode oder lediglich aus einer Perspektive und ohne Berücksichtigung der breiten Ausgangslage sowie ihrer vielfältigen Implikationen zu erklären. Insbesondere Historiker müssen sich in der realen Welt bewegen und stets sowohl die Motive als auch die Umstände beachten, unter denen ihre »Helden« agierten. Die Bedingungen, unter denen Menschen handeln, sind stets einmalig, was bedeutet, dass man ihre Standpunkte und Sichtweisen nicht einfach übernehmen kann. Aber man muss mit vergangenen Generationen in ernste Gespräche treten, denn ethische Kritik allein weckt, wie schon Thomas Nipperdey bemerkte, nur Emotionen, stachelt die Völker und die Einzelnen gegeneinander auf und führt zu keinerlei Erkenntnis. In der wirklichen Welt wählt man nicht selten zwischen größerem und kleinerem Übel. Als man 1947 die Teilung Indiens und die damit verbundenen Umsiedlungen gestattete, habe man – so Stephen L. Keller – mit Sicherheit die bestmögliche Lösung gewählt, selbst wenn sie nicht gut gewesen ist.[343] Gewiss war es 1945 in Europa nicht anders, als eine Rückkehr zum *status quo* der Vorkriegszeit nicht mehr infrage kam.[344]

Niemand sagt, dass man die Entscheidungen der Nachkriegszeit von heute aus nicht kritisieren darf, schließlich hat das keinerlei reale Folgen, und es ist ein heiliges Recht des Historikers, im Rahmen der »alternativen Geschichte« alle Für und Wider abzuwägen. Vor Jahren habe ich Argumente gegen Umsiedlungen gesammelt. Alles, was wichtig ist in Bezug auf dieses heikle Thema, hat inzwischen Philipp Ther zusammengetragen. Es gibt auch Gründe für Umsiedlungen, was man als Historiker zur Kentniss nehmen muss. So können außergewöhnliche Situationen eintreten, die außergewöhnliche Maßnahmen erfordern. Direkt nach dem Krieg hat man in diesem Zusammenhang gerne auf die Medizin verwiesen, wo die Amputation von Gliedmaßen oft die einzige Möglichkeit ist, das Leben eines Patienten zu retten. Auf Gesellschaften lässt sich das aber kaum übertragen, ganz abgesehen davon, dass es menschenrechtswidrig wäre, einen Teil um des Ganzen willen zu opfern. Doch was heute gut ist, kann sich schon morgen als schlecht herausstellen. Das soll aber nicht heißen, dass ein geringeres Übel an anderer Stelle nicht wieder eine brauchbare Lösung darstellt. »Ethnische Säuberungen bewähren sich nicht«, schreibt Ther, was sicherlich im Allgemeinen stimmt, weil sich die Menschen zweifelsohne immer wieder neu vermischen. Das Problem ist jedoch, dass nur das Göttliche ewig ist, während der Mensch und damit auch der Historiker fast immer einer Situation im »Hier und jetzt« ausgesetzt ist. Sollte unsere Kritik so weit gehen, dass wir die Entscheidungen aller, nicht nur Deutscher und Polen, in Zweifel ziehen, die sich noch Jahre nach dem Krieg zur Flucht oder zur Ausreise in ihr Vaterland entschlossen, in einer Zeit also, in der die direkten Verfolgungen in ihren Herkunftsländern eigentlich schon passé waren und man sie bisweilen sogar zum Bleiben zu bewegen suchte? Die langsame Öffnung der Grenzen in Europa in der Mitte der 1950er Jahre führte jedenfalls dazu, dass die Polen aus der Sowjetunion in Richtung Westen aufbrachen, ohne sich im Geringsten über die Bezeichnung »Repatrianten« aufzuregen, und aus Polen zogen die »Spätaussiedler« nach Deutschland und waren zufrieden, dass auch für sie der Krieg auf diese Weise endlich ein Ende nahm. Einige dieser Spätaussiedler kehrten nach 1989 in die Orte zurück, die sie verlassen hatten, und wurden durchweg gut aufgenommen. Freilich hatten sich die Bedingungen inzwischen grundlegend geändert. Selbst dort, wo Deutsche und Polen relativ gut zusammengelebt hatten, habe, so Rudolf von Thadden, die Perspektivlosigkeit der Deutschen – übrigens auch die der Polen in der Sowjetunion – dazu geführt, dass »schließlich nur die Hoffnung auf baldige und erträgliche Aussiedlung« geblieben sei. Die Tatsache, dass diese Deutschen sich heute unter den Polen manchmal besser fühlen als in Deutschland, belegt nur, wie viel Europa im Laufe eines Menschenlebens erreicht hat, und man kann sich nur wünschen, dass das Memento des 20. Jahrhunderts unter den Europäern lebendig bleibt.[345]

Jede Generation muss sich mit ihren eigenen Problemen auseinandersetzen und Lösungen finden, die der Zeit und der Situation angemessen sind. Sie muss sich aber auch darüber im Klaren sein, dass spätere Generationen sie zur Rechenschaft ziehen werden. Entscheidungen über das Wohl und Wehe vieler Menschen, gar über Leben und Tod zu treffen, ist nicht leicht. Heute, in Zeiten des globalen Terrors, stehen wir vor der Frage, was mit Verkehrsflugzeugen geschehen soll, die in der Hand von Entführern zu Bomben werden können. Die Richter haben entscheiden, dass man Menschenleben nicht gegeneinander aufwiegen kann, und das heißt, dass eine entführte Passagiermaschine nicht abgeschossen werden darf, selbst wenn dadurch eine ganze Stadt gerettet werden könnte. Hilft das Generälen und Politikern, wenn sie im Ernstfall zu entscheiden haben? Letztlich wissen wir nur eines sicher: Keine Entscheidung, die sie treffen, wird alle zufriedenstellen, weil sie sich immer zwischen zwei Übeln entscheiden müssen. Wenn man aus heutiger Sicht eine gewissenhafte Kritik an der Entscheidung für die nachkriegszeitlichen Umsiedlungen anbringen möchte, so muss die Hypothese plausibel gemacht werden, dass die Umsiedlungen mehr menschliche Existenzen vernichtet haben, als der Verzicht gekostet hätte, und dass sie Kriege verursachten, die ohne sie nicht ausgebrochen wären. Jeder, der aus angemessener Distanz auf die Geschichte Europas in der Nachkriegszeit blickt, muss eingestehen, dass diese These schwer zu verteidigen wäre, insbesondere vor dem Hintergrund des friedlichen Umsturzes 1989, und selbst wenn man nur darin übereinstimmt, dass viele Faktoren zu dem dauerhaften Frieden in Europa nach 1945 beigetragen haben. Die drei wichtigsten sind der psychische Schock, der durch zwei blutige Kriege im Leben einer Generation ausgelöst wurde (obwohl er die Bürger Jugoslawiens nicht vor einem neuen Krieg bewahrt hat), die relative Schwäche unseres Kontinents, denn die großen Entscheidungen über seine Zukunft wurden in Moskau und Washington getroffen (wie oft hat der amerikanische Schutzschirm Griechen und Türken von einem neuen Krieg abgehalten), und schließlich die einmalige wirtschaftliche Blüte, zu der es in Westeuropa in den 1950er Jahren kam, vor allem in der Bundesrepublik Deutschland.

Es dauerte einige Jahre, bis Europa für die Entscheidung über die Aussiedlung der Deutschen aus dem östlichen Teil des Kontinents reif war.[346] Obschon diese Maßnahme durch die Massenflucht vor der Roten Armee und die »wilden« Vertreibungen sehr erleichtert wurde, konnte man selbst unmittelbar nach dem Krieg keinesfalls von einem allgemeinen Konsens in dieser Frage sprechen. Auch in Polen fanden lange Debatten bezüglich der neuen Grenzen und zum Schicksal der Deutschen aus dem Osten Europas statt. Von ihrer Ausweisung war dort nach schwer zu überprüfenden Quellen bereits Ende 1939, Anfang

1940 die Rede, als das Reich mit den Deportationen aus den annektierten Gebieten Westpolens begann. Gegen Kriegsende meinte die überwältigende Mehrheit der Polen, dass der Platz der Deutschen in Deutschland sei, was damals wohl von den meisten Europäern gebilligt worden wäre,[347] aber eben nicht von allen. Der Landrat des großpolnischen Kreises Mogilno verlangte zum Beispiel eine bessere Behandlung der Deutschen, die den Polen während der Besatzung geholfen hatten. Leider blieben in einem vom Geist der Homogenisierung beherrschten Europa derartige Monita ohne Resonanz, ähnlich wie die Beschwerden westlicher Offiziere, die bei ihren Regierungen dagegen protestierten, wie die unter Zwang ausgesiedelten DPs behandelt wurden.[348] Die Polnische Sozialistische Partei schlug trotz mancher radikalen Worte ihrer Mitglieder im Prinzip lediglich die Deportation »engagierter Nazis« vor, alle anderen Deutschen sollten assimiliert werden.[349] Stürmische Auseinandersetzungen gab es auch bei den Sitzungen des Wissenschaftlichen Rats für Fragen der »Wiedergewonnenen Gebiete«. Während Władysław Gomułka, der Minister für die »Wiedergewonnen Gebiete«, dafür war, die Deutschen hinauszuwerfen, da »alle Länder nach nationalen Grundsätzen gebaut sind«, argumentierten andere – eine Minderheit, aber keineswegs nur Einzelne –, dass der »ausgeplünderte, zerstörte und entvölkerte« neue polnische Westen Menschen brauche, vor allem Kaufleute, Handwerker und Facharbeiter, und schlugen vor, dass jeder Deutsche bleiben solle, der seine polnische Herkunft und seine Bereitschaft zur Assimilation erklärt.[350] Eine ähnliche Lösung sah das Programm des dänischen Untergrunds vom Februar 1945 vor. Hier wurden die Abschiebung aller Deutschen und die Beschlagnahme ihres Vermögens angekündigt, allerdings sah man unter der Bedingung völliger Assimilation die Möglichkeit zum Bleiben vor.[351]

Interessanterweise waren in Polen – meist unter Angehörigen der ältesten Generation – sogar Anhänger einer neuen Kolonisation zu finden, die Siedler aus dem Ausland in das vom Krieg entvölkerte Land rufen wollten. Am häufigsten verwies man dabei auf die tschechischen »Landsleute«, obwohl sich die Nachbarn selbst mit der Besiedlung der verlassenen Sudetengebiete kaum zu helfen wussten, doch es wurden auch andere Völker genannt, sogar die Deutschen. Ganz ernsthaft erwog man – zumindest in Regierungskreisen –, Menschen aus dem polnischen und tschechischen Teil des Olsa-Gebiets anzusiedeln, was die polnisch-tschechoslowakischen Beziehungen wie eine schwärende Wunde immer wieder belastete. Auch die »Rückführung« der Polen, die im 19. Jahrhundert in das Ruhrgebiet gekommen waren, wurde erwogen. Nicht wenige der Polen aus dem Westen ließen sich übrigens in den neuen polnischen Westgebieten, vor allem in Breslau und Stettin, nieder.[352]

In Polen wie in der Tschechoslowakei und in Ungarn war die an sich schon problematische Aussiedlung der Deutschen von besonderen Schwierigkeiten begleitet, da es relativ viele Menschen gab, die national nur schwer eindeutig zugeordnet werden konnten. Gerade in Westpolen waren viele deutsch-polnische Ehen geschlossen worden – es sei nur auf die Großmutter des polnischen Ministerpräsidenten Donald Tusk verwiesen: Anna war eine geborene Liebke, eine gebürtige Danziger Deutsche, die einen Polen geheiratet hatte und erst nach dem Krieg Polnisch lernte.[353] Als das sicherste und einfachste Kriterium der Unterscheidung bot sich zunächst die Deutsche Volksliste an. Diese Liste hatte während des Krieges tiefe Gräben gerissen zwischen den deutschen und den nichtdeutschen Bewohnern in den von den Deutschen besetzten Gebieten Polens, worüber die Regierungen der Nachkriegszeit nicht einfach hinweggehen konnten. Relativ rasch wurde jedoch klar, dass viele sich unter Zwang, andere sich aus rein opportunistischen Gründen in die Liste eingetragen, aber niemandem geschadet, sondern ihren polnischen Nachbarn oft sogar geholfen hatten. Lucia/Łucja, eine Deutsche aus dem polnischen Pommerellen, hatte ihre Unterschrift geleistet, um ihren Mann Stanisław, einen Dorfbriefträger, und ihren Sohn Paweł zu retten, die beide in ein deutsches Kriegsgefangenenlager geraten waren. Sie war alleine mit sieben Kindern zurückgeblieben, hatte keine Mittel für ihren Lebensunterhalt und zögerte nicht einen Moment, als man ihr im Gegenzug die Freilassung von Mann und Sohn versprach. Paweł kam, der Kriegslogik folgend, aus dem deutschen Gefangenenlager jedoch direkt in die Wehrmacht und von dort in sowjetische Gefangenschaft, aus der er 1948 mit schwerer Tuberkulose heimkehrte. Er wurde bald auf dem örtlichen Friedhof begraben, und Łucja hatte bis zum Ende ihres Lebens Schuldgefühle. »Sie wollte ihn retten, doch es kam gerade andersherum.«[354]

In einigen Regionen waren kurzerhand alle in die Deutsche Volksliste eingetragen worden. Deshalb setzte man nach dem Krieg eine Rehabilitierungskommission ein, die denen, die es wünschten, die polnische Staatsbürgerschaft zurückgab. Selbst die Zugehörigkeit zur NSDAP musste kein Hindernis für die Rehabilitierung darstellen, nachdem das Ministerium für die »Wiedergewonnenen Gebiete« in einer Verordnung vom April 1946 festgestellt hatte, dass diese erzwungen gewesen sein konnte.[355] Wie Dieter Gosewinkel schreibt, entschied über die Rückgabe der polnischen Staatsbürgerschaft in der Praxis die politische Einstellung des Antragstellers während des Krieges, »das heißt die Loyalität gegenüber der Volksgruppe«, in der man lebte. In schwierigen Fällen entschieden die Gerichte. Der Woiwode von Posen schloss sich den Vorgaben des Justizministeriums an und strich sehr deutlich heraus, »daß im Fall der Prüfung von Anträgen auf Rehabilitierung von Personen anderer Nationalität, z. B. der deutschen, tschechischen oder englischen, die […] polnische nationale Eigenart […] großzügig ausgelegt werden muß«, und zwar nicht im ethnographischen Sinn, sondern in einem solchen, wie er im französischen oder englischen Wort *nation* enthalten sei, als der zu einem Staat organisierten Nation.[356] Die erwähnte Łucja aus Pommerellen durchlief den Rehabilitationsprozess ohne Probleme und bekam die polnische Staatsbürgerschaft zurück, obwohl sie niemals Polnisch lernte. In der Tschechoslowakei wurden gleich nach dem Krieg fast zweihunderttausend sogenannte Antifaschisten-Ausweise verteilt, die Deutsche schützen sollten, die treu zur Tschechoslowakischen Republik standen. Sie behielten die vollen Staatsbürgerrechte und konnten bleiben, wofür sich letztlich aber nur zwanzigtausend entschieden haben.[357] Es war nämlich klar, dass – zumindest fürs Erste – Bleiben Assimilation bedeutete.

Das Kriterium der Sprache schien zwar das sicherste zu sein, in der Praxis zeigten sich dann aber die Schwierigkeiten. Die Deutschen, die bereits vor dem Krieg in Polen gelebt hatten, sprachen in der Regel Polnisch. Dies betraf insbesondere die zwischen den Kriegen aufgewachsenen jüngeren Deutschen, die nicht selten sogar Probleme mit der deutschen Sprache hatten. Besser oder schlechter Polnisch sprachen auch die Reichsbürger polnischer Herkunft aus den Gebieten, die vor 1939 an Polen gegrenzt hatten – Ermländer, Masuren und vor allem

Oberschlesier. Das galt vor allem für die Älteren, selbst wenn sie nach 1933, in der Zeit verstärkter Germanisierungsbestrebungen in den Grenzgebieten, ihre polnisch klingenden Familiennamen veränderten, so wie Willy Wondraczek in Bieneks Roman *Die erste Polka*, der sich den Namen Wondrak zulegt.[358] Schlechter stand es um die Polnischkenntnisse der jüngeren Oberschlesier, da die Nazis den Unterricht der polnischen Sprache als auch den Gebrauch des ihr ähnelnden regionalen Dialekts untersagt hatten.

Viele deutsche Grenzlandbewohner pflegten ein polnisches Nationalbewusstsein oder versuchten ein solches nach dem Krieg zumindest nachzuweisen, weil sie – verständlicherweise – bleiben wollten. Ihr Deutsch- beziehungsweise Polentum war keineswegs so klar und eindeutig festzustellen, wie Andreas Kossert – gegen die komplizierte historische Wirklichkeit – behauptet.[359] Eben die Vielfalt der zu berücksichtigenden Faktoren führte dazu, dass die Kriterien, nach denen Polen von Nicht-Polen unterschieden werden sollten, letztlich beliebig waren, was auch der Kattowitzer Bischof Stanisław Adamski in einem Brief an Präsident Bierut bemängelte. Er vermutete sicherlich nicht ohne Grund, dass hinter den oft äußerst strengen Bewertungen einiger polnischer Beamter »das materielle Interesse Dritter steckt«. Darauf hatte auch schon der Woiwode von Posen hingewiesen.[360] Ein interessantes Phänomen, über dessen Verbreitung allerdings wenig bekannt ist, wird in einem Bericht von Ende August 1945 aus dem polnischen Hinterpommern erwähnt, wo es heißt, dass die dortige »deutsche Bevölkerung eifrig die polnische Sprache lernt und alle möglichen Kombinationen hervorsucht, die sie mit dem Polentum verbinden könnten«.[361] Vielleicht erwuchs daraus die Überzeugung einiger polnischer Historiker und hinterpommerscher Regionalpolitiker, dass man die Bevölkerung des ehemaligen Ostdeutschlands, wenn man behutsam vorgehe, allmählich »wiedergewinnen« könne? In der engagierten polnischen Publizistik taucht diese These schon zu Beginn des Zweiten Weltkriegs auf, und zwar in Kreisen, die stets die Bedeutung der westlichen Randgebiete Polens hervorgehoben hatten. Nach dem Krieg äußerte der Woiwode von Stettin sogar Bedauern über die Flucht der Bevölkerung vor der Roten Armee. Ausgehend von ihrer überwiegend slawischen Herkunft meinte er, dass es genügen würde, »20 Prozent [...] der urdeutschen

Bevölkerung hinter die Oder abzuschieben [und] die übrigen 80 Prozent zu repolonisieren«. Da hier allein der Wunsch Vater des Gedankens war, musste sich der Woiwode über die Umsetzung gar nicht erst den Kopf zerbrechen, weshalb nichts darüber bekannt ist, ob diese »Repolonisierung« erzwungen oder freiwillig vonstattengehen sollte.[362]

NACH DER POTSDAMER KONFERENZ, eigentlich erst im Februar 1946, als alle Ausführungsbestimmungen und die entsprechenden Pläne ausgearbeitet waren, trat die Umsiedlungsaktion in ihre intensivste Phase ein, die – nach einer Formulierung K. Erik Franzens – zugleich aber eine »normalisierte« war.[363] Die internationalen Abkommen verhinderten zwar nicht, dass es zu unangenehmen Zwischenfällen kam, vor allem in den Wintermonaten, aber sie erlegten den beteiligten Parteien Handlungsregeln und die Beachtung von Minimalanforderungen auf, wodurch die Aussiedlungen letztlich weniger beschwerlich wurden. Das konnten allerdings nur jene empfinden, die die Grenze mehr als einmal passierten. Zu diesen gehörte Libussa von Krockow. Als sie sich im Sommer 1946 zum zweiten Mal aus Stolp auf den Weg machte, diesmal mit ihre Familie, gelangten alle ohne größere Hindernisse in ein Übergangslager in Lübeck, von wo sie zu Bekannten am Meer flohen, die sich schon zuvor bereit erklärt hatten, die Flüchtlinge aufzunehmen.[364] Libussa hatte sich freiwillig zum Transport gemeldet. Sie besaß fast nichts, weshalb sie sich nicht sonderlich mit den Bestimmungen zum Reisegepäck befassen musste. Die letzten Wertsachen legte sie in den Kinderwagen. Wer nicht »freiwillig« ausreisen wollte, erhielt eine persönliche Aufforderung mit Informationen, was mitgenommen werden durfte und was nicht. Meistens war, wie im böhmischen Wünschendorf (Srbská), die Mitnahme von maximal hundert Kilogramm pro Person gestattet, vorwiegend warme Kleidung und Lebensmittel für ein bis zwei Wochen. Verboten war dagegen die Ausfuhr von Wertgegenständen, Bargeld und Sparbüchern, Teppichen, Pelzen und Schlüsseln. »Beim Verlassen der Wohnung sind Sie verpflichtet, die Fenster zu schließen, alle Wohnungseingänge zu verschließen und die Schlüssellöcher mit Klebeband zu versiegeln, das mit ihrer Unterschrift versehen ist. Die Schlüssel sind als Bund und mit der Adresse und Hausnummer versehen am Sammelplatz abzugeben.«[365]

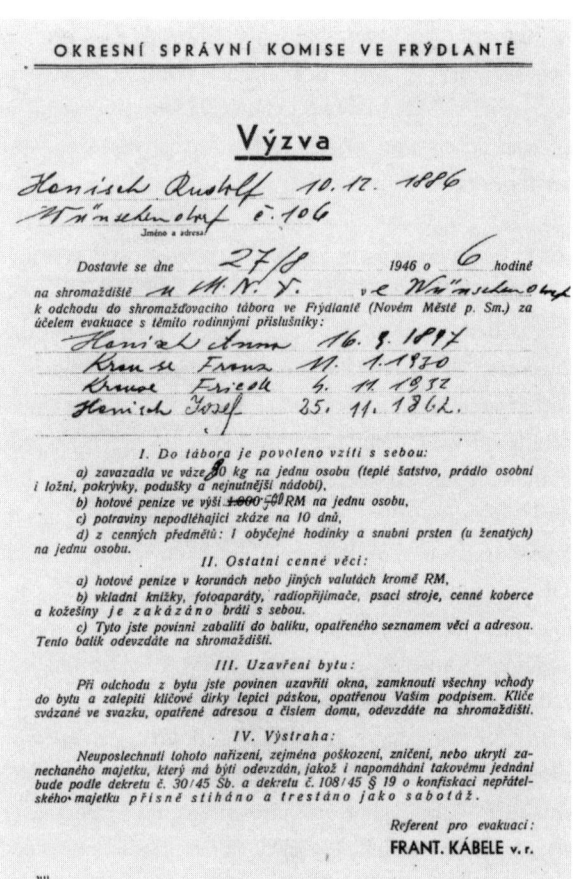

Aufruf an die Deutschen von August 1946, den tschechischen
Ort Srbská, damals Wünschendorf, zu verlassen

Der Alliierte Kontrollrat ging im November 1945 davon aus, dass insgesamt über sechseinhalb Millionen Deutsche umzusiedeln waren. In dieser Schätzung waren schon die Vertriebenen in der zweiten Jahreshälfte 1945 sowie die individuell Ausgereisten erfasst. Knapp drei Millionen sollten in die Sowjetisch Besetzte Zone (SBZ) kommen, über zwei Millionen in die amerikanische und anderthalb Millionen in die britische Zone. In der französischen Zone sollten hundertfünfzigtausend Menschen Aufnahme finden, im Prinzip die Deutschen aus

Österreich, und zwar vor allem Reichsbürger der Vorkriegszeit, aber wenige Volksdeutsche aus der Tschechoslowakei, die als »deutschsprachige Tschechoslowaken« in Österreich nicht gut gelitten waren. Faktisch wurden aus Österreich über vierhunderttausend Personen ausgesiedelt, mehr als doppelt so viele wie aus Ungarn, darunter viele Volksdeutsche aus den Staaten Südosteuropas, die nun größtenteils in die amerikanische Zone und in die SBZ kamen. Ähnlich wie in Ungarn, das während des Krieges Bündnispartner Deutschlands gewesen war, wurden diese Aussiedlungen in Österreich mit der Notwendigkeit begründet, dass man sich der deutschen Faschisten und Irredentisten entledigen wolle. Das Vermögen der aus Österreich ausgesiedelten Deutschen wurde unabhängig von ihrer Haltung während des Krieges beschlagnahmt. Nach einer ebenso einfachen Bestimmung erfolgte ihre Einweisung in Lager.[366]

Das Gros der Ausgesiedelten stammte jedoch aus der Tschechoslowakei und aus Polen. Die Deutschen aus der Tschechoslowakei gelangten meist in die amerikanische Zone, am häufigsten nach Bayern, die aus Polen in die sowjetische Zone. 1946, auf dem Höhepunkt der Umsiedlungsaktion, wurde jedoch mehr als eine Million Deutsche aus Polen in die britische Zone geschickt, und zwar aus Hinterpommern und Schlesien per Bahn und aus Stettin auf Schiffen. Die Briten klagten, dass sie nur Arbeitsunfähige erhielten, übersahen dabei aber die demographische Zusammensetzung der damals noch in Polen verbliebenen Deutschen. In der Mehrheit waren das Frauen mit Kindern sowie alte Menschen, die als »lästiges Bevölkerungselement« galten. Die polnischen Stadt- und Woiwodschaftsverwaltungen beklagten ständig, dass sie für den Unterhalt der vielen Kranken, Krüppel und Greise viel aufwenden müssten und nichts davon hätten. Sie wehrten sich vehement gegen das Drängen aus Warschau, zumindest einen Teil dieser »lästigen Elemente« an Ort und Stelle zu belassen und sich um ihre Betreuung zu kümmern. Die wenigen arbeitsfähigen Deutschen teilten dagegen das Schicksal der Zwangsarbeiter im »Dritten Reich« und der Gulag-Häftlinge in der Sowjetunion. Sie standen meist unter Aufsicht des Sicherheitsamts, das für ihre Zwangsarbeit ein Entgelt bezog, was sein Imperium stärkte. In dieser Zeit war im Westen Polens der Arbeitskräftemangel so drastisch, dass die schlesischen Bergwerke, die hinterpommerschen Staatsgüter (PGR), aber auch kleine Privatunternehmer gegen die Aussiedlungen protestierten.

In der erst spät besiedelten Umgebung von Stettin beziehungsweise in den Grenzkreisen Hinterpommerns insgesamt herrschte auch in diesem Fall eine besondere Situation. Zeitweise protestierte dort die Armee gegen den Abtransport der Deutschen, und zwar die polnische wie die sowjetische, deren Wachmannschaften beim Transport in Chinnow bei Wollin beschossen worden waren. In Misdroy und Neuendorf stellte der Grenzschutz Wachposten vor den Wohnungen der Deutschen auf. Tauchten die Beamten der polnischen Aussiedlungsbehörde auf, um die Deutschen zu übernehmen, hielten die Wachleute sie oft stundenlang fest. Die polnischen Gläubigen verlangten nicht selten, dass ihre katholischen deutschen Priester blieben, vor allem wenn diese sich – wie Pfarrer Alois (Alojzy) Körner aus Hammerstein (Czarne) – während des Krieges für Zwangsarbeiter eingesetzt hatten und Polnisch sprachen. Da die Geburtenrate rasant anstieg, unterband die Behörde auch die Ausreise deutscher Hebammen. So wurde die erste Generation polnischer Einwohner von Czaplinek, zuvor Tempelburg, von einer deutschen Hebamme namens Dallmann oder Dahlmann auf die Welt gebracht. Obwohl es im Alltag – auf der Straße und im Mietshaus – aus wirtschaftlichen Erwägungen und durch private Kontakte allmählich zu einem Wandel der Einstellung kam, wurden die Deutschen in Polen noch 1946 und 1947 wie Bürger zweiter Klasse behandelt. Eines der größten Probleme blieb das – in Stettin teilweise unterlaufene – Verbot des Schulbesuchs für deutsche Kinder, was wohl »freiwillige« Ausreisen oder die Assimilation befördern sollte. Das Sicherheitsamt war damit befasst, geheime Schulen aufzuspüren. Über eine solche Schule in Köslin schrieb der Woiwode in einem Bericht von Januar 1947: Man habe eine Lehrerin von zwanzig Kindern im Alter zwischen fünf und zwölf Jahren festgenommen sowie Beweise in Form von dreizehn Büchern und fünf Heften sichergestellt.

Obwohl sich vieles verbesserte, kamen die Dienststellen, die den Schutz der Auszusiedelnden zu gewährleisten hatten, ihrer Pflicht noch immer nicht in wünschenswerter Weise nach. Eugeniusz Kwiatkowski, Minister für Industrie und Handel, hatte zwar unmissverständlich den Standpunkt der Regierung zum Ausdruck gebracht, dass ein Gangster

Deutsche in Breslau auf dem Weg zum Bahnhof, Sommer 1946

ein Gangster bleibe, egal wen er überfällt, doch Gewalt gegen Deutsche wurde weiterhin toleriert. Da diese Dienststellen in den an der Sowjetunion orientierten kommunistischen Staaten eine nicht unwichtige Rolle spielten, war es schwierig, sie unter Kontrolle zu bringen.[367]

Im Herbst 1947 wurden die Transporte aus der Tschechoslowakei und aus Polen grundsätzlich eingestellt. Insgesamt blieben mehrere Hunderttausend Deutsche in den beiden Ländern, und zwar Fachleute, die nicht selten zum Bleiben gezwungen worden waren, oder Personen, die sich, zumindest nach außen, für die Assimilation entschieden hatten. Bei der letzten größeren Gruppe, die kollektiv in den Jahren 1948 und 1949 aus Polen ausreiste, handelte es sich um fast dreizehneinhalbtausend deutsche Waisenkinder sowie Kinder von Evakuierten, die gegen Kriegsende verloren gegangen waren. Polnische Kinder, die sich auf dem Gebiet der Sowjetunion in einer ähnlichen Lage befanden, blieben meistens dort, es sei denn, ein Familienmitglied setzte sich für sie ein. Ohne größere Hindernisse wurden dagegen ganze Waisenhäuser umgesiedelt, besonders wenn es sich bei den Insassen um Kin-

*Ein polnischer Zug mit deutschen Kindern trifft
im Sommer 1948 in Hannover ein.*

der polnischer Juden handelte.[368] Auf der anderen Seite rollte eine
zweite Welle illegaler Rückkehrer aus Deutschland an, insbesondere
nach Schlesien. Da es überall an Arbeitskräften fehlte, wurden die Rückwanderer in Ruhe gelassen. In den 1950er Jahren versuchte man sogar,
Familien aus der DDR und der Bundesrepublik Deutschland zur Rückkehr zu bewegen, doch der Wirtschaftsaufschwung in Westdeutschland
führte zur raschen Einstellung dieser Kampagne. In Polen ließen sich
nun auch deutsche Kriegsgefangene und Deportierte aus der Sowjetunion nieder, meist Deutsche, die bereits vor dem Krieg in Polen gelebt
hatten. An ihre deutsche Herkunft erinnerte man sich gegen Ende der
1960er Jahre noch einmal, als ein »Partisanen« genannter Flügel der Polnischen Vereinigten Arbeiterpartei (PZPR) unter Leitung von Innen-
minister Mieczysław Moczar die vermeintlichen Kosmopoliten in den

eigenen Reihen angriff und damit noch einmal eine Welle von Nationalismus und Antisemitismus auslöste. Seit Ende der 1940er Jahre wurden
eigentlich nur noch Gefangene nach Deutschland gebracht, die Haft-
strafen in polnischen oder anderen Gefängnissen verbüßten. Wenn sie
Familienangehörige in Westdeutschland hatten, kamen sie zunächst ins
Übergangslager Friedland bei Göttingen, das vor dem Hintergrund des
Kalten Krieges pathetisch zum »Tor zur Freiheit« erklärt wurde. Nicht
selten feierte die Bundesrepublik sie als späte Helden, als »Spätheim-
kehrer«, obwohl sich unter ihnen nicht wenige gerichtlich verurteilte
Kriegsverbrecher befanden, die von den Alliierten kurz zuvor unter Be-
wachung in den Osten abgeschoben worden waren, unter anderem nach
Polen. Einem Teil von ihnen wurde später auch in der Bundesrepublik
der Prozess gemacht.[369]

DIE SCHIFFE, DIE SEIT APRIL 1946 Deutsche aus Stettin nach
Lübeck brachten, nahmen auf dem Rückweg Heimkehrer aus dem Westen mit, eigentlich aus der ganzen Welt, wohin auch immer es die Menschen aus dem Osten während des Zweiten Weltkriegs verschlagen
hatte. Unter den ersten Rückkehrern war Paul Pieczewski, ein aus alliierter Kriegsgefangenschaft entlassener deutschsprachiger Masure, der
sich bei der polnischen Militärmission in Hilden gemeldet hatte. Einge-
schifft wurde er mit einigen Kameraden, polnischen Zwangsarbeitern
und Soldaten der Anders-Armee, von denen sich knapp die Hälfte, fast
hunderttausend, zur Rückkehr entschlossen hatten. Das zerstörte und
entleerte Stettin, wo zu dieser Zeit Libussa von Krockow und ihre Cousine Otti das Geld verdienten, das sie für die Rückkehr nach Stolp benötigten, indem sie Polen und Deutschen wahrsagten, wirkte auf ihn
»menschenleer, geisterhaft«. Dennoch, den ersten Eindruck »in der jetzt
polnischen Heimat trübte nur die Sorge um die Zukunft, die noch niemand kannte, aber dennoch voller Hoffnung war«. In seinem Vaterhaus
in Masuren, das den Krieg relativ gut überstanden hatte, empfing ihn
die Mutter, und er konnte zum ersten Mal seit vielen Jahren »wieder in
einem richtigen Bett, in meinem eigenen«, schlafen.[370] Im Mai 1947, als
die Schiffe aus dem Westen auch in Gdingen anlegten, trifft auch Alik
in seiner Heimat ein, ein vom Krieg deklassierter Held aus Iwaszkiewiczs Roman *Ruhm und Ehre*, dessen Vorname eigentlich Aleksander

ist. Er war Soldat im Zweiten Korps und teilte mit meinem Vater die Ansicht, dass »Herrscher vorübergehen«.[371]

Die große Mehrheit der Polen aus dem Westen, deren Zahl für die Jahre 1946 und 1947 auf mehr als siebenhunderttausend geschätzt wird, kehrte jedoch mit Zügen heim. Meistens waren das dieselben Zuggarnituren, die polnische Verjagte und Flüchtlinge aus der Sowjetunion und anschließend deutsche Verjagte aus Polen transportiert hatten. Eugenio Reale beschreibt in einem seiner ersten Berichte, welche Unruhe in Polen ausgebrochen sei, als bekannt wurde, dass »bei den Transfers hier dieselben Konvois verwendet wurden, die auch zum Transport der aus den Westgebieten abgeschobenen Deutschen dienten«. Ganz offensichtlich wollte man die Bedingungen, unter denen die Deutschen befördert wurden – schlechte Organisation, Unzulänglichkeiten bei der Ernährung und der hygienischen Betreuung, im Winter vor allem eine zu geringe Zahl an Öfen und zu wenig Brennstoff – für polnische Transporte nicht akzeptieren, worüber der italienische Botschafter sich überhaupt nicht zu wundern schien. Heute wären wir konsterniert, wenn die Umsiedler in verschiedenen Zügen transportiert würden, und zwar nicht nur aus moralischen, sondern vor allem aus wirtschaftlichen und logistischen Gründen.

Letztlich ist es ganz gleich, wie Zwangsmigrationen im Krieg beginnen – mit der Zeit fährt man im selben Zug, nur dass die meisten nicht bemerken, »dass in den Waggons, die in Gegenrichtung unterwegs sind oder auf dem gegenüberliegenden Bahnsteig stehen, ebenfalls Menschen sitzen, die, ganz genau wie wir selbst, beim Halt des Zuges bestenfalls damit beschäftigt sind, sich von Flöhen und Läusen zu befreien«.[372] In einem Roman Stanisław Srokowskis erklärt ein Greis einem neugierigen Zehnjährigen, sicherlich dem *alter ego* des Schriftstellers, in einem Viehwaggon (»gut, dass wir einen geschlossenen Wagen erwischt haben!«) irgendwo zwischen den ehemaligen östlichen und den neuen westlichen Grenzgebieten Polens: »Am schlimmsten ist, dass der Krieg, mein Sohn, in die Seele eindringt.«[373]

Die Polen aus den ehemaligen polnischen Ostgebieten waren trotz ihres für Grenzregionen typischen Fundamentalismus an Multikulturalität gewöhnt, da sie seit jeher neben Litauern, Weißrussen, Deutschen, Ukrainern, Russen, Tschechen, Armeniern und Juden gelebt hatten, um nur die wichtigsten Einflüsse zu erwähnen. Nicht selten waren sie auch durch Familienbande mit ihnen verflochten – mit Juden insbesondere über assimilierte Ehefrauen. Alle, die den Krieg überlebt hatten und die nun von der »Repatriierung« Gebrauch machen wollten, fuhren im selben Zug ins neue Polen, mit allem, »was sie mitnehmen konnten, darunter ihre ganze Geschichte, Schmerzen, Angst, Hass, ihre Läuse und ihre Hoffnungen«.[374] Die Deutschen dagegen waren auf das Zusammentreffen mit den Polen nicht vorbereitet, obwohl der Krieg Millionen von Ausländern ins »Dritte Reich« geschwemmt hatte, darunter Hunderttausende Polen alleine nach Schlesien, Pommern und Ostpreußen. Solange das Schicksal Ostdeutschlands noch nicht entschieden schien, zogen sie es jedenfalls vor, Kontakt zu »unseren guten Russen« zu halten. Zwar hatten sie für die Sowjets immer nur tiefe Verachtung übrig gehabt, aber nun waren die eben die Sieger. Russen und Deutsche lieferten ein gutes Beispiel für die aus der Biologie, aber auch aus dem sozialen Leben bekannte ungleiche Symbiose. Die einen waren gefährlich und unberechenbar, die anderen zitterten bei deren Anblick vor Angst, doch sie brauchten sich gegenseitig: die Deutschen die Russen als Verteidiger gegen die Polen, die die Deutschen so schnell wie möglich loswerden wollten, da eine Polonisierung der Westgebiete deren Erhalt für Polen gewährleisten würde; und die Russen die Deutschen als kostenlose Arbeitskraft, ohne die sie in Westpolen nicht zurechtgekommen wären, weder bei der Feldarbeit noch in den Brennereien, auch nicht bei der Demontage und beim Abtransport von Fabriken, was die Polen mit verständlichem Missfallen beobachteten, schließlich erfolgte die Demontage in Gebieten, die sie in Besitz nahmen.[375] Polen und Deutsche waren also miteinander konkurrierende Partner, die nur schlecht gemeinsam in einem Gebiet leben können, was ebenso für Polen und Ukrainer insbesondere in Wolhynien galt. Auch dort gab es – zumindest seit dem letzten Krieg – nicht mehr Platz für beide Gruppen. Auch dort hielten sich die aus ihren Häusern Geworfenen – diesmal waren es die Polen – an die Russen, die »für uns besser waren als die Ukrainer«, und zwar selbst dann noch, wenn die Russen sie zu den Zügen nach Sibirien trieben.[376]

Die Polen in den neuen Westgebieten beobachteten den wunderlichen Flirt zwischen Deutschen und Russen mit größtem Argwohn, schließlich flirteten hier ihre »Erbfeinde«, die die Hölle des Krieges ausgelöst, den polnischen Staat sowie ihre Existenz vernichtet und sie schließlich an die Oder gebracht hatten. Und nun suchten diese ewigen Feinde den Wiederaufbau zu behindern. In der Konfrontation mit den Russen waren die Polen unterlegen, vor allem da so viele sowjetische Offiziere eine deutsche Geliebte hatten und sich die Symbiose der beiden ungleichen Partner bis in die intimen Paarbeziehungen fortsetzte: Er sorgte für Schutz, ihren Unterhalt und den ihrer Kinder, sie putzte, kochte und leistete sexuelle Dienste – ein Verhalten, das auch von den nach Sibirien verbannten Frauen bekannt ist. Klagen, dass die deutschen Frauen ihre sowjetischen Geliebten gegen die Polen »aufhetzten«, waren nicht selten. Weniger gern bemerkte man, dass auch die polnischen Milizbeamten, Offiziere sowie Vertreter der lokalen Verwaltungsebene in ähnlichen Beziehungen mit deutschen Frauen lebten, da alleinstehende Polinnen die Westgebiete scheuten und das gesellschaftliche Leben Leere nicht erträgt. Wie verbreitet solche Beziehungen waren, offenbaren die Versuche, derartige Kontakte zu unterbinden, und zwar sowohl mithilfe ärztlicher Propaganda als auch durch administrative Methoden. Einige sowjetische wie polnische Militärführer werteten die »Massenprostitution« der deutschen Frauen, die auf diese Weise lebensnotwendige Dinge erwarben, als »konspirative Arbeit« und sahen darin eine absichtliche Demoralisierung der sowjetischen beziehungsweise polnischen Armee. In einem Flugblatt, das an die deutsche Bevölkerung in Schivelbein gerichtet war, wurde sogar die Höchststrafe »bei Feststellung einer absichtlichen Verbreitung« von Geschlechtskrankheiten angedroht. Das ging der polnischen Militärführung in Posen eindeutig zu weit, die umgehend anordnete, die kompromittierende Bekanntmachung zurückzuziehen.[377]

Geschlechtskrankheiten waren damals tatsächlich eine wahre Plage. Alleine in den ersten Monaten nach dem Krieg wurden in Polen anderthalb Millionen Infizierte behandelt, meistens Polen, da die Deutschen in den Westgebieten diesbezüglich keine Hilfe erhielten, obwohl in einigen Gegenden die Zahl der infizierten deutschen Frauen auf bis zu achtzig Prozent geschätzt wurde. Die Verweigerung der Behandlung sollte sie zur »freiwilligen« Ausreise nötigen.[378] In Deutschland bestand westlich von Oder und Neiße – wenn auch wohl in geringerem Ausmaß – ein ähnliches Problem, doch wollten sich dort nicht alle Frauen zur obligatorischen Behandlung in geschlossenen Einrichtungen melden, da hierdurch ihre Krankheit und die offensichtliche Ursache öffentlich bekannt geworden wären, was ihr späteres Leben sehr beeinträchtigt hätte. Für viele Frauen scheint das eine größere Erniedrigung dargestellt zu haben als die Vergewaltigung selbst.[379]

Als sich die stärksten Turbulenzen in Zusammenhang mit dem Ende des Krieges und dem Beginn des Friedens gelegt hatten, stabilisierte sich langsam auch das Leben im alten Ostdeutschland, dem nunmehrigen polnischen Westen. Die Abwanderung der deutschen Bevölkerung sowie der westlichen Kriegsgefangenen und Zwangsarbeiter, der allmähliche Abzug der Roten Armee, schließlich der Zustrom von Polen, polnischen Juden und Ukrainern fanden ja nicht im luftleeren Raum statt. Es kam zu Begegnungen und zum Zusammenleben zumindest für eine gewisse Zeit.

Von den Fremdarbeitern entschlossen sich vor allem Franzosen und Italiener, wegen ihrer Arbeit oder ihrer polnischen Frauen in Polen zu bleiben. Viele Deutsche bereiteten sich dagegen auf die Aussiedlung vor. Da der Wohnraum in den Westgebieten durch den Krieg sehr dezimiert worden war, mussten sie oft gezwungenermaßen mit den polnischen Expatriierten aus dem Osten, die bereits eingetroffen waren, unter einem Dach leben. Die Quellen lassen keinen Zweifel daran, dass man sich nicht mochte und sich gelegentlich sogar feindselig verhielt. Die einen wie die anderen fühlten sich nicht ohne Grund als Opfer, selbst wenn den Deutschen langsam dämmerte, welches Schicksal die Polen in den Ostgebieten erlitten hatten und mancher Pole aus dem Osten sich in den ehemals deutschen Gebieten und zwischen den Deutschen wie ein Eindringling vorkam. Aber sie mussten miteinander auskommen, da sie nur so überleben konnten, vor allem die Deutschen, die sich hauptsächlich durch den Verkauf von Kleidung, Möbeln und Gerätschaften über Wasser hielten, was die Polen in den Ostgebieten schon unter der ersten sowjetischen Besatzung (1939 – 1941), dann unter den Deutschen und schließlich in der unmittelbaren Nachkriegszeit getan hatten.[380] Seit der Konferenz von Potsdam, insbesondere seit dem Winter 1915/16, mussten die Deutschen sich allmählich damit abfinden, dass die Gebiete jenseits von Oder und Neiße den Polen zugesprochen werden würden, und so wandelte sich ihre prorussische Haltung langsam in eine propolnische, obwohl die sowjetischen Soldaten bis 1949 im Dorf blieben, wie Rudolf von Thadden feststellte, der Sohn des Gutsbesitzers von Trieglaff in Hinterpommern. Die Deutschen konnten sogar Profit aus der polnisch-russischen Konkurrenz schlagen, denn die Sowjets schützten sie vor der Aussiedlung, die nicht selten direkt nach dem Abzug der Roten Armee einsetzte, und die deutschen Frauen konnten vor zudringlichen sowjetischen Soldaten bei den Polen Zuflucht suchen. Die Flucht in Wachposten der polnischen Miliz findet sich etwa in einem Dokumentarfilm von Michał Majerski, der von deutschen Frauen handelt, die nach dem Krieg in Polen blieben.[381]

Der Ort, an dem sich Sieger und Besiegte immer wieder trafen, war der Schwarzmarkt, auf dem sich das Leben in der Nachkriegszeit abspielte, ob in Lemberg, Breslau oder Berlin. Es wurde mit allem gehandelt; die begehrtesten Zahlungsmittel waren amerikanische Zigaretten und Tabak, Alkohol in jeder Form, Nylonstrümpfe. Geld rangierte ganz weit hinten, es sei denn, es handelte sich um Gold- und Silbermünzen oder Dollars. An eine irrtümlich im Ofen verbrannte Hundertdollarnote erinnerte sich die Mutter eines meiner Schwäger bis an ihr Lebensende. Wie schon während des Krieges waren mit Wahrsagerei in jeder Form immer noch glänzende Geschäfte zu machen; die intelligenteren Vertreter dieser Zunft hatten Zulauf von Kunden aus vieler Herren Länder, die alle nur an einem interessiert waren: am Schicksal ihrer Nächsten.

Aus den häufigen Begegnungen auf dem Schwarzmarkt konnten Bekanntschaften entstehen, die manchmal bei der Suche nach einem Arbeitsplatz oder bei der Ausreise hilfreich waren, besonders im grenznahen Stettin. Manche veranlasste eine solche Bekanntschaft auch zum Bleiben, oder man ging zumindest eine gewisse Zeit miteinander aus und zum Tanzen. Bleiben konnten am ehesten deutsche Frauen, die polnische Männer geheiratet hatten, aber auch deutsche Fachleute, die von Jugoslawien bis Polen sehr geschätzt waren und die man mit zunehmendem Nachdruck zu bewegen suchte, auf die Ausreise zu verzichten, bis man sie ihnen schließlich bis in die Mitte der 1950er Jahre ganz verbot. Am wertvollsten waren Kontakte, die für Hilfe in schwierigen Situationen sorgten. Als 1947 in dem kleinen Lager für Deutsche im ermländischen Braunsberg bei Traudel Heyn-Schrade die Wehen einsetzten, rief die Frau des polnischen Bürgermeisters, bei der eine Bekannte der Gebärenden arbeitete, eine polnische Hebamme herbei und schenkte dem Säugling anschließend Windeln und Kleidung. »Wo die Not am größten, ist Gottes Hilf' am nächsten«, notierte die dankbare Mutter später.[382]

Im grenznahen Stettin konnten sich die resoluteren und aufgeschlosseneren unter den jungen deutschen Frauen bestens durchschlagen, sie konnten Arbeit finden und sogar Freundschaften schließen, und zwar nicht nur solche mit sexuellem Hintergrund. Ursula Jünke, die unter Deutschen, Polen und polnischen Juden verkehrte, aber auch unter Russen und sogar Briten aus der Verbindungsmission, verdanken wir eine der überzeugendsten und mitreißendsten Beschreibungen der Stadt an der Jahreswende 1945/46. Die Frauen schienen ganz einfach weiter zu schauen und mehr zu wissen als die Männer, was ihnen eine größere Bewegungsfreiheit verschaffte. »Ich hatte viel Glück, weil ich etwas Russisch und Polnisch gelernt hatte«, schreibt Ursula. Wenn ein Russe sie ansprach, antwortete sie ihm auf Polnisch, und bei einem polnischen Milizionär tat sie so, als sei sie Russin. Schnell kam sie dahinter, wie es um die polnisch-sowjetische Freundschaft tatsächlich bestellt war. »Oftmals wurden die Glasleuchten der polnischen Restaurants von Russen zerschossen, ebenso wurden die riesigen Stalin- und Lenin-Transparente von den Polen zerstört.«[383] Zur selben Zeit gab es in Augustwalde bei Stettin, wo die Rote Armee stationiert war, allerdings Tanzabende, auf denen junge polnische Rückkehrerinnen aus Sibirien den Ton angaben, die in der Sowjetunion groß geworden waren und auch mit jungen Sowjetsoldaten umzugehen wussten.[384] Junge Leute wollen überall das Leben genießen, selbst auf Trümmern. Im Dezember 1945 tanzte schon ganz Europa, selbst – wie Wladimir Gelfand in Kremmen bei Berlin beobachtete – die jungen Deutschen.[385]

Den sowjetischen Soldaten im besetzten Deutschland war seit Sommer 1945 verboten, deutsche Häuser ohne Grund zu betreten. Sie durften auch nicht an Tanzveranstaltungen teilnehmen. Der sowjetischen Armeeführung ging es einerseits darum, die Gewalt – vor allem die Vergewaltigungen – einzudämmen, andererseits wollte sie der um sich greifenden Fraternisierung entgegenwirken. Bei dem Defizit an jungen deutschen Männern schauten sich viele deutsche Frauen die Rotarmisten inzwischen genauer an und warfen nicht mehr alle in einen Topf. »Er sieht so elegant aus, trinkt nicht und raucht auch nicht. Einen solchen findest du vielleicht ein Mal unter tausend«, versichert die verliebte Doris ihrer deutschen Freundin in einem Brief. Der Brief fiel in die Hände des sowjetischen Geheimdienstes, der Piotr in die Sowjetunion zurückschickte und die Aufrechterhaltung des brieflichen Kontakts praktisch verhinderte.[386]

DIE UMSIEDLUNGEN DER NACHKRIEGSZEIT beschränkten sich nicht nur auf Finnen, Deutsche, Polen und die Völker der vergrößerten Sowjetunion. Das Streben nach Homogenisierung führte dazu, dass für das Bündnis mit Hitler vor allem die über die Nachbarländer verteilten Ungarn zahlen mussten, und zwar nicht nur die aus Jugoslawien, sondern auch jene aus der Slowakei und aus Rumänien, obwohl diese Staaten wie Ungarn selbst mit dem »Dritten Reich« zusammengearbeitet hatten. Die mit dem Vertrag von Trianon (1920) unzufriedenen Ungarn waren im Schlepptau Hitlers zu einem regionalen Aggressor geworden, der zwischen 1938 und 1941 mit schweigender Zustimmung Deutschlands verschiedene Gebiete der Tschechoslowakei, Rumäniens und Jugoslawiens annektiert hatte. Als Reaktion darauf verlangten die Nachbarn nach dem Krieg die Aussiedlung aller Ungarn. Die Alliierten akzeptierten diese Forderungen nicht und wurden dabei von internationalen Experten maßgeblich unterstützt, allerdings nicht grundsätzlich. Für jegliche Umsiedlungen machten sie aber die Unterzeichnung bilateraler Abkommen über einen freiwilligen Bevölkerungsaustausch durch die betroffenen Länder zur Vorbedingung. Den Minderheiten stand ein Optionsrecht zu, das in Europa bereits Tradition hatte. Am Ende sah sich die Regierung in Budapest genötigt, in einen begrenzten Austausch mit Jugoslawien einzuwilligen, wohin im Tausch gegen vierzigtausend Ungarn eine ähnliche Anzahl von Kroaten und Slowenen geschickt wurde. Ungarn nahm außerdem mehrere Zehntausend ungarische Flüchtlinge aus dem wieder rumänisch gewordenen Siebenbürgen auf.

In der Tschechoslowakei, wo es nach dem Krieg von der deutschen Bevölkerung geräumte Gebiete gab, nutzte die Regierung schon im Herbst 1945 die Gelegenheit, die eigenen Ungarn dorthin zu deportieren. Sie kamen aus der Südslowakei, anfangs hauptsächlich aus dem ungarischen Siedlungszentrum südöstlich von Preßburg, wurden allerdings entgegen einer weitverbreiteten Meinung nicht im Sudetenland angesiedelt, wohin nur rund zehntausend von insgesamt fünfzigtausend umgesiedelten Ungarn kamen, sondern vielmehr gleichmäßig über das gesamte westliche Böhmen verteilt. Der Widerstand der westlichen Staaten gegen die Deportationen führte dazu, dass die Tschechoslowakei sie 1947 einstellte; im Gegenzug erklärte sich die ungarische Regierung bereit, weit über hunderttausend Umsiedler aus der Südslowakei aufzunehmen. Zugleich schoben die Ungarn siebzigtausend »Slowaken« ab, die nicht selten nur Ungarisch sprachen. Die tschechoslowakische Umsiedlungsaktion unmittelbar nach Kriegsende erwies sich letztlich als Fehlschlag, denn die aus der Slowakei nach Tschechien umgesiedelten Ungarn flohen zuhauf aus ihren Verbannungsorten, sodass sich 1949 die allermeisten wieder in der Heimat befanden. Einige Jahre nach dem Krieg gab es keine Bedingungen mehr, die eine erneute Deportation begünstigten. Derartige Gelegenheiten ergaben sich nicht alle Tage. Außerdem erwartete die Sowjetunion, die alle osteuropäischen Länder in einem »brüderlichen« Bündnis vereint hatte, eine gütliche Lösung der Probleme. Praktisch tat man so, als gäbe es keine. Erst nach 1989 traten sie wieder hervor, doch das Klima in dem zumindest auf der deklarativen Ebene für Minderheiten offenen Europa war einer Instrumentalisierung wie in der Zwischenkriegszeit nicht mehr förderlich. Die Ungarn, die in den Nachbarländern leben, vor allem in der Slowakei und in Rumänien, bilden im Verhältnis zur Gesamtzahl der Ungarn heute die größte Minderheit in Europa. Sie bleiben ein potentieller Unruheherd, sollte das Projekt des vereinten Europas scheitern.[387]

Trotz aller Unterschiede und vor allem anderer Größenverhältnisse gilt das auch für die deutschsprachige Bevölkerung im italienischen Südtirol. Heute wird ganz zu Recht hervorgehoben, dass es sich bei der Umsiedlung dieser Minderheit um das einzige Beispiel handelt, in dem nach dem Krieg deutsche Flüchtlinge kollektiv repatriiert worden sind. Dass es so kam, ist auf mehrere Faktoren zurückzuführen: das deutsch-italienische Bündnis im Zweiten Weltkrieg und das relativ geringe Ausmaß der deutschen Verbrechen in Italien, zumindest in Bezug auf die katholischen Einwohner, der Kalte Krieg, die voranschreitende europäische Integration und schließlich der Reichtum dieser Grenzprovinz. Hier kam es allerdings zu besorgniserregenden Zwischenfällen, nachdem die Rückkehr von fast vierhunderttausend Optanten erlaubt worden war, die aufgrund eines Vertrags zwischen Hitler und Mussolini ausgewandert waren. Als Reaktion auf das Italienisierungsprogramm, das in der Änderung von Orts- und Familiennamen sowie der Kolonisierung Südtirols durch Menschen aus Mittel- und Süditalien bestand, brach ein offener Aufstand aus, der sich zu einer starken terroristischen Bewegung entwickelte. Erst unter dem Druck der Alliierten sowie der wachsenden Spannungen in den Beziehungen zu Österreich gaben die Italiener nach und verliehen der Region 1972 eine breite und von da an eifersüchtig geschützte Autonomie, durch die im Prinzip die Gleichberechtigung der deutschen Sprache garantiert wird.

Dagegen gelang es nicht, die Probleme an der italienisch-jugoslawischen Grenze in einem ähnlichen Geist zu lösen. Sie waren sehr viel komplizierter als die der deutschsprachigen Bevölkerung in Südtirol, die die große Mehrheit stellte und über eine gut entwickelte eigene Identität verfügte. In Istrien lebten seit Jahrhunderten kroatisch-, slowenisch- und italienischsprachige Menschen nebeneinander, wobei es in den Städten ein italienisches Übergewicht gab, während auf dem Land die Slawen den größten Anteil stellten. Entscheidend ist, dass die Sprachgrenzen nicht unbedingt und nicht überall genau den ethnischen Trennlinien folgten. Die meisten Istrier verstanden mindestens zwei Sprachen und taten sich in der Regel mit einer eindeutigen nationalen Zuschreibung schwer. Die von Mussolini seit 1922 forcierte Politik der Zwangsassimilierung in dem nach dem Ersten Weltkrieg erworbenen Istrien hatte schließlich die vermehrte Abwanderung der slawischen Bevölkerung von der Halbinsel zur Folge. Im Zweiten Weltkrieg erhoben die Italiener dann weitere Ansprüche auf dem Balkan, zunächst gegenüber Griechenland und dann gegenüber Jugoslawien. Im Zuge des allgemeinen Strebens nach nationaler Homogenisierung hatte die italienische Bevölkerung auf dem Balkan und auf den Inseln der Ägäis für diese faschistische Politik zu zahlen. Insgesamt strömten zwischen 1943 und 1945 von dort nicht weniger als zweihundertfünfzigtausend italienische Flüchtlinge auf die Apenninhalbinsel. Von Rhodos und den benachbarten Dodekanes-Inseln, die nach dem Krieg an Griechenland abgetreten wurden, kamen fünfzehntausend. Der Rest stammte aus Jugoslawien, was bis zum Grenzvertrag von Osimo 1975 und dann noch einmal nach dem Zerfall des jugoslawischen Staates 1989 die Beziehungen Italiens zu Jugoslawien beziehungsweise später zu Kroatien und Slowenien belastete.

Die Italiener wurden weder vertrieben noch auf der Grundlage internationaler Vereinbarungen umgesiedelt. Sowohl auf den Dodekanes als auch im jugoslawischen Istrien erhielten sie ein Optionsrecht. Auf Rhodos, Kos und anderen ägäischen Inseln waren sie noch nicht einmal schlecht angesehen, denn vor allem die erste Hälfte ihrer fünfunddreißigjährigen Herrschaft hatte auf den »zwölf Inseln« mehr gute als schlechte Erinnerungen hinterlassen. Bis heute ist dies eines der wenigen historischen Themen, über das sich ein griechischer Orthodoxer aus Rhodos und ein türkischer Muslim aus Platani nicht streiten. Mit dieser Einschätzung der italienischen Herrschaft wären sicherlich auch die Anhänger des Judentums einverstanden, denen die Italiener bis zur Übernahme der Inseln durch die Deutschen im Herbst 1943 Schutz boten und denen sie anschließend nicht selten die Flucht in die nahe Türkei ermöglichten. Wenn sich die Italiener dennoch in großer Mehrheit zur Auswanderung entschlossen, dann deshalb, weil sie auf den Inseln des Dodekanes nur für relativ kurze Zeit lebten und dort noch keine Wurzeln hatten schlagen können, und auch weil die Regierung in Athen eine Politik der Zwangsassimilation betrieb und das italienische Schulwesen zerschlug.

In Istrien, das ungefähr zur Hälfte Italiener und Slawen bewohnten, war die Lage ähnlich. In unterschiedlichen Regionen und zu verschiedenen Zeiten kehrten rund achtzig Prozent der italienischsprachigen Bevölkerung dem Land den Rücken, darunter viele italienischsprachige Slawen, die beim Übergang Jugoslawiens zum Kommunismus die Emigration vorzogen. Das ist eine bemerkenswerte Entwicklung, da die Italiener, nachdem sie die gegen sie gerichtete Gewalt zwischen 1943 und 1945 überstanden hatten, in Istrien ihre Sprache und beträchtliche Minderheitenrechte behalten haben. In den Städten wurden sie durchaus zur Auswanderung überredet, während man sie in den ländlichen Regionen davon abhielt. Für die Entscheidung zur Auswanderung sprach, dass es ihnen nicht erlaubt war, sich zu organisieren, doch dieses

Vereinigungsverbot betraf keinesfalls nur die Italiener. Interessant ist auch, dass zur selben Zeit mehrere Tausend italienischer Arbeiter nach Jugoslawien gingen, wo sie sich am Aufbau eines sozialistischen Staates beteiligen wollten. In Italien, besonders in den von den Linken beherrschten italienischen Städten, wurden die Flüchtlinge aus General Titos Jugoslawien übrigens nicht besonders herzlich begrüßt. Mancherorts versperrte man ihnen sogar den Weg, und fast überall bezeichnete man sie verächtlich als Reaktionäre oder Faschisten.

Tatsächlich lassen sich bei den italienischen Flüchtlingen von der Ostküste der Adria mehrere Gruppen unterscheiden. Reichlich faschistische Würdenträger gab es beim *esodo nero*, dem »schwarzen Exodus«, als die italienischen Beamten, Parteibonzen und Polizisten flohen, die im Übrigen zumeist aus dem eigentlichen Italien stammten. Sie waren auch reichlich in der Hafenstadt Pula im südlichen Istrien vertreten, wo es zugleich eine starke Tradition des Widerstands gegen den italienischen Faschismus gab. Dennoch setzten 1946 über achtundzwanzigtausend von insgesamt dreißigtausend Einwohnern der Stadt mit Schiffen nach Italien über. Ganz anders war die Lage in Zadar (damals Zara), einer italienischen Enklave in Dalmatien: Seit 1943 war sie Ziel schwerer alliierter Luftangriffe gewesen, was zu einer Massenflucht der italienischen Bevölkerung geführt hatte, die sich kollektiv bei Ancona direkt auf der anderen Seite der Adria ansiedelte. Letztlich wanderten die meisten Italiener von der Halbinsel Istrien ab, zunächst als Reaktion auf die blutige Vergeltung der jugoslawischen Partisanen, dann, von Mai 1945 an, weil die jugoslawische Regierung die Fabriken demontieren ließ und die Zukunft Istriens unsicher war. Schließlich 1947 in Reaktion auf die formale Übergabe der Halbinsel an Jugoslawien und 1954 und 1955 wegen der endgültigen Aufteilung des Freien Territoriums Triest zwischen Italien, das den nördlichen Streifen mit der Stadt Triest selbst erhielt, und Jugoslawien, an das die südliche Zone kam. Die emigrierenden Italiener sahen in ihrem kollektiven Wegzug einen Akt des Protests, der ihnen vielleicht die Rückkehr ermöglichen würde. »Unser Exodus, o Mitbürger, wird die Frage von Fiume offen und lebendig halten, und er wird die erste Etappe der Rückgabe Fiumes an seine Bewohner und an Italien bilden«, verkündete ein Aufruf des italienischen Nationalen Befreiungskomitees aus Fiume, dem kroati-

*Italienische Flüchtlinge aus Pula gehen im Februar 1947
an Bord der »Toskana«.*

schen Rijeka. Die Gelehrten sind sich nicht einig, ob die Haltung der
italienischen Flüchtlinge auf Naivität zurückzuführen war oder ob sie
vom italienischen Staat über inoffizielle Kanäle zu ihrer Entscheidung
überredet worden waren. Sowohl Italien als auch Jugoslawien und andere Staaten behandelten in dieser Zeit die Minderheiten schließlich
eher als Last denn als Nutzen.

Wie groß die Probleme im italienisch-jugoslawischen Grenzgebiet
waren, offenbart die Tatsache, dass von den Aufteilungen und Migrationen der Nachkriegszeit keine zu einer Homogenisierung des Territoriums führte. Zwar stimmen die ethnischen Grenzen dort heute
weitgehend mit den Staatsgrenzen überein, doch in Kroatien und Slowenien leben immer noch beträchtliche italienische Minderheiten, die
sich in Istrien offiziell ihrer Muttersprache bedienen durfen, und im
italienischen Triest und Umgebung viele Slowenen, die sich bis heute
nicht wirklich gleichbehandelt fühlen und sich mit einem starken Antislawismus in ihrer Umgebung arrangieren mussen. Die von der italienischen Regierung und der Regionalverwaltung noch lange nach dem
Krieg betriebene Italienisierung beruhte namlich darauf, größere Grup-

pen italienischer Flüchtlinge aus Istrien geschlossen unter ansässigen slowenischen Minderheiten anzusiedeln, was das Zusammenwachsen erschwerte und die nationalen Spannungen verstärkte.[388]

*

DER KRIEG BESEITIGTE DIE MIGRATIONSBARRIEREN, die sich – wie stets in solchen Fällen – lange nicht wiederherstellen ließen, doch die großen Wanderungsbewegungen schwächten sich nach zwei Jahren langsam wieder ab. Es wurde immer deutlicher, dass sich die Probleme einiger Flüchtlingsgruppen durch Repatriierung nicht lösen ließen. Dies betraf Europa wie Asien, wo die Repatriierungsprozesse allerdings schneller verliefen und mit geringeren Schwierigkeiten einhergingen, wenn man einmal die mehr als zehntausend Europäer in China ausnimmt, die Zehntausende von Chinesen in den zuvor von der japanischen Armee besetzten südostasiatischen Ländern sowie die koreanischen Arbeiter in Japan.[389] Zig Millionen Flüchtlinge auf der ganzen Welt waren beschäftigt mit der Neuorganisation ihres Alltags. Dass sie kein Dach über dem Kopf hatten, keine Kleider und Schuhe und auch keine Töpfe, die groß genug waren, um darin Essen für die ganze Familie zu kochen, all diese Probleme beanspruchten ihre ganze Zeit und erforderten all ihre Kräfte. Gefangen genommen von diesen Sorgen und der Trauer über den Verlust von Hab, Gut und Heimat, machten sie sich kaum Gedanken darüber, wie viel sie doch verband und wie sehr sich – bei allen Unterschieden – ihre Erfahrungen glichen.

Während der Mensch flieht oder deportiert wird, kann er die Situation, in der er sich befindet, nicht voll und ganz erfassen, denn er muss all sein Denken darauf konzentrieren zu überleben. Das Gehirn schaltet ein atavistisches Programm ein, dessen einzige Aufgabe es ist, vor dem Tod zu schützen. In derartigen Augenblicken wenden sich viele Halt und Trost suchend an höhere Mächte, sie beten inbrünstig, was nicht selten mit Visionen verbunden ist, oder legen Gelübde ab – die Skeptiker unter ihnen mit Vorbedingungen, um zunächst die göttliche Wirksamkeit zu prüfen. Einem jungen Polen, der 1946 aus der Gegend von Grodno deportiert wurde, erschien im Eisenbahnwaggon »die Muttergottes in ihren wunderschönen weiß-blauen Gewändern«, die versprach, dass er nach Hause zurückkehren werde, wenn auch nicht so bald. Die-

292

ses Erlebnis half ihm, Kolyma zu überstehen, den »Virus des Kommunismus« zu ertragen und noch die Zeiten zu erleben, in denen nach der Perestroika wieder »die Kirchenglocken läuteten«.[390] Nicht selten erflehen verfeindete Parteien die Hilfe ein- und desselben Gottes, erbitten ein Zeichen, das ihnen einen Weg aus dem Dilemma weist.

Die Heimat verlassen und ins Ungewisse ziehen zu müssen, ist ein schweres Los. Der angsterfüllte Flüchtling fühlt sich vollkommen verlassen und von Feinden umstellt, die ihm nach dem Leben trachten. Wenn es ihm gelingt zu überleben, dann nur, weil er seine Gegner überlisten und daran hindern kann, ihre perfiden Pläne auszuführen.[391] Der Historiker muss die Berichte von Flüchtlingen also mit gebührender Vorsicht behandeln, vor allem wenn sie von Geschehnissen erzählen, die sie gar nicht selbst erlebt haben. Eine ähnliche Vorsicht sollte er bei behördlichen Berichten walten lassen, in denen Probleme entweder übergangen werden, was besonders bei zyklisch erstellten Berichten zu erkennen ist, oder eigens betont, was für Berichte typisch ist, die nach Kontrollen verfasst werden. Seit undenklichen Zeiten werden in den Quellen – nicht anders als in den Medien von heute – vor allem Anomalien hervorgehoben, da sie interessanter erscheinen und leichter im Gedächtnis haften bleiben. Sehr lehrreich ist in dieser Hinsicht die Geschichte eines deutschen Dorfschulzen aus Trebbin (Trzebin) im Kreis Deutsch Krone. Er beschreibt seine Flucht über die Oder im Januar 1945, anschließend seine Erlebnisse beim Einmarsch der Roten Armee im April und schließlich die Rückkehr in sein Heimatdorf im Mai und in den ersten Junitagen. Trotz der überall lauernden Gefahren, trotz russischer und polnischer Banden, trotz »Bestien« und »Horden«, auf die er unterwegs immer wieder stieß, fuhr er mit demselben Wagen hin und zurück, und zwar mit seiner ganzen Familie.[392]

Bei Vertreibungen, die vom Wunsch nach Bestrafung geleitet sind, wenn Flammenwerfer auf uns gerichtet werden oder andere Gefahren uns verscheuchen, handeln wir rein instinktiv. Ganz anders verhalten wir uns bei Flucht und Deportationen, auf die wir uns innerlich vorbereiten können, selbst wenn sie schließlich fast immer aus heiterem Himmel kommen.[393] Wenn wir noch Zeit zum Nachdenken haben, vor allem wenn wir uns körperlich noch nicht bedroht fühlen, überlegen wir sorgfältig, was wir mitnehmen sollen, da bei Flucht oder geordneter Aussiedlung mit großen Einschränkungen hinsichtlich des Gepäcks zu rechnen ist. Trotz aller Überlegungen lädt man immer zu viel auf die Wagen und gibt erst unterwegs ein Bündel nach dem anderen auf, bis schließlich nur die allernotwendigsten Gegenstände des täglichen Bedarfs sowie Säcke mit Hafer für die Pferde oder Benzin für die Autos übrig bleiben. Zu beobachten war das auch auf den Fluchtwegen der Deutschen im Winter und Frühjahr 1945: Ausschließlich organisierte Trecks, die rechtzeitig loszogen und nicht in die Kriegshandlungen gerieten, erreichten mit der gesamten Habe die Bestimmungsorte in Mitteldeutschland.[394] Bei der chaotischen und verspäteten deutschen Evakuierung waren das nicht viele. »Auf dem ganzen Fluchtweg längs des Strandes sah man weggeworfene Gepäckstücke, ganze Koffer mit Inhalt, wertvolle Kleidungsstücke, die im raschen Vorwärtskommen hinderten«, notierte im März Pfarrer Herbert Venske zwischen Kolberg und Swinemünde.[395] Noch mehr Gepäck war rings um die Bahnhöfe und die Schiffsanlegestellen verstreut. Oft entledigten sich die Flüchtlinge hier auch ihrer Möbel, die später den auf Berlin vorrückenden Soldaten als Heizmaterial dienten, noch später als Baumaterial für die an Bahndämmen, Bahnhöfen, Brücken und in Häfen kampierenden Umsiedler und DPs, die von Ost nach West wollten oder umgekehrt.

TRADITIONELLE LEHRBÜCHER SUGGERIEREN durch Betonung der nationalen Gemeinschaft, dass man in der Not nicht allein ist.[396] Dabei ist eine der schmerzlichsten Erfahrungen der Flüchtlinge, auf die sie zumeist infolge der Verschleierungstaktik nationaler Märchenonkel gar nicht vorbereitet sind, dass ihre Mitbürger, bei denen sie nach Flucht und Vertreibung unterkommen, sie gar nicht mit offenen Armen empfangen, sondern dass ihnen Misstrauen und Abneigung entgegenschlägt, vor allem wenn sie in großen Massen auftauchen. Wenn die Obrigkeit keine nationale Solidarität erzwingt, siegt der blanke Egoismus, wobei es natürlich Ausnahmen von der Regel gibt. Auch auf den Staat muss Druck ausgeübt werden, damit er zu seiner Verantwortung steht. Ein hervorragendes Beispiel dafür ist die Bundesrepublik Deutschland, die ihre komplexe und aus heutiger Sicht löbliche Politik gegenüber den Flüchtlingen aus dem Osten erst unter dem Druck der

Alliierten und des zeitweise starken Bundes der Heimatvertriebenen und Entrechteten in die Wege leitete.[397]

Flüchtlinge rufen eben gemischte Gefühle hervor: Mitleid, aber auch Angst vor dem Unbekannten und vor Instabilität. Eigentlich mögen wir es nicht, wenn jemand sein Zuhause, seine Heimat verlässt und an fremde Türen pocht, um Schutz oder ein Almosen zu erbitten. Nur wenn der Bittsteller vor einer Naturkatastrophe fliehen musste oder wenn wir davon ausgehen können, dass er relativ rasch in seine Heimat zurückkehren oder weiterwandern wird, sind wir freigiebig und bereit, selbst das bescheidene Mahl oder das wenige, was uns nach der Katastrophe geblieben ist, mit ihm zu teilen.[398] Tief in uns hegen wir das Gefühl, dass niemand ohne Schuld aus seiner Heimat flieht. So war in Nachkriegsdeutschland die – selten laut geäußerte – Überzeugung verbreitet, dass die deutschen Vertriebenen Hitlers größte Unterstützer gewesen seien und nun ihre gerechte Strafe erlitten. Dadurch konnte man sich um die Frage nach dem eigenen Anteil am nationalsozialistischen Unternehmen drücken und zugleich seine Abneigung gegen die Landsleute erklären, die zuweilen so schlecht behandelt wurden, dass sogar sowjetische Kommandanten einschritten.[399]

In den »altpolnischen Gebieten« waren die Flüchtlinge aus den polnischen Ostgebieten, bei denen es sich nicht nur um Polen – darunter viele Juden –, sondern auch um Ukrainer handelte, trotz aller Appelle der Kirche und Maßnahmen der Zentralregierung ebenfalls nicht gern gesehen. In manchen Bezirken, die schon vor dem Krieg zu Polen gehört hatten, stießen die Ostpolen auf eine starke regionale Fremdenfeindlichkeit, die in Parolen wie »Pommerellen für die Pommereller« oder »Großpolen für die Großpolen« gipfelte. Offensichtlich waren die Pommereller und Großpolen viel eher bereit, die hier seit jeher lebenden »eigenen« Volksdeutschen zu akzeptieren, sofern diese während des Krieges keinen nationalsozialistischen Eifer an den Tag gelegt hatten. Die Animositäten zwischen der Bevölkerung aus Zentralpolen und den Menschen aus Ostpolen übertrugen sich auch auf die »Wiedergewonnenen Gebiete«, wo die Umsiedler aus dem Osten in der Regel etwas später eintrafen, wenn die besten Höfe bereits vergeben waren.[400] Dennoch gewöhnten sich die Expatriierten aus den polnischen Ostgebieten, selbst wenn sie sich lange nicht mit deren Verlust abfinden konnten, in den neuen Gebieten im Westen relativ schnell ein und erwiesen sich dort bald als stabilster Bevölkerungsteil. Dafür gab es einen schlichten Grund: Sie konnten ganz einfach nicht mehr zurück. Sie hatten Höfe erhalten, die sie bewirtschaften mussten, und so schlugen sie oft gegen ihren Willen Wurzeln im neuen Land. Damals wussten sie noch nicht, dass man ihnen die Höfe im Rahmen der in Polen nie zu Ende geführten Kollektivierung wieder fortnehmen würde.

Ein eindeutig schwereres Schicksal wartete nach Flucht oder Aussiedlung auf die Italiener und insbesondere auf die Deutschen, allein schon weil es so viele waren. Sie kannten nur eine Richtung, kein bestimmtes Ziel, wurden gewissermaßen vom Winde verweht und mussten selbst sehen, wo sie sich niederlassen konnten, was schon unter gewöhnlichen Umständen nicht einfach ist. Flüchtlinge brauchen aber jemanden, der ihnen den Weg weist (wie in Ernst Wiecherts sehr schönem, wenn auch schon zu seiner Entstehungszeit altmodisch klingendem Roman *Missa sine nomine*, in dem drei ungewöhnliche Brüder, aus Ostpreußen vertriebene Grafen, eine Gemeinschaft auf die Beine stellen), oder – was immer häufiger der Fall ist – sie sind auf den Staat angewiesen. Die italienischen Flüchtlinge gelangten anfangs in das übervölkerte mittlere Italien, wo sie das Heer der Arbeitslosen vergrößerten, oder in Flüchtlingslager, die von den »eingeborenen« Italienern als Hort der Demoralisierung betrachtet wurden, weshalb sie einen möglichst großen Bogen um sie machten. Vor allem die in Italien starken Kommunisten betrachteten die Flüchtlinge aus dem kommunistischen Jugoslawien mit Misstrauen, weil sie lange nicht verstehen konnten, warum man aus einem Land flieht, in dem das von ihnen ersehnte System existierte. Letztlich kümmerte sich zunächst nur die katholische Kirche um die Neuankömmlinge, und die christdemokratischen Regierungen billigten ihnen kleine Entschädigungen zu, was aber umgehend die Eifersucht der Ansässigen hervorrief.[401]

Die deutschen Verjagten hausten viele Jahre lang unter erbärmlichen Umständen in Lagern, Baracken und anderen Behelfsgebäuden. In der britischen Besatzungszone waren sie nicht selten in Nissenhütten untergebracht, die auf den Britischen Inseln während des Krieges und in der ersten Zeit danach den Flüchtlingen aus ganz Europa als Unterkunft gedient hatten. Die polnischen Flüchtlinge nannten diese

Flüchtlingslager für deutsche Verjagte in Pöppendorf bei Lübeck, 1946

Wellblechbaracken *beczki śmiechu* (sinngemäß etwa »Lachkabinett«).
Von ihren Landsleuten wurden die deutschen Flüchtlinge und Vertriebenen kalt empfangen mit Aufforderungen, wie sie in Ursula Höntschs
Roman *Wir sind keine Kinder mehr* vorkommen: »Pollacken raus! –
Haut ab, dorthin, wo ihr hergekommen seid!«. Nicht nur der Familie
Fischer wurde ein Zimmer zugewiesen, in dem kein einziges Möbel-
stück stand. Möbel gab es nur gegen Gebühr. Die Hausbesitzer zogen
die Schlüssel ab und gaben den Ankömmlingen damit zu verstehen,
dass sie hier nicht zu Hause waren. Sie hetzten Hunde auf sie und
beschimpften sie als Herumtreiber, Zigeuner und Bettler. Bettler waren
sie tatsächlich. Ingeborg König verschlug es nach einem kurzen »Aufenthalt« in einem sibirischen Lager von Ostpreußen an die sächsisch-
thüringische Grenze. Ohne einen Groschen in der Tasche für das Essen, das sie auf ihre Lebensmittelkarten bekommen hätte, durchstreifte
sie die Lutherstadt Eisleben, zeigte ihre Arbeitslosenbescheinigung
herum und bat die Passanten um Hilfe. »Noch vor einem Jahr lebte ich
als 16-Jährige in einem wohlbehuteten Elternhaus; alle lebenswichtigen
Dinge standen zur Verfügung«, erinnerte sie sich später. »Und jetzt, als
17-Jährige, stand ich auf der Straße und bettelte.«[402] Im zerstörten

Deutschland, wo noch 1947 die Kasernen von den Besatzungsarmeen, die Lager von Millionen ausländischer DPs und deutschen Ausgebombten belegt waren, war ein Schlafplatz Gold wert. »Und ein wichtiges Papier, das allerwichtigste in dieser Zeit und Zone« war, wie Libussa von Krockow zu Beginn des Frühjahrs 1946 schrieb, eine »Zuzugsgenehmigung«. Als sie für sich und ihre Familie eine solche Genehmigung für ein Zimmer von Gutsbesitzern in Schleswig-Holstein erhielt, war sie völlig aus dem Häuschen. Doch schon im Sommer dachte die Lagerbürokratie in dem von den Briten besetzten Lübeck gar nicht mehr daran, das Dokument zu akzeptieren, verwies auf die Übervölkerung dieser Gegend und – vor allem – auf die behördlichen Ausführungsbestimmungen sowie die Zuteilungslimits für Flüchtlinge in den einzelnen Regionen Deutschlands.[403] Das in der britischen Besatzungszone liegende Schleswig-Holstein war tatsächlich übervölkert, nicht anders die sowjetisch besetzten Länder Mecklenburg und Brandenburg sowie in etwas geringerem Maße das sowjetische Sachsen und das amerikanische Bayern. Da sie den hauptsächlich im ländlichen Raum verteilten Flüchtlingen keine Arbeit verschaffen konnten, fürchteten die Westalliierten, dass es zu einer kommunistische Revolte kommen könnte.

Die bürokratische Vorgehensweise auf den Ämtern ist eine weitere bittere Erfahrung, die jeder Flüchtling unabhängig von Land, Kontinent und Zeit macht. Die Verjagten erwarten dort Hilfe und Interesse an ihren Problemen, doch die Ämter erledigen Angelegenheiten, und sie tun dies bestenfalls routinemäßig und mit der unter solchen Umständen nötigen Skepsis. Vom Mitleid ermüdet, werden die Beamten immer patriarchalischer und seelenloser, gelegentlich auch eigennützig, während die Flüchtlinge lernen, das zu sagen, was der Beamte hören will. Diese ziehen Geschichten, die sie für typisch halten, den wahren Begebenheiten vor, die oft schwieriger zu verstehen und in Formulare einzutragen sind.[404] Selbst wenn sie guten Willens sind, können sie die Paradoxien oft nicht erkennen, die sich aus ihren Entscheidungen ergeben. Ein Lübecker Jude, der den Krieg in Ghettos und Lagern Ostmitteleuropas überlebt hatte, kehrte in seine Heimatstadt zurück. Als er sich bei der Polizei meldete, saß hinter dem Schalter derselbe Beamte, der ihm Jahre zuvor seine Wohnungsschlüssel abgenommen hatte, und fragte ihn: »Ja, Herr Katz, wo sind Sie die ganze Zeit gewesen? Sie haben uns nie über Ihre Abreise informiert.«[405]

Nach gelungener Flucht oder beim Eintreffen an ihrem Bestimmungsort erleben die Heimatlosen oft Augenblicke der Euphorie, vor allem wenn sie sich unter Landsleuten befinden. Die Welt zeigt ihnen ein freundliches Gesicht, und sie würden am liebsten die Helfer in den Flüchtlingslagern küssen, die sie verfluchen werden, sobald ihnen bewusst wird, dass das Schlimmste noch gar nicht hinter ihnen liegt.[406] Sie sind in den vermeintlich »sicheren Häfen« nämlich ganz und gar nicht willkommen, und sie merken jetzt, dass sie verloren haben, was sie bis zum letzten Moment von der Flucht abgehalten hat: den Ertrag eines ganzen Lebens. Dann werden die Erinnerungen wach, mit denen viele nicht zurechtkommen. Einige verdrängen sie in die hintersten Seelenwinkel, andere suchen sie zu übertönen und stürzen sich in die Bewältigung der alltäglichen Probleme. Oft zeigen sie ein Überlegenheitsgefühl gegenüber jenen, die die Flüchtlingserfahrung nicht teilen, ernten Lob für den Flüchtlingsmut und wissen doch eigentlich, dass die Tapferen meist zuerst und ganz sinnlos gestorben sind. Viele werden von den traumatischen Erfahrungen bis an ihr Lebensende verfolgt. Besonders schmerzlich ist der Verlust von Kindern, die ein mächtiger Antrieb für den Überlebenskampf sind.[407] Wenn es nicht gelingt, diese zu retten, fragen sich die Erwachsenen immer wieder, ob sie alles getan haben, was in ihrer Kraft stand, oder ob sie anders hätten handeln müssen. Da es darauf keine Antwort mehr gibt, kann das Trauma nicht bewältigt werden. Gelegentlich ist es so stark, dass es zu Apathie, in den Wahnsinn oder in den Selbstmord führt. Forschungen haben gezeigt, dass es leichter ist, sich mit dem Verlust der nächsten Angehörigen abzufinden und die Erinnerung an sie zu verarbeiten, wenn einen das Unglück in einer Gruppe, in einem Flüchtlingstreck ereilt, da man dann nicht alleine betroffen ist und Leidensgenossen hat.[408]

Je weiter das Kriegsende zurückliegt, desto stärker wird das Bild vereinfacht. Insbesondere Schulbücher mögen klare Aussagen. Doch das Leben ist komplex und verträgt keinen Stillstand. »Es ist kaum glaublich«, schreibt Rudolf von Thadden in Erinnerung an sein pommersches Dorf Trieglaff, wo in den letzten Tagen des Krieges und in den ersten Nachkriegsjahren verschiedene Gruppen von Deutschen und Franzosen, Polen, Ukrainern, »Russen«, ja sogar einzelne Juden durchkamen und »das Zusammenleben so verschiedener Welten unter den damaligen Umständen« funktionierte. Auch die Ausreise aus der alten und die Ankunft in der neuen Heimat passten oft wenig »in das Schema gängiger Vertreibungsgeschichten«. Die Umsiedlungen dauerten mehrere Jahre. Im Laufe dieser Zeit verschwammen die Grenzen zwischen Siegern und Besiegten im Alltag. Am wichtigsten waren nicht die nationalen Unterschiede, sondern die direkten menschlichen Kontakte, bei denen die Nationalität oft keine Rolle spielte.[409]

Das zeigen schon die vielen Mischehen zwischen deutschen Frauen und Männern aus Polen, Jugoslawien und Tschechien. In Nachkriegspolen wäre es schwer gewesen, in den neuen Westgebieten ein Dorf zu finden, geschweige denn eine Stadt, in der keine mit einem Polen verheiratete Deutsche lebte. Auch einige ältere deutsche Frauen waren geblieben, die die Ausreise und manchmal auch die Annahme der polnischen Staatsbürgerschaft ablehnten und daran stur und erfolgreich bis zu ihrem Tod festhielten. Wenn man sie nach Jahren endlich in Ruhe ließ, leisteten gerade sie einen Beitrag zur Vielgestaltigkeit der sozialen Umgebung. Dennoch waren sie den Beamten ein Dorn im Auge, und zwar nicht wegen ihrer Nationalität, sondern wegen ihres ungeklärten Status. Moderne Verwaltungen ertragen nun einmal keine Menschen ohne gültigen Personalausweis oder aktuelle Anmeldung. In der Sowjetunion gingen Polinnen, die blieben, oft Ehen mit ortsansässigen Russen ein. Das heißt natürlich nicht, dass alle diese Ehen glücklich waren, aber das ist nirgendwo auf der Welt der Fall.[410]

Die Rolle der Frauen während und gleich nach dem Krieg hat sich in der historischen Fachliteratur noch nicht gebührend niedergeschlagen, sondern wird dort nach wie vor stereotyp dargestellt. Es überwiegt die Meinung, dass die Männer in extremen Situationen wie Flucht, erzwungenem Zusammenleben und Umsiedlung aggressiv reagieren und die Frauen zu wehrlosen Opfern werden. Allerdings stimmt das, wie Ellen Lammers feststellt, nicht mit den Ergebnissen der Forschung überein. Schon eine flüchtige Durchsicht der Quellen zeigt, dass sich Frauen ziemlich schnell in einer neuen Lage zurechtfinden, was gewissermaßen zur »Neuverhandlung« ihrer Stellung in der Gemeinschaft führt.[411] Libussa von Krockow, ein Modellbeispiel für eine sich unter den außerordentlich schwierigen Bedingungen des Lebens in der Nachkriegszeit emanzipierende Frau, behauptet mit Nachdruck, dass männliche Prinzipien für ein Überleben in Zeiten des Niedergangs nicht geeignet seien. Es stimme, dass es Männern schwerer fällt, zum Klauen von Gemüse oder Obst durch die Beete zu kriechen, doch entscheidend sei, so die Autorin beiläufig, die Angst.[412] Sie lähmt die Männer und verhindert, dass sie die ihnen durch die Tradition vorgegebene Rolle des Beschützers und Verteidigers spielen. Männer erfahren, dass Mut jetzt das Letzte ist, was ihnen und ihren Familien helfen kann. Männer, vor allem junge, lassen sich in solchen Situationen leicht ins Gefängnis stecken oder sogar erschießen. Frauen sind zwar ungleich stärker physischer – auch sexueller – Gewalt ausgesetzt, etwa wenn sie betrunkenen Männern über den Weg laufen, doch sie haben einen größeren Handlungsspielraum und lernen zudem schnell – unabhängig von Zeit und Ort – ihre Mittel einzusetzen. Wenn es ums Überleben oder das ihrer Kinder geht, sind sie auch zur »Prostitution« bereit, oft in recht dauerhaften Verhältnissen über Wochen und Monate.[413] »Meine Kinder sterben hier nicht vor Hunger«, sagt die Romanfigur Irena Puc, eine nach Sibirien verbannte Polin, die wie viele Frauen im Krieg und in der ersten schweren Nachkriegszeit mit dem handelt, was ihr noch geblieben ist, mit ihrem Körper, wodurch sie sich und ihre Kinder rettet. Es wird darüber gestritten, wie verbreitet dieses Vorgehen bei den Polinnen während ihrer Deportation nach Osten und bei den deutschen Frauen in den letzten Kriegs- und den ersten Friedensmonaten war. Auf jeden Fall handelte es sich hier nur um sehr wenige wirklich freiwillige Beziehungen, wenn man in diesem Zusammenhang überhaupt von Freiwilligkeit sprechen kann.[414]

Der Mensch verwächst durch die Gräber der Ahnen mit einem Land. Ihr Fehlen bedeutet ein Gefühl des Verlorenseins, jedenfalls eine gewisse Orientierungslosigkeit. Die meisten Flüchtlinge im Europa der 1930er und 1940er Jahre mussten die Gräber ihrer Angehörigen zurücklassen. Wenn diese in den Eisenbahnwaggons oder am Wegesrand starben, wurden sie in Sammelgräbern beerdigt, die es bis ins ferne Kolyma gibt. Die wenigen Privilegierten in der Flüchtlingsgemeinschaft, die Zeit für einen symbolischen Abschied von ihrem Heimatort hatten, taten dies nicht zufällig auf den Friedhöfen und machten dort, an den

Gräbern der Ahnen, ein letztes Gruppenbild.[415] »Früher saß man auf einer Stelle, da wußte man auch, wo man begraben wird. Jetzt sind unsere Gräber ein bißchen verlorengegangen«, vernimmt der Erzähler in einem Prosatext Jarosław Iwaszkiewiczs über die Ortschaft Toporów in den neuen polnischen Westgebieten, »der Quintessenz der die Teilungsgrenzen überschreitenden Polonität«, weil sich hier Polen aus allen Himmelsrichtungen trafen. Auf dem alten deutschen Friedhof, wo die Hälfte der Grabsteine bereits gestohlen worden ist, sitzt eine alte Frau an dem von ihr »adoptierten« Grab eines Deutschen. Das gepflegte Grab ist Ersatz für das in den polnischen Ostgebieten zurückgelassene eines ihr sehr nahestehenden Menschen.[416] Mit den Jahren nahmen die alten Friedhöfe neue Tote auf, oder sie wurden von der Zeit oder den Menschen zerstört, da sie nicht mehr zur postulierten Einheitlichkeit passten.

»Die Sieger haben nicht gewußt, wie viele Herzen sie zerrissen haben«, sagt in Ernst Wiecherts Roman *Missa sine nomine* Graf Amadeus zu einem aus Ostpreußen vertriebenen Fischer, dessen Frau es vor Sehnsucht nicht mehr aushält und sich zurück in den Osten aufmacht, wo sie ihr Herz gelassen hat, denn »ohne sein Herz kann man nicht leben«.[417] Das stimmt, nur ist es schwer, überhaupt europäische Sieger im Zweiten Weltkrieg auszumachen – wenn man einmal Stalin ausnimmt, der sich den halben Kontinent unterordnen und die andere Hälfte in seinen Bann ziehen konnte und der unmittelbar nach 1945 den Zenit seiner Popularität erreichte.[418] Das besiegte Deutschland befand sich in einer dramatischen Lage – in zwei Staaten mit unterschiedlichem System aufgeteilt und abhängig von zwei verfeindeten Mächten, zudem im Osten stark beschnitten und mit Millionen heimatloser Flüchtlinge und Vertriebener belastet. Die Lage Polens war nicht weniger dramatisch: »Polen, das sich heute aus den vom Krieg verursachten Zerstörungen erhebt, hat so grundlegende Umwälzungen erlebt, dass es den Eindruck eines ganz neuen Staates erweckt, der eigentlich keine Beziehung zum Polen vor den Kriegen aufweist«, schrieb Botschafter Eugenio Reale nach Rom. Es handle sich um ein neues, verkleinertes Staatsgebiet, eine grundlegend veränderte nationale Zusammensetzung und eine vollständig andere geopolitische Situation an den Grenzen, weshalb die Unterstützung durch die Sowjetunion für

Polen »eine Bedingung *sine qua non* zum Erhalt eines Drittels seines derzeitigen Territoriums ist«. Polen, ergänzten 1947 Walter Dirks und Eugen Kogon, ist ein »Siegerstaat ohne Sieg«, ein Staat, der sich in einer Zwangslage befand.[419]

»Die Stadt gehörte nicht uns / war nur anderen fortgenommen / die von hier im Durcheinander / des Kriegs flohen und alles zurückließen«, schreibt in einem ihrer Gedichte die »irgendwo in Kirgisien« von aus Lemberg stammenden jüdischen Eltern geborene Anna Frajlich, die ihre Jugend in Stettin verbrachte und Ende der 1960er Jahre nach New York auswanderte. Stettin, in dem sich das ganze divergente Polen der Vorkriegszeit mischte, in dem es versprengte jüdische Überlebende gab und in dem hier und da immer noch die deutsche Sprache erklang, lebt in ihrer Erinnerung als »Stadt meiner Kindheit / jemandem fortgenommen / damit jemandes Kindheit / anderswo verläuft«.[420] Alfons Karol Domanowski, ein deutscher Masure aus Ostpreußen, der sich entschieden hatte, in Polen zu bleiben, drückte die Tatsache, dass es in diesem grausamen Krieg weder wahre Sieger noch wahre Verlierer gab, mit einfachen Worten aus: »Vertriebene wohnten in Wohnungen von Vertriebenen.«[421] Die meisten verband sogar, dass sie über den jeweils anderen nichts wussten. Peter-Piotr Lachmann, ein deutsch-polnischer Dichter, der seit 1945 in Polen lebt, ist allerdings davon überzeugt, dass die gegenwärtigen »Polen wissen, warum sie sich in den sogenannten wiedergewonnenen Gebieten befanden, und die Deutschen entweder nicht wissen oder sich nicht erinnern, da sie nicht erinnern wollen, warum sie diese Gebiete verlassen mussten«.[422]

Wenn das stimmt, dann hat der Kalte Krieg diese Verdrängung der Vergangenheit noch verstärkt. Da der europäische Osten spätestens seit 1949 von einer »kommunistischen Masse« besetzt war, gegen die man die Reihen schließen musste, konnten die Deutschen viele unbequeme Fragen und Erinnerungen in der Versenkung verschwinden lassen.[423] In der deutschen Wissenschaft wurden sie dennoch in den 1960er Jahren wieder aufgegriffen, in der öffentlichen Debatte aber eigentlich erst nach dem Jahr 2000, und zwar – wohl unbeabsichtigt – durch die Auseinandersetzungen um das Zentrum gegen Vertreibungen. Bis dahin gab es die Besetzung Polens in deutschen Schulbüchern praktisch nicht, weshalb sie von zwei deutschen Nachkriegsgenerationen vergessen wurde.

Dabei hörte man nach dem Krieg trotz der schlechten deutsch-polnischen Beziehungen durchaus Stimmen, die für eine Verständigung mit Polen warben und die Wahrheit über die Okkupation Polens zu verbreiten suchten. In diesem Geiste schrieben Dirks und Kogon, die mutig dazu aufriefen, bei den deutschen Flüchtlingen keine unerfüllbaren Hoffnungen auf Rückkehr zu schüren, zumal dies nicht nur die Lage in Europa, sondern auch ihre neue Existenz destabilisieren würde. Sie wiesen darauf hin, dass die Deutschen »alles getan [hatten], was sie konnten, um diesen Bazillus über Europa zu verbreiten«, den Bazillus von Hass, Faschismus und Nationalismus, weshalb sie sich nun ebenso stark für das schwierige Werk des Friedens einsetzen sollten.[424]

Ähnlich hatte sich im Grunde ein Jahr zuvor der katholische Pfarrer Edmund Helewski in einem Brief an den polnischen Starosten von Bernstein geäußert, nachdem ihn Mitarbeiter des Sicherheitsamts und der Miliz aufgesucht hatten. Zunächst wollten sie ihn wohl überreden, in Polen zu bleiben und mit den Geheimdiensten zusammenzuarbeiten. Als er aber entschieden ablehnte und dies unter anderem mit seiner ungenügenden Kenntnis des Polnischen begründete, beschimpften sie ihn als »Hitlerschwein« und raubten ihn aus. Dann gingen sie durchs Dorf und verteilten Bonbons und Zigaretten, die sie angeblich aus dem Pfarrhaus mitgenommen hatten. Der in Stettin geborene Pfarrer, der sein Amt in Hohengrape bei Bernstein versah, war wegen seiner Kritik am NS-System aus Berlin in die Provinz versetzt worden, vielleicht auch aufgrund seiner Herkunft. Seine Eltern sprachen noch gut Polnisch, er selbst und seine Schwester Gerda dagegen kaum, wie die polnischen Zwangsarbeiter erzählten, die einmal im Monat seine Messe besuchten. Pfarrer Helewski lebte mit seiner Familie über der Kapelle im ersten Stock eines beschädigten kleinen Hauses im ehemaligen Gutspark. Während des Krieges half er französischen und polnischen Zwangsarbeitern, unter anderem indem er illegal Ehen schloss. Er ließ keinen Zweifel, wer für den Krieg verantwortlich war und dass es dafür eine Strafe geben müsse. Sicherlich hätte er sich ohne Zögern der Äußerung des alten Christoph aus Ernst Wiecherts Roman angeschlossen: »Und nach der Sünde treibt der liebe Gott aus. Nicht die Sünde der Väter, aber die Sünde der Söhne und Töchter. Unser aller Sünde.«[425] Man dürfe kein weiteres Unrecht zulassen, »wenn Europa leben soll«, so der Pfarrer, »da sollten die guten Kräfte, zumal die Nachbarländer Polen und Deutschland, sich die Hand für eine bessere Zukunft reichen. Je eher, je besser.« Immer wieder wies er darauf hin, dass er Deutscher sei, so als wolle er den guten Namen des Volks retten, dem er nun einmal angehörte, und zwar in den Augen des Volkes, von dem er abstammte.[426]

DIE ZUSAMMENARBEIT DER ALLIIERTEN nach dem Krieg hielt weniger als drei Jahre. Deren Uneinigkeit führte dazu, dass sich die Lage der Flüchtlinge klärte. Die deutschen, polnischen und italienischen Umsiedler konnten sich nun keine Hoffnung mehr machen auf eine rasche Veränderung der politischen Konstellation in Europa und mussten sich ernstlich um den Aufbau einer neuen Existenz kümmern. Unter den veränderten Umständen unternahmen die Regierungen von Österreich und der Bundesrepublik Deutschland endlich Schritte zur Eingliederung. Österreich machte sich an die Naturalisierung der deutschsprachigen Flüchtlinge, dennoch besaßen dort 1955 noch einhundertsiebzigtausend deutschsprachige Flüchtlinge aus Jugoslawien, Rumänien und der UdSSR keine Bürgerrechte. Man bot ihnen auch materielle Hilfe an, die zwar höher war als in der DDR, aber viel niedriger als in der Bundesrepublik, weshalb viele über die grüne Grenze dorthin gingen.[427] Im besetzten Deutschland, wo sich die überwiegende Zahl der deutschen Verjagten aufhielt, davon der verhältnismäßig größte Teil in der Sowjetisch Besetzten Zone, war die Wirtschaftslage anfangs so dramatisch, dass vielen Zeitgenossen die Integration der Flüchtlingsmassen schlicht unmöglich schien. Viele Deutsche entschieden sich daher bewusst für den Aufenthalt in Tschechien oder Polen und akzeptierten die Assimilation, da sie die vielleicht nicht optimalen, aber existenzsichernden Bedingungen einer Wanderschaft ins Unbekannte vorzogen, was damals fast immer Hunger und Not bedeutete.[428] Die vollständige Assimilation galt in Europa noch viele Jahre nach dem Krieg als allseits anerkannte Norm, als Selbstverständlichkeit, über die man nicht viele Worte verlor.[429] Weil es in Deutschland kaum etwas zu essen und keine Arbeit gab, zogen sogar deutsche Kriegsgefangene in Frankreich es vor, nicht in ihre Heimat zurückzukehren, wenn man ihnen die Entlassung aus der Gefangenschaft gegen ein Arbeitsverhältnis anbot. Auch Bruno Fischer blieb, obwohl es ihm nicht passte, dass man an der Seine immer wieder von der kollektiven Verantwortung der Deutschen sprach. Immerhin konnte er Päckchen an seine Familie schicken und durfte sie während eines einmonatigen Urlaubs an der Jahreswende 1947/48 sogar besuchen. Die Franzosen boten jungen deutschen Kriegsgefangenen sogar den Dienst in der französischen Fremdenlegion an, die nach Indochina geschickt wurde.[430]

Die statistischen Daten deuten auf eine rasche Verbesserung der Wirtschaftslage in Ostmitteleuropa hin, wo drei Jahre nach dem Krieg das Bruttonationaleinkommen pro Kopf fünfzehn Prozent höher lag als bei Kriegsbeginn, während es in Westeuropa nach wie vor rund zehn Prozent niedriger war. Das lässt sich zum einen darauf zurückführen, dass der Ausgangswert sehr niedrig war, zum anderen aber auf die gewaltige Wiederaufbaudynamik, die erst mit der Verstaatlichungswelle von 1949 aufgehalten wurde, als in den drei westlichen, zur Bundesrepublik Deutschland zusammengeschlossenen Besatzungszonen das Wirtschaftswunder einsetzte. Schon zwei Jahre später war die westdeutsche Industrieproduktion fünfundzwanzig Prozent höher als im Jahr 1938. Zwar blieb die Arbeitslosenrate unter den Flüchtlingen noch einige Zeit hoch, doch das Soforthilfegesetz von 1948 beugte größerer Unzufriedenheit vor; 1952 wurde es durch das Lastenausgleichsgesetz abgelöst, nach dem die Vertriebenen relativ hohe Entschädigungen erhielten.

Aus wirtschaftlichen und systembedingten Gründen verliefen die Integrationsprozesse in Polen, in der Deutschen Demokratischen Republik und auch in der Sowjetunion weniger erfreulich als im Westen, schon weil das Los der Verbannten dort besonders hart war und sie es auch nicht leicht hatten, wenn sie aus der Verbannung heimkehrten. In Polen setzte sich die Auffassung durch, dass sich der Gemeinsinn der Bewohner in den Westgebieten, die aus verschiedenen Regionen mit unterschiedlicher Tradition und Kultur kamen, am besten fördern ließe, indem man den nach dem Krieg bestehenden antideutschen Nationalismus schürte. Auch die Tschechoslowakei und Jugoslawien entschieden sich für diesen Weg. Die Angst vor dem deutschen Revanchismus ergriff schließlich sogar jene, die von den Russen aus dem Osten verjagt worden waren und eine berechtigte Abneigung gegen diese empfanden. Der deutsche Revanchismus galt allgemein als existenzbedrohend. Im Integrationsprozess spielte auch die Kirche eine wesentliche Rolle, denn sie war im Prinzip die einzige Institution, die in der Bevölkerung Vertrauen genoss. Neuere Forschungen belegen, dass die Umsiedler aus dem Osten in den neuen Westgebieten anfangs häufig abgeschottet von den anderen lebten, was sich nicht zuletzt an der geringen Zahl von Eheschließungen zwischen ihnen und Zuwanderern aus anderen Regionen zeigt. Anfangs fanden sie keine Arbeit in staatlichen Behörden und Sicherheitsdiensten, da man dort ihren »reaktionären Charakter« und ihre antisowjetische Einstellung fürchtete. Dennoch waren auch in Polen die Integrationsprozesse von Erfolg gekrönt, was allerdings nicht bedeutet, dass jede Saat aufging und sämtliche Folgen der erzwungenen Desintegration aus der Kriegs- und Nachkriegszeit überwunden waren. Zerrissene Nachbarschaftsstrukturen und vor allem die Bereitschaft zu gemeinsamem Handeln regenerieren sich erstaunlich langsam, zumal unter einer Diktatur, die alles von oben bestimmte. Letztlich waren wirkliche Veränderungen erst nach 1989 zu beobachten.

Noch größere Probleme mit der Integration von Flüchtlingen und Vertriebenen hatte die DDR. Der neue Arbeiter- und Bauernstaat wollte mit der deutschen nationalistischen und faschistischen Vergangenheit nichts zu tun haben. Politisch suchte man einen vollkommen Neuanfang. Aber mit der Wirtschaft ging es – wie im ganzen sozialistischen Block – nicht recht voran, sodass nur mit Mühe die Grundbedürfnisse befriedigt werden konnten. Zum wichtigsten Schlagwort wurde hier deshalb die soziale Gerechtigkeit. Großwohnungen wurden aufgeteilt, ebenso der Großgrundbesitz. Da erhebliche Teile dieses Besitzes an dort Umsiedler genannte Vertriebene vergeben wurden, nahm gerade bei diesen die Unterstützung für die Sozialistische Einheitspartei (SED) zu. Die Vertriebenen blieben jedoch insgesamt ärmer als die Alteingesessenen und verloren schließlich im Zuge der Kollektivierung der Landwirtschaft das zugeteilte Land wieder. Wer unzufrieden war, wurde brutal aus der Gemeinschaft ausgeschlossen, gelegentlich wurden die Verjagten aus dem Osten sogar kollektiv beschuldigt, Hitler besonders unterstützt zu haben.

Es kam also nicht nur in der Bundesrepublik Deutschland, wie Martin Broszat meinte, sondern auch in der DDR und in Polen in den Kriegsjahren und unmittelbar danach zu umstürzenden gesellschaft-

lichen Veränderungen, aus denen sich schließlich »Notstandsgesell-
schaften« entwickelten. Der Krieg und die damit einhergehenden Umsiedlungen zerstörten das jahrhundertealte Werk von Deutschen und
Polen im Osten und verursachten unendlich viel Leid, aber sie schufen
zugleich auch etwas Neues, nämlich umfassend urbanisierte und indus-
trialisierte Gesellschaften, die aufgeschlossen waren für die Modernisierung, selbst wenn diese in Polen relativ rasch in der sozialistischen Krise
steckenblieb. Es fielen die gesellschaftlichen, kulturellen und vor allem
in Deutschland auch die religiösen Barrieren, sodass im Grunde ganz
neue Gesellschaften entstanden. Heute wird viel Kritik geübt an den
Integrationsprozessen in der Bundesrepublik, dabei verliefen sie gerade
dort höchst erfolgreich. Zwar war dieser Erfolg relativ, gemessen am
Misserfolg oder an den geringeren Erfolgen der anderen, doch dem Historiker steht nur dieses Maß zur Verfügung. Die verlorenen Jahre, eine
Zeitspanne, die im Verhältnis zur Dauer eines Menschenlebens sehr
lang ist, lassen sich allerdings nicht nachholen, so wie man Leiden, Demütigungen und Tod nicht ungeschehen machen kann.[431]

DER KALTE KRIEG, der die Integration der deutschen, italienischen
und polnischen Umsiedler erzwang, half auch den *displaced persons*, die
sich in deutschen und italienischen Lagern aufhielten. Man konnte sie
nun eben nicht mehr gegen ihren Willen in die Länder jenseits des
Eisernen Vorhangs abschieben, vielmehr wurden sie zu gern gesehenen
Gästen, da sie einen lebendigen Beweis für die Überlegenheit des westlichen Systems darstellten. Zur Betreuung der letzten Million DPs
wurde die Internationale Flüchtlingsorganisation (IRO) ins Leben gerufen, die 1947 ihre Arbeit aufnahm. Doch der Ostblock beharrte weiterhin auf der Repatriierung, schließlich handelte es sich bei den DPs
hauptsächlich um Bürger dieser Staaten, meistens um Polen, darunter
viele Juden, aber auch um Balten, Ukrainer, Tschechen und Slowaken.
Weniger umstritten war die Zuständigkeit der Organisation für die
insgesamt mehr als vierhunderttausend russischen, armenischen und
spanischen Flüchtlinge, die seit der russischen Revolution, der Entstehung der neuen Türkei oder dem Franco-Putsch in Spanien kein
Zuhause mehr hatten. Wichtigste Aufgabe der IRO war es, für die DPs
einen Aufenthaltsort zu finden, am besten in Drittländern, da die über-

wiegende Mehrheit nicht in Deutschland bleiben wollte, wo sich eigentlich nur diejenigen integrieren ließen, die Deutsche heirateten. Aber wohin sie auch kamen, verspürten sie vielfach Angst vor der Umgebung, die sich ihnen gegenüber oft wenig wohlwollend verhielt.

Vor allem die Armenier kehrten bereitwillig aus den Lagern in ihre Heimat, das sowjetische Armenien, zurück. Stalin wusste um den Patriotismus der Armenier, aber auch um ihre historisch begründete prorussische Einstellung und leitete daher in Abstimmung mit internationalen Organisationen eine »Repatriierungspolitik« speziell für die Armenier ein. Vor allem aus dem Nahen Osten, aber auch aus den Ländern West- und Südeuropas kehrten diese nun in großer Zahl »zurück« in ein Land, das sie nie zuvor mit eigenen Augen gesehen hatten, da sie zumeist aus Türkisch-Armenien stammten. Das Interesse an dem bis 1949 dauernden Programm überstieg die Erwartungen, und obwohl die sowjetischen Armenier die »Repatrianten« nicht mit offenen Armen empfingen, da sie in ihnen – gelinde gesagt – eher Konkurrenten sahen, verlief die Integration größtenteils erfolgreich. Doch wie stets in Stalins Staat folgte ein brutales Ende: Die Zuwanderer wurden zu Tausenden in abgelegene Siedlungen im mittleren Asien deportiert, wo – was die Paradoxien der sowjetischen Politik wieder einmal zeigt – zu dieser Zeit auch sowjetische Türken und Griechen landeten.

Obwohl die DPs größtenteils sehr jung waren und die Alliierten für sie nach dem Krieg diverse Fortbildungen organisierten, fehlte es an Aufnahmeländern. 1949 veröffentlichte Eugene M. Kulischer einen aufsehenerregenden Artikel, in dem er die Welt aufrief, das Problem der Flüchtlinge zu lösen, unter denen sechstausend Waisenkinder waren: »Vor dreihundert Jahren nahmen einige protestantische Länder Europas die Hugenotten auf. Diese dreihunderttausend Flüchtlinge bedeuteten zwei Prozent der Bevölkerung jener Länder, die sie einluden und ihnen ein Dach über dem Kopf boten. Heute würden die Flüchtlinge, die sich nicht repatriieren lassen wollen, die Bevölkerungszahl der sie aufnehmenden Länder um zwei Zehntelprozent vergrößern. Diese Nationen besitzen riesige und reiche Gebiete. Sie sind die reichsten der Welt. Es ist erschütternd, dass vier Jahre nach dem Krieg ihre Regierungen, die die Bezeichnung von Anführern der westlichen Zivilisation im Kampf gegen Nazismus und Kommunismus für sich beanspruchen, immer noch mit besserwisserischer Gleichgültigkeit darüber diskutieren, was mit den Opfern zu tun sei, die überlebt haben oder diesen Ideologien in Opposition gegenüberstehen.« Das Jahr 1949, als der Kalte Krieg auf seinen Höhepunkt gelangte, war zugleich auch das Jahr, in dem die IRO am meisten zu tun hatte, fast dreitausend Angestellte zählte und fast vierzig Schiffe charterte. Sie brachten DPs in die USA, nach Kanada und in einige lateinamerikanische Länder, vor allem nach Argentinien, Brasilien und Venezuela. Mit der Entstehung des Staates Israel 1948 wurde in dieser Zeit auch das brennende und besonders drängende Problem der jüdischen Flüchtlinge gelöst, die sich zum Großteil immer noch in deutschen Lagern aufhielten, gelegentlich in ehemaligen Konzentrationslagern wie Bergen-Belsen. Noch 1947 schickten die Briten, die im Auftrag der UNO das Mandat über Palästina ausübten, sogar Juden nach Deutschland zurück; es sei nur an die bekannt gewordene Geschichte der »Exodus 47« erinnert. Als die Alliierten 1951 die Fürsorge für die in Deutschland gebliebenen DPs der Bundesrepublik Deutschland übertrugen, betraf das immerhin noch rund hundertfünfzigtausend Personen. Sie erhielten 1959 von dem neuen Staat einen relativ großzügigen Rechtsstatus, aber keine Staatsbürgerrechte.[432]

Die Internationale Flüchtlingsorganisation arbeitete so wie alle vom Völkerbund eingesetzten Vorgängereinrichtungen auf der Grundlage einer ad hoc beschlossenen Definition, wer als Flüchtling zu gelten habe, bei der das Recht auf Verweigerung einer Rückkehr in das Herkunftsland galt, wenn folgende berechtigte Gründe vorlagen: Angst vor Verfolgungen mit rassischem, nationalem, religiösem oder politischem Hintergrund. Die Gründer der IRO waren ganz offensichtlich noch überzeugt, dass das Flüchtlingsproblem vorübergehender Natur sei und dass man nur dafür sorgen müsse, dass die Nachkriegs-DPs aus den sozialistischen Ländern in der Welt verteilt würden.[433] Erst der Kalte Krieg, aber auch der Koreakrieg, der zwei Millionen neue Flüchtlinge »produzierte«, machte den Regierungen im Westen deutlich, dass sie das Flüchtlingsproblem so schnell nicht loswerden würden. Diese Erkenntnis führte schließlich dazu, dass die Generalversammlung der UNO bei fast vollständigem Boykott des Ostblocks 1950 eine neue Organisation gründete – das Büro des Hochkommissars für Flüchtlingsfragen (UNHCR) in Genf. Ein Jahr später wurde eine Konvention über den Status von Flüchtlingen verabschiedet. Danach handelte es sich um Menschen, die ihr Heimatland verlassen hatten in berechtigter Furcht vor Verfolgungen aus rassischen, religiösen, nationalen Gründen, wegen der Zugehörigkeit zu bestimmten gesellschaftlichen Gruppen oder wegen ihrer politischen Überzeugungen. Zum ersten Mal in der Geschichte erstreckte sich das Mandat des Hochkommissars damit nicht mehr nur auf existierende Flüchtlingsgruppen, sondern auch auf künftige, selbst wenn sich die Konvention noch nicht auf sie bezog.[434] Dieser Fehler wurde erst durch ein Protokoll zur Konvention über die Rechtsstellung der Flüchtlinge von 1967 behoben, nachdem in den späten 1950er und vor allem in den 1960er Jahren neue Flüchtlinge beziehungsweise ein neuer Typ von Flüchtlingen auf den Plan getreten waren, der mit den Ereignissen des Zweiten Weltkriegs nicht mehr in unmittelbare Verbindung zu bringen war. Diese Flüchtlinge stammten meist aus Ländern der Dritten Welt, die nach der Entkolonialisierung eine Zeit intensiver Modernisierung und schwieriger Transformation zu Nationalstaaten durchmachten.

Die grundlegenden Entscheidungen zum Flüchtlingsstatus erlaubten dem Westen die Aufnahme von Flüchtlingen, die in kleineren oder größeren Wellen aus dem kommunistischen Europa hereinströmten, ohne weitere Behinderungen. Das waren 1956 die Ungarn, 1968 vor allem Menschen aus der Tschechoslowakei, aber auch Juden (beziehungsweise Menschen, die von den polnischen Kommunisten für Juden gehalten wurden) aus Polen, schließlich in den 1980er Jahren Polen aus dem von Streiks, Wirtschaftskrise und Kriegszustand gelähmten Polen, Juden aus der Sowjetunion sowie Deutsche aus der DDR.[435] »Im Gegensatz zu den Flüchtlingen von heute wurden die Ungarn in der ganzen westlichen Welt mit offenen Armen aufgenommen«, stellt ein zeitgenössischer Historiker nicht ohne Berechtigung fest.[436] Doch aus der Perspektive der Flüchtlinge waren die Dinge sehr viel komplizierter.[437] In ihrer Erinnerung prägte sich vor allem das System der Anweisungen und Verbote in den Flüchtlingsunterkünften ein, die Arbeitslosigkeit, schließlich die Sinnlosigkeit der neuen Existenz. »Gefängnis oder Fabrik, das ist mir egal«, schreibt Agota Kristof, die 1956 in die Schweiz gelangte, in einer ihrer Erzählungen.[438]

ALS STALIN 1953 STARB, haben von Wladiwostok bis Paris und Rom Menschen Tränen vergossen, sogar meine erzkatholische Tante Zosia. Sie wurde dabei argwöhnisch beäugt von meiner ältesten Schwester, die nicht an sich halten konnte und die Tante vor der ganzen Familie bloßstellte, was sie schon ein paar Stunden später bitter bereute. Damals brach in den Lagern des Archipels Gulag und in der Verbannung große Freude aus. »Na, Brüder, hat scheint's den Menschenfresser erwischt«, rief man sich hoffnungsvoll zu.[439] Tatsächlich sank schon 1953 die Zahl der Verbannten, doch die Entlassungen betrafen nicht die politischen Gefangenen, sondern zunächst Kleinkriminelle, die Strafen von weniger als fünf Jahren absaßen. Dann wurden Kinder bis zum sechzehnten Lebensjahr sowie Jugendliche im schulpflichtigen Alter entlassen. Auch die letzten deutschen Kriegsgefangenen durften 1955 ausreisen. Später wurden die Entlassungen wieder eingeschränkt, da die Verbannten an ihren alten Arbeitsstätten und erst recht in ihren alten Wohnungen nicht gerade freudig empfangen wurden und die Behörden nicht so recht wussten, was sie nun tun sollten. Erst als 1953 und 1954 zunehmend Fälle von Ungehorsam auftraten und es bald auch Widerstand und Aufstände gab, wuchs die Zahl der Rückkehrer wieder. Dennoch hielten sich noch drei Jahre später mindestens hundertfünfzigtausend Menschen in der Verbannung auf.

Nach dem XX. Parteitag der Kommunistischen Partei der Sowjetunion (KPdSU) und der Rückkehr der Verbannten machte Anna Achmatowa zwei Russlands aus, »das eine, das in die Lager kam, und das andere, das es dorthin schickte«. Von dort kehrten nicht alle zurück – Tataren und Koreaner mussten bis zur Perestroika und zum Sturz des Kommunismus in der UdSSR noch ausharren. Auch die Rehabilitierung der wichtigsten Verbannten aus der Zeit der Säuberungen in den 1930er Jahren erfolgte erst zu dieser Zeit. Von der Gesellschaft ausgestoßen, wandten sich viele Verbannte der Religion zu, die nun eine Renaissance erlebte, oder sie flohen in den Wodka. Erst ihre Kinder fragten, meist im Gegensatz zur Generation ihrer Mütter und Väter, wer Anteil hatte an den stalinistischen Verbrechen und wer verantwortlich war für den Gulag.[440] Wenn man von dem im Westen schlecht aufgenommenen Buch *Welt ohne Erbarmen* (1951) von Gustaw Herling-Grudziński absieht, durchbrach erst Alexander Solschenizyn 1963 das

Pater Albin Janocha 1955 in Sibirien,
kurz vor der Rückkehr nach Polen

Schweigen. Die Unterdrückung der Tataren, die in der sibirischen Verbannung sehr erfolgreich ihre Identität verteidigten, hörte danach dennoch nicht auf. Sie wurden sogar wegen der Verbreitung eines Poems über ihre Aussiedlung von der Krim verfolgt, wobei die Prozesse nicht selten reine Grotesken waren. Während eines solchen Prozesses verwies etwa ein Richter darauf, dass das Gedicht die Unwahrheit sage, da in dem beschriebenen Brunnen der Tränen in Bachtschyssaraj, dem Heiligtum der Krimtataren, »Wasser […] fließt und kein Blut«.[441]

1955 erließen die Behörden der UdSSR ein Dekret, nach dem die in Kasachstan und Sibirien lebenden polnischen Staatsbürger nach Polen zu bringen seien. Zwei Jahre später kam man hinsichtlich der Repatriierung derjenigen Polen überein, die vor 1939 die polnische Staatsangehörigkeit besessen hatten, was allerdings nachgewiesen werden musste. In den Kriegswirren und bei den Umsiedlungen waren die Papiere der Betroffenen aber vielfach verloren gegangen oder vernichtet worden, sodass sie diese nicht belegen konnten. Insgesamt kam zwischen 1955 und 1959 fast eine Viertelmillion Polen nach Polen, darunter aber nur fünfzigtausend aus der inneren Sowjetunion. Der Rest war nicht auffindbar oder entschied sich gegen die Umsiedlung, einigen wurde die Rückkehr auch verweigert.[442] Direkt vom Jenissej – auf beinahe derselben Route, die Elisabeth Sczuka nach der Revolution genommen hatte, nur dass er das letzte Stück mit dem Zug über Lemberg und nicht mit dem Schiff über Stettin zurücklegte – kehrte Pater Albin Janocha nach sechzehn Jahren in seine polnische Heimat zurück. Die Reise verlief geschwind und problemlos. Einige Reisende in seinem Waggon hatten immer noch Zweifel, ob sie wirklich nach Polen gebracht würden. Bruder Albin, dessen Rückkehr von Rom nach Krakau 1939 sein »Leben so fatal verkompliziert hat«, bedauerte nichts. Er dachte vielmehr an die Vorsehung, die so viele Jahre »in der Höhle des Löwen« über ihn gewacht hatte. Von seinem ersparten Geld kaufte er auf einem Bahnhof mehrere sowjetische Armbanduhren, die er als Geschenke mit nach Polen brachte. Am 29. Dezember 1955 überschritt er bei Przemyśl die Grenze: »Im Waggon herrschte Stille, dann stimmte jemand [das unter den Polen sehr bekannte, aus dem 19. Jahrhundert stammende Gebet zu Gott mit der Bitte um Unabhängigkeit] ›Boże, coś Polskę‹ an [Gott, der du Polen in all den Jahren / Geschmückt hast mit dem Glanz von Ruhm und Macht / Und sorgend schütztest mit deinem wunderbaren Schild vor Unheil und böser Niedertracht / Vor deinen Altar tragen wir das Flehen: / Lass Vaterland und Freiheit auferstehen!], alle fielen mit voller Brust ein, doch immer wieder drückte etwas die Kehle zusammen, die Stimme brach, erstickt vor Rührung.« Nach kurzer Erholung in Krakau und einem vorübergehenden Aufenthalt in Danzig wurde Bruder Albin nach Deutsch Krone geschickt, wo er von 1957 bis 1959 Katechet in einer Grundschule war. Da er im kleinpolnischen Krosno geboren worden war, wurde er in den Einwohnerstatistiken der Westgebiete sicher als Umsiedler aus Zentralpolen geführt.[443]

HITLER UND STALIN strebten ihre Ziele stets auf dem kürzesten Weg an und beanspruchten für sich das Recht auf totale Herrschaft. »Nie in der Vergangenheit haben Regierungen, zumindest despotische, eine so vollständige Kontrolle über so viele Millionen Menschen ausgeübt.«[444] Ohne Hitler hätte es keine stalinistischen »Dummheiten und Unsinn« gegeben, denkt General Serpilin in einem 1964 erschienenen Roman des russischen Schriftstellers Konstantin Simonow.[445] Ohne Stalin hätte es keinen Nationalsozialismus gegeben, vertritt in einer Reihe von Büchern seit den 1980er Jahren der deutsche Historiker Ernst Nolte, der ähnlich denkt wie Alexander Solschenizyn.[446] In Wasilij S.

Grossmans Roman *Leben und Schicksal* wiederum stellt der KZ-Kommandant Liss im Gespräch mit Michail Sidorowitsch Mostowskij, dem gefangen genommenen alten Bolschewiken und Lagerkommandanten in Kolyma, fest, dass beide Systeme einander ähneln und sich gegenseitig ergänzen. »Wir sind verschiedene Erscheinungsformen ein und derselben Sache«, sagt Liss und fährt fort, dass Deutsche wie Russen Ordnung und große Werke lieben und revolutionäre Anführer besitzen, die den Tod säen. Zwar hätten die Sowjets als Erste mit dem Terror begonnen, doch habe Hitler den Rückstand aufgeholt: »Ihr werdet stets unsere Lehrmeister sein und zugleich unsere Schüler.«[447]

Tatsächlich haben die Historiker keinen Zweifel daran, dass Hitler und Stalin das Vorgehen des jeweils anderen aufmerksam beobachteten. Dennoch beteiligen sie sich mit großer Vorsicht an der Diskussion darüber, welches System das erste war, und weisen wie Jerzy W. Borejsza darauf hin, dass »die Ähnlichkeit der Methoden eher mit der gemeinsamen Kriegsgenealogie als mit Nachahmung zu tun hatte«.[448] Tatsache ist, dass die sowjetischen Verbrechen den deutschen vorausgingen und sofort größere Bevölkerungsgruppen betrafen. Stalin baute auch das System der Lager und Zwangsarbeit ohne Krieg aus, es sei denn, man leitet es aus der Tradition des Bürgerkriegs direkt nach der Revolution ab. Es ist nicht genau bekannt, was Hitler von alledem wusste. Von Stalin weiß man hingegen, dass er die Funktionsweise des »Dritten Reichs« gut kannte. Die Forschungen der letzten Jahre enthüllen immer öfter dessen posthumen Einfluss auf die stalinistischen Praktiken nach 1944.[449] »Der Nationalsozialismus«, stellte Leopold Tyrmand zu Beginn der 1970er Jahre fest, »mordete wegen der Form der Nase, was einen Zwang zum Kampf bis zum Letzten hervorrief, ohne dass man die Möglichkeit zur Verständigung hatte [...]. Der Kommunismus erzeugt den Anschein einer möglichen Verständigung mit dem Menschen, worauf er den Menschen, der daran geglaubt hat und nun wehrlos ist, dafür zerstört, was in ihm Gutes ist, für die Unabhängigkeit seiner Gedanken, für sein Gefühl von Würde, für seinen Widerstand gegen die Lüge.«[450] Die Deutschen hätten eine Politik der Ausrottung betrieben, argumentiert Uszer, ein Mauthausen-Häftling und Stiefvater von Henryk Grynberg, in einem Romandialog mit einem jüdischstämmigen polnischen Kommunisten der Vorkriegszeit, der nun Mitarbeiter des Sicherheitsapparats ist. Rozenberg war an Material interessiert, das Uszer belasten würde, da er ihm gerne seine Wohnung in Lodz abgenommen hätte. Doch dann erzählt er von seinen eigenen Erfahrungen aus den Kriegsjahren in der UdSSR, wobei ungewiss bleibt, ob er provozieren wollte oder das Gesagte tatsächlich seinen Ansichten entsprach: »Stell dir vor, nicht drei Jahre Konzentrationslager, sondern ein ganzes Leben. [...] Außerdem will niemand, dass du so schnell wie möglich stirbst, sondern im Gegenteil, dass du lebst! Und zwar so lange wie möglich. Ist das nicht schlimmer als Mauthausen?« Uszer konnte er nicht überzeugen, aber dieser landete auch so bald im kommunistischen Gefängnis. »Wie hat dieser Krieg also eigentlich aufgehört?«, fragt Grynberg in seinem Buch.[451]

Europa 1949
von der Sowjetunion annektiert
Jugoslawien zugesprochen
Bulgarien zugesprochen
Polen zugesprochen
Saarland (1.1.1957 Land der Bundesrepublik Deutschland)
Besatzungszonen in Deutschland und Österreich ab 1945
F = Frankreich
GB = Großbritannien
SU = Sowjetunion
USA = Vereinigte Staaten
Färörer
Shetland-I.
Orkney-I.
Hebriden
NORWEGEN
Oslo
SCHW
Nordkanal
DÄNEMARK
Koper
Nordsee
Belfast
IRLAND
Dublin
GROSS-BRITANNIEN
NIEDER-LANDE
Hamburg
Elbe
GB
Amsterdam
London
DEUTSCHLA
Atlantischer Ozean
Brüssel
Ärmelkanal
BELGIEN
Leip
Frankfurt
Brest
F
Paris
LUX.
USA
Loire
F
München
FRANKREICH
ÖST
F
SCHWEIZ
Vichy
Lyon
Mailand
Po
Rhône
Florenz
Marseille
ITA
Ebro
PORTUGAL
Korsika
Madrid
Tajo
Lissabon
SPANIEN
Sardinien
Balearen
Mittelmeer
Gibraltar (brit.)
Tanger
Ceuta

Bottnischer
Meerbusen

FINNLAND

Onegasee
Petrosawodsk

Ladogasee
Karelien

Helsinki *Finnischer*
Meerbusen
Porkkala-udd ○
(an Russland
verpachtet) ● Tallinn
olm
Estnische
SSR
Peipussee

● Leningrad

Wolga

● Nowgorod

● Gorki

Lettische
Riga ● SSR

● Moskau
● Rjasan

see
Litauische SSR
Kaunas
r russ. Verwaltung ● Wilna
● Königsberg
Ostpreußen
unter poln.
Verwaltung ● Białystok

● Smolensk

SOWJETUNION

● Saratow

● Minsk

Weißrussische SSR

● Kursk

● Woronesch

Bug
Warschau ●
POLEN 1947 VR
eslau
Oder
● Krakau

● Pinsk

Ostpolen

● Kiew

Dnjepr

Don

Ukrainische SSR

● Rostow

● Lemberg
Dnjestr Nordbukowina

Bug

CHOSLOWAKEI Karpato-
1948 VR ukraine
Bratislava

Moldau-
SSR

*Asowsches
Meer*
● Kertsch

● Budapest
UNGARN

Bessarabien ● Odessa
RUMÄNIEN
1947 VR

Krim
bis 1954 zur RSFSR
Sewastopol ● ● Jalta

● Bukarest

Schwarzes Meer

Belgrad *Donau*
JUGOSLAWIEN
1945 Förderative VR

BULGARIEN
1946 VR
● Sofia

● Istanbul

● Ankara

Tirana ●
ALBANIEN
1946 VR
GRIECHENLAND
1945–49 Bürgerkrieg

Skopje

TÜRKEI

● Athen

Antalya ●

0   300 km

Rhodos

● Nikosia
Zypern

KAPITEL 5

Dies ist nicht mehr dein Land!

Jugoslawisches Postskriptum

»DIE NATUR DES MENSCHEN IST WILD«, davon ist Vedrana Rudan überzeugt. Die kroatische Journalistin hat in den 1990er Jahren aus nächster Nähe beobachtet, wie Angst und Gewalt in Jugoslawien zunahmen. Die bittere Erfahrung, dass Freunde innerhalb einer Nacht zu Feinden werden können, die rauben und mordbrennen, hat sie zu der Erkenntnis kommen lassen, dass »der Mensch in Kriegszeiten wirklich zu dem wird, was er ist«. Sie bemerkt gar nicht, dass sie sich selbst widerspricht, wenn sie darauf hinweist, dass von Jahr zu Jahr mehr kroatische Kriegsveteranen Selbstmord begehen.[1] Gut und Böse liegen in der menschlichen Natur. Der Krieg hat eine tiefe Spur hinterlassen in der Menschheitsgeschichte und das menschliche Antlitz immer wieder entstellt. Der Krieg ist ein Ausnahmezustand, eine Zeit, in der Sadisten wie Fettaugen auf der Brühe schwimmen, vor allem die Schreibtischtäter, die in der modernen Gesellschaft noch viel mehr Unheil anrichten als der gemeine Verbrecher auf der Straße. Ganz schlimm wird es, wenn sie durch Manipulation, durch das Schüren von Angst oder das Auslösen einer Bedrohungspsychose – was in hoch technologisierten Gesellschaften besonders einfach ist – die Massen mitreißen. Soldaten, vor allem wenn sie in bürgerlichen, auf allgemeiner Wehrpflicht basierenden Armeen dienen, ziehen es dagegen selbst im Krieg vor, in die Luft zu schießen. Das ist ein Grund, weshalb man heute wieder zu Berufsarmeen übergeht, die es in der europäischen Geschichte immer wieder gab, allerdings waren sie nicht immer ruhmreich.[2] Verbitterung und Unmoral nehmen zu, je länger ein Krieg dauert.[3] Vor allem jüngere Menschen können sich in der Gruppe und noch dazu betrunken in gnadenlose Ungeheuer verwandeln: Krieg und Töten werden für sie alltäglich. Eine andere Welt kennen sie nicht.[4] Zurück im zivilen Leben finden sich die einen oft nicht mehr zurecht und geraten auf die schiefe Bahn, während andere unter körperlichen oder seelischen Qualen leiden, die – wie bei einem Romanhelden Wiesław Myśliwskis – sogar die Seelen der nächsten Generation, die Seelen ihrer Kinder, vergiften können.[5]

Auch wer in einer ethnisch gemischten Umgebung aufwächst, kann sich kaum vorstellen, dass der Nachbar ihn plötzlich überfallen könnte, vielmehr erhofft man sich in der Not Hilfe von ihm und ist nicht darauf gefasst, dass etwa die Hälfte der Nachbarn in Konfliktsituationen versagt. Gründe dafür können ein lange aufgestauter Groll sein, plötzlicher Hass auf die andere Ethnie oder auch schiere Angst.[6]

Seit Anfang 1992 erhielten in Bosanski Petrovac, einer Kleinstadt im Nordwesten von Bosnien und Herzegowina, Muslime (im ethnischen Sinne) keinen Arbeitslohn mehr, und von März an wurden sie in großer Zahl entlassen. Das löste dennoch keine Abwanderungswelle aus. Die Furcht unter den Muslimen wuchs, aber sie sahen niemanden, der zum Morden bereit gewesen wäre. »Bei uns gab es anfangs keine so extremistischen Serben«, erklärt der Busfahrer Ekrem Omić, dem wir ein schlichtes, doch ungemein suggestives Bild der wachsenden Feindschaft in der Stadt verdanken. Er verlor seine Arbeit bereits im März. Im Krankenhaus und in der städtischen Bäckerei erlag man der allgemeinen Hysterie nicht und entließ niemanden, auch nicht als in der Gegend die ersten Moscheen entweiht wurden. Doch im August tauchten in der Bäckerei bewaffnete Kämpfer auf, die dem Besitzer mit harten Sanktionen drohten. Muslimische Männer und Jungen wurden in Lager geschafft und tagsüber kostenlos zur Arbeit an Serben ausgeliehen. Immer mehr muslimische Frauen und Kinder wurden ermordet. Meist geschah das im Zuge ganz gewöhnlicher Raubüberfälle, gegen die die Polizei zwar weiterhin vorging, allerdings mit geringem Erfolg und wohl ohne großen Ehrgeiz. Als dann am 19. September die Leichen von Serben eintrafen, die in den Kämpfen um das benachbarte Bihać gefallen waren, brach in Bosanski Petrovac die Hölle aus. Aufgebrachte Horden zogen durch den Ort und machten Jagd auf Muslime, die, wenn sie Glück hatten, nur aus ihren Häusern geworfen wurden. An der Spitze der Kampfgruppen marschierten nicht selten Männer und Frauen muslimischen Glaubens, die sich zur serbischen Identität bekannten und von allen wohl am meisten Angst hatten.

Die Masse erkannte auch diesmal instinktiv und fast irrtumslos, wer wohin gehörte. Schnittmengen lösten sich rasch auf, da bei Pogromen die Gegner die Identität bestimmen. »Bis zum Krieg hatten wir uns niemals als Muslime gesehen. Wir fühlten uns als Jugoslawen«, erklärt Mikica Babić aus Sarajevo. »Doch als man uns dann ermordete, weil wir Muslime waren, veränderten sich die Dinge.«[7] Nun setzte ein großer Exodus ein. Die serbische Polizei sorgte lediglich noch dafür, dass die Muslime die Leichen ihrer Angehörigen in den Gärten begraben konnten. Am Morgen des 24. September wurde über Megaphone verkündet, dass alle Muslime sich in einer halben Stunde an einem Sammelpunkt einzufinden hatten, von wo aus sie nach Travnik transportiert werden würden. Für die Fahrt mussten sie zahlen, wobei der Preis nach einem sehr unvorteilhaften Devisenkurs berechnet wurde. Bevor sie die Autobusse und Lastwagen bestiegen, mussten sie die Schlüssel ihrer Häuser und Autos abgeben. Einige Serben verhielten sich anständig, wie Ekrem Omić betont, manche verabschiedeten sich sogar von den Muslimen. Dann ging es los. Unmittelbar hinter der Stadtgrenze hielt der Transport an. Alle wurden sorgfältig durchsucht und ihrer letzten Habe beraubt, wer Widerstand leistete, wurde geschlagen.[8]

Die bosnischen Bürger aus den drei wichtigsten ethnisch-religiösen Gruppen, also katholische Kroaten, orthodoxe Serben und islamische Gläubige (Bosnier) – eine Verallgemeinerung, die die Realität nicht restlos abbildet –, hegten bis zuletzt Hoffnungen, dass trotz der serbisch-kroatischen Auseinandersetzungen in der Krajina ein Krieg vermieden werden könnte. »Das war keine Naivität«, meint Misha Glenny, der als BBC-Korrespondent viele Jahre in Jugoslawien verbrachte, »sondern die Überzeugung, dass ein Krieg, sollte er ausbrechen, gnadenlos sein würde.«[9] Die einen sahen in Bosnien ein Pulverfass, die anderen vor allem ein Land mit einer kulturell verflochtenen, multinationalen und multikonfessionellen Gesellschaft, deren Mitglieder zudem durch überaus zahlreiche Mischehen miteinander verbunden waren. Ein Krieg schien ihnen kaum vorstellbar, da die Konfliktlinien viel zu kompliziert verliefen und im Ernstfall viele Familien spalten würden. Doch Angst alleine schützt nicht vor der Seuche. Sie hätte von Anfang an durch wirksame Maßnahmen bekämpft werden müssen, was die meisten

Jugoslawen wohl unterstützt hätten. Doch dann verloren sie infolge der Geschwindigkeit, mit der sich der Konflikt entwickelte, völlig die Orientierung.[10] Möglicherweise hätte die jugoslawische Armee, deren Offiziere sich angesichts der von serbischen paramilitärischen Einheiten verübten ethnischen Säuberungen teilweise sehr beunruhigt zeigten, eine mäßigende Rolle spielen können. Doch Slobodan Milošević erstickte diese Bedenken der Militärs umgehend mithilfe des ausgebauten Sicherheitsapparats.[11] Dass die Armee sich schließlich für Einsätze missbrauchen ließ, die im Zusammenhang mit ethnischen Säuberungen standen – etwa der Artilleriebeschuss muslimischer und kroatischer Dörfer –, brach ihr moralisch das Rückgrat und untergrub ihre Autorität vollkommen. Auf der Bühne blieben Politiker, die keine Notwendigkeit zur Intervention sahen oder sogar noch Öl ins Feuer gossen in der Überzeugung, sich die besten Kastanien herausholen zu können. Das galt vor allem für den Kommunisten Milošević, der sich in der zweiten Hälfte der 1980er Jahre mit den nationalen Errungenschaften Serbiens brüstete und damit das heikle Gleichgewicht zwischen den Völkern Jugoslawiens verletzte. Den von ihm unterstützten serbischen Nationalisten gelang es, bei einem erheblichen Teil der Bevölkerung ein Bedrohungsgefühl hervorzurufen, das an die Ängste der Deutschen nach dem Vertrag von Versailles erinnerte. Die größten Widersacher Miloševićs in Jugoslawien gingen in ähnlicher Weise vor, verzichteten aber schneller auf die kommunistischen Hirngespinste.[12]

Wenn nationale oder religiöse Spannungen auftreten, können Tatenlosigkeit der Staatsmacht und der Anschein, dass sie einem der Kontrahenten zuneigt, die Feindschaft rasch wachsen lassen. Neutrale Bürger und Ordnungskräfte verlieren den Boden unter den Füßen, Banditen und zwielichtige Existenzen übernehmen die faktische Herrschaft, und die einmal in Bewegung gesetzte Spirale von Gewalt und Verbrechen dreht sich immer schneller, bis sie durch den Einsatz externer Gewalt oder die Niederlage einer der beteiligten Parteien angehalten wird.

SÜDOSTEUROPA KONNTE nach dem Zweiten Weltkrieg lange nicht zu sich kommen. Immer wieder wurde es, wenn auch territorial begrenzt, von mächtigen Beben erschüttert. Ihr Ursprung waren meistens

Konflikte, die sich aus dem Rückzug der Türkei aus Europa und aus der vom Osmanischen Reich konservierten ethnisch-religiösen Gemengelage ergaben, die nicht zum »modernen« Europa der Nationalstaaten passen wollte. Zunächst jedoch brach ein Bürgerkrieg in Griechenland zwischen den linksgerichteten, vom sowjetischen Lager unterstützten Partisanen und der konservativen, von den Westmächten und vor allem von Großbritannien unterstützten Regierung aus. Zwischen 1946 und 1949 forderte er hunderttausend Opfer, die nicht selten unter schrecklichen Qualen starben, und löste Binnenwanderungen von rund einer Million Menschen aus. Fast hunderttausend Sozialisten und Kommunisten flohen ins Ausland und mit ihnen fast dreißigtausend Kinder, von denen ein Teil einfach entführt worden war. Unter den Flüchtlingen gab es überdurchschnittlich viele slawische Mazedonier aus Griechenland, denen die Linken für ihre Unterstützung größere nationale Freiheiten versprochen hatten, während die konservative Regierung, die sich auf den in Griechenland sehr starken Nationalismus stützte, sich ihrer mit größtem Vergnügen entledigte. Die Flüchtlinge wurden auf die Länder der »Volksdemokratien« und auf Jugoslawien, das inzwischen mit Stalin gebrochen hatte, aufgeteilt. Die arbeitsfähigen Mitglieder der griechischen Kommunistischen Partei gelangten zumeist in die Sowjetunion, die Kinder vor allem nach Jugoslawien. Mehr als zwölftausend Flüchtlinge kamen nach Polen, hauptsächlich nach Niederschlesien, Hinterpommern und in die Bieszczady im Südosten des Landes. Die größte griechische Kolonie entstand in Zgorzelec, dem polnischen Ostteil der Stadt Görlitz. Wie Nicholas Gage, mit bürgerlichem Namen Nikolaos Gatzoyiannis, in einem autobiographischen Roman schreibt, der vor allem durch die Verfilmung bekannt geworden ist, »ging [Görlitz] nach dem Krieg zum Teil an Polen und war fast verlassen, bis griechische Exilierte dort angesiedelt wurden« und die Fabriken wieder in Betrieb setzten. In Dievenow an der Ostsee gab es ein Krankenhaus für verwundete Griechen und in Pölitz bei Stettin ein Waisenhaus. In der zweiten Hälfte der 1950er Jahre kehrten die Griechen nach und nach in ihre Heimat zurück, allerdings nicht alle. Die sozialistischen Regierungen Griechenlands wollten die slawischstämmigen Griechen nämlich nicht aufnehmen, und wenn sie es dennoch taten, so geschah dies sehr zögerlich und unter Errichtung viele Hürden.[13]

Das kommunistische Bulgarien konnte sich in der Nachkriegszeit überhaupt nicht entscheiden, wie es mit den Türken in der Grenzprovinz Thrakien umgehen sollte. Unmittelbar nach dem Krieg unterband es deren Auswanderung mit Gewalt. Als sich aber herausstellte, dass sich die tief religiösen Bauern nicht assimilieren ließen, suchte man sie zu verjagen, wobei ihnen noch nicht einmal zugestanden wurde, Bettzeug und Küchengeschirr mitzunehmen. Massen von Türken und muslimischen Roma zogen damals zur türkischen Grenze, was zwischen 1949 und 1951 zu einer tiefen Krise in den türkisch-bulgarischen Beziehungen führte. Die Türkei konnte diese Menschen, überwiegend Bauernfamilien, nicht aufnehmen, weil Land in Anatolien schon seit Langem knapp war. Im Januar 1952, als die Zahl der Verjagten bereits die Marke von hundertfünfzigtausend erreicht hatte, stellte Bulgarien die Ausweisungen plötzlich ein, angeblich weil ihm nun Rekruten fehlten und die Getreideproduktion stark zurückgegangen war. Bei einer weiteren Auswanderungswelle 1989 verließen über dreihunderttausend Türken Bulgarien, die sich entweder nicht mit dem Assimilierungsdruck abfinden konnten oder, was wohl häufiger der Fall war, von den glänzenden wirtschaftlichen Aussichten am Bosporus angezogen wurden. Nach dem Ende des Kommunismus kehrte mehr als die Hälfte von ihnen zurück, was jedoch Unzufriedenheit bei jenen Bulgaren hervorrief, die Nutzen aus dem Exodus gezogen hatten.[14]

Der Konflikt um Zypern, das von einer griechischen Mehrheit und einer türkischen Minderheit bewohnt wird, schwelte schon unter der britischen Herrschaft, wurde von den Briten aber relativ erfolgreich kleingehalten. Erst nach deren Abzug brachen auf der Insel Kämpfe aus, bei denen die Griechen eher die offensive Partei waren. Sie strebten die Vereinigung Zyperns mit dem »Mutterland« an, was die Regierung in Athen aktiv unterstützte, insbesondere nachdem dort 1967 eine Militärjunta an die Macht gekommen war. Die griechisch-türkischen Auseinandersetzungen arteten gelegentlich in Gewalt aus; es gab Opfer auf beiden Seiten, aber die Türken zahlten einen höheren Blutzoll, was vor allem auf die von der Terrorgruppe EOKA-B verübten Massaker zurückzuführen war. Ein von Athen gesteuerter Putsch gegen Präsident Makarios, der einen dritten Weg zwischen griechischer und türkischer Herrschaft finden wollte, führte zum Sturz der Athener »schwarzen

Zypriotische Flüchtlinge aus dem türkisch besetzten Teil der Insel bei der Essensausgabe, 1974

Obristen«, aber auch zur faktischen Teilung Zyperns im Jahr 1974. Die stärkere, besser organisierte und besser bewaffnete türkische Armee besetzte den Nordteil der Insel, wobei sie ganz ohne Not sehr gewalttätig vorging, was mehrere Tausend Menschen das Leben kostete. Zweihunderttausend Griechen flohen in den Süden. Zur selben Zeit suchten über sechzigtausend Türken aus dem überwiegend griechischen Südteil der Insel Zuflucht unter dem türkischen Schutzschirm im Norden. Die Insel wird seitdem von einer durch UN-Soldaten bewachten »Grünen Linie« durchzogen, die den griechischen vom türkischen Teil trennt.[15]

Die viele Jahre lang schwelende Zypernkrise führte dazu, dass sich die Lage der Muslime in Griechenland und der orthodoxen Bevölkerung in der Türkei verschlechterte, was einen weiteren Exodus der Muslime zur Folge hatte. Diesmal betraf er sogar die Inseln des Dodekanes, wo seit der Machtübernahme durch die Italiener 1912 beide Gruppen relativ einträchtig nebeneinander gelebt hatten. Heute gibt es dort nach unterschiedlichen Quellen nur noch einige Hundert bis höchstens zweitausend Muslime, die überwiegend in der Ortschaft Platani auf der Insel Kos leben. Über zwei Drittel der Muslime verließen den Dodekanes aufgrund administrativen Drucks oder weil ihnen das Recht auf Rückkehr aus dem Ausland verweigert wurde, was nach dem griechischen Staatsbürgerschaftsgesetz von 1998 möglich ist. Deshalb gibt es in Platani kaum einen Anhänger des Islam, der keine Familienangehörigen auf dem gegenüberliegenden, fast mit den Händen zu greifenden türkischen Festland hat. Der orthodoxe Sava und der muslimische Ali auf dem Dodekanes leben im Gegensatz zu ihren Namensvettern im griechischen Thrakien im Übrigen wieder in bewundernswerter Harmonie. Insbesondere gegenüber Ausländern würden sie das am liebsten auf Schritt und Tritt demonstrieren, ganz offensichtlich in der Absicht, die noch nicht verheilten Wunden der jüngsten Vergangenheit nicht wieder aufzureißen. Wenn man sie fragt, wer für diese Wunden die Verantwortung trägt, setzen sie die Akzente jedoch unterschiedlich – wahlweise auf die Regierungen in Athen und Ankara – und betonen, dass die normalen Menschen damit nichts zu tun haben. Sie sind überzeugt, dass gemeinsame Interessen sie verbinden, aber auch Bedrohungen, die vor allem mit der Einwanderung »radikaler, barbarischer Araber aus Asien« zusammenhängen.

In ihrer Konzentration auf die Gegenwart scheinen die Griechen gar nicht zu bemerken, dass in jedem in Athen gedruckten Führer für die Insel Kos und die anderen Inseln des Dodekanes alle Völker, die jemals einen Fuß auf die Insel gesetzt haben – mit Ausnahme der Griechen –, herabgesetzt werden. »Der Vandalismus der Slawen und Bulgaren« im Mittelalter steht hier neben dem »primitiven Fanatismus von Arabern und Türken« in der Neuzeit.[16] Die in Schulbüchern und Reiseführern verbreitete, wie aus einem anderen Zeitalter stammende Fremdenfeindlichkeit prägt die Vorstellungswelt der heutigen Einwohner so sehr, dass sie noch lange nicht in der Lage sein werden, über die jüngste Vergangenheit zu sprechen.

IM JUGOSLAWIENKONFLIKT, der sich zu Beginn der 1990er Jahre entzündete, gab es so viele Parteien, dass keine den anderen ihre Bedingungen hätte aufdrücken können. Wie stets auf dem Balkan im 20. Jahrhundert spielten auch die historischen Lasten eine Rolle, hauptsächlich die Erinnerung an die ausgetragenen Kämpfe in der Zeit von Hitlers *divide et impera*. Kroatische Ustaschas, serbische Tschetniks und die bosnischen Einheiten der Waffen-SS riefen noch Jahrzehnte nach dem Krieg Furcht hervor, was jedoch nicht heißen soll, dass Jugoslawien von vornherein zum Untergang verurteilt war und die ethnischen Konflikte innerhalb des Staates tatsächlich tiefe historische Ursachen besaßen. Die meisten hier angesiedelten Völker hatten, wie Norman M. Naimark bemerkt, eigentlich bis zum Zweiten Weltkrieg nicht gegeneinander gekämpft,[17] im Gegenteil: »Ausdauernd hatten die Serben, Kroaten, Muslime, Juden Sarajevos« gegen den beginnenden Krieg und gegen die Teilung der multiethnischen Stadt in ethnische Stadtteile aufbegehrt. »Erst als sie merkten, wie alleingelassen und von allen verraten sie in diesem Kampf waren, kapitulierten nach und nach zumal junge Männer vor dem Ansturm des Nationalismus.«[18] Die Frauen leisteten anscheinend länger Widerstand, etwa die »Frauen in Schwarz«, Serbinnen, auch aus Bosnien, die durch das Tragen schwarzer Kleider zu erkennen gaben, dass sie den Krieg missbilligten.[19] Doch ein Konflikt hat seine eigenen Gesetze und erfasst am Ende alle. Je größer er wird, desto häufiger berufen sich die beteiligten Parteien auf die zwischen ihnen herrschende »Erbfeindschaft«. Die Geschichte liefert auch dafür viele Beispiele. Die Berufung der Jugoslawen auf alte »Erbfeindschaften« kam den übrigen Europäern höchst gelegen, denn nun hatten sie den gewünschten Vorwand, der es ihnen erlaubte, sich aus der Verantwortung zu stehlen, und sie meinten sogar, sich für ihre Tatenlosigkeit und Heuchelei nicht einmal schämen zu müssen.[20]

Die durch die Unabhängigkeitserklärungen Sloweniens und Kroatiens – und damit den Zerfall Jugoslawiens – im Juni 1991 ausgelösten Kriege endeten mit der zehnwöchigen Bombardierung Serbiens durch die NATO im Frühjahr 1999. Sie kosteten Zehntausende das Leben und ruinierten einige Gebiete vollständig, vor allem Bosnien und Herzegowina, wo sechzig Prozent des Wohnraums zerstört oder stark beschädigt wurden; die Industrieproduktion sank auf ein Zehntel und das

Bruttosozialprodukt auf ein Drittel. Infolge der Auswanderung der am besten ausgebildeten Gruppen aus den großen Städten – Bosnier muslimischer Herkunft sowie die nicht mehr sehr zahlreichen Juden aus Sarajevo – sind die Entwicklungsaussichten dort seither alles andere als rosig.[21] Am schlimmsten aber ist, dass der Konflikt in Bosnien und Herzegowina so lange dauerte und entsprechend eskaliert ist; es wird daher viel Zeit ins Land ziehen, bis die zerrissene Gesellschaft wieder einigermaßen zusammengefunden hat. Die jahrelange Beschießung Sarajevos, der Massenmord an den Muslimen von Srebrenica 1995, schließlich die Vergewaltigungen vor allem von muslimischen Frauen als Mittel der Kriegführung und der Erniedrigung des Gegners werden noch lange nicht vergessen sein.[22] Schätzungen zufolge wurden in Bosnien mindestens zwanzigtausend Frauen vergewaltigt, meist mehrfach. Viele wurden danach von der muslimischen Gesellschaft und von ihren eigenen Familien verstoßen. Sie werden bis heute ignoriert. »Das ist ihr größtes Drama und zugleich die größte Niederlage unserer Gesellschaft«, sagt Jasmila Žbanić, eine Regisseurin aus Sarajevo, die sich dieser Frage in ihrem Filmdebüt gewidmet hat.[23] Man weiß nicht, wie viele Frauen sich wie die – von der hervorragenden serbischen Schauspielerin Mirjana Karanović gespielte – Filmheldin Esma aus Grbavica dazu entschlossen, die in Vergewaltigungen gezeugten Kinder alleine großzuziehen. Sicher weiß man nur, dass viele dieser Kinder in Waisenhäuser kamen. Doch die internationale Gemeinschaft vergaß sie rasch: »Längst zogen die Kameras / in den nächsten Krieg.«[24]

Es wird geschätzt, dass durch den Zerfall Jugoslawiens vier bis fünf Millionen Menschen zu Flüchtlingen wurden – ein Viertel aller Einwohner. Für immer aus ihren Wohnungen vertrieben wurden ein bis zwei Millionen Menschen, also fünf bis zehn Prozent der Bevölkerung. Einige Hunderttausend halten sich bis heute im Ausland auf, weit mehr als eine Million war vorübergehend dort. Die allermeisten Flüchtlinge aber haben das Territorium des ehemaligen Jugoslawiens nicht verlassen, oft noch nicht einmal die Grenzen der dort entstandenen Nachfolgestaaten überschritten, was vor allem in Bosnien und Herzegowina der Fall war, wo mit der Zeit alle drei Kampfparteien ethnische Säuberungen in »ihren« Territorien durchführten. Während der Friedensverhandlungen von Dayton im Herbst 1995 wurde berechnet, dass die Zahl dieser Binnenflüchtlinge zweieinhalb Millionen betrug. Schon der Krieg in Kroatien 1991, der erste durch den Zerfall Jugoslawiens verursachte Krieg, hatte eine halbe Million Flüchtlinge hervorgebracht. Etwas mehr als die Hälfte waren Kroaten, die von den Serben aus der kroatischen Krajina verjagt worden waren, weil die dortigen Serben nicht aus dem jugoslawischen Bundesstaat austreten wollten. Sie hatten Angst vor einem eigenständigen kroatischen Staat mit einem Präsidenten an der Spitze, der immer wieder versucht hatte, die Kroaten von den im Zweiten Weltkrieg begangenen Verbrechen reinzuwaschen. Der andere Teil der Flüchtlinge waren Serben, die aus Kroatien – meist aus Angst – geflohen oder von dort vertrieben worden waren.[25] Die von einer Heimkehr träumenden kroatischen Flüchtlinge aus der Krajina stellten einen der Faktoren dar, der Kroatien in den Krieg drängte. Er endete 1995 mit der Rückeroberung der Krajina und der Vertreibung von zweihunderttausend dort lebenden Serben. Da der kroatische Rundfunk sie instruierte, welche Fluchtwege sie nehmen sollten, spricht vieles dafür, dass die zweite ethnische Säuberung in der Krajina innerhalb weniger Jahre kein Zufall war. Präsident Tudjman wollte ein Kroatien für die Kroaten.[26] Die serbischen Flüchtlinge aus Kroatien waren nun ihrerseits ein Element, das den Bosnienkonflikt entflammen ließ, der im Grunde nur den ersten Kroatienkrieg von 1991 fortsetzte.[27] Er begann in den ersten Apriltagen 1992, als die USA und die Regierungen der EU-Mitgliedsstaaten Bosnien und Herzegowina anerkannten.

Stammgäste auf dem Balkan wie Misha Glenny ließen keinen Zweifel, dass Jugoslawien kochte und der immerfort weiter brodelnde Kessel jeden Augenblick explodieren konnte. Wie die Berichterstatter aus dem »Dritten Reich« vor dem Zweiten Weltkrieg wurden auch sie für ihre allzu alarmistischen Berichte gerügt.[28] Fachleute, die Jugoslawien aus eigener Anschauung kannten, sahen auch den Kosovokrieg voraus, der zehn Jahre später ausbrach, vor allem nachdem Milošević die Autonomie der Provinz aufgehoben und langsam ein Apartheidssystem eingeführt hatte.[29] Zur mit Abstand größten Bevölkerungsgruppe der Bürger zweiter Klasse wurden die Albaner im Kosovo. Sie erhielten keine Arbeit mehr und durften nicht in ihrer eigenen Sprache unterrichtet werden. Die serbischen Machthaber dagegen schienen aus ihren eigenen schmerzlichen Erfahrungen nichts gelernt zu haben und ihre ethnische Realität zu verdrängen, denn sie träumten immer noch von einem Großserbien mit einem serbischen Kosovo, der in der Nationalhymne besungenen Wiege ihres Staates.

Als es 1998 in der Provinz zu einem offenen Krieg zwischen der Befreiungsarmee des Kosovo (UÇK) und der jugoslawischen Armee kam, stieg die Zahl der Flüchtlinge aus dem Kosovo stark an. Die serbischen Behörden erwiesen sich jedoch als unfähig, den Konflikt politisch zu lösen. Da auch keine Einigung bezüglich der Stationierung von Waffenstillstandstruppen im Kosovo zu erzielen war, griff die NATO Serbien schließlich aus der Luft an, was wiederum Zerstörung und Tod bedeutete. Innerhalb von zwei Monaten starben über zehntausend Menschen. Wer genau die Täter waren, werden wir wohl nie erfahren. Die Sprecher des Militärbündnisses machten die serbische Armee verantwortlich, doch angesichts der Ausmaße der NATO-Propaganda, die unglaubhafte Zahlen und Fakten verbreitete, sind hier Zweifel angebracht. Letztlich verhinderten die Luftangriffe nicht etwa die humanitäre Katastrophe, sondern lösten sie – zumindest auf kurze Frist – erst aus. Denn die angegriffene serbische Armee suchte Gleiches mit Gleichem zu vergelten und führte großangelegte ethnische Säuberungen durch.[30] Über die Hälfte der zwei Millionen Einwohner zählenden Provinz ergriff die Flucht, wovon die NATO-Staaten sich aufs Höchste überrascht zeigten. Erst als Mazedonien ein Ultimatum setzte und drohte, keine weiteren Flüchtlinge aufzunehmen, lief eine Rettungsaktion an mit dem Ziel, Kosovo-Flüchtlinge aus den armen Nachbarstaaten in die reichen NATO-Länder zu bringen. Diese nahmen aber viel weniger Flüchtlinge auf als vertraglich vorgesehen, und sie schickten sie auch schneller wieder zurück, als dies die Verhältnisse im zerstörten Kosovo eigentlich erlaubten. Stellenweise lagen dort bis zu achtzig Prozent der Häuser in Trümmern, und in viele Gebiete war die Rückkehr viel zu gefährlich, da sie erst von serbischen Minen und den von der NATO getesteten Splitterbomben geräumt werden mussten.[31]

DIE WENDE VOM 19. ZUM 20. JAHRHUNDERT hatte in Europa unter dem Zeichen der Balkankriege gestanden. Hundert Jahre später blickte das überraschte Europa wieder auf diese Region. David Fromkins Feststellung, dass es eine Rückkehr zur Situation von 1900 gegeben habe, ist allerdings ausgesprochen oberflächlich.[32] Zweifellos wurden sowohl die alten als auch die neuen Kriege im Namen von homogenen »modernen« Nationen geführt und hatten massenhafte Umsiedlungen zur Folge. Es stimmt auch, dass das nach dem Zusammenbruch des Kommunismus zusammenwachsende Europa den Kämpfen in Jugoslawien ähnlich ratlos gegenüberstand wie hundert Jahre zuvor, und richtig ist auch, dass es ohne die für ihre Ignoranz kritisierten Amerikaner wohl überhaupt nichts getan hätte. Das waren aber auch schon alle Ähnlichkeiten. Unter den veränderten politischen Rahmenbedingungen ergriffen die Kriege und Migrationen im Gefolge des Auseinanderbrechens von Jugoslawien und des Sturzes der Kommunisten in Albanien aber nicht die gesamte Halbinsel, sondern betrafen nur deren westlichen Teil. Die Türkei mischte sich nicht in den Konflikt ein, und es waren diesmal nicht die Großmächte, die für den Kriegsausbruch verantwortlich waren, selbst wenn sie später *nolens volens* alles taten, damit der Krieg so schnell nicht endete. Das Drama auf dem westlichen Balkan entsprang im Grunde der Ratlosigkeit der internationalen Gemeinschaft, die die jugoslawischen Teilrepubliken dazu gedrängt hatte, eigene Entwicklungsmöglichkeiten zu suchen, sich dann später aber nicht vorbereitet und in der Lage zeigte, Krieg und Umsiedlungen entgegenzuwirken. »In jeder Phase des Kriegs in Jugoslawien, der schon fast zehn Jahre lang dauert, befasst sich der Westen mit der neuesten Krise, ohne die Region als Ganzes betrachten zu wollen«, schrieben 1999 die Experten des Londoner *International Institute for Strategic Studies*. Die diplomatischen Schritte vor allem Deutschlands, das die internationale Anerkennung Sloweniens und Kroatiens anstrebte, waren nicht durchdacht, verfrüht und nicht mit den Partnern abgestimmt. Eine entschlossene militärische Intervention wiederum kam fast zehn Jahre zu spät. Die in Bosnien und Herzegowina kompromittierte NATO, die noch nicht einmal in eigens eingerichteten Sicherheitszonen für Frieden sorgen konnte, griff im Kosovo eigentlich nur noch ein, um ihre Glaubwürdigkeit zu retten. Was sie damit erreichte, war die Vertreibung der Serben und 2008 die Gründung eines weiteren Staates, allerdings nicht mit albanischer, sondern mit serbischer Minderheit, sozusagen Serbien andersherum.[33]

Die mit dem Zerfall Jugoslawiens im letzten Jahrzehnt des 20. Jahrhunderts einhergehenden Dramen und Tragödien dämpften den Optimismus, der sich nach dem Fall des Eisernen Vorhangs ausgebreitet hatte. Das ungeteilte Europa demonstrierte, dass es nicht in der Lage ist, internationale Probleme zu lösen, selbst relativ begrenzte nicht. Trotz einer außerordentlich günstigen internationalen Stimmungslage gelang es innerhalb eines Jahrzehnts nicht, das in Europa wuchernde Krebsgeschwür von Krieg und Umsiedlungen unter Kontrolle zu bringen. Und nach zwanzig Jahren ist immer noch keine Lösung des Problems der Flüchtlinge aus dem ehemaligen Jugoslawien in Sicht, die bis heute zu Hunderttausenden in allen jugoslawischen Nachfolgestaaten mit Ausnahme von Slowenien und Kroatien kampieren. In verschiedenen internationalen Vereinbarungen wird immer wieder ihr Recht auf Rückkehr bekräftigt, doch gerade in Kroatien machen nur wenige davon Gebrauch, und den serbischen Exodus aus dem Kosovo nimmt die internationale Gemeinschaft stillschweigend hin. Indem sie national einheitliche Staaten vollmundig verurteilten, haben die europäischen Politiker dem Lauf der Dinge letztlich genau diese Richtung gewiesen. Mit Jugoslawien wurde die Idee des multinationalen Staates zu Grabe getragen, weil niemand in Europa sie verteidigen wollte. Nicht zum ersten und nicht zum letzten Mal in der Geschichte »haben unter Herzensfreunden die Hunde den Hasen gefressen«, wie der polnische Dichter und Bischof Ignacy Krasicki im 18. Jahrhundert formulierte, als Polen mehrmals geteilt wurde.

Es herrscht inzwischen allgemeine Übereinstimmung, dass in Europa früher oder später irgendwo ein »neues Kroatien« entstehen wird. Hier und da wachsen in den Zelten und Flüchtlingsslums sogar schon »kleine Rächer des Kosovo«.[34] In den armen türkischen Vororten der deutschen Städte und in den maghrebinischen Stadtteilen der französischen Metropolen schwelt darüber hinaus die Glut für neue ethnisch-religiöse Konflikte. Es bleibt die Hoffnung, schreibt Eric Deamer, dass Europa aus dem jugoslawischen Beispiel etwas lernen wird.[35] Doch die Europäer, so ist zu befürchten, werden sich vor allem

Siedlung geflohener Serben und Roma aus dem Kosovo,
Berane in Montenegro, 2007

daran erinnern, dass von allen Ländern Jugoslawiens – vom »mazedonischen Wunder« einmal abgesehen – nur das national geschlossene
Slowenien ethnische Kriege vermeiden konnte.[36] Es ist eben nicht
leicht, aus der Geschichte zu lernen, da neue Zeiten und neue Situationen neue Bedrohungen und Herausforderungen mit sich bringen. So
wurde das europäische Rote Kreuz, das ganz auf seine alten Erfahrungen vertraute, anstatt die unter neuen Bedingungen gewonnenen Erkenntnisse aus Afrika zu nutzen, von den Ereignissen in Jugoslawien
vollkommen überrumpelt, und es zeigte sich nicht einmal imstande, die
während der Bosnienkrise außer Landes gebrachten Kinder ordentlich
zu registrieren. So verloren viele Kinder für immer den Kontakt zu
ihren Eltern.[37] Immerhin hat man in Europa erste Schlussfolgerungen
aus dem Konflikt auf dem westlichen Balkan gezogen, indem man die
Souveränität der Staaten einschränkt, die immer wieder das Recht brechen. Die 1993 beschlossene Regel »Konsens minus eins« erlaubt –
nicht unbedingt bewaffnete – Interventionen durch die Organisation
für Sicherheit und Zusammenarbeit in Europa (OSZE) auch gegen den
Widerstand eines Staates, wenn die übrigen sie befürworten. Solche

Vereinbarungen sind ein erster Schritt. Den Herausforderungen, vor denen unser Kontinent steht, ist die europäische Praxis damit aber noch lange nicht gewachsen.[38]

Es ist verwunderlich, wie schnell die Europäer, die in den letzten beiden Jahrzehnten eine wahre Renaissance der Geschichte erlebten, es verstanden haben, aus der Erinnerung an den Ersten und den Zweiten Weltkrieg ein in Museen zu bestaunendes und zu Denkmälern versteinertes »Götzenbild« zu machen, das im »Wettlauf der Opfer« den eigenen Anteil darstellt. Das historische Memento ist als Herausforderung für die Zukunft längst auf das Rhetorische beschränkt und nicht auf die Realität übertragbar. In diesen beiden Jahrzehnten wurde nämlich Millionen Europäern wie der muslimischen Ärztin aus Bijelina im Nordosten von Bosnien und Herzegowina beschieden: »Dies ist nicht mehr dein Land!«. Dabei wurden sie in dem Land geboren, und ihre Familien lebten dort seit Generationen.[39] Bedrohlich klingt in diesem Zusammenhang die einfache und überaus aktuelle Frage Mark Mazowers, eines der besten Kenner des Balkans und des europäischen 20. Jahrhunderts: Sind die Konflikte, die Jugoslawien in den 1990er Jahren zerrissen haben, tatsächlich ein Bild aus der Vergangenheit Europas oder illustrieren sie seine Zukunft? Diese Frage ist umso berechtigter, da zu den alten Problemen unablässig neue hinzukommen, die mit den außereuropäischen Migrationen nach Europa zusammenhängen und bislang noch mit dem Euphemismus von der multikulturellen Gesellschaft beiseitegeschoben werden.[40]

SCHLUSS
Wir haben das Haus mit dem Schlüssel verschlossen

ICH SASS BEI EINER KÖSTLICHEN FISCHSUPPE von der Brasse – natürlich mit frischem Liebstöckel – im Imbiss »Argus« in Nowe Warpno, dem einstigen Neuwarp, einem ebenso reizenden wie heruntergekommenen Städtchen zwischen den Wäldern der Ueckermünder Heide und dem Stettiner Haff, und lauschte Erzählungen über Deutsche, die nach dem Krieg beschlossen hatten, im polnischen Pommern zu bleiben, oder in den letzten Jahren hierher zurückgekehrt waren. Uwe Conrad wurde 1940 als Sohn einer Fischerfamilie in Neuwarp geboren. Seine Familie teilte das Schicksal der ortsansässigen Deutschen – sie wurde vertrieben. Doch vor einigen Jahren kehrte er zurück. Er sagt, dass ihm die Mentalität der Polen näher sei und er es kein einziges Mal bereut habe, mit seiner Frau hergezogen zu sein. Ebenfalls Jahrgang 1940 ist Dieter Quost, der heute im benachbarten Ziegenort (Trzebież) lebt. Sein Vater war Bootsbauer und konnte als unabkömmlicher Fachmann in Polen bleiben. Dieters Großeltern flohen mit dem Boot nach Deutschland, das nur einige Ruderschläge von Neuwarp entfernt liegt. Sie dachten an Rückkehr, als sie ihr Städtchen verließen, und »verschlossen ihr Haus mit dem Schlüssel«. Wie viele vor ihnen und nach ihnen meinten sie, eine verschlossene Tür würde ihre Habe schützen. Doch die Plünderer schlugen die Fenster ein, und der Schlüssel war zu nichts mehr nutze. Mit ihm soll also dieses Buch zu Ende gehen.[1]

Die Geschichte ist unvorhersehbar. Schicksalswendungen des Lebens sind nicht vorherzusagen – wie schwer ist es da erst, den Lauf der Geschichte vorherzusehen, in der sich das Schicksal von Individuen, Gesellschaften und Institutionen sowie miteinander verflochtener ethischen und geistigen Strömungen spiegelt. Die Geschichte spielt nicht mit offenen Karten. Die Absichten jener, die meinen, sie verstünden sie

Schlüssel aus dem Schreibtisch von Czesław Piskorski

und könnten an ihr mitwirken, durchkreuzt sie gnadenlos. So haben im 20. Jahrhundert mehrere Generationen von Politikern und bis zu einem gewissen Grad auch von Wissenschaftlern das Phänomen Flucht als etwas Vorübergehendes betrachtet, dessen Symptome man nur richtig behandeln müsse.[2] Alle atmeten erleichtert auf, als mit der Genfer Flüchtlingskonvention von 1951 endlich eine völkerrechtlich verbindliche Regelung zum Umgang mit Flüchtlingen vorgegeben war und viele der im Zuge des Zweiten Weltkriegs Verjagten ein neues Zuhause fanden, sodass die Flüchtlingszahlen allmählich zurückgingen. In der allgemeinen Erleichterung bemerkten sie aber gar nicht, dass bereits eine neue große Flüchtlingswelle bevorstand – die der farbigen Einwohner aus den Kolonien. Das verhieß Probleme, die Europa lange nicht mehr gekannt hatte. Da die europäischen Länder keinerlei Neigung verspürten, die Flüchtlinge aufzunehmen, tat man einiges, damit sie blieben, wo sie waren, nämlich in Afrika. Nach nur einer Generation verbanden die Europäer Flucht und Auswanderung in erster Linie mit der Dritten Welt, auf die sie ohnehin geringschätzig herabblickten. Und so war Europa am Ende des Jahrhunderts auf die neue Flut europäischer Flüchtlinge nicht vorbereitet, zumal sie zu einer Zeit kam, als man sie am wenigsten erwartete, nämlich nachdem bereits das »Ende der Geschichte« angekündigt worden war.

Der aufmerksame Beobachter Remarque, selbst ein Verjagter, erkannte schneller als andere, dass Flüchtlinge in der modernen Welt etwas Dauerhaftes sind. Nicht zufällig überlässt in seinem Roman *Die Nacht von Lissabon* ein deutscher Flüchtling der 1930er Jahre seinen Pass einem Russen aus der Flüchtlingswelle der Nachkriegszeit.[3] Was der Schriftsteller nicht erkannte, waren die wahren Ursachen für das wachsende Heer der Flüchtlinge, für das er – fälschlicherweise – die rasch wechselnden repressiven Regierungen verantwortlich machte. Die Besitzerin des Pariser Hotels »International«, in dem der Protagonist des Romans *Arc de Triomphe* wohnt, der aus Deutschland vertriebene Chirurg Ravic, bewahrt alte Porträts auf, die Flüchtlinge in ihren Zimmern vergessen haben. »Man weiß nie, ob sie nicht wieder zu etwas nütze sein werden«, erklärt sie und deutet auf die Bilder von Marx, Lenin, Trotzki und Negrin, aber auch ein Bild von Hitler bewahrt sie auf, und eines von Mussolini aus der Zeit, als er noch Sozialist war.[4]

Verfolgungen und die damit zusammenhängenden Bevölkerungsverschiebungen sind nichts Neues. Neu sind, wie Tim Allen im Geiste Kulischers feststellt, die Grenzen, und zwar in der Bedeutung, die sie am Ende des 19. Jahrhunderts und im 20. Jahrhundert erhielten.[5] In einer schrumpfenden Welt mit immer dichteren Grenzen, in der die Bürger mit Mikrochip-Pässen ausgestattet werden, drohen die Flüchtlinge in die Grauzone am Rand von Gesellschaft und Gesetz gedrängt zu werden. In Polen etwa leben nur wenige Ausländer, die zudem in der Regel selbst für ihren Lebensunterhalt sorgen. Die meisten halten sich aber illegal dort auf oder gehen illegal einer Beschäftigung nach. Wenn sie aufgegriffen werden, steckt man sie in abgelegene Internierungslager, wo sie – bewacht und vom Geld der Steuerzahler unterhalten – auf ihre Auslieferung an Orte warten, die sie schon längst vergessen haben. Im europäischen Süden ist es noch viel schlimmer. Tagtäglich steuern Gruppen von Afrikanern und Asiaten auf der Flucht vor der Armut in ihren Heimatländern die Küsten Griechenlands, Maltas, Italiens oder Spaniens an in der Hoffnung, die von der Europäischen Union errichteten Sperren, den neuen europäischen Limes, überwinden zu können. Es ist klar, dass das kleine Europa nicht alle Unglücklichen dieser Welt aufnehmen kann. Klar ist auch, dass nicht alle Einwanderer in friedlicher Absicht kommen. Dennoch muss man dem Warschauer Historiker zustimmen, der in einem autobiographischen Roman von Leszek Szaruga warnt, dass wir in der sich immer weiter globalisierenden Welt »weder aus Europa noch aus Polen eine Festung machen« sollten.[6] Dass die Neigung besteht, alle Flüchtlinge in einen Sack mit der Aufschrift »Terroristen« zu werfen, offenbart – keineswegs unbegründete –Befürchtungen, zeugt aber zugleich von der tiefen Krise Europas, das keinen Platz in der neuen Welt zu finden vermag und daher in der Geschichte Zuflucht sucht. Es baut immer mehr Museen für die Opfer der Vergangenheit und wendet sich zugleich von den Opfern der Gegenwart ab. Die wichtigste Botschaft der immer noch in hohen Auflagen erscheinenden Werke von Remarque lässt sich in dem Satz zusammenfassen: »Befehle von heute können die Schande von morgen sein.« Diesen Satz hört man im heutigen Europa allerdings nicht gern.[7]

»Wer würde Hektor kennen, wenn Troja glücklich gewesen wäre«, tröstete sich Ovid, nachdem ihn Octavian Augustus, der Kaiser ohne Herz und skrupelloser Mittäter bei so manchem großen Verbrechen,[8] aus Rom verjagt hatte. Er ahnte, dass die folgenden Generationen sich für seine »Klagelieder« interessieren würden. Seit sich die Geschichtswissenschaft auch den Alltagserfahrungen gewöhnlicher Menschen widmet, haben Rührstücke vom Schicksal der Flüchtlinge Konjunktur. Beim Blick auf die Dramen und Tragödien, mit denen Flucht und Vertreibung stets verbunden sind, muss der Historiker aber auch die andere Seite der Medaille betrachten. Migrationen, selbst Zwangsmigrationen, sind das Salz in der Geschichtssuppe, sie lösen Dynamik aus und dadurch gesellschaftliche Veränderungen. Sie zerstören vorgefundene Strukturen und führen neue an ihrer Stelle ein. Jede Trennung seit alters her vermischter Elemente ergibt letztlich eine neue Mixtur, keineswegs nur im ethnischen Sinn.[9] Jedem Ende folgt ein neuer Anfang. Es hinterlässt – wie bei Ovid oder Anna Frajlich – unheilbare Wunden, die nicht selten zum Ursprung neuer Schöpfungen werden. Sehnsucht kann sich aber auch mit dem Glück vereinen, alles in allem an einen besseren Ort geraten zu sein. »Ohne Trauer habe ich in der Ukraine alles Sterbende und Gestorbene zurückgelassen, Grabhügel und lebendige Leichen, zur Vernichtung verdammte Menschen [...] und Menschen, die dazu verdammt waren, vor sich hin zu vegetieren«, schrieb Jarosław Iwaszkiewicz, der Podolien nach der bolschewisti

340

schen Revolution von 1917 hatte verlassen müssen. »Als hätte ich Flügel
an den Armen verspürt, zog ich in das neue Umfeld, die neuen Umstände, in ein Land, an das ich mich gewöhnt habe [...], obwohl es mir
in ihm eng vorkam nach den weiten Feldern meiner Kindheit.«[10] Eine
Zwangsmigration, fasst Ellen Lammers neuere Forschungen zusammen, birgt neue Möglichkeiten, die mit der Zeit sogar für die erlittenen
Verluste und Leiden entschädigen können.[11] Im Zweiten Weltkrieg
und in der unmittelbaren Nachkriegszeit träumten viele Emigranten
davon, Europa möglichst weit hinter sich zu lassen. Bis heute riecht es
für sie nach Blut.[12]

Remarques Flüchtlingsromane, in denen wir über das Herumirren
und die Not der europäischen Ungewollten oft mehr erfahren als in
weitschweifigen wissenschaftlichen Abhandlungen, enden zumeist mit
einem Happy End, und zwar nicht oder nicht nur, weil sich Geschichten mit glücklichem Ausgang in Hollywood besser verkaufen lassen,
sondern weil Remarques schriftstellerischer Instinkt das vorgab. Das
Leben schlägt sich immer durch. Die aus den Häfen von Bordeaux,
Marseille oder Lissabon ausfahrenden Schiffe haben junge Liebespaare
an Bord, die ein »Tal der Tränen« durchschritten hatten – die Flucht
vor der Gestapo und deren Helfern, der französischen und der spanischen Polizei. Nicht viele Flüchtlinge entkamen dieser Hölle, doch auf
die wenigen Glücklichen wartete das »gelobte Land« Portugal, von wo
man »zum noch gelobteren Lande Amerika« gelangen konnte.[13] Glück
im Unglück haben auch Ruth und Ludwig in dem Roman *Liebe deinen
Nächsten*. Der »selbstmörderische« Tod ihres älteren Freundes, der
der Gestapo nicht in die Hände fallen will, beschert ihnen im letzten
Augenblick Passagen für Mexiko auf dem portugiesischen Dampfschiff
»Tacoma«. Für ihr letztes Geld kaufen sie spanische Sprachführer. Als
sie sich von den Gestaden Europas verabschieden – »Weiß der Teufel,
was hier noch werden wird!« –, lächelt Ludwig: »›Wir werden schon
durchkommen, Ruth, was?‹ Sie nickte.«[14]

Dank

DIESES BUCH WÄRE SEHR VIEL SCHLECHTER, hätten nicht viele Personen und Institutionen dazu beigetragen.

Vor allem die Robert Bosch Stiftung (Stuttgart) und die Stiftung Fundacja Lanckorońskich (London) haben gemeinsam mit der Polnischen Akademie der Wissenschaften (PAU, Krakau) sowie dem Deutschen Akademischen Austauschdienst (Bonn) und der Marion Dönhoff Stiftung (Hamburg) die Kosten meiner Bibliotheks- und Archivaufenthalte im Ausland finanziert.

Unter den vielen beteiligten Personen möchte ich zunächst die studentischen Teilnehmer an meinen Magister- und Doktorandenseminaren an der Universität Stettin sowie den von mir – gemeinsam mit Lisaweta von Zitzewitz von der Europäischen Akademie in Külz/Kulice – organisierten internationalen Begegnungen zum Thema »Zwangsmigrationen« danken. Die Studenten waren für mich nicht nur ein fester Bezugspunkt beim Schreiben, sondern lieferten mir auch nicht selten interessantes Quellenmaterial, das ich selbst kaum entdeckt hätte. Ihre wichtigsten Arbeiten finden sich im Literaturverzeichnis. Durch diese Seminare sind zahlreiche Memoiren und archivalische Materialien in meinen Besitz gelangt, die mir aus ganz Deutschland, Polen und sogar Großbritannien zugeschickt wurden. Ich habe alle gelesen, nicht alle konnte ich in mein Buch einbauen, dessen Erzählung eigenen Gesetzen folgt, um die Aufmerksamkeit des Lesers wachzuhalten. Einige der Absender haben eine Verwendung ihrer Unterlagen auch untersagt. Allen danke ich sehr herzlich.

Das erste Konzept meines Buchs habe ich oftmals mit den Professoren Klaus J. Bade und Jochen Oltmer von der Universität Osnabrück diskutiert, aber auch mit Georg G. Iggers von der Universität Buffalo sowie mit dem Redakteur Cezary Gawryś vom Warschauer Verlag

»Więź«. In dieser Anfangsphase hatte Dr. Peter Fischer, der Inhaber des fibre-Verlags in Osnabrück, eine unschätzbare Bedeutung für meine Arbeit. Wir unterhielten uns fast täglich, insgesamt viele, viele Stunden. Er las auch und besprach mit mir die Erstfassungen der meisten Kapitel.

Die Mühe, das fertige Buch zu lesen, nahmen, abgesehen von der ausgezeichneten Lektorin des Warschauer Verlags PIW, Ewa Maciakowa, Dr. Beata Halicka (Viadrina, Frankfurt/Oder) und Dr. Dorota Leśniewska (Posen) auf sich, auch Professor Krzysztof Pomian (Paris). Ihre Anmerkungen waren ganz unterschiedlicher Natur, ergänzten sich aber hervorragend. Fragmente lasen außerdem Ewa Czerwiakowska (Berlin) sowie die Professoren Antony Polonsky (Brandeis University) und Henryk Samsonowicz (Warschau).

Professor Marina Cattaruzza von der Universität Bern half mir bei der Suche nach Fotografien über die Aussiedlung von Italienern aus Jugoslawien.

Professor Stanisław Ciesielski (Universität Breslau) unterstützte mich mit einer wertvollen bibliographischen Anmerkung. Jarosław Harasimowicz vom Museum des Deutsch Kroner Landes (Muzeum Ziemi Wałeckiej) antwortete geduldig auf meine vielen Fragen zu Deutsch Krone und fand für mich eine interessante Fotografie. Professor Rimvydas Petrauskas (Universität Wilna) erläuterte mir einige litauische Probleme. Schließlich war mir Dr. Marko Šuica von der Universität Belgrad bei Fragen zum Balkan behilflich und entdeckte für mich einzigartige serbische Fotografien von 1915. Meine Gesprächspartner aus dem griechisch-türkischen Grenzgebiet zogen es vor, anonym zu bleiben. Ali (stets ein Moslem) und Sava (stets ein orthodoxer Grieche) sind aber Personen aus Fleisch und Blut.

Diese deutsche Übersetzung würde es sicherlich nicht geben, hätte nicht Dr. Peter Oliver Loew (Deutsches Polen-Institut, Darmstadt) die Initiative dazu ergriffen. Das Interesse des Siedler Verlags hat mich zusätzlich erfreut. Einen besseren Verlag und eine bessere Lektorin als Frau Ditta Ahmadi hätte es wohl kaum geben können.

Mit dem Verlag war vereinbart, dass wir das Buch im Prinzip eins zu eins übersetzen, doch im Zuge der Autorisierung der Übersetzung habe ich – auch auf Anraten von Dr. Loew und dann von Frau Ahmadi –

nicht wenige Ergänzungen und Erläuterungen eingefügt, die teilweise notwendig sind, damit der deutsche Leser die Zusammenhänge versteht. Bei der Erstellung dieser verbesserten Ausgabe, die – wie ich hoffe – auch in Polen erscheinen wird, haben mir die zahlreichen Rezensionen der polnischen Fassung geholfen. Ich kann nicht alle ihre Autoren nennen, möchte aber zumindest einige erwähnen, denen ich am meisten verdanke: Brigitta Helbig-Mischewski (Berlin), Grażyna Pomian (Paris) und Ĺubov Žvanko (Charkiv) sowie José M. Faraldo (Madrid), Artur Daniel Liskowacki (Stettin), Hubert Orłowski (Posen) und Robert Ryss (Königsberg in der Neumark/Chojna).

Bei der Arbeit an der Endfassung des Buchs habe ich die Bibliothek und die Gastfreundschaft des Nordost-Instituts in Lüneburg intensiv in Anspruch genommen, wo sich meiner besonders Dr. Andreas Lawaty sowie die Bibliothekarin Renate Maczka annahmen, der ich viele wertvolle Hinweise nicht nur bibliographischer Natur verdanke. Während der Korrektur der deutschen Übersetzung durfte ich bei Joanna und Piotr Skoczeń in Horst/Niechorze in ihrem gastfreundlichen Haus am Meer wohnen. Auch ihnen gebührt, last but not least, ein herzliches Dankeschön.

Jan M. Piskorski
Im Sommer 2013

Anmerkungen

Vorwort

1 Fischer, *Zwischen zwei Seen*, Zitate auf S. 131f., 141.

2 Ebd., S. 109f.

3 Vgl. Piskorski, »Die ›alten‹ und die ›neuen‹ Pommern«.

4 Janke, *Dzieje wileńskiego zgromadzenia*, S. 22, 26, 68 (hier das Zitat).

5 Anušauskas, »Zwangsmigrationen«, S. 143f., 146f. Vgl. auch Gurjanow, »Cztery deportacje«, S. 120.

6 Janke, *Dzieje wileńskiego zgromadzenia*, S. 4ff. Vgl. zu Wilna Sterlingow, *Wilno*, S. 18f., und zu den Wilnaer Juden im Zweiten Weltkrieg Levin, »Wileńscy Żydzi«, sowie Lipphardt, *Vilne*, S. 99 – 103.

7 Janke, *Dzieje wileńskiego zgromadzenia*, S. 14f.

8 Fischer, *Zwischen zwei Seen*, S. 120ff., 141f. (hier das Zitat).

9 Schechtman, *Postwar Population Transfers*, S. 25f. Vgl. auch Piskorski, »Wir haben die Tür abgeschlossen«, S. 16, aber auch in diesem Buch S. 161.

10 Anušauskas, »Zwangsmigrationen«, S. 143.

11 Sobieski, *Historia Polski*, S. 75, 298.

12 Shirer, *Berliner Tagebuch*, S. 141; Segal, *Nazi Rule*, S. 2.

13 Żeromski, *Wiatr od morza*, S. 292.

14 Szwichtenberg, »Fragment wspomnień«, S. 54, und Fragmente auf Deutsch in Baumgärtner u.a. (Hg.), *Horizonte*, S. 207.

15 Said, *Za ostatnim niebem*, S. 5f.

16 Vgl. Mazower, »Violence«.

17 Wynot, »A Necessary Cruelty«; Mühle, »Hermann Aubin«, v.a. S. 577.

18 Vgl. Brather, *Archäologie*, S. 312.

19 Procházková, *Ani życie, ani wojna*, S. 209f.

20 Vgl. Blaut, *Eight Eurocentric Historians*, v.a. S. 200 – 208.

21 Harrell-Bond, »Preface«, S. XIV.

22 Vgl. Orłowski, *Warmia*, S. 70.

23 Zolberg/Suhrke/Aguayo, *Escape from Violence*, S. 3 – 33. Vgl. auch Bookman, *After Involuntary Migration*, S. 11.

24 Ulewicz, *Sarmacja*, S. 5. Zur Terminologie siehe auch Piskorski, *Vertreibung*, S. 53 – 64.

25 Couto, *Ostatni lot flaminga*, S. 11.

26 Lal Jayawardena, »Foreword«, in: Daniel/Knudsen (Hg.), *Mistrusting Refugees*, S. IX.

27 Chakrabarty, *Human Rights*, S. 6.

28 Procházková, *Ani życie, ani wojna*, S. 118; Münzel/Pehar (Hg.), *Auf 12 Uhr wird euch der Krieg erklärt*, S. 8.

29 Vgl. Cohen/Deng, *Masses in Flight*, S. 47 – 56, 215 – 228.

30 Remarque, *Liebe deinen Nächsten*, S. 36. Zwar macht der Autor in dem eng mit Osnabrück verbundenen Flüchtlingsroman *Die Nacht von Lissabon* aus dem Rißmüllerplatz den Adolf-Hitler-Platz (S. 30), aber bleiben wir hier ruhig auf dem Boden der Tatsachen.

Kapitel 1

1 Bade, *Homo migrans*; ders., *Europa*, S. 11; Marrus, »Introduction«, S. 2; Ferris, *Beyond Borders*, S. 129 – 168, hier bes. S. 129 und 131.

2 Shatzky, »An Attempt«.

3 Cohen/Deng, *Masses in Flight*, S. 5, 31 – 35, 48, 53; Bookman, *After Involuntary Migration*, S. 13, 187.

4 Wrong, *Population*, S. 87f.

5 Zur Zahl der Flüchtlinge auf der Welt siehe Hitchcox, *Refugees*, S. 14; Ager, »Perspectives«, S. 1; Chakrabarty, *Human Rights*, S. IX; Lammers, *Refugees*, S. 15. Zu den Flüchtlingen aus Jugoslawien siehe Sundhaussen, »Südosteuropa«, S. 304; aus Tschetschenien Cohen/Deng, *Masses in Flight*, S. 48, 51, 54, und Bookman, *After Involuntary Migration*, S. 11, 30. Zum Schicksal der männlichen Bevölkerung von Tschetschenien vgl. Procházková, *Ani życie, ani wojna*, S. 14, 19, 28, 50, 114, 119ff., 156ff., 212.

6 Wyrozumski, »Zwischen Osten und Westen«.

7 Nolte, »Zwischen Duldung und Vertreibung«, S. 31f., sowie Marrus, *The Unwanted*, S. 5f.

8 Mehr dazu siehe Kaser u.a. (Hg.), *Wieser Enzyklopädie*.

9 Vgl. Kuper, *The Prevention of Genocide*, S. 161. Vgl. jetzt auch Piskorski, »Wojna, pamięć, tożsamość«.

10 Sundhaussen, »Bevölkerungsverschiebungen«, S. 34.

11 Proudfoot, *European Refugees*, S. 21.

12 Creveld, *Supplying War*; Liulevičius, »Precursors«, S. 34.

13 Allende, *Von Liebe und Schatten*, S. 425.

14 Von einer »Ära der Flüchtlinge«, die seit 1914 anhält, schrieben erstmals wohl Tartakower und Grossman, *The Jewish Refugee*, New York 1944 (hier nach Marrus, *The Unwanted*, S. 3). In der deutschen Literatur ist der Begriff wohl eingeführt worden von Wingenroth, »Das Jahrhundert der Flüchtlinge«. Vgl. aber die Polemik von Schlögel, »Kosovo war überall«.

15 Franz Werfel, »Vorbemerkung«, in: Euripides, *Die Troerinnen*, in deutscher Bearbeitung von Franz Werfel, Leipzig 1915, S. 11.

16 Harrison, »Bitter Tears«, S. 18f.

17 Vgl. Bell-Fialkoff, *Ethnic Cleansing*.

18 Ball/Henn/Sanches, *Indeh: An Apache Odyssey*, S. 78.

19 Muldoon, »The Indian«, S. 278; Elkins, *Britain's Gulag*; Zolberg/Suhrke/ Aguayo, *Escape from Violence*, S. 16; Mazower, »Violence«, S. 1175f.

20 Żeromski, *Wiatr od morza*, S. 313, 316.

21 Zolberg/Suhrke/Aguayo, *Escape from Violence*, S. 13; Nolte, »Zwischen Duldung und Vertreibung«, S. 45.

22 Dasko, »Remarque«, S. 25.

23 Marrus, *The Unwanted*, S. 4f.; ders., »Introduction«, S. 3; Zolberg/Suhrke/ Aguayo, *Escape from Violence*, S. 11 – 16. Vgl. auch Schechtman, *The Refugee*, S. VI (im Vorwort von Elfan Rees) und S. XI.

24 Márquez, *Liebe in den Zeiten*, S. 28, 279. Vgl. auch Coloane, *Kap Hoorn*, S. 158f.

25 Kapuściński, *Afrikanisches Fieber*, S. 23f.

Kapitel 2

1 Myśliwski, *Traktat*, S. 161, 355.

2 Rabelais, *Gargantua*, S. 730.

3 Anders Brunnbauer/Esch, »Einleitung«, in: Brunnbauer/Esch/Sundhaussen (Hg.), *Definitionsmacht*, S. 10.

4 Bramwell, »Blut und Boden«. Vgl. auch Sołtysik, »Jak neopoganie manipulują przeszłością«, S. 60.

5 Glenny, *The Balkans*, S. 312.

6 Vgl. Marrus, *The Unwanted*, S. 10, 45f.; Adanir, »Bevölkerungsverschiebungen«, S. 181f.

7 Sundhaussen, »Bevölkerungsverschiebungen«, S. 35. Vgl. auch Bade, *Europa*, S. 249f.

8 Szűcs, *Trzy Europy*.

9 Ähnlich Mazower, *The Balkans*, S. 155.

10 Höpken, »Flucht vor dem Kreuz«, S. 11 – 15; Zolberg/Suhrke/Aguayo, *Escape from Violence*, S. 14; Adanir, »Bevölkerungsverschiebungen«, S. 175, 181f. (hier die beiden Zitate).

11 Höpken, »Flucht vor dem Kreuz«, S. 4; Adanir, »Bevölkerungsverschiebungen«, S. 178.

12 Marrus, *The Unwanted*, S. 40 – 48; McCarthy, *Death and Exile*; Höpken, »Flucht vor dem Kreuz«, S. 5ff. (das Zitat auf S. 5); Sundhaussen, »Bevölkerungsverschiebungen«, S. 35f.; ders., »Südosteuropa«, S. 290 – 303; Adanir, »Bevölkerungsverschiebungen«, S. 177 – 183.

13 Toynbee, »Greece«, S. 248, zusätzlich Marrus, *The Unwanted*, S. 50. Die umfassendste Kritik an den Balkan-Stereotypen bei Todorova, *Die Erfindung des Balkans*, kurz auch Mazower, *The Balkans*, S. 145 – 156.

14 Toynbee, *The Western Question*, S. 17f., sowie Mazower, *The Balkans*, S. 147f.

15 Zu den Grausamkeiten in den Kriegen des 17. Jahrhunderts siehe Tazbir, *Okrucieństwo*; zur Gewaltwelle in Nordirland zwischen 1920 und 1922 vgl. Kaufmann, »When All Else Fails«, S. 126 – 132, v.a. S. 127f.

16 Matschke, »Zwangsmigrationen«, sowie Nolte, »Zwischen Duldung und Vertreibung«, S. 41. Vgl. Gauß, *Die sterbenden Europäer*, S. 7 – 50, sowie überraschend Neugebauer, »Hans Rothfels«, S. 46 und 57.

17 Toynbee, *The Western Question*, S. 18, 120f.

18 Ebd., S. 194; Marrus, *The Unwanted*, S. 104; Nolte, »Zwischen Duldung und Vertreibung«, S. 33; Mazower, *Salonica*, v.a. S. 46 – 63, 175 – 191; Gauß, *Die sterbenden Europäer*, S. 44.

19 Münzel/Pehar (Hg.), *Auf 12 Uhr wird euch der Krieg erklärt*, S. 24, sowie die Anmerkungen der Herausgeber, S. 6. Vgl. auch Lemberg, »Ethnische Säuberung«, S. 27.

20 Schechtman, *Postwar Population Transfers*, S. 22; Marrus, *The Unwanted*, S. 46ff.; Lemberg, »Ethnische Säuberung«; Brandes, »Das Jahrhundert«, S. 4.

21 Liulevičius, »Precursors«, S. 51.

22 Glenny, *The Balkans*, S. 333.

23 Hirszfeld, *Historia*, S. 47, 64; Kulischer, *Europe on the Move*, S. 123; Felczak/ Wasilewski, *Historia Jugosławii*, S. 421f.; Marrus, *The Unwanted*, S. 48f.; Glenny, *The Balkans*, S. 331 – 335.

24 Argumente für eine geplante Aktion: Walker, »Armenian Refugees«, S. 48; dagegen: Haas, »Ethnische Homogenisierung«, S. 149. Vgl. Mazower, »Violence«, S. 1160f., und Petrović, »From Revisionism«, S. 26f.

25 Zolberg/Suhrke/Aguayo, *Escape from Violence*, S. 15, aber auch Stoessinger, *The Refugee*, S. 23 – 28.

26 Vernant, *The Refugee*, S. 57f.; Marrus, *The Unwanted*, S. 119; Walker, »Armenian Refugees«, S. 41 – 48; Adanir, »Bevölkerungsverschiebungen«, S. 176 bis 185.

27 Glenny, *The Balkans*, S. 326.

28 Vgl. Zolberg/Suhrke/Aguayo, *Escape from Violence*, S. 16; Naimark, *Flammender Hass*, S. 10 – 14, 16 – 20; Liulevičius, »Precursors«, S. 33.

29 Iwaszkiewicz, »Martwa pasieka«, S. 181.

30 Toynbee, *The Destruction of Poland*; Kulischer, *Europe on the Move*, S. 123. Vgl. Watt, *Bitter Glory*, S. 79f.

31 Iwaszkiewicz, »Sérénité«, S. 313.

32 Kulischer, *Europe on the Move*, S. 121f.; Babel, *Tagebuch*, S. 101, 105. Zu Kulischer vgl. Schlögel, »Verschiebebahnhof Europa«.

33 McEvedy, *The Penguin Atlas*, S. 64.

34 Kasprowiczowa, *Dziennik*, S. 163f., 228.

35 Lenz, *Heimatmuseum*, v.a. S. 103ff., 115, 136. Vgl. Wiechert, *Das einfache Leben*, S. 180.

36 Döblin, *Reise in Polen*, S. 132.

37 Zolberg/Suhrke/Aguayo, *Escape from Violence*, S. 12. Vgl. auch Borodziej, »Der Standort«.

38 Reimann, »Der Erste Weltkrieg«, und Mazower, »Violence«, S. 1159, 1164f., 1171, 1174 – 1178. Vgl. auch die bezeichnende Periodisierung von Howard, *The Invention of Peace*, bei dem der Erste Weltkrieg die Epoche der »Völker und Nationen: 1789 – 1918« beendet, während das Jahr 1918 den Zeitraum »Idealisten und Ideologen: 1918 – 1989« eröffnet.

39 Reimann, »Der Erste Weltkrieg«, S. 38.

40 Frank, *Die deutschen Geisteswissenschaften*, S. 8f., 28, 31.

41 Haas, »Ethnische Homogenisierung«, S. 145.

42 Vgl. Znaniecki, *Ludzi teraźniejsi*, und Strobl, »Hitler will Frieden«.

43 Howard, *The Invention of Peace*, S. 55 – 59, die Zitate auf S. 55 und 56.

44 Strug, *Żółty Krzyż*, Bd. 1, S. 33ff., 41, 85f. (hier das erste Zitat), 120, 131, 132f. (hier die beiden folgenden Zitate).

45 Bade, *Europa*, S. 246ff.; Oltmer, »Krieg, Migration und Zwangsarbeit«, S. 131ff. Auf die Zwangsrekrutierung weist hin, allerdings in Bezug auf den Zweiten Weltkrieg, Haas, »Ethnische Homogenisierung«, S. 150, doch im Ersten Weltkrieg war sie gewiss nicht seltener.

46 Watt, *Bitter Glory*, S. 73f., 113ff.

47 Kasprowiczowa, *Dziennik*, S. 248.

48 Bade, *Europa*, S. 246 – 249.

49 Polian, *Against Their Will*, S. 24 – 27; ders., »Zwangsmigrationen«, S. 232f.

50 Stryjkowski, *Austeria*, S. 7.

51 Bade, *Europa*, S. 250ff.; Oltmer, »Migration, Integration und Krieg«, S. 91; ders., »Migration und Zwangsarbeit«, S. 132 – 135.

52 Liulevičius, »Precursors«, v.a. S. 38f.; Rusiński, *Kalisz*, S. 80f.

53 Gatrell, *A Whole Empire Walking*, S. 211 – 215; Polian, »Krieg, Migration und Zwangsarbeit«, S. 235.

54 Gatrell, *A Whole Empire Walking*, S. 18; Liulevičius, »Precursors«, S. 40; Polian, »Krieg, Migration und Zwangsarbeit«, S. 230 – 235.

55 Borck/Kölm (Hg.), *Gefangen in Sibirien*, S. 190.

56 Dazu Fishman, »Minority Resistance«, S. 3 – 11; Friedländer, *Das Dritte Reich*, bes. S. 238, und Mendelsohn, »Jewish Politics«, bes. S. 16f.

57 Korzeniowski/Mądzik/Tarasiuk, *Tułaczy los*, S. 11 – 50, v.a. S. 17 – 24 (das Zitat auf S. 18), 40f.

58 Bade, *Europa*, S. 235ff.; Oltmer, »Migration und Zwangsarbeit«, S. 144f.

59 Oltmer, »Migration, Integration und Krieg«, S. 91ff.; Bade/Oltmer, »Migration und Integration«, S. 28ff.; Persson, »Foreigners«, S. 45; Thiel, »Menschenbassin Belgien«.

60 Vgl. aus bäuerlicher Perspektive Orłowski, *Warmia*, S. 75, sowie aus Perspektive der Gutsbesitzer Dönhoff, *Kindheit in Ostpreußen*, S. 96.

61 Vgl. Howard, *The Invention of Peace*, S. 55; Naimark, *Flammender Hass*, S. 16f.; Weeks, »Concepts«, S. 31; Brunnbauer/Esch, »Einleitung«, in: Brunnbauer/Esch/Sundhaussen (Hg.), *Definitionsmacht*, S. 14; sowie Anderson, *Die Erfindung der Nation*, S. 142 – 154.

62 Muldoon, »The Indian«, S. 273; Elliot, *Britain*, S. 9.

63 Piskorski, »Die brandenburgischen Kietze«, S. 201.

64 Bookman, *After Involuntary Migration*, S. 203; Nolte, »Zwischen Duldung und Vertreibung«, S. 38.

65 Schlögel, »Rußlands amerikanischer Traum«, S. 137.

66 Harvey, »Die deutsche Frau«; Mazower, »Violence«, S. 1164f., 1175 – 1178; Häufele, »Zwangsumsiedlungen«, S. 532; Piskorski, »The Colonization of Central Europe«; ders., »Schluss: Ethnischer Wandel im mittelalterlichen Ostmittel- und Osteuropa«.

67 Hirschon (Hg.), *Crossing the Aegean*, S. XI.

68 Naimark, *Flammender Hass*, S. 255, Anm. 8; Sundhaussen, »Ethnische Säuberung« (2004), S. 221; ders., »Ethnische Säuberung« (2010); Liulevičius, »Precursors«, S. 44.

69 Siehe Kapitel 1, Anm. 18.

70 Naimark, *Flammender Hass*, S. 10 – 20; Sundhaussen, »Ethnische Säuberung« (2010).

71 So sieht das Trombley, *Ethnic Cleansing*, S. 285.

72 Ähnlich Liulevičius, »Precursors«, S. 35; Brandes, »Das Jahrhundert«, S. 17.

73 Siehe die Vorbehalte von Mazower, »Violence«.

74 Zolberg/Suhrke/Aguayo, *Escape from Violence*, S. 15. Ähnlich im Grunde Naimark, *Flammender Hass*, S. 16.

75 Gourevitch, *We Wish to Inform You*, S. 3. Vgl. Naimark, *Flammender Hass*, S. 19.

76 Bell-Fialkoff, *Ethnic Cleansing*, S. 3.

77 Vgl. auch Hahn, »… Über die Grenze getrieben«, S. 115.

78 Vgl. Bauman, *Dialektik der Ordnung*, v.a. S. 98ff.; ders., »Die Lager«, S. 53 – 50; Scott, *Seeing Like a State*.

79 Bade/Oltmer, »Migration und Integration«, S. 26 – 30; dies., »Zwischen Aus- und Einwanderungsland«, S. 272 – 275; Oltmer, *Migration und Politik*, S. 310 bis 319; Polonsky, *The Jews*, Bd. 2, S. 149.

80 Evans-Gordon, *The Alien Immigrant*, insb. S. 1 – 47. Vgl. dazu auch Marrus, *The Unwanted*, S. 27 – 39; Oltmer, »Zwangsmigrationen«, S. 68 – 72; Weeks, »Concepts«, S. 22f.

81 Herzl, *Der Judenstaat*, v.a. S. 94 (hier das Zitat) und 104 – 107.

82 Mazower, »Violence«, S. 1164f., 1174 – 1178.

83 Polian, »Krieg, Migration und Zwangsarbeit«, S. 235f.

84 Mazower, »Violence«, S. 1175.

85 Liulevičius, »Precursors«, S. 46, und Krzoska, »Deutsche Ostforschung«,

S. 406, sowie Canetti, *Masse und Macht*, S. 191ff., v.a. S. 203–207; Ther, »Last der Geschichte«, v.a. S. 78–82.

86 Zu Montandon siehe Lemberg, »Ethnische Säuberung«, S. 27f.

87 Geiss, *Der polnische Grenzstreifen*, v.a. S. 150–178, die Zitate auf S. 160, 174 und 176. Vgl. auch Oltmer, »Krieg, Migration und Zwangsarbeit«, S. 138f.; Liulevičius, »Precursors«, S. 45–48; ders., »German Military Occupation«, S. 201–208; Wehler, *Deutsche Gesellschaftsgeschichte*, Bd. 4, S. 26–38 sowie 1005ff.

88 Mommsen, »Vom ›Volkstumskampf‹«, S. 183–214.

89 Geiss, *Der polnische Grenzstreifen*, S. 150, und nach ihm Liulevičius, »Precursors«, S. 52.

90 Wehler, *Deutsche Gesellschaftsgeschichte*, S. 36.

91 Nolte, *Der europäische Bürgerkrieg*. Vgl. hierzu Maier, *The Unmasterable Past*, v.a. S. 26f., sowie Wheatcroft, »Ausmaß«, v.a. S. 108f.

92 Vgl. Piskorski, »Karol Potkański«, S. 641.

93 Zu den Äußerungen von 1918 siehe Nowak, *The Collapse*, S. 356; Bismarcks Denkschrift, in: *Quellen zu den deutsch-russischen Beziehungen*, Nr. 116, S. 192–196.

Kapitel 3

1 Iwaszkiewicz, »Cienie«. Vgl. hierzu den Bericht von Ekrem Omić aus dem Bosnien der 1990er Jahre, in: Münzel/Pehar (Hg.), *Auf 12 Uhr wird euch der Krieg erklärt*, S. 23–39, sowie die Erzählung von Saadat Manto aus dem indisch-pakistanischen Grenzland im Jahr 1947, »The Woman in the Red Raincoat«, in: ders., *Kingdom's End*, S. 75–82.

2 Vgl. Leibowitz, *Gespräche*, S. 89f., und v.a. Naimark, *Flammender Hass*, S. 15.

3 Kasprowiczowa, *Dziennik*, S. 234 (hier das Zitat), 238, 251, 260.

4 Wróbel, *Listopadowe dni*, S. 37, 42, 55, 99, 114, 134, 143, 145.

5 Zieliński, »Kwestia«, S. 29.

6 Lestschinsky, »The Anti-Jewish Program«, S. 143ff.; Bade, *Europa*, S. 278f.; Oltmer, »Zwangsmigrationen«, S. 69f.

7 Samuel, *O pogromach*, S. 7, 14–17, 29ff. Zu den Juden zwischen Bolschewiken und Polen 1920 siehe Babel, *Tagebuch*, passim. Vgl. auch Tomaszewski, »Lwów«; Wróbel, *Listopadowe dni*, S. 81f., 89, 126f., 135f.; Zieliński, »Kwestia«, S. 27, 30; Grynberg, *Memorbuch*, S. 264f. (hier das Zitat).

8 Torzecki, *Polacy i Ukraińcy*, S. 237, 273f.; Jagiełło, *Razem czy osobno*, Bd. 2, S. 288f.

9 Vgl. Haas, »Ethnische Homogenisierung«, S. 144.

10 Zolberg/Suhrke/Aguayo, *Escape from Violence*, S. 13.

11 Hirszfeld, *Historia*, S. 492.

12 Vgl. Canetti, *Masse und Macht*, S. 203–207.

13 Kulischer, *Europe on the Move*, S. 33f.; Rogall, *Die Deutschen*, S. 128 – 132; Wanatowicz, »Die Deutschen«, v.a. S. 564f.; Bade, »›Amt der verlorenen Worte‹: das Reichswanderungsamt 1918 – 1924«; ders., *Europa*, S. 278; Kohser-Spohn, »Die Vertreibung« (von hier das Zitat, S. 79); dies., »Staatliche Gewalt«; Oltmer, *Migration und Politik*, S. 89 – 217; ders., »Zwangsmigrationen«, S. 57 – 67; Persson, »Foreigners«, S. 51; Stażewski, »Zwischen Freiwilligkeit und Abwanderungsdruck«. Vgl. auch Orłowski, *Warmia*, S. 78.

14 Borck/Kölm (Hg.), *Gefangen in Sibirien*, S. 210.

15 Brüggemann, »Von Migranten«, S. 117 – 121; Liulevičius, »Precursors«, S. 52.

16 Wróbel, *Listopadowe dni*, S. 28.

17 Borck/Kölm (Hg.), *Gefangen in Sibirien*.

18 Kulischer, *Europe on the Move*, S. 130f.; *Historia Polski w liczbach*, Tab. 156, S. 186.

19 Byrska, *Ucieczka z zesłania*, S. 144.

20 *Historia Polski w liczbach*, Tab. 156, S. 186, und Marrus, *The Unwanted*, S. 116; Zieliński, »Kwestia«, S. 27 – 31; Persson, »Foreigners«, S. 60f.; Korzeniowski/Mądzik/Tarasiuk, *Tułaczy los*, S. 207 und 212 – 227. Zu der früheren jüdischen Rückwanderung nach Europa siehe Sarna, »The Myth of no Return«, S. 256 bis 268. Zu den Juden in Polen zwischen den Weltkriegen Mendelsohn, »Jewish Politics« (das Zitat auf S. 16).

21 Karpus, *Jeńcy*; Zieliński, »Kwestia«, S. 31f. Vgl. auch »Jak zginęli sowieccy jeńcy 1920 roku?«, Giennadij F. Matwiejew w rozmowie z Ireną Lewandowską i Pawłem Wrońskim, in: *Gazeta Wyborcza* vom 31. August 2009 (http://wyborcza.pl/1,76842,6986378,Jak_zgineli_sowieccy_jency_1920_roku_.html?as=1.).

22 Hemingway, *Auf dem Quai*, S. 124; Glenny, *The Balkans*, S. 378 – 392 (S. 388f. das Zitat aus Merrills Tagebuch); Naimark, *Flammender Hass*, S. 58 – 75; Stewart, »It Was All a Pleasant Business«.

23 Schechtman, *Postwar Population Transfers*, S. 22f.; Stoessinger, *The Refugee*, S. 22 – 29; Marrus, *The Unwanted*, S. 103f.; Lemberg, »Ethnische Säuberung«, S. 28 – 31; Adanir, »Bevölkerungsverschiebungen«, S. 186ff.; Brandes, »Das Jahrhundert«, S. 3ff.

24 Layoun, *(Mis)Trasting Narratives*, S. 73 – 86; Mackridge, »The Myth«.

25 Vgl. Schechtman, *Postwar Population Transfers*, S. 369 – 395; ders., *The Refugee*, S. 54; Lemberg, »Ethnische Säuberung«, S. 27 – 38; Glenny, *The Balkans*, S. 381f.; Adanir, »Bevölkerungsverschiebungen«, S. 187f.; Brandes, »Das Jahrhundert«, S. 17f.; Cattaruzza, »Der ›historische Ort‹«, S. 47.

26 Kulischer, *Europe on the Move*, S. 12; Ager, »Perspectives«; Bade, *Europa*, S. 255; Oltmer, »Flucht, Vertreibung und Asyl«, S. 115ff.; ders., »Migration, Integration und Krieg«, S. 90 – 93. Vgl. jedoch auch Zolberg/Suhrke/Aguayo, *Escape from Violence*, S. 11.

27 Siehe Borck/Kölm (Hg.), *Gefangen in Sibirien*, S. 198, 204.

28 Kulischer, *Europe on the Move*, S. 19; Oltmer, *Migration und Politik*, S. 309 – 481; Lucassen, *The Immigrant Threat*, S. 50 – 73.

29 Kulischer, *Europe on the Move*, S. 139f., 251; Stoessinger, *The Refugee*, S. 29 – 32.

30 Richmond, »Sociological Theories of International Migration«, das Zitat auf S. 17. Hier nach Lucassen/Lucassen, »Migration«, S. 17.

31 Vgl. Polian, *Against Their Will*, S. 1f.

32 Aly, *Im Tunnel*, S. 34ff. sowie v.a. S. 55ff.

33 Friedländer, *Wenn die Erinnerung kommt*, S. 81 – 95.

34 Vgl. Anderson, *Die Erfindung der Nation*, S. 142 – 154, und Howard, *The Invention of Peace*, S. XIII u. 61ff. Vgl. auch die Anm. 66 im Kap. 2.

35 Vgl. Piskorski, *Kolonizacja wiejska*, S. 84; ders., »Die Deutschen«, S. 371ff. Vgl. auch in Bezug auf das neuzeitliche Polen Müller, »Wie ethnisch war die Nation?«. Zum modernen Bosnien siehe Münzel/Pehar (Hg.), *Auf 12 Uhr wird euch der Krieg erklärt*, S. 97. Siehe auch Anm. 63 im 2. Kapitel.

36 Vgl. Scott, *Seeing Like a State*, S. 87ff.; Carey, *The Faber Book of Utopies*, S. 387ff.

37 Fantini, »The University«, S. 165f.; Kotschnig, »Introduction«, S. 15f.

38 Remarque, *Liebe deinen Nächsten*, S. 19, 47. Vgl. Zolberg/Suhrke/Aguayo, *Escape from Violence*, S. 13; Kaplan, Marion A., »Dominican Haven: The Jewish Refugee Settlement in Sosúa, 1940 – 1945«. H-Net Reviews. March, 2009. URL: http://www.h-net.org/reviews/showrev.php?id= 24255, vor allem Anm. 1; Caestecker/Moore (Hg.), *Refugees*, sowie in Bezug auf Zigeuner Lucassen, *Zigeuner*, v.a. Kap. 4: »Je mehr Polizei, desto mehr Zigeuner«.

39 Zu den Zahlen siehe Zolberg/Suhrke/Aguayo, *Escape from Violence*, S. 17.

40 Dönhoff, *Kindheit in Ostpreußen*, S. 18.

41 Odojewski, *Katharina oder Alles verwehen*, S 371.

42 Remarque, *Liebe deinen Nächsten*, S. 17 und 270. Vgl. auch Westphalen, »Ein Mensch ohne Paß«, sowie Stoessinger, *The Refugee*, S. 3.

43 Vgl. Remarque, *Die Nacht von Lissabon*, S. 12, 81, 98.

44 Melander, »The Concept«, S. 7.

45 Stoessinger, *The Refugee*, S. 21.

46 Zu den russischen Flüchtlingen siehe außerdem Kulischer, *Europe on the Move*, S. 30 – 121; Vernant, *The Refugee*, S. 54ff.; Marrus, *The Unwanted*, S. 86 – 96; Schlögel (Hg.), *Der große Exodus*; ders., »Rußländische Emigranten«. Zu den Polen aus Harbin Faryńska, *Wielokulturowy charakter Harbinu*.

47 Boshyk, »Repatriation«, S. 211; Zieliński, »Kwestia«, S. 31f.

48 Stoessinger, *The Refugee*, S. 19.

49 Montefiore, *Stalin*, S. 128.

50 Ługowska, *Chcę żyć*, S. 48f.

51 Polian, *Against Their Will*, S. 59 – 114 (hier auch auf S. V und 90 das Mandelstam-Zitat), Ciesielski/Hryciuk/Srebrakowski, *Masowe deportacje*, S. 15 – 205; Wheatcroft, »Ausmaß«, S. 82 – 105.

52 Ługowska, *Chcę żyć*, S. 72f.

53 Montefiore, *Stalin*, S. 45, 63, 68, 83 (hier das Zitat), 195, 201 und passim.

54 Solschenizyn, *Krebsstation*, Bd. 2, S. 252 – 258 (das Zitat auf S. 257) und 306f.

55 Schlögel, »Rußländische Emigranten«, S. 916.

56 Aus der Position des Zeugen: Janocha, *Pod opieką Matki Boskiej*, S. 38; aus der Perspektive des Gelehrten: Wheatcroft, »Ausmaß«, S. 67 – 109.

57 Wilk, *Das Haus am Onegasee*, S. 22, 50f.

58 Ciesielski/Hryciuk/Srebrakowski, *Masowe deportacje*, S. 9f.; Montefiore, *Stalin*, S. 90, 201; Wheatcroft, »Ausmaß«, S. 102f., 108.

59 Vgl. Pomian, »Jaki wiek dwudziesty?«, in: ders., *Oblicza dwudziestego wieku*, S. 9 – 52.

60 Shirer, *Berliner Tagebuch*, S. 86. Vgl. auch Tellenbach, *Aus erinnerter Zeitgeschichte*, S. 44, 48f.; Fischer, *Zwischen zwei Seen*, S. 31, aber ebenfalls Leibowitz, *Gespräche*, S. 95ff. Zu Shirers Tagebüchern, die man gerne im Original läse, siehe jetzt Strobl, »Hitler will Frieden«.

61 Janowsky, *People at Bay*, S. 126 – 133 (das Zitat auf S. 126). Vgl. Borejsza, *Szkoły nienawiści*, S. 137 – 141; Tomaszewski, *Auftakt zur Vernichtung*, S. 60f.; Haas, »Ethnische Homogenisierung«, S. 145; Piskorski, »From Munich«, S. 161f.

62 Tomaszewski, *Auftakt zur Vernichtung*, S. 289.

63 Shirer, *Berliner Tagebuch*, S. 132, 146.

64 Vgl. Buell, *Poland: Key to Europe*, S. VI; Borejsza, *Rzym*, S. 290; Pomian, »Jaki wiek dwudziesty?«, in: ders., *Oblicza dwudziestego wieku*, S. 20ff., 36 – 39, 50f.

65 Buell, *Poland: Key to Europe*, passim, v.a. S. VII.

66 Persson, »Foreigners«, S. 49, und Garlicki, *Piękne lata*, S. 103 – 177 und 235 bis 252. Vgl. auch Giedroyc, *Autobiografia*, S. 42.

67 Evans-Gordon, *The Alien Immigrant*, S. 9f., 12, 294f. Vgl. Kushner/Knox, *Refugees*, S. 22ff. Vgl. auch Anm. 80 im Kap. 2.

68 Berger, »Vom ›neuen Liberalen‹«, S. 263ff., 267 – 270.

69 Zu Wojciechowski vgl. Krzoska, *Für ein Polen*, und zu Studnicki Gzella, *Zaborcy*.

70 Hilberg, *Täter*, S. 118 – 125; Embacher, »Plötzlich war man vogelfrei«, S. 224; Persson, »Foreigners«, S. 48ff.; Aly, *Im Tunnel*, S. 123.

71 Vernant, *The Refugee*, S. 59ff.; Gilbert, *The Dent Atlas*, S. 23, Karte Nr. 15.

72 Wilhelmus (Hg.), *Flucht oder Tod*, S. 191ff.

73 Orzołek, »Miejsce urodzenia«, S. 81 – 90. Auf diesen interessanten Text hat mich K. Kołata hingewiesen, die ihre Magisterarbeit über Vietz/Ostbahn geschrieben hat.

74 Remarque, *Liebe deinen Nächsten*, v.a. S. 158, 172, 244, 270.

75 Fischer, *Zwischen zwei Seen*, S. 23f., 31 – 34, das Zitat auf S. 32.

76 Ebd., S. 25f., ausführlicher Aly, *Im Tunnel*, S. 55 – 60 und 107 – 119.

77 Wheatcroft, »Ausmaß«, S. 81; Persson, »Foreigners«, S. 48f.

78 Hondius, *Return*, S. 12 – 20.

79 Ebd., S. 14.

80 Tomaszewski, *Auftakt zur Vernichtung*, S. 249.

81 M. Mashberg, »American Diplomacy and the Jewish Refugee«, in: *YIVO Annual for Jewish Social Science* 15 (1974), S. 364. Zitiert nach Tomaszewski, *Auftakt zur Vernichtung*, S. 252. Vgl. auch Janowsky, *People at Bay*, S. 133.

82 Zolberg/Suhrke/Aguayo, *Escape from Violence*, S. 13f.; Tomaszewski, *Auftakt zur Vernichtung*, S. 250.

83 Zolberg/Suhrke/Aguayo, *Escape from Violence*, S. 285, Anm. 29; Tomaszewski, *Auftakt zur Vernichtung*, S. 39 – 62, v.a. S. 54ff.

84 Vgl. Tomaszewski, *Auftakt zur Vernichtung*.

85 Vernant, *The Refugee*, S. 24 – 27, 59ff.; Marrus, *The Unwanted*, S. 122 – 189; Stoessinger, *The Refugee*, S. 34 – 44; Kushner/Knox, *Refugees*, S. 126ff.; Hondius, *Return*, S. 12; Tomaszewski, *Auftakt zur Vernichtung*, S. poln.: 165f., 169f.; Embacher, »Plötzlich war man vogelfrei«, S. 225ff.; Persson, »Foreigners«, S. 50.

86 Vgl. Remarque, *Liebe Deinen Nächsten*, S. 243, 263; ders., *Die Nacht von Lissabon*, S. 103, aber auch Kulischer, *Europe on the Move*, S. 227 – 239 und 252; Vernant, *The Refugee*, S. 58f.; Kushner/Knox, *Refugees*, S. 103 – 125; Berdah, »Spanische politische Flüchtlinge in Europa«.

87 Michael Eaude, »Carles Fontserè«, in: *The Guardian* vom 20. Februar 2007, S. 34.

88 Allende, *Von Liebe und Schatten*, S. 146.

89 Shirer, *Berliner Tagebuch*, S. 566.

Kapitel 4

1 Remarque, *Die Nacht von Lissabon*, S. 99.

2 Shirer, *Berliner Tagebuch*, S. 137.

3 Ebd., S. 118f., 133, 137f. und an anderen Stellen; Wańkowicz, *Na tropach Smętka*, S. 110f. Vgl. Piskorski, »Odzyskane ziemie utracone«, S. 19; Eberle, *Briefe an Hitler*, S. 359; Müller, »Gesamtstatistik«, S. 123 – 129.

4 Hirszfeld, *Historia jednego życia*, S. 254f.

5 Zitiert nach Orłowski/Schneider (Hg.), »*Erschießen will ich nicht*«, S. 47, aber auch 40ff.

6 Szczepański, *Der polnische Herbst*, S. 190.

7 Vgl. Patricia Negin Berger, »Evacuees United in Laughter and Tears«, in: *The Daily Telegraph* vom 2. September 2009, S. 23, sowie James Meikle, »Labelled with Love: The Evacuees Look Back«, in: *The Guardian* vom 2. September 2009, S. 9.

8 Hirszfeld, *Historia*, S. 245.

9 Kulischer, *Europe on the Move*, S. 255 – 264; Madajczyk, *Polityka*, Bd. 1, S. 235, 249f.; Häufele, »Zwangsumsiedlungen«, S. 525; Borodziej/Ciesielski/Kochanowski, »Wstęp«, S. 10 [die Einleitung zu dem deutschen Parallelband (vgl.

Umsiedlungen) ist stark verändert, zitiert wird deshalb nach der polnischen Fassung, d. Ü.]; Holzer, *Europejska tragedia*, S. 104.

10 Häufele, »Zwangsumsiedlungen«, S. 527f.

11 Woleniewiczówna, *Śp. ks. Wacław Janke*; Paul, *Wartime Rescues of Jews*, S. 6.

12 Wheatcroft, »Ausmaß«, S. 109; Mallmann/Böhler/Matthäus, *Einsatzgruppen*, S. 88 – 99; Musiał, »Das Schlachtfeld«; Mazower, »Violence«, S. 1169; Rossino, *Hitler*, S. 86.

13 Vgl. hierzu Marszałek, »Stan badań«, S. 35; Paulsson, *Utajone miasto*, S. 7ff.

14 Snyder, *The Reconstruction*, S. 155f. (hier auch das Zitat); Mazower, »Violence«, S. 1165, 1169. Zu Hitlers Rede siehe Wildt, »›Eine neue Ordnung der ethnographischen Verhältnisse‹«.

15 Segal, *Nazi Rule*, S. 39 – 49; Schechtman, *Postwar Population Transfers*, S. 23; Kulischer, *Europe on the Move*, S. 256; Oltmer, »Krieg, Migration und Zwangsarbeit«, S. 140f.; Hoerder, *Cultures*, S. 473.

16 Sosnowska, *Gościńce*, S. 86f.

17 Madajczyk, *Polityka*, Bd. 1, S. 315f.

18 Rutowska, *Wysiedlenie*, S. 61 – 91; dies., *Lager Glowna*, S. 23 – 30. Zum Schreiben der Umwandererzentralstelle vom 9. Mai 1940 siehe unten, Anm. 20.

19 Segal, *Nazi Rule*, Abb. nach S. 38.

20 Biuletyn Głównej Komisji Badania Zbrodni Hitlerowskich w Polsce 21 (1970), Dokument Nr. 18. Vgl. Rutowska, *Wysiedlenie*, S. 85.

21 Pintus, *Meine wahren Erlebnisse*, S. 166, 168ff., 180 (hier das Zitat), 181, 199, 208. Vgl. Benz, »Der Generalplan«, S. 46; Häufele, »Zwangsumsiedlungen«, S. 529f.

22 Gawryś, »Na śmierć i życie«.

23 Aly, »Endlösung«, S. 114 – 126; Holzer, *Europejska tragedia*, S. 117.

24 Siehe in der Einleitung Anm. 14 sowie Pintus, *Meine wahren Erlebnisse*, S. 199. Vgl. Segal, *Nazi Rule*, S. 40; Madajczyk, *Polityka*, Bd. 1, S. 308; Botsch, »Geheime Ostforschung«, S. 514f.; Gąsiorowski, »Wysiedlenia z Gdyni«.

25 Madajczyk, *Polityka*, Bd. 1, S. 312, 322.

26 Sosnowska, *Gościńce*, S. 89f.; Szwichtenberg, »Fragment wspomnień«, S. 54.

27 Zu Volpatos Berichten siehe Borejsza, *Rzym*, S. 291f.; Orsenis Protest und der Eintrag aus der Reichskanzlei nach Broszat, *Nationalsozialistische Polenpolitik*, S. 44 und 47.

28 *Das Diensttagebuch*. Vgl. Madajczyk, *Polityka*, Bd. 1, S. 310; Benz, »Der Generalplan«, S. 47; Manoschek, »Zwischen ›Germanisierung« und »Sowjetisierung‹«, S. 171 – 175.

29 *Das Diensttagebuch*, S. 104.

30 Segal, *Nazi Rule*, S. 29 – 39; Schechtman, *Postwar Population Transfers*, S. 23, 380; Kulischer, *Europe on the Move*, S. 256; Volkmann, »Zur Ansiedlung«, S. 527 – 558; Bramwell, »The Re-Settlement«; Oltmer, »Krieg, Migration und Zwangsarbeit«, S. 140f.; Bade, *Europa*, S. 292f.; Persson, »Foreigners«, S. 51

bis 55; Anušauskas, »Zwangsmigrationen«, S. 143; Holzer, *Europejska trage-dia*, S. 257ff.

31 Wie Anm. 20.

32 Liskowacki, *Dzień siódmy*, S. 8f., 74.

33 Persson, »Foreigners«, S. 55. Vgl. auch Ther, »Ein Jahrhundert«, S. 34; Olt-mer, »Krieg, Migration und Zwangsarbeit«, S. 152.

34 Kulischer, *Europe on the Move*, S. Vf., 264.

35 Odojewski, *Katharina oder Alles verwehen*, S. 371. [Zitat nach dem Original verändert, d. Ü.]

36 Gross/Grudzińska-Gross, *W czterdziestym*, S. 284, Bericht Nr. 137. Vgl. Bo-rodziej/Ciesielski/Kochanowski, »Wstęp«, S. 10; Häufele, »Zwangsumsied-lungen«, S. 523ff.

37 Młynarczyk, *Judenmord*, S. 226.

38 Janocha, *Pod opieką Matki Boskiej*, S. 9 (hier das erste Zitat), 19, 24 (hier das zweite Zitat), 30, 41, 217, 222. Vgl. Warachim, *Kapucyni*, S. 46 – 69.

39 Vgl. etwa *Widziałem anioła śmierci*, S. 252 – 255, Protokoll Nr. 121.

40 Gurjanow, »Cztery deportacje«; Ciesielski, *Polacy w Kazachstanie*, S. 42 – 45; Ciesielski/Hryciuk/Srebrakowski, *Masowe deportacje*, S. 206 – 261; Häufele, »Zwangsumsiedlungen«, S. 517 – 526; Holzer, *Europejska tragedia*, S. 260ff.; Mühle, »Resettled«, S. 568 – 572; Levin, »Wileńscy Żydzi«.

41 Gurjanow, »Cztery deportacje«, S. 115 – 118, 126, 129; Kersten, »Szacunek«, S. 41 – 50; Ciesielski/Hryciuk/Srebrakowski, *Masowe deportacje*, S. 191 und 262 – 270; Ciesielski, *Polacy w Kazachstanie*, S. 40 und 42f. (sowie Anm. 7), 59; Wheatcroft, »Ausmaß«, S. 102f.; Borodziej/Ciesielski/Kochanowski, »Wstęp«, S. 11; Häufele, »Zwangsumsiedlungen«, S. 516 und 525 – 532; Woź-niczka, »Die Deportationen«, S. 539f.

42 »Rožko, »… v takych žyvje ii bezsmertja«, S. 5. Vgl. Kerski/Kowalczyk, *Ein ukrainischer Kosmopolit*, S. 27ff., und Torzecki, *Polacy i Ukraińcy*, S. 41, 45, 53.

43 Janocha, *Pod opieką Matki Bożej*, S. 29 – 33; Bericht von Aleksander Klotz, in: *Karta* 1994, H. 12, S. 107f.; Gurjanow, »Cztery deportacje«, S. 115f.; Ciesielski/ Hryciuk/Srebrakowski, *Masowe deportacje*, S. 49 – 57; Häufele, »Zwangsum-siedlungen«, S. 518f.; Wheatcroft, »Ausmaß«, S. 84, 102f.

44 Vgl. Janocha, *Pod opieką Matki Bożej*, S. 168; Solschenizyn, *Krebsstation*, Bd. 1, S. 374f. (hier die Zitate), 381f.

45 Ciesielski, *Polacy w Kazachstanie*, S. 47ff.; Polian, *Against Their Will*, S. 122, Karte Nr. 3; Wheatcroft, »Ausmaß«, S. 84, 93 – 102, 107.

46 Wyka, »Pamiętnik«, S. 276 (hieraus das erste Zitat); Doepfner, *Finnlands Winterkrieg*, S. 168 (hieraus das zweite Zitat). Vgl. Jussila/Hentilä/Nevakivi, *Politische Geschichte*, S. 214 – 219; Schechtman, *The Refugee*, S. 47 – 50; Bo-rejsza, *Rzym*, S. 295ff.

47 Kulischer, *Europe on the Move*, S. 259; Schechtman, *Postwar Population Trans-*

fers, S. 30; Felczak/Wasilewski, *Historia Jugosławii*, S. 482f.; Brandes, »Das Jahrhundert«, S. 17; Holzer, *Europejska tragedia*, S. 263f.

48 Shirer, *Berliner Tagebuch*, S. 394.

49 Seghers, *Transit*, S. 32f.

50 Némirovsky, *Suite française*, S. 51, 75.

51 Le Clézio, *Lied vom Hunger*; Danielewicz-Zielińska, »W tym domu jest Polska«, S. 87; Kulischer, *Europe on the Move*, S. 257. Vgl. Stoessinger, *The Refugee*, S. 45 – 48; Holzer, *Europejska tragedia*, S. 259.

52 Vgl. Pomian, *Oblicza*, S. 35 – 39, 53 – 88 und passim; Borejsza, *Szkoły nienawiści*, S. 24 – 34 und passim; Burleigh, *The Third Reich*, S. 19f.; Mazower, »Violence«, S. 1159, 1167 – 1170.

53 Baumann, *Dialektik der Ordnung*; ders., »Die Lager«; Borejsza, *Śmieszne sto milionów Słowian*.

54 Jussila/Hentilä/Nevakivi, *Politische Geschichte*, S. 220 – 225; Schechtman, *The Refugee*, S. 50f.

55 Szczepuła, *Rajski ogród*, S. 237 (zu Familie Adamowicz); Davies, »II wojna«, S. 11; Hoerder, *Cultures*, S. 473. Vgl. Grynberg, *Janek*, S. 25.

56 Ciesielski, »Nastroje«, S. 294 – 297, hier auch der erste Bericht (S. 294); Janocha, *Pod opieką Matki Bożej*, S. 58 – 63. Vgl. auch Gross/Grudzińska-Gross, *W czterdziestym*, S. 412, 425, 448f.

57 Jolluck, *Exile*, S. 144f.

58 Gross/Grudzińska-Gross, *W czterdziestym*, S. 247.

59 Ciesielski, »Posłowie«, in: Janocha, *Pod opieką Matki Bożej*, S. 238; Prazmowska, »Polish refugees«, S. 227, 230f.; Wheatcroft, »Ausmaß«, S. 84, 102f., 108; Häufele, »Zwangsumsiedlungen«, S. 528; Jolluck, *Exile*, S. 144f.

60 Orłowski/Schneider (Hg.), »Erschießen will ich nicht«, S. 238; Kuzniecow, *Babi Jar*, S. 281. Vgl. Kulischer, *Europe on the Move*, S. 260.

61 Simonow, *Man wird nicht als Soldat geboren*, S. 160 (erstes Zitat), S. 149f. (zweites Zitat). Zu Simonows Kriegsarchiv vgl. Zubkova, *Russia*, S. 11f.

62 Zubkova, *Russia*, S. 34f.

63 Polian, *Against Their Will*, S. 123 – 140.

64 Procházková, *Ani życie, ani wojna*, S. 190 (hier das Zitat); Naimark, *Flammender Hass*, S. 123 – 137. Siehe auch die Vorbehalte von Mazower, »Violence«, S. 1167f.

65 Siehe z.B. Iwaszkiewicz, *Książka*, S. 36, 59, 62, 77. In Kürze hierzu die in Osnabrück entstehende Dissertation von Anna Sosna: »Deutsche Spätaussiedler und polnische Repatrianten aus Kasachstan. Nationale Identitäten und kollektive Biographien über Grenzen und Generationen hinweg«.

66 Vgl. Shirer, *Berliner Tagebuch*, S. 499f.; Werner, *Das NS-Geschichtsbild*, S. 24.

67 Madajczyk, *Polityka*, Bd. 1, S. 560 – 595, sowie Bd. 2, S. 12 – 23; Marrus, *The Unwanted*, S. 221; Benz, »Der Generalplan«, S. 47; Persson, »Foreigners«, S. 53 (hier das Zitat).

68 Bade, *Europa*, S. 291f.; Puhl, »Die Multi-Kulti-Truppe«; Holzer, *Europejska tragedia*, S. 91.

69 Piper, »Weryfikacja«, S. 16; Mańkowski, »Problem«, S. 26; Bade, *Europa*, S. 228f.; Wheatcroft, »Ausmaß«, S. 80, 104; Oltmer, »Krieg, Migration und Zwangsarbeit«, S. 151; Traub, »Versklavt und vernichtet«; Holzer, *Europejska tragedia*, S. 84 – 103.

70 Hirszfeld, *Historia*, S. 262, 514.

71 Orzołek, »Miejsce urodzenia«, S. 85f. Vgl. ausführlicher Kulischer, *Europe on the Move*, S. 262ff.; Herbert, *Fremdarbeiter*, v.a. S. 67 – 345; Overy, *The Penguin Historical Atlas*, S. 88f.; Bade, *Europa*, S. 287 – 291; Persson, »Foreigners«, S. 53ff.; Oltmer, »Krieg, Migration und Zwangsarbeit«, S. 150ff.; Mühle, »Resettled«, S. 573; Chumiński, »Die Rolle«, S. 162f.

72 Szarota, »Polen unter deutscher Besatzung«, S. 43 (zitiert nach Manoschek, »Zwischen ›Germanisierung‹ und ›Sowjetisierung‹«, S. 171, hier das erste Zitat); Shirer, *Berliner Tagebuch*, S. 483 (hier das zweite Zitat); Frankiewicz, *Praca*, S. 143, 146f.; Zientarski, *Represje*, S. 180 – 190.

73 Józef Kuropieska, *Obozowe refleksje. Oflag II C*, Kraków 1985, S. 205f. Auf diesen Text hat mich eine ehemalige Magisterstudentin aufmerksam gemacht, siehe Marciszewska, *Od Augustwalde do Wielgowa*. Vgl. auch Frankiewicz, *Praca*, S. 129, 145, 147f.

74 Vgl. die Sammlung Zwangsarbeit 1939 – 1945: Erinnerung und Geschichte, unter: http://www.zwangsarbeit-archiv.de/index.html.

75 Frevert, »Geschichtsvergessenheit«, S. 9.

76 Szych, »W niewoli«, S. 141f. (hier das Zitat); Ławrynowicz, »Dom«, S. 23 (hier das Zitat von Irena Skibińska); Fischer, *Zwischen zwei Seen*, S. 53; Kuzniecow, *Babi Jar*, S. 165, 168 (zu den Sklavenmärkten). Vgl. Madajczyk, *Polityka*, Bd. 1, S. 493 – 505; Frankiewicz, *Praca*, S. 124 – 149; Zientarski, *Represje*, S. 101 – 213; Herbert, *Fremdarbeiter*, S. 161 – 345; Mazower, *Dark Continent*, S. 177; Burleigh, *The Third Reich*, S. 779; Holzer, *Europejska tragedia*, S. 83f.

77 Némirovsky, *Suite française* (Teil II: Dolce), S. 432, 438, 442.

78 Mazower, *Dark Continent*, S. 167ff.; Mommsen, »Vom ›Volkstumskampf‹«, S. 204ff.; Roseman, *The Villa*, S. 27; Böhler, *Auftakt zum Vernichtungskrieg*; Mallmann/Böhler/Matthäus, *Einsatzgruppen in Polen*.

79 Szarota, *Okupowanej Warszawy dzień powszedni*, S. 491.

80 Lem, *Provokation*, S. 59.

81 Hilberg, *Täter*; Łuczak, »Szanse«; Piper, »Weryfikacja«; Marszałek, »Stan badań«; Browning, *Der Weg zur »Endlösung«*; Aly, »Endlösung«; Mazower, *Dark Continent*, S. 172; Gross, *Nachbarn*; Holzer, *Europäische Tragödie*, S. 104 bis 157; Bönisch, »Ort des Unfassbaren«; Alberti, *Die Verfolgung*; Młynarczyk, *Judenmord*; Piskorski, »From Munich«; Polonsky, *The Jews*, Bd. 3, S. 359 – 562. Zu den Juden unter sowjetischer Besatzung siehe Levin, *The Lesser of Two Evils*; und ders., »Wileńscy Żydzi«, v.a. S. 16 – 35.

82 Hirszfeld, *Historia*, S. 280, 338 – 343; Gilbert, *The Dent Atlas*, S. 50 – 55; Manoschek, »Zwischen ›Germanisierung‹ und ›Sowjetisierung‹«, S. 171 – 175.

83 Némirovsky, *Suite française*, S. 318; Wyka, »Pamiętnik«, S. 232. Vgl. auch Szarota, *Okupowanej Warszawy dzień powszedni*, S. 465ff.

84 Friedländer, *Wenn die Erinnerung kommt*, v.a. S. 81 – 95. Vgl. Brechtken, »Madagaskar für die Juden«; Hilberg, *Täter*, S. 195 – 216; Bade, *Europa*, S. 294; Holzer, *Europejska tragedia*, S. 137 – 152; Gerlach, »Umsiedlungen«, S. 559f.

85 Némirovsky, *Suite française*, S. 457; Hirszfeld, *Historia*, S. 419; Grynberg, *Der jüdische Krieg*, S. 45f.

86 Hilberg, *Täter*, S. 202 – 208; Mazower, *Dark Continent*, S. 170 – 184; Młynarczyk, *Judenmord*, S. 274 – 333; Holzer, *Europejska tragedia*, S. 105, 134f. Zur allgemeineuropäischen Angst der Juden vor Erkennung durch ihre Nachbarn und zum Verhältnis zwischen jüdischen »Partisanen« und polnischer Umgebung siehe aus der Perspektive von Betroffenen und zugleich Zeugen: Grynberg, *Zwycięstwo*, u.a. S. 18, 24f., 34, 62, und Glazar, *Die Falle*, S. 106f. und 158.

87 Odojewski, *Katharina oder Alles verwehen*, S. 375ff.; Tec, *Defiance*; auch Libionka/Adamczyk-Garbowska, »Zdążyć przed premierą«, S. 28f. Vgl. auch Iwaszkiewicz, *Sława i chwała*, Bd. 3, S. 225 – 261.

88 Büscher, *Berlin*, S. 118 – 125.

89 Iwaszkiewicz, »Martwa pasieka«, S. 182.

90 Młynarczyk, *Judenmord*, S. 314f. Vgl. auch Kochanowski, »Verräter«, S. 338.

91 Botz, *Wohnungspolitik*, v.a. S. 117 – 124; Embacher, »Plötzlich war man vogelfrei«, S. 223; Burleigh, *The Third Reich*, S. 580; Bajohr/Pohl, *Massenmord*, v.a. S. 30 – 34. Vgl. Hilberg, *Täter*, S. 196; Mazower, *Dark Continent*, S. 176; Aly, *Hitlers Volksstaat*, S. 93 – 308; ders., *Die Wohlfühl-Diktatur*, S. 176 – 186; ders., *Im Tunnel*, S. 39, 60ff., 80, 84f., 90, 123; Böhler, *Auftakt*, S. 181 – 187. Siehe auch Canetti, *Masse und Macht*, S. 156 – 159.

92 Glazar, *Die Falle*, S. 91 – 110 und passim; Grynberg, *Zwycięstwo*, S. 50f. Vgl. Gilbert, *The Dent Atlas of Holocaust*, S. 52 (hier auch das Zitat von Kapłan); Embacher, »Plötzlich war man vogelfrei«, S. 233; Tych, *Długi cień Zagłady*, S. 25, 34ff., 48f.; Młynarczyk, *Judenmord*, S. 306ff.; Libionka, »Biedni AKowcy«, v.a. S. 123 (hier auch das Zitat von Kossak); Mazower, *Salonica*, S. 396f., 412 – 417.

93 »Der Generalplan Ost«, S. 297 – 324, Zitate auf S. 309, 313, 318, 319, 321, 323.

94 Ebd., S. 325. Vgl. Benz, »Der Generalplan«, und Gerlach, »Umsiedlungen«, S. 553f.

95 Madajczyk (Hg.), *Zamojszczyzna*, Bd. 1, S. 5 – 9; ders., *Polityka*, Bd. 1, S. 325 bis 329; Broszat, *Nationalsozialistische Polenpolitik*, S. 165 – 168; Benz, »Der Generalplan«, S. 48; Heinemann, »Towards an ›Ethnic Reconstruction‹«; Persson, »Foreigners«, S. 53; Madajczyk, »Der Generalplan Ost«; Aly, *Im Tunnel*, S. 68 – 92; Harvey, *Women*, S. 261 – 282.

96 Szarota, *Okupowanej Warszawy dzień powszedni*, S. 492 und 501 (hier das Zi-

tat); Gelfand, *Deutschland-Tagebuch*, S. 16 – 22. Vgl. auch Madajczyk, *Polityka*, Bd. 1, S. 502; Hilberg, *Täter*, S. 204f.

97 Budzyński (Hg.), *Pamiętniki*, S. 168 (hier das erste Zitat); Schuller, »Als Winicjusz Nataniowski um sein Leben lief«, S. 3; ders., *Der letzte Tag von Borów*, S. 68; Myśliwski, *Traktat*, S. 270 – 277.

98 Cohen, *Talmud*, S. 215.

99 Wyka, »Pamiętnik«, S. 272.

100 Mühle, »Resettled«, S. 571.

101 Schechtman, *Postwar Population Transfers*, S. 25f. Vgl. Schlögel, »Verschiebebahnhof Europa«, S. 1 – 5.

102 Heinemann, »Deutsches Blut«, S. 177ff., hier auch das Zitat.

103 Madajczyk, *Polityka*, Bd. 1, S. 505f.; Wolf, »Die deutschen Minderheiten«, S. 71f.; Schulze, »Der Führer ruft!«, S. 196 – 203; Kochanowski, »Verräter«.

104 Budzyński (Hg.), *Pamiętniki*, S. 126.

105 Zeman, *Persued by a Bear*, S. 204f.; Brandes, *Der Weg*, S. 432; Kochanowski, »Verräter«, S. 334 – 337. Vgl. Iwaszkiewicz, »Die Mühle an der Lutynia«.

106 Orłowski,/Schneider (Hg.), »Erschießen will ich nicht«, S. 244f. Vgl. Kulischer, *Europe on the Move*, S. 261; Stoessinger, *The Refugee*, S. 46; Zeman, *Persued by a Bear*, S. 198 und 202; Bade, *Europa*, S. 292f.; Oltmer, »Krieg, Migration und Zwangsarbeit«, S. 141; Holzer, *Europejska tragedia*, S. 56 – 259; Kossert, *Kalte Heimat*, S. 36f.

107 Madajczyk (Hg.), *Zamojszczyzna*, Bd. 1 (Einleitung), S. 8.

108 Snyder, »The Causes«, S. 199, 204f., 232ff.

109 Torzecki, *Polacy i Ukraińcy*, S. 38 – 68 und 233 – 292, v.a. S. 42, 49, 54, 60f., 258 – 261 und 266 – 269; Snyder, *The Reconstruction*, S. 154 – 178; Ciesielski/Hryciuk/Srebrakowski, *Masowe deportacje*, S. 270f.; Borodziej/Ciesielski/Kochanowski, »Wstęp«, S. 12; Holzer, *Europejska tragedia*, S. 265f.

110 R. Kranc: http://kapucyni.ofm.pl/archiwum/remig3.htm (abgerufen am 25. Februar 2009). Vgl. Warachim, *Kapucyni*, S. 79 – 92, v.a. S. 86.

111 Holzer, *Europejska tragedia*, S. 268f.; Gerlach, »Umsiedlungen«, sowie zu Bergen-Belsen Königsberger/Wetzel, »DP Camp«, S. 42f. Zu der dramatischen Lage in Belarus viel in den Gesprächen mit Soldatinnen bei Alexijewitsch, *Der Krieg*. Vgl. jetzt auch Snyder, *Bloodlands. Europa zwischen Hitler und Stalin*.

112 Madajczyk, *Polityka*, Bd. 1, S. 333ff.; Holzer, *Europejska tragedia*, S. 263 (hier das Zitat).

113 Gelfand, *Deutschland-Tagebuch*, S. 27, 36f., 39, 50, 52, 59 und passim; Tellenbach, *Aus erinnerter Zeitgeschichte*, S. 104; Orłowski, *Warmia*, S. 37f.; Krockow, *Die Stunde*, S. 61, 91, 95 (hier das Zitat), 116, 122; Böll, *Der Engel schwieg*, S. 164 (hier das Zitat); Helbig/Hoffmann/Kraemer (Hg.), *Verlorene Heimaten*, v.a. S. 23 – 74; Habbe, »Schrecklicher Exodus«, S. 341. Vgl. Iwaszkiewicz, »Die Mühle an der Lutynia«, v.a. S. 72 und 103; Grynberg, *Janek*, S. 14f.; Grynberg, *Janek*, S. 14f.

114 Wyka, *Życie na niby*; Różewicz, »Gerettet«, in: ders., *Gedichte*, S. 19f.

115 Stoessinger, *The Refugee*, S. 47.

116 Solschenizyn, *Archipel Gulag*, S. 229 – 267, hier S. 229. Vgl. Ciesielski, *GUŁag*, S. 30 – 45; Zubkova, *Russia*, S. 164f.; Gatrell/Baron (Hg.), *Warlands*, hier v.a. die Beiträge von Nick Baron, Siobhan Peeling und Joanne Laycock im zweiten Teil des Buchs: *Return: Soviet Postwar Resettlement Practices and Population Management*, S. 89 – 161.

117 Iwaszkiewicz, *Sława i chwała*, Bd. 3, S. 367f.; Zubkova, »Obščestvo«, S. 91.

118 Tellenbach, *Aus erinnerter Zeitgeschichte*, S. 64, 100, 103f. (hier das Zitat), und Kulischer, »Displaced Persons«, S. 168.

119 Le Clézio, *Lied vom Hunger*, S. 185.

120 Zee, *The Hunger Winter*, S. 11, 304 – 311.

121 Schechtman, *The Refugee*, S. 47 – 53; Nevakivi in: Jussila/Hentilä/Nevakivi, *Politische Geschichte*, S. 259 – 263.

122 Kross, »Rurociąg«; Eksteins, *Walking*, S. 189 – 220, v.a. S. 193 (hieraus das Zitat); Baron, »Remaking Soviet Society« (das Zitat auf S. 100); Kulischer, »Displaced Persons«, S. 168; Vernant, *The Refugee*, S. 67ff.; Polian, *Against Their Will*, S. 166f.; ders., »Westarbeiter«, S. 339; Anušauskas, »Zwangsmigrationen«, S. 153 – 157; Woźniczka, »Die Deportationen«, S. 545; Mühle, »Resettled«, S. 565 – 589.

123 Ciesielski/Hryciuk/Srebrakowski, *Masowe deportacje*, S. 270 – 306.

124 Skarga, *Po wyzwoleniu*; Polian, »Westarbeiter«, S. 355ff., 365; Woźniczka, »Die Deportationen«, S. 543 – 552.

125 Budzyński (Hg.), *Pamiętniki*, S. 163 – 182 (das Zitat auf S. 167).

126 R. Kranc, http://www.kapucyni.ofm.pl/archiwum/remig9.htm (abgerufen am 25. Februar 2009). Vgl. Warachim, *Kapucyni*, S. 87 – 92.

127 *Widziałem Anioła Śmierci*, S. 255 (Protokoll Nr. 121).

128 Vgl. Kaufmann, »Possible and Impossible Solutions«, S. 136 – 139, aber auch Snyder, *The Reconstruction*, S. 200.

129 Kordan, »Making Borders Stick«; Snyder, *The Reconstruction*, S. 179 – 201; Holzer, *Europejska tragedia*, S. 285ff.

130 Troebst/Tutaj, »Zerstrittene Gäste«.

131 Vgl. Bakuła, »Z kresów na kresy«, S. 77f.

132 Applebaum, *Between East and West*, S. XXII, 221 – 224.

133 Bakuła, »Z kresów na kresy«, S. 77f.

134 *Dokumentation der Vertreibung*, Bd. 5, Nr. 83 (S. 626). Vgl. auch Bömelburg/Stößinger/Traba (Hg.): *Vertreibung*, S. 480ff.

135 Ther, »A Century«, S. 54; Borodziej/Ciesielski/Kochanowski, »Wstęp«, S. 5 bis 50; Holzer, *Europejska tragedia*, S. 282ff.

136 Ciesielski, *Polacy w Kazachstanie*, S. 55 – 58; ders., *Nastroje*, S. 287 – 307.

137 Domino, *Syberiada polska*, S. 493 – 512 (das Zitat auf S. 511).

138 Borodziej/Ciesielski/Kochanowski, »Wstęp«, S. 28; Ther, »The Integration«, S. 789.

139 Ciesielski (Hg.), Umsiedlung, S. 276; Halicka, »Mój dom nad Odrą«, S. 231f.

140 Bömelburg/Stößinger/Traba (Hg.), Vertreibung, S. 356.

141 Brandes, Der Weg, S. 239 – 270, 434 – 460; ders., »Die Vertreibung«, S. 886 bis 890, Persson, Rhetorik und Realpolitik, S. 71 – 82.

142 Beer, »Flüchtlinge«, S. 156f.; Stickler, »Vertriebenenintegration«, S. 417.

143 Storz, »Perfide Rechnung« (das Zitat auf S. 316); Davies, »II wojna«, S. 11; Franzen, Die Vertriebenen, S. 76 – 79, 101.

144 Lenz, Heimatmuseum, S. 556; Gudden, in: Stettin – Szczecin, S. 69f.; Krockow, Die Stunde, S. 76f.; Pintus, Moje prawdziwe przeżycia, S. 159; Konieczny/Łazowski, A ty zostaniesz ze mną, S. 58 und 66; Schulz, in: http://kriegsende. ard.de/pages_std_lib/0,3275,OID1151578,00.html (Teil der vielbeachteten Serie »60 Jahre Kriegsende in der ARD«. Das ganze Interview dürfte sich in der Gedenkstätte Seelower Höhen befinden). Vgl. Panzig/Panzig, »Die Russen kommen«, S. 348; Czapelski, Od Berlinchen do Barlinka.

145 Rydel, Die polnische Besatzung, S. 157, Anm. 139.

146 Orłowski,/Schneider (Hg.), »Erschießen will ich nicht«, S. 249, 259, 277, 289, 291f., 297, 320, 333 und passim; Dönhoff, Namen, S. 29; Orłowski, Warmia, S. 37. Vgl. auch Horst Bienek, »Feuer und Erde«, in: Helbig/Hoffmann/Kraemer (Hg.), Verlorene Heimaten, S. 34.

147 Franzen, Die Vertriebenen, S. 107 (hier das Zitat); Lenz, Heimatmuseum, S. 546f.

148 Krockow, Die Stunde, S. 40, 47 und 49 (hier das Zitat).

149 Dokumentation der Vertreibung, Bd. 1, Nr. 45 (S. 186).

150 Krockow, Die Stunde, S. 59 (hier das Zitat), 214.

151 Dokumentation der Vertreibung, Bd. 1, S. 45f., 182 – 192, 207 (hier das Zitat); Bd. 2, S. 211. Vgl. Leszek Jóźwik, in: Zarys historii Wałcza, Bd. 1, S. 15f.

152 Gelfand, Deutschland-Tagebuch, S. 31, und Katrin Steffen, in: Borodziej/Lemberg (Hg.), Unsere Heimat, Bd. 3, S. 365, Anm. 2; Scherstjanoi, »Wir sind in der Hölle der Bestie«, S. 222.

153 Grynberg, Memorbuch, S. 170ff. (hier alle drei Zitate). Vgl. Zeidler, Kriegsende, S. 151 – 154; Scherstjanoi, »Wir sind in der Hölle der Bestie«, S. 222.

154 Gelfand, Deutschland-Tagebuch, S. 21f., 26, 28 – 31. Vgl. Borodziej/Lemberg (Hg.), Unsere Heimat, Bd. 1, S. 58 – 63.

155 Scherstjanoi, »Wir sind in der Hölle der Bestie«, S. 194 – 228, v.a. S. 203f., 217 – 220, 224f., 228.

156 Dönhoff, Namen, S. 11 – 33 (die Zitate der Reihenfolge nach auf S. 23, 8 und 25); Dunwill, Trzy kolory, S. 145; Orłowski/Schneider (Hg.), »Erschießen will ich nicht«, S. 295ff.; Orłowski, »Semantik der Deprivation«, S. 131; Habbe, »Schrecklicher Exodus«, S. 341; Budzyński (Hg.), Pamiętniki, S. 123 (hier das

Zitat von J. Chromik). Interview mit A. Sala in: Marciszewska, *Od Augustwalde do Wielgowa*.

157 Vgl. Overmans, »Personelle Verluste«, S. 61, und Franzen, *Die Vertriebenen*, S. 82.

158 Grass, *Im Krebsgang*, S. 126.

159 Lenz, *Heimatmuseum*, S. 569.

160 Odojewski, *Katharina oder Alles verwehen*, S. 402.

161 Fisch, »Nemmersdorf«.

162 Grass, *Im Krebsgang*, S. 102.

163 Dönhoff, *Namen*, S. 18, 53 – 56.

164 Thadden, »Die Gebiete«, S. 120. Vgl. auch Krockow, *Die Stunde*, S. 72.

165 Orłowski, *Warmia*, S. 37 – 51, 83f. (das Zitat auf S. 42). Vgl. Orzołek, »Miejsce urodzenia«, S. 87f., und Krockow, *Die Stunde*, S. 83f.

166 Vgl. Karp/Traba (Hg.), *Nachkriegsalltag*, S. 29, 37, 50, 116 – 121, 144 und passim.

167 Krockow, *Die Stunde*, S. 111. Vgl. Polian, »Westarbeiter«, v.a. S. 355 – 365; Kibelka, *Ostpreußens Schicksalsjahre*, S. 195 – 200; Franzen, *Die Vertriebenen*, S. 90 – 94; Kossert, *Kalte Heimat*, S. 37f.; Ochman, »Population displacement«. Vgl. Katarzyna Leszczyńska, in: *Gazeta Wyborcza* vom 9. Oktober 2009, S. 21.

168 Pintus, *Meine wahren Erlebnisse*, S. 234; Grynberg, *Zwycięstwo*, S. 24.

169 Gauß, *Die sterbenden Europäer*, S. 84. Vgl. Piskorski, *Vertreibung*, S. 72f.

170 Wiechert, *Missa sine nomine*, S. 45 (hier das Zitat), 47; Krockow, *Die Stunde*, S. 198; Gelfand, *Deutschland-Tagebuch*, S. 40, 44, 61, 68ff., 101, 200 (hier das Zitat), 337f., 344 und passim; Babel, *Tagebuch*, S. 103, 107f., 112, 114f. (hier das Zitat), 141f.; Fischer, *Zwischen zwei Seen*, S. 27ff., 44, 53 und passim; Gerard Sopiński und Andrzej Szutowicz, *Pełczyce – lata wojny* (http://pelczyce.org/content/view/77/27/, abgerufen am 29. Juni 2009) – zu Bernstein, und zu den älteren deutschen Gendarmen am Rhein, die bei Glazar keine Angst erwecken – Glazar, *Die Falle*, S. 160; Harvey, »Die deutsche Frau«, v.a. S. 207f.; dies., *Women*; Salzborn, »Opfer«, v.a. S. 21ff. Zu den sowjetischen Soldatinnen nach dem Zweiten Weltkrieg siehe v.a. Alexijewitsch, *Der Krieg*, sowie Baron, »Remaking Soviet Society«, S. 94, 106, und zu den deutschen Frauen zwischen Russen und Polen: Steffen, »Wysiedlenia«, S. 111f., und Thadden, »Die Gebiete«, S. 123f. Vgl. Löwenthal, »Individuum und Terror«; Arendt, »Personal Responsibility«, S. 17 – 48.

171 Pintus, *Meine wahren Erlebnisse*, S. 234.

172 Gelfand, *Deutschland-Tagebuch*, S. 21.

173 Ebd., S. 21 – 27; Kuczyński, »Wojna«, S. 17. Zur Hilfe für die Russen in Großpolen siehe Suchoples, »Von der Vertreibung«, S. 254.

174 Dönhoff, *Namen*, S. 29, 32f.

175 Dunwill, *Trzy kolory*, S. 143 – 147 (das Zitat auf S. 147). Vgl. *Dokumentation der Vertreibung*, Bd. 1, S. 195.

176 Grynberg, *Zwycięstwo*, S. 11ff.

177 Pintus, *Meine wahren Erlebnisse*, S. 156 – 164.

178 Dunwill, *Trzy kolory*, S. 164 f

179 Krockow, *Die Stunde*, S. 125, 129 – 133; Karp/Traba (Hg.), *Nachkriegsalltag*, S. 134; Orzołek, »Miejsce urodzenia«, S. 85f., 89; Szych, »W niewoli«, S. 146; Dunwill, *Trzy kolory*, S. 164; Grynberg, *Zwycięstwo*, S. 63 (hier das Zitat); Stelzer, »Am Bollwerk«; Majerski, *Meiner Mutter Land*.

180 Orłowski, *Warmia*, S. 41 – 61.

181 Borodziej/Lemberg (Hg.), *Unsere Heimat*, Bd. 3, Nr. 138, S. 345ff.; Ciesielski (Hg.), *Umsiedlung*, S. 282; Polak, *Wolin*.

182 Stankowski, *Obozy*, S. 31 – 103.

183 Grynberg, *Zwycięstwo*, S. 56f.; Overmans, »Personelle Verluste«, S. 61; Brandes, *Der Weg*, S. 411, 438f.; Franzen, *Die Vertriebenen*, S. 169 – 172; Holzer, *Europejska tragedia*, S. 281; Kochanowski, »Verräter«, S. 344; Stankowski, *Obozy*, S. 155 – 173, 261, 266; Majewski, »Niemcy sudeccy«, S. 436; Kossert, *Kalte Heimat*, S. 37; Piskorski, *Vertreibung*, S. 82.

184 Ursula Jünke, in: *Stettin – Szczecin*, S. 75; *Dokumentation der Vertreibung*, Bd. 1, S. 195; Fisch, »Nemmersdorf«, S. 291ff.; Marciszewska, *Od Augustwalde do Wielgowa*.

185 Szych, »W niewoli«, S. 139 – 146; Ławrynowicz, »Dom«, S. 23. Vgl. Scherstjanoi, »Wir sind in der Hölle der Bestie«, S. 223.

186 Shirer, *The Rise*, S. 1458 – 1476.

187 Zalāne, www.dpalbums.lv, S. 180.

188 Lakotta, »Tief vergraben«; Buske, *Das Kriegsende*, S. 57, 29, 27 (nach der Reihenfolge der Zitate). Vgl. Panzig/Panzig, »Die Russen kommen«, S. 341f., 348f.

189 Krockow, *Die Stunde*, S. 52, 65, 114 – 118.

190 Engler, »Die Russen kommen« (hier das erste Zitat, S. 23); Scherstjanoi, »Wir sind in der Hölle der Bestie«, S. 218ff., 224f.; Panzig/Panzig, »Die Russen kommen«, S. 340 – 345, 368; Satjukow, »Der erste Sommer«, S. 236 – 244 (das zweite Zitat hier auf S. 243).

191 Panzig/Panzig, »Die Russen kommen«, S. 368.

192 Dönhoff, *Namen*, S. 12 – 17 (das Zitat auf S. 12).

193 Bergen, »Controversies«, v.a. S. 164 – 170.

194 Vgl. Zubkova, *Russia*, S. 24.

195 Petö, »Stimmen des Schweigens«, S. 894; Scherstjanoi, »Wir sind in der Hölle der Bestie«, S. 225.

196 Orłowski, *Warmia*, S. 44; Pintus, *Meine wahren Erlebnisse*, S. 156; Krockow, *Die Stunde*, S. 72, 85f., 115 – 122, 152 – 158; Gelfand, *Deutschland-Tagebuch*, S. 89 (hier das Zitat) und 187; Karp/Traba (Hg.), *Nachkriegsalltag*, S. 115. Vgl. auch Naimark, *Die Russen*, S. 92f., 100f.; Buske, *Das Kriegsende*, S. 11; Engler, »Die Russen kommen«, S. 22 – 28 (hier das Zitat der Berliner Schülerin, S. 26);

Panzig/Panzig, »Die Russen kommen«, S. 366ff.; Satjukow, »Der erste Sommer«, S. 236f.

197 Dagerman, *Deutscher Herbst*, S. 63 (hier das Zitat); Karp/Traba (Hg.), *Nachkriegsalltag*, S. 38, III; Krockow, *Die Stunde*, S. 33; Panzig/Panzig, »Die Russen
kommen«, S. 340.

198 Thadden, »Die Gebiete«, S. 125.

199 Frevert, »Geschichtsvergessenheit«, S. 7; Satjukow, »Der erste Sommer«,
S. 237. Vgl. Franzen, *Die Vertriebenen*.

200 *Dokumentation der Vertreibung*, Bd. I, Nr. 46 (S. 190f.); Karp/Traba (Hg.),
Nachkriegsalltag, S. 27f.; Krockow, *Die Stunde*, S. 97.

201 Karp/Traba (Hg.), *Nachkriegsalltag*, S. 37, 50.

202 Orłowski/Schneider (Hg.), »*Erschießen will ich nicht*«, S. 245, 249, 277, 297,
320. Vgl. Torzecki, *Polacy i Ukraińcy*, S. 268.

203 Hirszfeld, *Historia*, S. 480 – 485; Iwaszkiewicz, *Dzienniki*, S. 161f.; Fischer,
Zwischen zwei Seen, S. 89 – 95; Janocha, *Pod opieką Matki Boskiej*, S. 59 – 63;
http://www.nationalsozialismus.de/dokumente/texte/heinrich-himmler-po-
sener-rede-vom-04-10-1943-volltext.html (abgerufen am 3. September 2009),
S. 12 (zu Himmlers Rede); Solschenizyn, *Archipel Gulag*, S. 153; Helbig/Hoff-
mann/Kraemer (Hg.), *Verlorene Heimaten*, S. 147 (zu Surminski); Vonnegut,
Schlachthof, S. 7f. und passim; Levin, »Wileńscy Żydzi«, S. 18 (zu Wilna);
Warszawa 1939 – 1944, S. 21 (zur polnischen Karikatur der Kriegszeit). Vgl.
Böhler, *Auftakt*, S. 181 – 185.

204 Ciesielski (Hg.), *Umsiedlung*, S. 389f., Nr. 127 (zu Stargard); Borodziej/Lem-
berg (Hg.), *Unsere Heimat*, Bd. 3, S. 72.

205 Karp/Traba (Hg.), *Nachkriegsalltag*, S. 43.

206 Jankowiak, *Wysiedlenie*, S. 172.

207 Stoessinger, *The Refugee*, S. 48 (hier auch das Zitat, Rückübersetzung ins
Deutsche).

208 Orłowski/Schneider (Hg.), »*Erschießen will ich nicht*«, S. 333. Vgl. Bade, *Europa*,
S. 296; Wheatcroft, »Ausmaß«, S. 80; Goldhagen, *Hitlers willige Vollstrecker*.

209 Karl Schlösser, »Nicht nur im Großen war alles aus, sondern auch im Kleinen«, in: *Nordkurier* vom 18. Februar 2009; Orłowski/Schneider (Hg.), »*Erschießen will ich nicht*«, S. 329 – 351; Krockow, *Die Stunde*, S. 40, 103f.

210 Glazar, *Die Falle*, S. 171f. Piskorski, »Wojna, pamięć, tożsamość«, S. 37, hier
auch die Belege zu Shirer.

211 Klemperer, *LTI*, S. 62, 315 (hier das Zitat); Wilhelmus (Hg.), *Flucht oder Tod*,
S. 201.

212 Załachowski, *Gusen*, S. 15 (hier das Zitat). Vgl. Dobosiewicz, *Mauthausen-
Gusen*, S. 202; Pollack, *Der Tote*, S. 203, 218 – 223, 230 – 234. Zu den russischen Luftangriffen auf das besetzte Kiew siehe Kuzniecow, *Babi Jar*, S. 309.

213 Szymborska, »Ende und Anfang«, in: dies., *Die Gedichte*, S. 272f.; Orłowski,
Warmia, S. 51f.; Vonnegut, *Schlachthof*, S 207.

214 Orzołek, »Miejsce urodzenia«, S. 81; Orłowski, *Warmia*, S. 53; Karp/Traba (Hg.), *Nachkriegsalltag*, S. 39, 115f.

215 Vgl. auch Scherstjanoi, »Wir sind in der Hölle der Bestie«, S. 224f.; Satjukow, »Der erste Sommer«, S. 240ff.

216 Interview mit Aleksander Sala, in: Marciszewska, *Od Augustwalde do Wielgowu*. Vgl. auch Orzołek, »Miejsce urodzenia«, S. 85f.

217 Zur Zahl der Gefallenen und Umgesiedelten vgl. Kulischer, »Displaced Persons«, S. 168f.; Proudfoot, *European Refugees*, S. 21; Schechtman, *Postwar Population Transfers*, S. 363; Stoessinger, *The Refugee*, S. 47; *Dokumentation der Vertreibung*, Bd. 1, S. 16E – 23E, 157E – 160E; Marrus, *The Unwanted*, S. 3f.; Magocsi, *Historical Atlas*, S. 189 – 193; Holzer, »Bilans demograficzny«; Łuczak, »Szanse«, v.a. S. 11f.; Marszałek, »Stan badań«; Overmans, »Personelle Verluste«, v.a. S. 61ff.; Nitschke, *Wysiedlenie*, S. 40; Zubkova, *Russia*, S. 20f.; Franzen, *Die Vertriebenen*, S. 56; Naimark, *Flammender Hass*, S. 160 und 280f., Anm. 110; Bade, *Europa*, S. 284f.; Oltmer, »Krieg, Migration und Zwangsarbeit«, S. 132 und 153; ders., »Zwangsmigrationen«, S. 75; Borodziej/Ciesielski/Kochanowski, »Wstęp«, S. 35; Bakuła, »Z kresów na kresy«, S. 71; Ther, »The Integration«, S. 779; ders., *Last der Geschichte*, S. 70ff.; Hahn/Hahn, »Alte Legenden«, v.a. S. 692 – 695; Hoerder, *Cultures*, S. 473 – 488; Chumiński, »Die Rolle«, S. 161f.; Haar, »Straty«; Majewski, »Niemcy sudeccy«, S. 428 – 456; Kossert, *Kalte Heimat*, S. 41.

218 Thadden, »Die Gebiete«, S. 119 – 123.

219 Shirer, *Berlin Diary*, S. 491f.; Gelfand, *Deutschland-Tagebuch*, S. 157; Jacobmeyer, »Problemy«, v.a. S. 71f.; Panzig/Panzig, »Die Russen kommen«, S. 360f.

220 Borodziej/Lemberg (Hg.), *Unsere Heimat*, Bd. 3, Nr. 140 (S. 348f.), Nr. 156 (S. 376 – 390).

221 Zaremba, *Dziennik*, die Zitate auf S. 83, 71 und 80.

222 Borodziej/Lemberg (Hg.), *Unsere Heimat*, Bd. 3, Nr. 181 (S. 424).

223 Rothe, *Vertrieben und angekommen*, S. 70.

224 Borodziej/Lemberg (Hg.), *Unsere Heimat*, Bd. 3, Nr. 151 (S. 366).

225 Ebd., Nr. 156 (S. 376 – 390, hier S. 380).

226 Brandes, »Die Vertreibung«, S. 896; Mazower, »Violence«, v.a. S. 1165.

227 Beer, »Flüchtlinge«, S. 153.

228 Kulischer, *Europe on the Move*, S. 266; Stoessinger, *The Refugee*, S. 48.

229 Hedwig Trautmann, in: Karp/Traba (Hg.), *Nachkriegsalltag*, S. 29; Alfons Karol Domanowski, in: ebd., S. 130; Orłowski, *Warmia*, S. 59f.; Iwaszkiewicz, *Podróże do Polski*, S. 183; Mockało, *Banie*. Vgl. Vernant, *The Refugee*, S. 30 – 33; Stoessinger, *The Refugee*, S. 49 – 55; Melander, »The Concept«, S. 8; Holz, *Evakuierte*, S. 26f.

230 Zubkova, »Obščestvo«, S. 91f.; dies., *Russia*, S. 31 – 50, v.a. S. 47.

231 Grass, *Beim Häuten der Zwiebel*, S. 234; Dagerman, *Deutscher Herbst*, S. 7f., 17

sowie 50 – 57; Farquharson, »Emotional but influential«, S. 501 – 519; Janko-wiak, *Wysiedlenie*, S. 164.

Jacobmeyer, »Problemy«, S. 78f.; Zubkova, *Russia*, S. 38f., 48f.

233 *Dokumentation der Vertreibung*, Bd. 1, Nr. 46 (S. 190f.).

234 Panzig/Panzig, »Die Russen kommen«, S. 352; Interview mit Rozalia Sala, in: Marciszewska, *Od Augustwalde do Wielgowa*.

235 Erlanger, »After Survival«. Vgl. Grynberg, *Zwycięstwo*, S. 49, 55ff., 83ff.; Hu-bert Orłowski, »Mit jedem Tag ändert sich unsere Vorstellung von der Vergan-genheit. Gespräch mit Łukasz Musiał«, in: *Dialog* 2012, Nr. 99, S. 69 – 75, hier S. 71.

236 Bienek, *Beschreibung*, S. 169.

237 Karp/Traba (Hg.), *Nachkriegsalltag*, S. 52ff.; Mockało, *Banie*.

238 Orłowski, *Warmia*, S. 46f. (hier das Zitat), 53f., 59.

239 Grass, *Beim Häuten der Zwiebel*, S. 189.

240 Krockow, *Die Stunde*, S. 62, 67, 93, 97, 116, 129, 134f., 144 (hier das erste Zitat) bis 149, 162 (hier das zweite Zitat), 175, 178, 273.

241 Böll, *Der Engel schwieg*, S. 172; Glazar, *Die Falle*, S. 176 – 182; Dagerman, *Deut-scher Herbst*, S. 44; Miłosz, *Geschichte der Polnischen Literatur*, S. 405. Zu den aufgeschlitzten Federbetten in Pommern siehe die Erinnerungen und Inter-views mit Michał Babiarz, Leon Dominikowski, Bronisław Dzikowski und Wiktoria Konopczak in den Magisterarbeiten von Katarzyna Kołata, Katar-zyna Marciszewska und Łukasz Modzelewski.

242 Hirszfeld, *Historia*, S. 530; Żarnowiecki, »Żywe ruiny«, S. 2. Vgl. auch Rydel, *Die polnische Besatzung*, S. 235f.

243 Szarota, *Okupowanej Warszawy dzień powszedni*, S. 458.

244 Glazar, *Die Falle*, S. 86 (hier das erste Zitat); Sofsky, *Traktat*, S. 102 (hier das zweite Zitat). Vgl. auch Głuchowski/Kowalski, »Gorączka złota w Treblince«.

245 Zitiert nach Libionka, »Między słowami«.

246 Hondius, *Return*, S. 33, 161.

247 Tych, *Długi cień Zagłady*, S. 28. Vgl. auch Szarota, *U progu Zagłady*, S. 10, 19, 22f., 60, 64 und passim; Młynarczyk, *Judenmord*, S. 235; Libionka, »Biedni AK-owcy«, S. 123.

248 Gross, *Angst*.

249 Vgl. Ciesielski (Hg.), *Umsiedlung*, S. 494ff., Nr. 183.

250 Grynberg, *Memorbuch*, S. 183.

251 Reale, *Raporty*, S. 239ff.

252 Pintus, *Moje prawdziwe przeżycia*, S. 156 – 160, 163; Grynberg, *Memorbuch*, S. 159. Vgl. Tych, *Długi cień*, S. 48f.; Gross, *Angst*, S. 83f.; Zaremba, *Wielka trwoga*, S. 584f.

253 Hondius, *Return*, S. 32, 43 und Anm. 35, 104 (hier die Zitate), 106 – 109, 154 bis 161; Embacher, »Plötzlich war man vogelfrei«, S. 232ff.; Mazower, *Salonica*, S. 418 – 425. Vgl. ausführlicher Bankier (Hg.), *The Jews Are Coming Back*.

254 Mazower, *Salonica*, S. 423.

255 Kordan, »Making Borders Stick«, S. 713 und 717.

256 Gross, *Angst*, S. 79. Vgl. Krasucki, »›… to są Żydzi‹«.

257 Mieczkowski, *Żydzi*, S. 43 – 51; Szuszko, *Komisariat*; Holz, *Evakuierte*, S. 44 – 49.

258 Grynberg, *Memorbuch*, S. 181f.; *Stettin – Szczecin*, S. 79, 85; Gross, *Angst*, S. 73 (hier das Zitat). Vgl. Reale, *Raporty*, S. 241f.; Vernant, *The Refugee*, S. 61 – 66; Königsberger/Wetzel, »DP Camp«, S. 49f., 54.

259 Dirks/Kogon, *Verhängnis*, S. 156 – 177, v.a. 157 (hier das Zitat) und 159; Reale, *Raporty*, S. 191.

260 Dmitrów, *Niemcy*, S. 86 – 239; Borodziej, »Wojna«, S. 15.

261 Krockow, *Die Stunde*, S. 236.

262 Jankowiak, *Wysiedlenie*, S. 99. Vgl. auch Krockow, *Die Stunde*, S. 149.

263 Gelfand, *Deutschland-Tagebuch*, S. 306.

264 Tellenbach, *Aus erinnerter Zeitgeschichte*, S. 63. Vgl. Dirks/Kogon, *Verhängnis*, S. 159; Thadden, *Trieglaff*, S. 23f.; Piskorski, *Vertreihung*, S. 67.

265 Jacobmeyer, »Problemy«, S. 75; Brandes, »Die Vertreibung«, S. 895.

266 Dirks/Kogon, *Verhängnis*, S. 160; Hahn/Hahn, »Alte Legenden«, S. 689 – 891. Vgl. auch Majewski, »Niemcy sudeccy«, S. 436 und 439.

267 Tellenbach, *Aus erinnerter Zeitgeschichte*, S. 40f. (hier das Zitat aus Heidegger); Dschuang Dsi, *Das wahre Buch*, S. 110. Vgl. Sofsky, *Traktat*, S. 209 – 226, v.a. 225.

268 Delano, *Warriors*, S. 37; Stankowski, *Obozy*, S. 317; Musiał, »Bielski«.

269 Wiechert, *Missa sine nomine*, S. 54.

270 Jacobmeyer, »Problemy«, S. 75f. Vgl. Rydel, *Die polnische Besatzung*, S. 159 bis 164, 217ff.

271 Borodziej/Lemberg (Hg.), *Unsere Heimat*, Bd. 3, Nr. 138 (S. 345f.); Ciesielski (Hg.), *Umsiedlung*, S. 280; Polak, *Wolin*.

272 Nitschke, *Wysiedlenie*, S. 93f.; Madajczyk, *Niemcy polscy*; Jankowiak, *Wysiedlenie*, S. 40f.; Steffen, »Wysiedlenia«, S. 106; Stankowski, *Obozy*, S. 254 – 290, 317; Kopka, *Obozy pracy*, S. 243 – 250. Vgl. auch Sack, *Oko za oko*, sowie Hirsch, *Die Rache*, v.a. S. 72 – 180.

273 Karp/Traba (Hg.), *Nachkriegsalltag*, S. 41; Grass, *Beim Häuten der Zwiebel*, S. 198. Vgl. Franzen, *Die Vertriebenen*, S. 171.

274 Franzen, *Die Vertriebenen*, S. 168 – 177; Majewski, »Niemcy sudeccy«, S. 436 bis 441; Steinkamp, »Aussig«. Vgl. Piskorski, *Vertreibung*, S. 23f., und Kossert, *Kalte Heimat*, S. 34.

275 Borodziej/Lemberg (Hg.), *Unsere Heimat*, Bd. 3, Nr. 138 (S. 345ff.), 159 (392f.), 179 (S. 421f.), 189 (S. 435 – 438, das Zitat auf S. 437), 192 (S. 440 – 443), 197 (S. 446), 205 (S. 462 – 465); Krockow, *Die Stunde*, S. 202 – 208. Vgl. Dmitrów, *Niemcy*, S. 29f.; Gross, *Angst*, S. 338 – 341, und Piskorski, »Autochthonow«, S. 17.

276 Karp/Traba (Hg.), *Nachkriegsalltag*, S. 154.

277 Borodziej/Lemberg (Hg.), *Unsere Heimat*, Bd. 3, Nr. 163 (S. 395ff.), 168 (S. 406ff.).

278 Gauß, *Die sterbenden Europäer*, S. 86.

279 *Dokumentation der Vertreibung*, Bd. 5, Nr. 84 (S. 629f.).

280 Notiz aus der Kirchenchronik, zitiert in einer Ausstellung des Bistumsarchivs im Osnabrücker Dom im Februar 2008. Vgl. Bienek, *Beschreibung*, S. 169, und das Zeugnis von Wilhelm Dammann, in: Buske, *Das Kriegsende*, S. 27.

281 Borodziej/Lemberg (Hg.), *Unsere Heimat*, Bd. 3, Nr. 277 (S. 574f.). Vgl. in Bezug auf Tschechien auch Majewski, »*Niemcy sudeccy*«, S. 436.

282 Staněk, *Poválečné »excesy«*, S. 274 – 279; Majewski, »*Niemcy sudeccy*«, S. 436 bis 440.

283 *Dokumentation der Vertreibung*, Bd. 1, Nr. 57 (S. 224).

284 Ther, »A Century«, S. 51.

285 Stefaniak, *Działalność*, S. 87 – 149.

286 Krockow, *Die Stunde*, S. 126; *Dokumentation der Vertreibung*, Bd. 1, Nr. 46 (S. 190ff.); Borodziej/Lemberg (Hg.), *Unsere Heimat*, Bd. 2, Nr. 239 (S. 439 bis 442), Bd, 3, Nr. 6 (S. 75f.), Nr. 142 (S. 350 – 353), Nr. 156 (S. 376 – 390), Nr. 167 (S. 405f.); Karp/Traba (Hg.), *Nachkriegsalltag*, S. 27f., 34 – 37, 145; Ursula Jünke, in: *Stettin – Szczecin 1945 – 1946*, S. 75 – 87; Konieczny/Łazowski, *A ty zostaniesz ze mną*, v.a. S. 170 – 187 und passim. Vgl. Kraft, »Who is a Pole«, S. 112; Holz, *Evakuierte*, S. 17 – 20; Bade, *Europa*, S. 298; Holzer, *Europejska tragedia*, S. 273f., 278; Kossert, *Kalte Heimat*, S. 29f.

287 Vgl. Linek, »De-Germanization«, v.a. S. 128ff., und Świder, *Die sogenannte Entgermanisierung*.

288 Baumgärtner/Döscher (Hg.), *Horizonte*, S. 169.

289 Majewski, »*Niemcy sudeccy*«, S. 438.

290 Pfeifer, »Die Rechtslage«, S. 280 – 293; Pape, *Ungleiche Brüder*, S. 11 – 118 (das Zitat auf S. 115). Vgl. Stickler, »Vertriebenenintegration«.

291 Vgl. *Dokumentation der Vertreibung*, Bd. 2, Nr. 332 (S. 767 – 770).

292 Borodziej/Lemberg (Hg.), *Unsere Heimat*, Bd. 3, Nr. 153 (S. 368f.).

293 Katrin Steffen, in: Borodziej/Lemberg (Hg.), *Unsere Heimat*, Bd. 3, S. 441, Anm. 2.

294 Jankowiak, *Wysiedlenie*, S. 96.

295 Borodziej/Lemberg (Hg.), *Unsere Heimat*, Bd. 3, Nr. 11 (S. 86). Vgl. Szczegóła, »Przedpoczdamskie wysiedlenia«, und Majewski, »*Niemcy sudeccy*«, S. 441.

296 Borodziej/Lemberg (Hg.), *Unsere Heimat*, Bd. 3, Nr. 154 (S. 369 – 375), 179 (S. 421f.).

297 Ebd., Bd. 1, Nr. 70 (S. 198f.).

298 Krockow, *Die Stunde*, S. 191 – 211. Vgl. Nitschke, *Wysiedlenie*, S. 136 – 162; Bade, *Europa*, S. 298; Oltmer, »Krieg, Migration und Zwangsarbeit«, S. 142;

Franzen, *Die Vertriebenen*, S. 168–177; Holzer, *Europejska tragedia*, S. 273ff.; Jankowiak, *Wysiedlenie*, S. 89–119.

299 Giedroyc, *Autobiografia*, S. 153; Nitschke, *Wysiedlenie*, S. 164; Ahonen, *After the Expulsion*, S. 23f.

300 Vgl. Zubkova, »Obščestvo«, S. 97, und v.a. Sofsky, *Traktat*.

301 Reale, *Raporty*, S. 60 (hier das Zitat) und 295; Ciesielski (Hg.), *Umsiedlung*, Nr. 27 (S. 154), 71 (S. 244–261).

302 Reale, *Raporty*, S. 191. Vgl. auch ebd., S. 206.

303 Kossert, *Kalte Heimat*, S. 38f.

304 Ther, »The Integration«, S. 783.

305 Ciesielski (Hg.), *Umsiedlung*, S. 425, siehe auch S. 127f. und 154f.; Borodziej/Lemberg (Hg.), *Unsere Heimat*, Bd. 3, S. 118, 129f.

306 Benz, »Der Generalplan«, S. 55.

307 Ciesielski (Hg.), *Umsiedlung*, Nr. 71 (S. 244ff.), 118 (S. 371), 121 (S. 379), 127 (S. 388f.); Borodziej/Ciesielski/Kochanowski, »Wstęp«, S. 25f., 32–35, 37–40; Steffen, »Wysiedlenia«, S. 109; Ther, »The Integration«, S. 789; Jankowiak, *Wysiedlenie*, S. 134; Halicka, »Mój dom nad Odrą«, S. 226 bis 236.

308 Ther, »The Integration«, S. 788f.; Borodziej/Ciesielski/Kochanowski, »Wstęp«, S. 32–40 (auf S. 34 das Zitat); Halicka, »Mój dom nad Odrą«, S. 231–237.

309 Borodziej/Lemberg (Hg.), *Unsere Heimat*, Bd. 3, Nr. 158 (S. 391); Karpowicz, *Od Wangerin do Węgorzyna*.

310 Kordan, »Making Borders Stick«, S. 707; Borodziej/Lemberg (Hg.), *Unsere Heimat*, Bd. 3, Nr. 220 (S. 487f.).

311 Karp/Traba (Hg.), *Nachkriegsalltag*, S. 145. Vgl. auch Anm. 179.

312 Chumiński, »Die Rolle«, S. 164–172.

313 Ebd., S. 164, 168, 171f., 178.

314 Auf der Grundlage eines Interviews am 28. Juni 2009. Siehe jetzt Piskorski, »Zagubione europejskie memento«.

315 Esch, »Gesunde Verhältnisse«, S. 378.

316 Chumiński, »Die Rolle«.

317 Kraft, »Who is a Pole«.

318 Krockow, *Die Stunde*, S. 125 und 160. Vgl. Dunwill, *Trzy kolory*, S. 164.

319 Borodziej/Lemberg (Hg.), *Unsere Heimat*, Bd. 3, Nr. 156 (S. 376f.).

320 Fischer, *Zwischen zwei Seen*, S. 79–82; Stankowski, *Obozy*, S. 163; Janusz Minkowski, in: *Zarys historii Wałcza*, Bd. 1, S. 191 und 203; Ludwik Bąk, in: ebd., Bd. 6, S. 160.

321 Ciesielski (Hg.), *Umsiedlung*, Nr. 78 (S. 287); Gelfand, *Deutschland-Tagebuch*, S. 39; Janusz Minkowski, in: *Zarys historii Wałcza*, Bd. 1, S. 196; Krockow, *Die Stunde*, S. 250f.

322 *Dokumentation der Vertreibung*, Bd. 1, Nr. 46 (S. 191).

323 Ebd., Bd. 2, Nr. 195 (S. 211ff.).

324 Wróbel, »Ratując rodaków«; Targońska, »Rada Polonii Amerykańskiej«; Lipczak, »Adres Wandy«, S. 16.

325 Vgl. *Stettin – Szczecin*, S. 250ff.

326 Institut für Nationales Gedenken, Warschau, Kartei des ehemaligen Büros »C«, karta E-14/1.

327 Rydel, *Die polnische Besatzung*, S. 70 – 146; Brinckmann, »Von Narva nach Hamburg«, S. 204.

328 Rydel, *Die polnische Besatzung*, S. 159 – 164 und 217 – 236; Szczepuła, *Rajski ogród*, S. 284ff.; Königsberger/Wetzel, »DP Camp«, S. 49.

329 Wiechert, *Missa sine nomine*, S. 60 und 85; Jacobmeyer, »Problemy«, S. 78ff.

330 Wiechert, *Missa sine nomine*, S. 177; Dagerman, *Deutscher Herbst*, S. 62; Rydel, *Die polnische Besatzung*, S. 224f.

331 Satjukow, »Der erste Sommer«, S. 239 – 242; Panzig/Panzig, »Die Russen kommen«, S. 360ff. Vgl. Zubkova, *Russia*, S. 20f., 38.

332 Gelfand, *Deutschland-Tagebuch*, S. 101; Alexijewitsch, *Der Krieg*, S. 139f.

333 Olexa Woropay, *On the Road to the West: Diary of an Ukrainian Refugee*, London 1982, S. 33. Ziriert nach Boshyk, »Repatriation«, S. 200f.

334 Solschenizyn, *Archipel Gulag*, S. 247 – 253 und passim, vgl. die polnische Ausgabe (Warszawa 1990, S. 247).

335 Żeromski, *Wiatr od morza*, S. 313 und 316. Vgl. Piskorski, »Die Deutschen«, S. 368; Elkins, *Britain's Gulag*, v.a. aber Mazower, »Violence«, S. 1164f., 1174 – 1178.

336 Kulischer, »Displaced Persons«; Proudfoot, *European Refugees*, S. 162 – 191; Vernant, *The Refugee*, S. 99ff.; Stoessinger, *The Refugee*, S. 49 – 62; Jacobmeyer, »Problemy«; Prazmowska, »Polish refugees«, v.a. S. 230f.; Boshyk, »Repatriation«; Bade/Oltmer, »Zwischen Aus- und Einwanderungsland«, S. 280f.

337 Persson, »German Refugees«, S. 165 – 176.

338 Esch, »Gesunde Verhältnisse«, S. 406ff.; Kraft, »Who is a Pole«, S. 116; Gosewinkel, »The Dominance«, S. 101.

339 Kulischer, *Europe on the Move*, S. 316 (hier das Zitat) und Vf.

340 Schechtman, *Postwar Population Transfers*, S. 367 – 395 (das Zitat auf S. 367f.). Vgl. auch Cattaruzza, »Der ›historische Ort‹«, S. 53.

341 Shirer, *Berliner Tagebuch*, S. 117, und Brandes, »Die Vertreibung«, S. 896.

342 Schechtman, *Postwar Population Transfers*, S. 373f.

343 Keller, *Uprooting*, S. 36; Kaufmann, »Possible and Impossible Solutions«, S. 150f. (hier das Zitat); ders., »When All Else Fails«, v.a. S. 122 – 125. Zur Diskussion um Nipperdey siehe v.a. Maier, *The Unmasterable Past*, S. 34 und 139, sowie Mommsen, »Between Revisionism and Neo-Historicism«, S. 112ff.

344 Ther, »Ein Jahrhundert«, S. 34; Hahn/Hahn, »Die sudetendeutsche völkische Tradition«, S. 73; dies., *Die Vertreibung*, sowie Braudel/Coarelli/Aymard, *Morze Śródziemne*, S. 93f.

345 Ther, »A Century«, v.a. S. 62f.; Thadden, *Trieglaff*, S. 244f. (hier das Zitat), 249; Piskorski, *Vertreibung*, S. 67ff. und 77–90; ders., »Das europäische Memento«. Zu den Deutschen, die nach 1989 in ihre alten Ortschaften zurückkehren, ausführlicher am Schluss dieses Buchs sowie näher bei Konieczny/Łazowski, *A ty zostaniesz ze mną*.

346 Persson, »German Refugees«; ders., »Foreigners«; Brandes, *Der Weg*; ders., »Die Vertreibung«; Ahonen, *After the Expulsion*, S. 16–24.

347 Schechtman, *Postwar Population Transfers*, S. 383f.; Dymarski, *Ziemie postulowane*, S. 62 und passim; Esch, »*Gesunde Verhältnisse*«, S. 166–175 und 365f.; Nitschke, *Wysiedlenie*, S. 36–42; Naimark, *Flammender Hass*, S. 146, 153f., 167f.

348 Borodziej/Lemberg (Hg.), *Unsere Heimat*, Bd. 3, Nr. 5 (S. 74f.), und Boshyk, »Repatriation«, S. 200f.

349 Esch, »*Gesunde Verhältnisse*«, S. 367, und Naimark, *Flammender Hass*, S. 168.

350 Nitschke, *Wysiedlenie*, S. 70f. (hier die Zitate); Brandes, *Der Weg*, S. 100.

351 Schechtman, *Postwar Population Transfers*, S. 372.

352 Reale, *Raporty*, S. 84ff.; Nitschke, *Wysiedlenie*, S. 38; Piskorski, *Vertreibung*, S. 80f.

353 Tusk, »Matka premiera«.

354 Gawryś, »Na śmierć i życie«. Vgl. Edelman, *I była miłość*, S. 187.

355 Katrin Steffen, in: Borodziej/Lemberg (Hg.), *Unsere Heimat*, Bd. 3, S. 481, Anm. 5.

356 Ebd., Nr. 60 (S. 138f.); Gosewinkel, »The Dominance«, S. 96–102 (das Zitat auf S. 101); Kochanowski, »Verräter«. Vgl. Persson, »Foreigners«, S. 12f., und vor allem Weil, *How to be French*, S. 173–193.

357 Majewski, »*Niemcy sudeccy*«, S. 454f.

358 Bienek, *Die erste Polka*, S. 139.

359 Kossert, *Kalte Heimat*, S. 33. Im Gegensatz hierzu Ther, »The Integration«, S. 800f.; Esch, »*Gesunde Verhältnisse*«, S. 299–321, v.a. S. 301; Linek, »DeGermanization«, v.a. S. 124 und 130; Naimark, *Flammender Hass*, S. 154, 170f.

360 Borodziej/Lemberg (Hg.), *Unsere Heimat*, Bd. 2, Nr. 317 (S. 566f.); Bd. 3, Nr. 39 (S. 114f.). Vgl. Jankowski, *Wysiedlenie*, S. 152.

361 Borodziej/Lemberg (Hg.), *Unsere Heimat*, Bd. 3, Nr. 156 (S. 378).

362 Ebd., Nr. 210 (S. 470–474.). Vgl. Esch, »*Gesunde Verhältnisse*«, S. 374; Piskorski, *Verteibung*, S. 80f.; Brandes, *Der Weg*, S. 246.

363 Franzen, *Die Vertriebenen*, S. 177–185.

364 Krockow, *Die Stunde*, S. 252–262.

365 Rothe, *Vertrieben und angekommen*, S. 43 (tschechisches Original), 11 (deutsche Übersetzung).

366 Pfeifer, »Die Rechtslage«, S. 280 – 283; Pape, *Ungleiche Brüder*, S. 115 – 118; Stickler, »Vertriebenenintegration«, S. 416 – 426.

367 Borodziej/Lemberg (Hg.), *Unsere Heimat*, Nr. 48 (S. 123ff.), 61 (S. 139f.), 62 (S. 140), 66 (S. 143 – 146), 222 (S. 489f.), 223 (S. 491), 256 (S. 542f.), 257 (S. 543f.); vgl. auch Bömelburg/Stößinger/Traba (Hg.), *Vertreibung*, S. 469 bis 482; Reale, *Raporty*, S. 63; Konieczny/Łazowski, *A ty zostaniesz ze mną*, S. 58f. Vgl. Thadden, »Die Gebiete«, S. 121; Nitschke, *Wysiedlenie*, S. 157 und 182; Jankowiak, *Wysiedlenie*, S. 58ff., 143, 175 – 178; Kibitlewska, *Czaplinek*.

368 Budzyński (Hg.), *Pamiętniki Polaków*, S. 41; »Prokurator«, in: *Karta* 1994, H. 12, S. 139ff., hier S. 139f.; Grynberg, *Zwycięstwo*, S. 83ff.

369 Nitschke, *Wysiedlenie*, S. 234 – 255; Naimark, *Flammender Hass*, S. 152f.; Holzer, *Europejska tragedia*, S. 279; Jankowiak, *Wysiedlenie*, S. 119 – 207; Brochhagen, *Nach Nürnberg*, S. 41 – 45, 303 und passim. Vgl. auch Karp/Traba (Hg.), *Nachkriegsalltag*, S. 145, sowie Konieczny/Łazowski, *A ty zostaniesz ze mną*, S. 94 – 109.

370 Karp/Traba (Hg.), *Nachkriegsalltag*, S. 145f. Vgl. Vernant, *The Refugee*, S. 75.

371 Iwaszkiewicz, *Sława i chwała*, Bd. 3, S. 347, 365, 372 (hier das Zitat). Vgl. Danielewicz-Zielińska, »W tym domu jest Polska«, passim, darunter S. 89.

372 Reale, *Raporty*, S. 292; Kibitlewska, *Czaplinek*. Vgl. Vernant, *The Refugee*, S. 73 – 78; Ciesielski, *Polacy w Kazachstanie*, S. 57; Ther, »The Integration«, S. 788f. Siehe auch Piskorski, »Im selben Zug« (hier das letzte Zitat).

373 Srokowski, *Repatrianci*, S. 123 (hier das zweite Zitat) und 131 (hier das erste Zitat).

374 Bakuła, »Z kresów na kresy«, S. 68. Vgl. auch Srokowski, *Repatrianci*.

375 Krockow, *Die Stunde*, S. 131 (hier das Zitat); Naimark, *Flammender Hass*, S. 160f., 168.

376 Budzyński (Hg.), *Pamiętniki*, S. 107 (hier das Zitat) und 123.

377 Borodziej/Lemberg (Hg.), *Unsere Heimat*, Bd. 3, Nr. 32 (S. 108). Vgl. Scherstjanoi, »Wir sind in der Hölle der Bestie«, S. 224.

378 Reale, *Raporty*, S. 57; Borodziej/Lemberg (Hg.), *Unsere Heimat*, Bd. 3, Nr. 8 (S. 81f.), 53 (S. 130f.), 55 (S. 133f.), 154 (S. 369 – 375), 173 (S. 416f.), 186 (S. 429).

379 Satjukow, »Der erste Sommer«, S. 241.

380 Budzyński (Hg.), *Pamiętniki*, S. 91, 106, 189, 192; Stettin – Szczecin, S. 77.

381 Thadden, »Die Gebiete«, v.a. S. 123; Majerski, *Meiner Mutter Land*.

382 *Dokumentation der Vertreibung*, Bd. 5, Nr. 83 (S. 625); Vgl. auch Bömelburg/Stößinger/Traba (Hg.), *Vertreibung*, S. 473 – 479; Konieczny/Łazowski, *A ty zostaniesz ze mną*, S. 56 – 71; Karp/Traba (Hg.), *Nachkriegsalltag*, S. 57 (hier das Zitat) und 150f.

383 Vgl. den Bericht von Ursula Jünke in *Stettin – Szczecin*, S. 74 – 87 (die Zitate auf S. 83 und 87), sowie ebenfalls Thadden, »Die Gebiete«, S. 119 – 124.

384 Marciszewska, *Od Augustwalde do Wielgowa*.

385 Gelfand, *Deutschland-Tagebuch*, S. 197.

386 Satjukow, »Der erste Sommer«, S. 241.

387 Schechtman, *Postwar Population Transfers*, S. 364 – 371; Holzer, *Europejska tragdeia*, S. 279ff.; Brandes, »Die Vertreibung«, S. 891; Cattaruzza, »Der ›Istrische Exodus‹«, S. 302 und 306; Arburg, »Magyarische Deportierte«, S. 781 bis 784; Wiedemann, »Tschechische und slowakische Ansiedler«, S. 1047 bis 1050.

388 Vernant, *The Refugee*, S. 91 – 98; Schechtmann, *The Refugee*, S. 68 – 72 und 359ff.; Stoessinger, *The Refugee*, S. 57f.; Cattaruzza, »Der ›Istrische Exodus‹«, hier auch das Zitat auf S. 305; Wörsdörfer, »Italienische Flüchtlinge«.

389 Vernant, *The Refugee*, S. 54ff. und 98f.; Stoessinger, *The Refugee*, S. 54; Hoerder, *Cultures*, S. 485f.

390 Budzyński (Hg.), *Pamiętniki*, S. 20 und 28. Vgl. Orłowski, *Warmia*, S. 43f.; Karp/Traba (Hg.), *Nachkriegsalltag*, S. 49, 117.

391 Keller, *Uprooting*, S. 47ff.

392 *Dokumentation der Vertreibung*, Bd. 1, Nr. 46 (S. 189 – 192). Vgl. Duby, *Krieger*, S. 206; Thadden, »Die Gebiete«, S. 124f.; Piskorski, *Kolonizacja*, S. 214; Borodziej/Ciesielski/Kochanowski, »Wstęp«, S. 38; Zubkova, *Russia*, S. 6ff.; Guéry, »Erinnerungspolitik«, S. 124 – 127, und vor allem Pomian, *Historia*, S. 145 und passim.

393 Dönhoff, *Namen*, S. 19; Budzyński (Hg.), *Pamiętniki*, S. 187f.; Bömelburg/Stößinger/Traba (Hg.), *Vertreibung*, S. 479.

394 Holz, *Evakuierte*, S. 37f.

395 *Dokumentation der Vertreibung*, Bd. 1, Nr. 57 (S. 224). Vgl. Lenz, *Heimatmuseum*, S. 539 – 581.

396 Vgl. Piskorski, »Wir haben die Tür abgeschlossen«, S. 22f.

397 Proudfoot, *European Refugees*, S. 391 – 398; Stickler, »*Ostdeutsch heißt Gesamtdeutsch*«, v.a. S. 191 – 346.

398 Vgl. z.B. Büscher, *Berlin*, S. 91 – 96; Bömelburg/Stößinger/Traba (Hg.), *Vertreibung*, S. 469 – 472; Karp/Traba (Hg.), *Nachkriegsalltag*, S. 36.

399 Vgl. Ther, »The Integration«; Rothe, *Vertrieben und angekommen*, S. 24f.; auch Kossert, *Kalte Heimat*, und im breiteren Kontext Schechtman, *Postwar Population Transfers*, S. 82 – 85; ders., *The Refugee*, S. 48 – 53, 356f.; Keller, *Uprooting*, S. 68ff.; Pakrasi, *The Uprooted*, S. 125.

400 Ciesielski (Hg.), *Umsiedlung*, Nr. 78 (S. 276), 86 (S. 297f.), 125 (S. 386f.), 205 (S. 541ff.), und Borodziej/Ciesielski/Kochanowski, »Wstęp«, S. 41f., 47.

401 Wie oben, Anm. 388.

402 Karp/Traba (Hg.), *Nachkriegsalltag*, S. 43f., 123 (hier das Zitat); Höntsch, Ursula: *Wir sind keine Kinder mehr*, Halle/Leipzig 1990, zitiert nach Helbig/Hoffmann/Kraemer (Hg.), *Verlorene Heimaten*, S. 166. Siehe auch Anna Seghers, *Die Umsiedlerin*, ebd., S. 156 – 161, und zu den polnischen Nissenhütten in Großbritannien Danielewicz-Zielińska, »W tym domu jest Polska«, S. 92

403 Krockow, *Die Stunde*, S. 221 und 261f.

404 Karp/Traba (Hg.), *Nachkriegsalltag*, S. 46. Vgl. Voutira/Harrel-Bond, »In Search of the Locus of Trust«, S. 215ff., aber auch Keller, *Uprooting*, S. 74f., und Procházková, *Ani życie, ani wojna*, S. 138f., 163f., 214.

405 Eksteins, *Walking*, S. 184.

406 Janocha, *Pod opieką Matki Bożej*, S. 224; Krockow, *Die Stunde*, S. 261.

407 Krockow, *Die Stunde*, S. 66; Budzyński (Hg.), *Pamiętniki*, S. 171.

408 Keller, *Uprooting*, S. 59 – 70, 87 – 97; Hitchcox, *Refugees*, S. 20f.

409 Vgl. auch Bömelburg/Stößinger/Traba (Hg.), *Vertreibung*, S. 469 – 472; Thadden, »Die Gebiete«, S. 124f.; ders., *Trieglaff*, S. 219 – 256, die Zitate, der Reihe nach, auf S. 236, 238.

410 *Dokumentation der Vertreibung*, Bd. 5, Nr. 82 (S. 622); Budzyński (Hg.), *Pamiętniki*, S. 191; Konieczny/Łazowski, *A ty zostaniesz ze mną*; Nitschke, *Wysiedlenie*, S. 249.

411 Lammers, *Refugees*, S. 36ff., 59f.

412 Krockow, *Die Stunde*, S. 9, 116, 134f., 265 – 274. Vgl. Karp/Traba (Hg.), *Nachkriegsalltag*, S. 56, aber auch Jolluck, *Exile*, S. 157.

413 Voutira/Harrell-Bond, »In Search of the Locus of Trust«, S. 216; Callamard, »Refugee Women«, S. 205. Vgl. auch Orłowski, *Warmia*, S. 44f.

414 Domino, *Syberiada*, S. 327 (hier das Zitat). Vgl. Jolluck, *Exile*, S. 142 – 182, v.a. S. 166f., 173ff.; Scherstjanoi, »Wir sind in der Hölle der Bestie«, S. 224; Satjukow, »Der erste Sommer«, S. 240f.

415 Gauß, *Die sterbenden Europäer*, S. 66.

416 Iwaszkiewicz, »Der Friedhof in Toporów«, S. 56. Vgl. auch Liskowacki, *Dzień siódmy*, S. 45 und 78.

417 Wiechert, *Missa sine nomine*, S. 217.

418 Zubkova, *Russia*, S. 32f.

419 Reale, *Raporty*, S. 221 – 225; Dirks/Kogon, *Verhängnis*, S. 171.

420 Gross, »Nie przeminęło z wiatrem«, S. 3f.

421 Karp/Traba (Hg.), *Nachkriegsalltag*, S. 135 (hier das Zitat) und 142f.

422 »Hamlecik«, Interview von Teresa Torańska mit Peter-Piotr Lachmann, in: *Gazeta Wyborcza* vom 30. April 2004.

423 Persson, »German Refugees«, S. 165; ders., »Foreigners«, S. 22; Steffen, »Wysiedlenia«, S. 100; Salzborn, »Opfer«, S. 28f. Vgl. auch Stickler, »*Ostdeutsch heißt gesamtdeutsch*«, v.a. S. 347 – 428.

424 Dirks/Kogon, *Verhängnis*, S. 156 – 177 (das Zitat auf S. 160).

425 Wiechert, *Missa sine nomine*, S. 70.

426 Borodziej/Lemberg (Hg.), *Unsere Heimat*, Bd. 3, Nr. 205 (S. 462 – 465); Interview in Hohengrape und Bernstein, Juni 2009.

427 Stickler, »Vertriebenenintegration«, S. 426f.

428 Karp/Traba (Hg.), *Nachkriegsalltag*, S. 147f.; Naimark, *Flammender Hass*, S. 171.

429 Vernant, *The Refugee*, S. 16f.

430 Fischer, *Zwischen zwei Seen*, S. 96–127.

431 Vernant, *The Refugee*, S. 158ff.; Proudfoot, *European Refugees*, S, 393–398; Ther, »The Integration«; Holz, *Evakuierte*, S. 10, 33, 37, 41; Frevert, »Geschichtsvergessenheit«, S. 10, und sehr viel kritischer und skeptischer Kossert, *Kalte Heimat*.

432 Kulischer, »Displaced Persons«, S. 171–177 (das Zitat auf S. 177); Vernant, *The Refugee*, S. 18, 33–38, 144f., 164f., 168–175; Stoessinger, *The Refugee*, S. 77–82; Bade/Oltmer, »Zwischen Aus- und Einwanderungsland«, S. 280f.; Königsberger/Wetzel, »DP Camp«, S. 48–55; Laycock, »The Repatriation of Armenians«.

433 Stoessinger, *The Refugee*, S. 77f.

434 Vernant, *The Refugee*, S. IX und 39f.; Melander, »The Concept«.

435 Marrus, *The Unwanted*, S. 358–364; Stola, *Kampania*, S. 207–233; Šimko, »Tschechoslowakische Flüchtlinge seit 1968«; Ten Doesschate, »Ungarische Flüchtlinge in Europa seit 1956«.

436 Wigerfelt, »Hungarian Refugees«, S. 127–154 (das Zitat auf S. 127).

437 Kushner/Knox, *Refugees*, S. 241–261, v.a. S. 248–252.

438 Kristof, *Gestern*, S. 49, 61, 95, 123 (hier das Zitat). Vgl. auch Grynberg, *Uchodźcy*.

439 Solschenizyn, *Krebsstation*, Bd. 2, S. 36.

440 Zubkova, *Russia*, S. 164–170 (das Achmatowa-Zitat auf S. 167); Ciesielski/Hryciuk/Srebrakowski, *Masowe deportacje*, S. 306–310; Polian, »Westarbeiter«, S. 366f.; ders., *Against Their Will*, S. 194–223; Bookman, *After Involuntary Migration*, S. 30.

441 Wildstein, »Krymska księga«, S. D4. Vgl. Zubkova, *Russia*, S. 170.

442 Stanisław Ciesielski im Nachwort zu: Janocha, *Pod opieką Matki Bożej*, S. 250f.; Borodziej/Ciesielski/Kochanowski, »Wstęp«, S. 49f.; Holzer, *Europejska tragedia*, S. 285.

443 Janocha, *Pod opieką Matki Bożej*, S. 215–224 (die Zitate auf S. 30 und 222) sowie im Nachwort von Stanisław Ciesielski, S. 257. Zur vielschichtigen Bedeutung des genannten Liedes siehe Weintraub, »Es war einmal ein Städtchen«, hier auch die Übersetzung des Gebets von Urszula Usakowska-Wolff und Manfred Wolff (S. 117).

444 Proudfoot, *European Refugees*, S. 21.

445 Simonow, *Nikt nie rodzi się żołnierzem*, Bd. 3, S. 170f.

446 Siehe die Darstellung der Debatte bei Maier, *The Unmasterable Past*, sowie Bergen, »Die Russen kommen«, S. 149–153. Vgl. Solschenizyn, *Archipel Gulag*, S. 64 und 146.

447 Grossman, *Leben und Schicksal*, S. 481–492, die Zitate auf S. 490 und 492.

448 Borejsza, *Szkoły nienawiści*, S. 25. Vgl. auch Masower, »Violence«, v.a. S. 1168ff. und 1173–1178.

449 Borejsza, *Szkoły nienawiści*, S. 30; Wheatcroft, »Ausmaß«, S. 108f.; Rosen-

berg, *Kraje w których straszy*, S. 70. Vgl. auch Singer, *Meschugge*, S. 11, sowie Długoborski, »Das Problem des Vergleiches«, S. 19.

450 Tyrmand, *Cywilizacja komunizmu*, S. 132.
451 Grynberg, *Zwycięstwo*, S. 90f. und 100.

Kapitel 5

1 Rudan, »Zła Chorwatka«, S. 14 – 20 (das Zitat auf S. 17).
2 Bergen, »Die Russen kommen«, S. 164 – 170.
3 Burg, »Afterword«, S. 432.
4 Münzel/Pehar (Hg.), *Auf 12 Uhr wird euch der Krieg erklärt*, S. 100, 105ff.
5 Myśliwski, *Traktat*, S. 270 – 277.
6 Ager, »Perspectives«, S. 4.
7 Kaufmann, »Possible and Impossible Solutions«, S. 144 (hier das Zitat) und 146. Vgl. Keller, *Uprooting*, S. 91f.
8 Münzel/Pehar (Hg.), *Auf 12 Uhr wird euch der Krieg erklärt*, S. 23 – 39, besonders S. 26 und 38; Vgl. auch S. 40 – 49.
9 Glenny, *The Balkans*, S. 642.
10 Snyder, »The Causes«, S. 233.
11 Mazower, »Violence«, S. 1163 und 1173.
12 Steindorff, »Vorgeschichte«, v.a. S. 35f.; Kushner/Knox, *Refugees*, S. 356 – 359; Fromkin, *Kosovo Crossing*, S. 155f.; Naimark, *Flammender Hass*, S. 175, 191ff.
13 Gage, *Eleni*, S. 486f.; Wojecki, *Uchodźcy*; Lagaris, »Griechische Flüchtlinge«; Troebst/Tutaj, »Zerstrittene Gäste«. Vgl. auch Piskorski, *Vertreibung*, S. 9.
14 Schechtman, *Refugee*, S. 56 – 67; ders., *Postwar Population Transfers*, S. viii; Van Hear, *New Diasporas*, S. 111 – 118.
15 Cohen/Deng, *Masses in Flight*, S. 50, 56.
16 Vgl. z.B. Alexandris, *Kos*, S. 14ff.
17 Naimark, *Flammender Hass*, S. 176. Vgl. auch Bade, *Europa*, S. 430.
18 Gauß, *Die sterbenden Europäer*, S, 15. Vgl. auch Korić, »… und Sarajevo muß für alles zahlen«, sowie Snyder, »The Causes«, S. 233f.
19 Vgl. »Cudzoziemka«, Interview von Irena Grudzińska-Gross mit Dobravka Ugrešić, in: *Wysokie Obcasy*, Beilage zur *Gazeta Wyborcza* vom 28. Dezember 2000 (http://kobieta.gazeta.pl/wysokie-obcasy/2029020,53662,82885.html), S. 3 des Ausdrucks.
20 Mazower, *The Balkans*, S. 154f.
21 Bade, *Europa*, S. 431f., 437f.; Goeke, »Flüchtlinge«, S. 579, 583; Gauß, *Die sterbenden Europäer*, S. 7 – 50. Vgl. Kushner/Knox, *Refugees*, S. 357.
22 Honig/Both, *Srebrenica*; Cockburn/Zarkov (Hg.), *The Postwar Moment*.
23 *Gazeta Wyborcza* vom 19. Januar 2007, S. 14. Vgl. Tadeusz Sobolewski, »Dziewczynka z pistoletem«, ebd.
24 Kate Holt und Sarah Huges, »Bosnia's Rape Babies: Abandoned by Their Families, Forgotten by the State«, in: *The Independent* vom 13. Dezember 2005

(http://www.independent.co.uk/news/world/europe/bosnias-rape-babies-abandoned-by-their-families-forgotten-by-the-state-519257.html), sowie Szymborska, »Ende und Anfang«, in: dies., *Die Gedichte*, S. 272f.

25 Bade, *Europa*, S. 429 – 439; Kushner/Knox, *Refugees*, S. 355 – 360; Goeke, »Flüchtlinge«; Leutloff-Grandits, »Serben«.

26 Brandes, »Das Jahrhundert«, S. 12.

27 Münzel/Pehar (Hg.), *Auf 12 Uhr wird euch der Krieg erklärt*, S. 11f., 33, 35, 37, 42. Vgl. Piskorski, »Zamknęliśmy drzwi na klucz«, S. 9f.

28 Glenny, *The Balkans*, S. 634. Vgl. Shirer, *Berliner Tagebuch*, S. 52, 162.

29 Bremer, »Kurze Analyse«, S. 45 – 48.

30 Brandes, »Das Jahrhundert«, S. 14f.

31 Bade, *Europa*, S. 434 – 438; Goeke, »Flüchtlinge«, S. 582 – 585.

32 Fromkin, *Kosovo Crossing*, S. 150.

33 Bremer, »Kurze Analyse«, v.a. S. 46; Mazower, *Dark Continent*, S. 398f.; ders., *The Balkans*, S. 154f.; Todorova, *Die Erfindung des Balkans*, S. 263f.; Glenny, *The Balkans*, S. 637, 657ff., 662; Fromkin, *Kosovo Crossing*, S. 161 (hier das Zitat). Vgl. Ian Traynor, »Hope and Fear as Europe's Poorest Region Awaits Birth of a New Country«, in: *The Guardian* vom 20. Februar 2007, S. 23.

34 Vgl. Ager, »Perspectives«, S. 14.

35 Deamer, »The Recognition«, v.a. S. 363f.

36 Miller/Ivanovic, »Macedonia«.

37 Ahearn/Loggy/Ager, »The Experience of Refugee-Children«, S. 222 – 226.

38 Cohen/Deng, *Masses in Flight*, S. 223 – 228.

39 Münzel/Pehar (Hg.), *Auf 12 Uhr wird euch der Krieg erklärt*, S. 18.

40 Mazower, *The Balkans*, S. 147. Vgl. auch Piskorski, »Das europäische Memento«, sowie ders., »Erinnerung als Aussöhnung«.

Schluss

1 Vgl. Konieczny/Łazowski, *A ty zostaniesz ze mną*, S. 29f., 160.

2 Stoessinger, *The Refugee*, S. 13, 33, 41, 77f.

3 Remarque, *Die Nacht von Lissabon*, S. 218.

4 Ders., *Arc de Triomphe*, S. 98.

5 Zitiert nach Lammers, *Refugees*, S. 18.

6 Szaruga, *Zdjęcie*, S. 145.

7 Remarque, *Die Nacht von Lissabon*, S. 161.

8 So Parandowski, *Alchemia słowa*, S. 37. Zum Komplex »Krieg, Erinnerung, Bewusstsein« siehe jetzt Piskorski, »Wojna, pamięć, tożsamość«.

9 Schlögel, »Pfeile«, S. 16.

10 Iwaszkiewicz, *Książka*, S. 156.

11 Lammers, *Refugees*, S. 63f.

12 Frajlich, Anna: »Jak najdalej od Europy«, in: *Gazeta Wyborcza*, 26. März 2008 (http://wyborcza.pl/2029020,76842,5056616.html?sms_code=), sowie Jaggi,

»Ruth Prawer Jhabvala«, S. 22. Vgl. Remarque, *Liebe deinen Nächsten*, S. 316 – 319; ders., *Arc de Triomphe*, S. 312, 374; ders., *Die Nacht von Lissabon*, S. 165; Le Clézio, *Lied vom Hunger*, S. 188.

13 Remarque, *Die Nacht von Lissabon*, S. 163.

14 Ders., *Liebe deinen Nächsten*, S. 319.

Bibliographie

Adanir, Fikret: »Bevölkerungsverschiebungen, Siedlungspolitik und ethnisch-kulturelle Homogenisierung: Nationsbildung auf dem Balkan und in Klein Asien 1878 – 1923«, in: Hahn u.a. (Hg.), *Ausweisung*, S. 172 – 192.

Ager, Alastair: »Perspectives on the Refugee Experience«, in: ders. (Hg.), *Refugees*, S. 1 – 23.

Ager, Alastair (Hg.): *Refugees: Perspectives on the Forced Migration*, London 1999.

Ahearn, Fred/Lougry, Maryanne/Ager, Alastair: »The Experience of Refugee-Children«, in: Ager (Hg.), *Refugees*, S. 215 – 235.

Ahonen, Pertti: *After the Expulsion: West Germany and Easter Europe 1945 – 1990*, Oxford 2003.

Alberti, Michael: *Die Verfolgung und Vernichtung der Juden im Reichsgau Wartheland 1939 – 1945*, Wiesbaden 2006.

Alexandris, A.: *Kos. Die Insel des Hippokrates*, Athen 1993.

Alexijewitsch, Swetlana: *Der Krieg hat kein weibliches Gesicht*, Hamburg 1989.

Allende, Isabel: *Von Liebe und Schatten. Roman*, aus dem Spanischen von Dagmar Ploetz, Frankfurt am Main 1986.

Aly, Götz: »Dafür wird die Welt büßen: ›Ethnische Säuberungen‹. Die Geschichte eines europäischen Irrwegs«, in: Dahlmann/Hirschfeld (Hg.), *Lager*, S. 493 – 499.

Aly, Götz: »*Endlösung*«: *Völkerverschiebung und der Mord an den europäischen Juden*, 3. Auflage, Frankfurt am Main 2005.

Aly, Götz: *Hitlers Volksstaat: Raub, Rassenkrieg und nationaler Sozialismus*, erweiterte Fassung, Frankfurt am Main 2006.

Aly, Götz: *Im Tunnel. Das kurze Leben der Marion Samuel 1931 – 1943*, Frankfurt am Main 2004.

Aly, Götz (Hg.): *Volkes Stimme: Skepsis und Führervertrauen im Nationalsozialismus*, Frankfurt am Main 2006.

Anderson, Benedict: *Die Erfindung der Nation. Zur Karriere eines folgenreichen Konzepts*, Frankfurt am Main/New York 1988 (eine revidierte Fassung ist nur auf Englisch erschienen: *Imagined communities. Reflections on the origin and spread of nationalism*, London 1991).

Anušauskas, Arvydas: »Zwangsmigrationen von Litauern 1939 – 1953«, in: *Nordost-Archiv. Zeitschrift für Regionalgeschichte* NF 14 (2005), S. 140 – 163.

Applebaum, Anne: *Between East and West. Across the Borderlands of Europe*, London 1995.

Applebaum, Anne: *Der Gulag*, aus dem Englischen von Frank Wolf, Berlin 2003.

Arburg, Adrian von: »Magyarische Deportierte aus der Slowakei im westlichen Landesteil der Tschechoslowakei seit dem Ende des Zweiten Weltkriegs«, in: Bade u.a. (Hg.), *Enzyklopädie*, S. 781–784.

Arendt, Hannah: »Personal Responsibility under Dictatorship«, in: dies.: *Responsibility and Judgment*, hg. von Jerome Kohn, New York 2003, S. 17–48.

Ascherson, Neal: »In the Black Garden«, in: *The New York Review of Books*, 20. November 2003, S. 37–40.

Ascherson, Neal: *Schwarzes Meer*, übersetzt von H. Jochen Bußmann, Berlin 1998.

Babel, Isaak: *Tagebuch 1920*, aus dem Russischen von Peter Urban, Zürich 1998.

Bade, Klaus J.: »›Amt der verlorenen Worte‹: das Reichswanderungsamt 1918–1924«, in: ders.: *Sozialhistorische Migrationsforschungen*, hg. von Michael Bommes und Jochen Oltmer, Göttingen 2004, S. 375–388.

Bade, Klaus J.: *Europa in Bewegung. Migration vom späten 18. Jahrhundert bis zur Gegenwart*, München 2000.

Bade, Klaus J.: *Homo migrans: Wanderungen aus und nach Deutschland*, Essen 1994.

Bade, Klaus J.: »›Preußengänger‹ und ›Abwehrpolitik‹: Ausländerbeschäftigung, Ausländerpolitik und Ausländerkontrolle auf dem Arbeitsmarkt in Preußen vor dem Ersten Weltkrieg«, in: *Archiv für Sozialgeschichte* 24 (1984), S. 91–162.

Bade, Klaus J./Oltmer, Jochen: »Migration und Integration in Deutschland seit der Frühen Neuzeit«, in: Beier-de Haan, Rosmarie (Hg.): *Zuwanderungsland Deutschland: Migrationen 1500–2005*, Berlin 2006, S. 20–49.

Bade, Klaus J./Oltmer, Jochen: »Zwischen Aus- und Einwanderungsland: Deutschland und die Migration seit der Mitte des 17. Jahrhunderts«, in: *Zeitschrift für Bevölkerungswissenschaften* 28 (2003), H. 2–4, S. 263–306.

Bade, Klaus J./Emmer, Pieter C./Lucassen, Leo/Oltmer, Jochen (Hg.): *Enzyklopädie Migration in Europa vom 17. Jahrhundert bis zur Gegenwart*, Paderborn 2007.

Bajohr, Frank/Pohl, Dieter: *Massenmord und schlechtes Gewissen. Die deutsche Bevölkerung, die NS-Führung und der Holocaust*, Frankfurt am Main 2008.

Bakuła, Bogusław: »Z kresów na kresy. Powojenna migracyjna powieść o kresach zachodnich«, in: ders.: *Antylatarnik oraz inne szkice literackie i publicystyczne*, Poznań 2001, S. 65–82.

Ball, Eve/Henn, Nora/Sanchez, Lynda: *Indeh: An Apache Odyssey*, Provo, Utah 1980.

Bankier, David (Hg.): *The Jews Are Coming Back: The Return of the Jews to their Countries of Origin after WWII*, Jerusalem 2005.

Baron, Nick: »Remaking Soviet Society: the Filtration of Returnees from Nazi Germany, 1944–1949«, in: Gatrell/Baron (Hg.), *Warlands*, S. 89–116.

Bauman, Zygmunt: *Dialektik der Ordnung. Die Moderne und der Holocaust*, aus dem Englischen von Uwe Ahrens, Hamburg 2002 (*Modernity and the Holocaust*, Oxford 1989).

Bauman, Zygmunt: »Die Lager – östliche, westliche, moderne«, in: Dahlmann/Hirschfeld (Hg.), *Lager*, S. 53–65.

Baumgärtner, Ulrich/Fieberg, Klaus (Hg.): *Horizonte.* Basisband I: *Geschichte Niedersachsen. Qualifikationsphase 1. und 2. Schulhalbjahr*, erarbeitet u.a. von Hans-Jürgen Döscher, Braunschweig 2011.

Baumgärtner, Ulrich/Döscher, Hans-Jürgen (Hg.): *Horizonte*, Bd. 4: *Geschichte Gymnasium Niedersachsen*, Braunschweig 2007.

Beer, Mathias: »Flüchtlinge, Ausgewiesene, Neubürger, Heimatvertriebene: Flüchtlingspolitik und Flüchtlingsintegration in Deutschland nach 1945, begriffsgeschichtlich betrachtet«, in: Beer, Mathias/Kintzinger, Martin/Krauss, Marita (Hg.): *Migration und Integration: Aufnahme und Eingliederung im historischen Wandel*, Stuttgart 1997, S. 145–167.

Beer, Mathias: »Der ›Neuanfang‹ der Zeitgeschichte nach 1945. Zum Verhältnis von nationalsozialistischer Umsiedlungs- und Vernichtungspolitik und der Vertreibung der Deutschen aus Ostmitteleuropa«, in: Schulze/Oexle u.a. (Hg.), *Deutsche Historiker*, S. 274–301.

Bell-Fialkoff, Andrew: *Ethnic Cleansing*, New York 1993.

Bentley, Jerry H.: »Cultural Encounters Between the Continents over the Centuries«, in: Sogner (Hg.), *Making Sense of Global History*, S. 89–105.

Benz, Wolfgang: »Der Generalplan Ost. Zur Germanisierungspolitik des NS-Regimes in den besetzten Ostgebieten 1939–1945«, in: ders. (Hg.), *Die Vertreibung*, S. 45–57.

Benz, Wolfgang (Hg.): *Die Vertreibung der Deutschen aus dem Osten. Ursachen – Ereignisse – Folgen*, Frankfurt am Main 1996.

Berdah, Jean-François: »Spanische politische Flüchtlinge in Europa seit dem Beginn des Bürgerkriegs 1936 (Beispiel Frankreich)«, in: Bade u.a. (Hg.), *Enzyklopädie*, S. 1000–1004.

Bergen, Doris L.: »Controversies about the Holocaust: Goldhagen, Arendt, and the Historians' Conflict«, in: Lehmann, Hartmut (Hg.): *Historikerkontroversen*, Göttingen 2000, S. 143–174.

Berger, Stefan: »Vom ›neuen Liberalen‹ zum Apologeten des nationalsozialistischen Deutschlands: William Harbutt Dawson und sein Verhältnis zu Deutschland in der Zwischenkriegszeit«, in: Berger, Stefan/Lambert, Peter/Schumann, Peter (Hg.): *Historikerdialoge: Geschichte, Mythos und Gedächtnis im deutsch-britischen kulturellen Austausch 1750–2000*, Göttingen 2003, S. 255 bis 273.

Bienek, Horst: *Beschreibung einer Provinz. Aufzeichnungen*, München 1986.

Bienek, Horst: *Die erste Polka*, München 1987.

Blaut, James M.: *Eight Eurocentric Historians*, New York o.J. [um 2000].

Błażewicz, Piotr: *Trzebiatów nad Regą w pierwszych latach po II wojnie światowej, ze szczególnym uwzględnieniem przesiedleńców z akcji »Wisła«*, Magisterarbeit, Szczecin 2007.

Böhler, Jochen: *Auftakt zum Vernichtungskrieg. Die Wehrmacht in Polen 1939*, Frankfurt am Main 2006.

Böll, Heinrich: *Der Engel schwieg.* Roman, Frankfurt am Main 1993.

Bömelburg, Hans-Jürgen/Stößinger, Renate/Traba, Robert (Hg.): *Vertreibung aus dem Osten. Deutsche und Polen erinnern sich*, Olsztyn 2000.

Bönisch, Georg: »Ort des Unfassbaren«, in: Burgdorff/Wiegrefe (Hg.), *Der Zweite Weltkrieg*, S. 148–159.

Bookman, Milica Z.: *After Involuntary Migration: The Political Economy of Refugee Encampments*, Lanham 2002.

Borck, Karin/Kölm, Lothar (Hg.): *Gefangen in Sibirien. Tagebuch eines ostpreußischen Mädchens 1914–1920*, Osnabrück 2001.

Borejsza, Jerzy W.: *Rzym a wspólnota faszystowska. O penetracji faszyzmu włoskiego w Europie Środkowej, Południowej i Wschodniej*, Warszawa 1981.

Borejsza, Jerzy W.: *Szkoły nienawiści. Historia faszyzmów europejskich 1919–1945*, Wrocław 2000.

Borejsza, Jerzy W.: *»Śmieszne sto milionów Słowian«. Wokół światopoglądu Adolfa Hitlera*, Warszawa 2006.

Borodziej, Włodzimierz: »Der Standort des Historikers und die Herausforderung der europäischen Geschichte«, in: Stourzh, Gerald (in Zusammenarbeit mit Barbara Haider und Ulrike Harmat [Hg.]): *Annäherungen an eine europäische Geschichtsschreibung*, Wien 2002, S. 105–117.

Borodziej, Włodzimierz: »Wojna i jej skutki w świadomości zbiorowej Polaków i Niemców w pół wieku po wojnie«, in: Traba, Robert, u.a. (Hg.): *Tematy polsko-niemieckie*, Olsztyn 1997, S. 15–25.

Borodziej, Włodzimierz/Lemberg, Hans (Hg.): »*Unsere Heimat ist uns ein fremdes Land geworden …« Die Deutschen östlich von Oder und Neiße 1945–1950. Dokumente aus polnischen Archiven*, Marburg 2000–2004, 4 Bde., Bd. 1 bearb. von Włodzimierz Borodziej und Claudia Kraft; Bd. 2 bearb. von Jerzy Kochanowski und Ingo Eser; Bd. 3 bearb. von Stanisław Jankowiak und Katrin Steffen; Bd. 4 bearb. von Ingo Eser, Stanisław Jankowiak, Claudia Kraft und Witold Stankowski.

Borodziej, Włodzimierz/Ciesielski, Stanisław/Kochanowski, Jerzy: »»Wstęp««, in: Ciesielski, Stanisław (Hg.): *Przesiedlenie ludności polskiej z Kresów Wschodnich do Polski 1944–1947*, Warszawa 1999, S. 5–50.

Boshyk, Yury: »Repatriation and Resistance: Ukrainian Refugees and Displaced Persons in Occupied Germany and Austria, 1945–1948«, in: Bramwell (Hg.), *Refugees*, S. 198–218.

Botsch, Gideon: »›Geheime Ostforschung‹« im SD. Zur Entstehungsgeschichte und Tätigkeit des ›Wannsee-Instituts‹ 1935–1945«, in: *Zeitschrift für Geschichtswissenschaft* 48 (2000), H. 6, S. 509–524.

Botz, Gerhard: *Wohnungspolitik und Judendeportation in Wien 1938 bis 1945: Zur Funktion des Antisemitismus als Ersatz nationalsozialistischer Sozialpolitik*, Wien 1975.

Bramwell, Anna C.: »›Blut und Boden‹«, in: François, Etienne/Schulze, Hagen (Hg.): *Deutsche Erinnerungsorte*, München 2001, Bd. 3, S. 380–391.

Bramwell, Anna C.: »The Re-settlement of Ethnic Germans, 1939–1941«, in: dies. (Hg.), *Refugees*, S. 112–132.

Bramwell, Anna C. (Hg.): *Refugees in the Age of Total War*, London 1988.

Brandes, Detlef: »Das Jahrhundert der ›ethnischen Säuberungen‹: Zwangsumsiedlungen in Europa im 20. Jahrhundert«, in: Melville/Pešek/Scharf (Hg.), *Zwangsmigration*, S. 3–18.

Brandes, Detlef: »Die Vertreibung als negativer Lernprozess. Vorbilder und Ursachen der Vertreibung der Deutschen«, in: *Zeitschrift für Geschichtswissenschaft* 53 (2005), S. 885–896.

Brandes, Detlef: *Der Weg zur Vertreibung, 1939–1945: Pläne und Entscheidungen zum »Transfer« der Deutschen aus der Tschechoslowakei und aus Polen*, München 2005.

Brather, Sebastian: *Archäologie der westlichen Slawen: Siedlung, Wirtschaft und Gesellschaft im früh- und hochmittelalterlichen Ostmitteleuropa*, Berlin 2001.

Braudel, Fernand/Coarelli, Filippo/Aymard, Maurice: *Morze Śródziemne. Region i jego dzieje*, übers. von Maria Boduszyńska-Borowikowa, Gdańsk 1982.

Brechtken, Magnus: »*Madagaskar für die Juden*«. *Antisemitische Idee und politische Praxis 1885–1945*, 2. Auflage, München 1998.

Bremer, Alida: »Kurze Analyse der Kriege auf dem Gebiet des ehemaligen Jugoslawien«, in: dies. (Hg.), *Jugoslawische (Sch)Erben*, S. 37–48.

Bremer, Alida (Hg.): *Jugoslawische (Sch)Erben: Probleme und Perspektiven*, Osnabrück 1993.

Brinckmann, Vilma: »Von Narva nach Hamburg«, in: Pletzing/Pletzing (Hg.), *Displaced Persons*, S. 201–206.

Brochhagen, Ulrich: *Nach Nürnberg. Vergangenheitsbewältigung und Westintegration in der Ära Adenauer*, Berlin 1999.

Broszat, Martin: *Nationalsozialistische Polenpolitik 1939–1945*, Frankfurt am Main 1965.

Browning, Christopher R.: *Der Weg zur »Endlösung«. Entscheidungen und Täter*, Reinbek 2002.

Brüggemann, Karsten: »Von Migranten, Verbannten und Deportierten: Sibirien als Ort der estnischen Geschichte«, in: *Nordost-Archiv. Zeitschrift für Regionalgeschichte* NF 14 (2005), S. 113–139.

Brunnbauer, Ulf/Esch, Michael G.: »Einleitung. Ethnische Säuberungen in Ost-mittel- und Südosteuropa im 20. Jahrhundert«, in: Brunnbauer/Esch/Sund-haussen (Hg.), *Definitionsmacht*, S. 7–20.

Brunnbauer, Ulf/Esch, Michael G./Sundhaussen, Holm (Hg.): *Definitionsmacht, Utopie, Vergeltung. »Etnische Säuberungen« im östlichen Europa des 20. Jahrhunderts*, Berlin 2006.

Budzyński, Andrzej (Hg.): *Pamiętniki Polaków na Wschodzie: Białoruś, Ukraina, Kazachstan – losy pokoleń*, Bd. 1, Żyrardów 2006.

Buell, Raymond Leslie: *Poland: Key to Europe*, New York 1939.

Bulak, Adelina: *Gazeta »Szczecin« a kształtowanie się tożsamości szczecinian w latach 1945–1948*, Magisterarbeit, Szczecin 2007.

Burg, Steven L.: »Afterword: Genocide in Bosnia-Herzegovina?«, in: Totten/Parsons/Charny (Hg.), *Century of Genocide*, S. 424–433.

Burgdorff, Stephan/Wiegrefe, Klaus (Hg.): *Der Zweite Weltkrieg: Wendepunkt der deutschen Geschichte*, 3. Auflage, München 2007.

Burleigh, Michael: *The Third Reich: A New History*, New York 2001.

Büscher, Wolfgang: *Berlin – Moskau. Eine Reise zu Fuß*, Hamburg 2005.

Buske, Norbert: *Das Kriegsende in Demmin 1945: Berichte, Erinnerungen, Dokumente*, Schwerin 1995.

Byrska, Maria: *Ucieczka z zesłania*, Gdańsk 1989.

Caestecker, Frank/Moore, Bob (Hg.), *Refugees from Nazi Germany and the liberal European States*, New York 2011.

Callamard, Agnès: »Refugee Women: A Gendered and Political Analysis of the Refugee Experience«, in: Ager (Hg.), *Refugees*, S. 196–214.

Canetti, Elias: *Masse und Macht*, Hamburg 1984.

Carey, John: *The Faber Book of Utopias*, London 1999.

Carey, John: *The Intellectuals and the Masses: Pride and Prejudice among the Literary Intelligentsia, 1880–1939*, London 1992.

Cattaruzza, Marina: »Der ›historische Ort‹ der Vertreibungen im Europa des 20. Jh.«, in: Melville/Pešek/Scharf (Hg.), *Zwangsmigration*, S. 39–53.

Cattaruzza, Marina, »Der ›Istrische Exodus‹: Fragen der Interpretation«, in: Brandes, Detlef/Ivaníčková, Edita/Pešek, Jiří (Hg.): *Erzwungene Trennung: Vertreibungen und Aussiedlungen in und aus der Tschechoslowakei 1938–1947 im Vergleich mit Polen, Ungarn und Jugoslawien*, Essen 1999, S. 295–322.

Chakrabarty, Manik: *Human Rights and Refugees: Problems, Laws and Practices*, New Delhi 1998.

Chumiński, Jędrzej: »Die Rolle ehemaliger Zwangsarbeiter bei der Besiedlung und Bewirtschaftung der sogenannten Wiedergewonnenen Gebiete in Polen in den Jahren 1945–1956«, in: Bingen, Dieter/Loew, Peter Oliver/Wolf, Nikolaus (Hg.): *Interesse und Konflikt: Zur politischen Ökonomie der deutsch-polnischen Beziehungen, 1900–2007*, Wiesbaden 2008, S. 160–181.

Cicero, *Die politischen Reden*, Band 1, Lateinisch-deutsch, hg., übers. u. erläutert von Manfred Fuhrmann, Darmstadt 1993.

Ciesielski, Stanisław: *GUŁag w radzieckim systemie represji 1930–1953*, Wrocław 2005.

Ciesielski, Stanisław: »Nastroje w polskich skupiskach«, in: ders. (Hg.): *Życie codzienne polskich zesłańców w ZSRR w latach 1940–1946. Studia*, Wrocław 1997, S. 287–307.

Ciesielski, Stanisław: *Polacy w Kazachstanie 1940–1946. Zesłańcy lat wojny*, 2. Auflage, Wrocław 1997.

Ciesielski, Stanisław (Hg.), *Przesiedlenie ludności polskiej z Kresów Wschodnich do Polski 1944–1947*, Warszawa 1999.

Ciesielski, Stanisław (Hg.): *Umsiedlung der Polen aus den ehemaligen polnischen Ostgebieten nach Polen in den Jahren 1944–1947*, Marburg 2006.

Ciesielski, Stanisław/Hryciuk, Grzegorz/Srebrakowski, Aleksander: *Masowe deportacje ludności w Związku Radzieckim*, Toruń 2004.

Cockburn, Cynthia/Zarkov, Dubravka (Hg.): *The Postwar Moment: Militaries, Masculinities and International Peacekeeping Bosnia and the Netherlands*, London 2002.

Cohen, Abraham: *Talmud. Syntetyczny wykład na temat Talmudu i nauk rabinów dotyczących religii, etyki i prawodawstwa*, übers. von Regina Gromacka, Warszawa 1995.

Cohen, Roberta/Deng, Francis M.: *Masses in Flight: The Global Crisis of Internal Displacement*, Washington, D.C., 1998.

Coloane, Francisco: *Kap Hoorn*, aus dem chilenischen Spanisch von Willi Zurbrüggen, Zürich 1998.

Couto, Mia: *Ostatni lot flaminga*, aus dem Portugiesischen von Elżbieta Milewska, Warszawa 2005 (*O último voo do flamingo*, Lisboa 2000).

Creveld, Martin Van: *Supplying War: Logistics from Wallenstein to Patton*, Cambridge 1977.

Czapelski, Krzysztof: *Od Berlinchen do Barlinka. Pierwsze lata po wojnie 1945–1950*, Magisterarbeit, Szczecin 2003.

Dagerman, Stig: *Deutscher Herbst. Reiseschilderung*, aus dem Schwedischen von Jörg Scherzer, Frankfurt am Main 1987.

Dahlmann, Dittmar/Hirschfeld, Gerhard (Hg.). *Lager, Zwangsarbeit, Vertreibung und Deportation: Dimensionen der Massenverbrechen in der Sowjetunion und in Deutschland 1933 bis 1945*, Essen 1999.

Daniel, Valentine E./Knudsen, John Chr. (Hg.): *Mistrusting Refugees*, Berkeley 1995.

Danielewicz-Zielińska, Maria: »W tym domu jest Polska. Z MDZ rozmawia Stanisław Bereś«, in: *Kultura* (Paris) Nr. 10 (637), 2000, S. 73–117.

Dasko, Henryk: »Remarque, kronikarz uchodźców«, in: *Gazeta Wyborcza*, 31. Dezember 2005.

Davies, Norman: *Europa walczy 1939 – 1945: Nie takie proste zwycięstwo*, übers. von Elżbieta Tabakowska, Kraków 2008 (*Europe at war 1939 – 1945. No simple victory*, London 2006).

Davies, Norman: »II wojna. Wydanie poprawione«, in: *Gazeta Wyborcza*, 2. November 2008, S. 9ff.

Deamer, Eric: »The Recognition of Aspirant Statehood in the New Europe: The European Community's Recognition of Croatia, 1990 – 1992«, in: Sfikas/Williams, *Ethnicity and Nationalism*, S. 341 – 365.

Delano, Anthony: *Warriors of Zion*, BBC History 2005 (März), S. 34 – 37.

Das Diensttagebuch des deutschen Generalgouverneurs in Polen 1939 – 1945, hg. von Werner Präg und Wolfgang Jacobmeyer, Stuttgart 1975.

Dirks, Walter/Kogon, Eugen: »Verhängnis und Hoffnung im Osten: Das deutsch-polnische Problem: Betrachtungen im Mai 1947«, in: Benz (Hg.), *Die Vertreibung*, S. 156 – 177.

Długoborski, Wacław: »Das Problem des Vergleiches von Nationalsozialismus und Stalinismus«, in: Dahlmann/Hirschfeld (Hg.), *Lager*, S. 19 – 28.

Dmitrów, Edmund: *Niemcy i okupacja hitlerowska w oczach Polaków: Poglądy i opinie z lat 1945 – 1948*, Warszawa 1987.

Döblin, Alfred: *Reise in Polen*, München 1987.

Dobosiewicz, Stanisław: *Mauthausen-Gusen: w obronie życia i ludzkiej godności*, Warszawa 2000.

Doepfner, Andreas: *Finnlands Winterkrieg 1939/1940*, Zürich 1989.

Domino, Zbigniew: *Syberiada polska*, Warszawa 2001.

Dönhoff, Marion Gräfin: *Kindheit in Ostpreußen*, Berlin 2003.

Dönhoff, Marion Gräfin: *Namen, die keiner mehr nennt: Ostpreußen – Menschen und Geschichte*, München 1964.

Dschuang Dsi, *Das wahre Buch vom südlichen Blütenland*, aus dem Chinesischen übertragen und erläutert von Richard Wilhelm, Köln 1969.

Duby, Georges: *Krieger und Bauer: Die Entwicklung von Wirtschaft und Gesellschaft im frühen Mittelalter*, übersetzt von Grete Osterwald, Frankfurt am Main 1977.

Dunwill, William (Duniłłowicz, Witold): *Trzy kolory mojego życia*, Warszawa 2000.

Dymarski, Mirosław: *Ziemie postulowane (ziemie nowe) w prognozach i działaniach polskiego ruchu oporu 1939 – 1945*, Wrocław 1997.

Eberle, Henrik (Hg.): *Briefe an Hitler. Ein Volk schreibt seinem Führer. Unbekannte Dokumente aus Moskauer Archiven zum ersten Mal veröffentlicht*, Bergisch Gladbach 2007.

Edelman, Marek: *I była miłość w getcie*, wysłuchała i zapisała Paula Sawicka, Warszawa 2009.

Eksteins, Modris: *Walking Since Daybreak: A Story of Eastern Europe, World War II and the Heart of the Twentieth Century*, London 2000.

Elkins, Caroline: *Britain's Gulag: The Brutal End of Empire in Kenya*, London 2005.

Elliott, John: *Britain and Spain in America: Colonists and Colonized*, The University of Reading (= The Stenton Lecture) 1994.

Embacher, Helga: »Plötzlich war man vogelfrei«. Flucht und Vertreibung europäischer Juden«, in: Sylvia u.a. (Hg.), *Ausweisung*, S. 219 – 240.

Engler, Wolfgang: »›Die Russen kommen‹: Wie die Ostdeutschen Krieg und Nachkrieg erlebten und welche Folgen das hatte«, in: ders.: *Die Ostdeutschen: Kunde von einem verlorenen Land*, Berlin 2000, S. 11 – 31.

Erlanger, Steven: »After Survival, a Journey to Self-Recovery«, in: *The New York Times*, 11. Juli 2009, <http://www.nytimes.com/2009/07/11/world/europe/11profile.html?_r=1&scp=1&sq=samuel%20pisar&st=cse>.

Esch, Michael G.: »*Gesunde Verhältnisse*«. *Deutsche und polnische Bevölkerungspolitik in Ostmitteleuropa 1939 – 1950*, Marburg 1998.

Evans-Gordon, W[illiam Eden]: *The Alien Immigrant*, London 1903.

Fantini, Oddon: »The University in the Fascist State«, in: Kotschnig/Prys (Hg.), *The University*, S. 163 – 178.

Farquharson, John: »›Emotional but influential‹: Victor Gollancz, Richard Stokes and the British Zone of Germany, 1945 – 9«, in: *Journal of Contemporary History* 22 (1987), S. 501 – 519.

Faryńska, Anna, *Wielokulturowy charakter Harbinu. Polacy a inne narodowości w latach 1896 – 1949*, Magisterarbeit, Szczecin 2010.

Felczak, Wacław/Wasilewski, Tadeusz: *Historia Jugosławii*, Wrocław 1985.

Ferris, Elizabeth G.: *Beyond Borders: Refugees, Migrants and Human Rights in the Post-cold War Era*, Genf 1993.

Fisch, Bernhard: »Nemmersdorf im Oktober 1944«, in: Scherstjanoi (Hg.), *Rotarmisten*, S. 287 – 304.

Fischer, Bruno: *Zwischen zwei Seen. Von Deutsch Krone – Wałcz bis Osnabrück. Wahrnehmungen*, Osnabrück 1997.

Fishman, Joshua A.: »Minority Resistance: Some Comparisons between Interwar Poland and Postwar USA«, in: ders. (Hg.), *Studies on Polish Jewry: The Interplay of Social, Economic and Political Factors in the Struggle of a Minority for its Existence*, New York 1974, S. 3 – 11.

François, Etienne: »Die späte Debatte um das Vichy-Regime und den Algerienkrieg in Frankreich«, in: Sabrow, Martin/Jessen, Ralph/Große Kracht, Klaus (Hg.): *Zeitgeschichte als Streitgeschichte. Große Kontroversen nach 1945*, München 2003, S. 264 – 287.

Frank, Walter. *Die deutschen Geisteswissenschaften im Kriege. Rede gehalten am 18. Mai 1940 an der Universität Berlin*, Hamburg 1940.

Frankiewicz, Bogdan: *Praca przymusowa na Pomorzu Zachodnim w latach II wojny światowej*, Poznań 1969.

Franzen, K. Erik: *Die Vertriebenen: Hitlers letzte Opfer*, mit einer Einleitung von Hans Lemberg, 2. Auflage, München 2001.

Frevert, Ute: »Geschichtsvergessenheit und Geschichtsversessenheit revisited. Der jüngste Erinnerungsboom in der Kritik«, in: *Aus Politik und Zeitgeschichte* B 40 – 41/2003, S. 6 – 13.

Friedländer, Saul, *Das Dritte Reich und die Juden. Die Jahre der Verfolgung, 1933 – 1939*, übersetzt von Martin Pfeiffer, München 2000.

Friedländer, Saul: *Wenn die Erinnerung kommt*, übersetzt von Helgard Oestreich, München 1998.

Fromkin, David: *Kosovo Crossing: Reality of American Intervention in the Balkans*, New York 1999.

Gage, Nicholas: *Eleni*, übersetzt von Gisela Stege, München 1987.

García Márquez, Gabriel: *Die Liebe in den Zeiten der Cholera*, Roman, aus dem kolumbianischen Spanisch von Dagmar Ploetz, Köln 1987.

Garlicki, Andrzej: *Piękne lata trzydzieste*, Warszawa 2008.

Gąsiorowski, Andrzej: »Wysiedlenia z Gdyni w okresie okupacji niemieckiej w latach 1939 – 1945 w świetle ankiet ›Stowarzyszenia Gdynian Wysiedlonych‹«, in: *Wysiedlenia Polaków z Gdyni w latach 1939 – 1945 przez okupanta niemieckiego. Materiały z sesji popularnonaukowej w dniu 2. 12. 2003 r.*, Gdynia 2004, S. 10 – 27.

Gąsiorowski, Andrzej: »Wysiedlenia z ziem zachodnich Rzeczypospolitej w okresie okupacji niemieckiej (ze szczególnym uwzględnieniem Pomorza)«, in: *Wysiedlenia Polaków z Gdyni w latach 1939 – 1945 przez okupanta niemieckiego. Materiały z sesji popularnonaukowej w dniu 19. 11. 2002 r.*, Gdynia 2003, S. 24 – 50.

Gatrell, Peter: *A Whole Empire Walking: Refugees in Russia During World War I*, Bloomington, Ind., 1999.

Gatrell, Peter/Baron, Nick (Hg.): *Warlands: Population Resettlement and State Reconstruction in the Soviet-East European Borderlands, 1945 – 50*, [o.O.] 2009.

Gauß, Karl-Markus: *Die sterbenden Europäer. Unterwegs zu den Sepharden von Sarajevo, Gottscheer Deutschen, Arbëreshe, Sorben und Aromunen*, Wien 2001.

Gawryś, Cezary: »Na śmierć i życie«, in: *Więź* 2007, H. 8 – 9, S. 96 – 102.

Geiss, Imanuel: *Der polnische Grenzstreifen 1914 – 1918. Ein Beitrag zur deutschen Kriegszielpolitik im Ersten Weltkrieg*, Lübeck 1960.

Gelfand, Wladimir: *Deutschland-Tagebuch 1945 – 1946. Aufzeichnungen eines Rotarmisten*, aus dem Russischen von Anja Lutter und Hartmut Schröder, Auswahl Elke Scherstjanoi, Berlin 2005.

»Der Generalplan Ost«, bearb. von Helmut Heiber, in: *Vierteljahrshefte für Zeitgeschichte* 6 (1958), H. 3, S. 281 – 325.

Gerlach, Christian: »Umsiedlungen und gelenkte Bevölkerungsbewegungen in Weißrußland 1941 – 1944«, in: Dahlmann/Hirschfeld (Hg.), *Lager*, S. 553 – 565.

Giedroyc, Jerzy: *Autobiografia na cztery ręce*, bearb. und Nachwort von Krzysztof Pomian, Warszawa 1994.

Gilbert, Martin: *The Dent Atlas of the Holocaust*, 2. Auflage, London 1993.

Glazar, Richard: *Die Falle mit dem grünen Zaun. Überleben in Treblinka*, Frankfurt am Main 2002.

Glenny, Misha: *The Balkans. Nationalism, War, and the Great Powers, 1804 – 1999*, London 2001.

Głuchowski, Piotr/Kowalski, Marcin: »Gorączka złota w Treblince«, in: *Duży Format*, Beilage zur *Gazet Wyborcza*, 2008, Nr. 1, 7. Januar 2008, <http://wyborcza.pl/1,76842,4811664.html>.

Goeke, Pascal: »Flüchtlinge aus dem ehemaligen Jugoslawien in Europa seit 1991«, in: Bade u.a. (Hg.), *Enzyklopädie*, S. 578 – 585.

Goldhagen, Daniel Jonah: *Hitlers willige Vollstrecker: ganz gewöhnliche Deutsche und der Holocaust*, aus dem Amerikanischen von Klaus Kochmann, Berlin 1996.

Gosewinkel, Dieter: »The Dominance of Nationality? Nation and Citizenship from the Late Nineteenth Century Onwards: A Comparative European Perspective«, in: *German History* 26 (2008), H. 1, S. 92 – 108.

Gourevitch, Philip: *We Wish to Inform You that Tomorrow We Will Be Killed with Our Families: Stories from Rwanda*, New York o.J.

Grass, Günter: *Beim Häuten der Zwiebel*, Göttingen 2006.

Grass, Günter: *Im Krebsgang. Eine Novelle*, München 2004.

Gross, Jan Tomasz: *Angst. Antisemitismus nach Auschwitz in Polen*, aus dem Polnischen von Friedrich Griese unter Mitarbeit von Ulrich Heiße, Berlin 2012.

Gross, Jan Tomasz: *Nachbarn. Der Mord an den Juden von Jedwabne*, aus dem Englischen von Friedrich Griese, München 2001.

Gross, Jan Tomasz/Grudzińska-Gross, Irena: »*W czterdziestym nas Matko na Sibir zesłali*«. *Polska a Rosja 1939 – 1942*, Warszawa 1990.

Gross, Natan: »Nie przeminęło z wiatrem (poetka emigracyjna Anna Frajlich)«, in: *Archiwum Emigracji: Studia, szkice, dokumenty*, Bd. 12, H. 4, 6. Juli 2009: <http://www.bu.umk.pl/Archiwum_Emigracji/Frajlich1.htm> .

Grossman, Wassili: *Leben und Schicksal*, übers. von Madeleine von Ballestrem, Arkadi Dorfmann, Elisabeth Markstein und Annelore Nitschke, 2. Auflage, Berlin 2007.

Grynberg, Henryk: *Janek i Maria*, Warszawa 2006.

Grynberg Henryk: *Der jüdische Krieg. Erzählung*, aus dem Polnischen übersetzt von Vera Cerny, Frankfurt am Main 1972.

Grynberg, Henryk: *Memorbuch*, Warszawa 2000.

Grynberg, Henryk: *Uchodźcy*, Warszawa 2004.

Grynberg, Henryk: *Zwycięstwo*, Poznań 1990.

Guéry, Alain: »Erinnerungspolitik und Pflicht zur Geschichte«, in: *Transit* 30 (2005/2006), S. 124 – 136.

Gurjanow, Aleksander [Gur'janov, Aleksandr]: »Cztery deportacje 1940 – 41«, in: *Karta* 1994, H. 12, S. 114 – 138.

Gzella, Jacek: *Zaborcy i sąsiedzi Polski w myśli społeczno-politycznej Władysława Studnickiego (do 1939 r.)*, Toruń 1998.

Haar, Ingo: »Straty związane z wypędzeniami: stan badań, problemy, perspektywy«, in: *Polski Przegląd Dyplomatyczny* 2007, Nr. 5 (39), S. 11 – 26.

Haas, Hanns: »Ethnische Homogenisierung unter Zwang: Experimente im 20. Jahrhundert«, in: Hahn u.a. (Hg.), *Ausweisung*, S. 140 – 171.

Habbe, Christian: »Schrecklicher Exodus«, in: Burgdorff/Wiegrefe (Hg.), *Der Zweite Weltkrieg*, S. 338 – 345.

Hahn, Eva/Hahn, Hans-Henning: »Alte Legenden und neue Besuche des ›Ostens‹. Über Norman M. Naimarks Geschichtsbilder«, in: *Zeitschrift für Geschichtswissenschaft* 54 (2006), H. 7/8, S. 687 – 700.

Hahn, Eva/Hahn, Hans-Henning: »Die sudetendeutsche völkische Tradition: Ein tschechisches Trauma des 20. Jahrhunderts«, in: Benz, Wolfgang (Hg.): *Wann ziehen wir endlich den Schlussstrich? Von der Notwendigkeit öffentlicher Erinnerung in Deutschland, Polen und Tschechien*, Berlin 2004, S. 29 – 74.

Hahn, Eva/Hahn, Hans-Henning: *Die Vertreibung im deutschen Erinnern. Legenden, Mythos, Geschichte*, Paderborn 2010.

Hahn, Sylvia: »›… Über die Grenze getrieben …‹. Politische Emigration und Exil im 19. Jahrhundert«, in: dies. u.a. (Hg.), *Ausweisung*, S. 114 – 139.

Hahn, Sylvia/Komlosy, Andrea/Reiter, Ilse (Hg.): *Ausweisung – Abschiebung – Vertreibung in Europa 16. – 20. Jahrhundert*, Innsbruck 2006.

Halicka, Beata: »›Mój dom nad Odrą‹ – wspomnienia osadników Nadodrza na rozdrożu rzeczywistości i propagandy«, in: Schlögel, Karl/Halicka, Beata (Hg.): *Odra-Oder. Panorama europejskiej rzeki*, Skórzyn 2008, S. 225 – 242.

Hamashita, Takeshi: »From the Ryukyu to the Hong Kong Networks: A History of Maritime Asia and East and Southeast Asian Regional Networks 1400 – 1900«, in: Sogner (Hg.), *Making Sense of Global History*, S. 140 – 153.

Harrell-Bond, Barbara: »Preface«, in: Bramwell (Hg.), *Refugees*, S. XIII – XIV.

Harrison, Tony: »Bitter Tears«, in: *The Guardian*, 19. März 2005.

Harvey, Elizabeth: »Die deutsche Frau im Osten‹: ›Rasse‹, Geschlecht und öffentlicher Raum im besetzen Polen 1940 – 1944«, in: *Archiv für Sozialgeschichte* 38 (1998), S. 191 – 214.

Harvey, Elizabeth: *Women and the Nazi East: Agents and Witnesses of Germanization*, London/New Haven 2003.

Häufele, Günther: »Zwangsumsiedlungen in Polen 1939 – 1941: Zum Vergleich sowjetischer und deutscher Besatzungspolitik«, in: Dahlmann/Hirschfeld (Hg.), *Lager*, S. 515 – 533.

Hear, Nicholas Van: *New Diasporas: The Mass Exodus, Dispersal and Regrouping of Migrant Communities*, Seattle 1998.

Heinemann, Isabel: »›Deutsches Blut‹. Die Rassenexperten der SS und die Volksdeutschen«, in: Kochanowski/Sach (Hg.), *Die »Volksdeutschen«*, S. 163 – 182.

Heinemann, Isabel: »Towards an ›Ethnic Reconstruction‹ of Occupied Europe: SS Plans and Racial Policies«, in: *Annali dell'Instituto storico italo-germanico in Trento* 27 (2001), S. 493 – 517.

Helbig, Louis Ferdinand/Hoffmann, Johannes/Kraemer, Doris (Hg.): *Verlorene Heimaten – neue Fremden. Literarische Texte zu Krieg, Flucht, Vertreibung, Nachkriegszeit*, Dortmund 1995.

Hemingway, Ernest: *Auf dem Quai in Smyrna*, in: ders.: *Schnee auf dem Kilimandscharo. 6 Stories*, 11. Auflage, Reinbek 2008, S. 122ff.

Herbert, Ulrich: *Fremdarbeiter. Politik und Praxis des »Ausländer-Einsatzes« in der Kriegswirtschaft des Dritten Reichs*, Berlin 1986.

Herling-Grudziński, Gustaw [Herling, Gustav]: *Welt ohne Erbarmen*. Aus dem Englischen von Hansjürgen Wille und nach der polnischen Orig.-Ausg. vollständig revidiert von Nina Kozlowski, München/Wien 2000.

Herzl, Theodor: *Der Judenstaat: Versuch einer modernen Lösung der Judenfrage*, Zürich 2006.

Hilberg Raul: *Täter, Opfer, Zuschauer. Die Vernichtung der Juden 1933 – 1945*, aus dem Amerikanischen von Hans Günter Holl, Frankfurt am Main 1992.

Hirsch, Helga: *Die Rache der Opfer. Deutsche in polnischen Lagern 1944 – 1950*, Berlin 1998.

Hirschon, Renée (Hg.): *Crossing the Aegean: An Appraisal of the 1923 Compulsory Population Exchange between Greece and Turkey*, New York 2003.

Hirszfeld, Ludwik: *Historia jednego życia*, Warszawa 2000.

Historia Polski w liczbach: Ludność, terytorium, Warszawa 2004.

Hitchcox, Linda: *Refugees*, London 1990.

Hochstadt, Steve: *Mobility and Modernity: Migration in Germany 1820 – 1989*, Ann Arbor 1999.

Hoerder, Dirk: *Cultures in Contact. World Migrations in the Second Millennium*, Durham 2002.

Holz, Martin: *Evakuierte, Flüchtlinge und Vertriebene in Mecklenburg-Vorpommern 1945 – 1961 am Beispiel der Insel Rügen*, Schwerin 2004.

Holzer, Jerzy: *Europejska tragedia XX wieku: II wojna światowa*, Warszawa 2005.

Holzer, Jerzy Zdzisław: »Bilans demograficzny Polski dla okresu 1939 – 1945«, in: *Dzieje Najnowsze* 26 (1994), H. 2, S. 5ff.

Hondius, Dienke: *Return: Holocaust Survivors and Dutch Anti-Semitism*, aus dem Niederländischen von David Colmer, Westport 2003.

Honig, Jan Willem/Both, Norbert: *Srebrenica: der größte Massenmord in Europa nach dem Zweiten Weltkrieg*, aus dem Englischen von Thomas Bertram, München 1997.

Höpken, Wolfgang: »Flucht vor dem Kreuz? Muslimische Emigration aus Südosteuropa nach dem Ende der osmanischen Herrschaft (19./20. Jahrhundert)«, in: *Comparativ* 6 (1996), H. 1, S. 1 – 24.

Howard, Michael: *The Invention of Peace: Reflections on War and International Order*, London 2000.

Iwaszkiewicz, Jarosław: »Cienie«, in: ders., *Najpiękniejsze opowiadania*, S. 466 – 518.

Iwaszkiewicz, Jarosław: *Dzienniki 1911–1955*, bearb. von Agnieszka und Robert Papieski, Warszawa 2007.

Iwaszkiewicz, Jarosław: »Der Friedhof in Toporów«, in: *Im Westen fließt die Oder. Moderne Prosa über die polnischen Westgebiete*, Auswahl und Nachwort von Kurt Kelm, Berlin (Ost) 1971, S. 52–57 (Übersetzung der Erzählung von Kurt Kelm).

Iwaszkiewicz, Jarosław: *Książka moich wspomnień*, Kraków 1957.

Iwaszkiewicz, Jarosław: »Martwa pasieka«, in: ders., *Opowiadania*, Bd. 4, S. 136 bis 227.

Iwaszkiewicz, Jarosław: »Die Mühle an der Lutynia«, in: ders.: *Drei Mühlen. Erzählungen*, aus dem Polnischen übertragen von Klaus Staemmler, Frankfurt am Main/Hamburg 1965, S. 71–114.

Iwaszkiewicz, Jarosław: *Najpiękniejsze opowiadania*, ausgewählt und mit einem Vorwort versehen von Tomasz Burek, Londyn 1993.

Iwaszkiewicz, Jarosław: *Opowiadania*, Bd. 1–6, Warszawa 1979–1980.

Iwaszkiewicz, Jarosław: *Podróże do Polski*, Poznań [o.D., um 2009, Erstauflage von 1977].

Iwaszkiewicz, Jarosław: »Sérénité«, in: ders., *Opowiadania*, Bd. 6, S. 292–330.

Iwaszkiewicz, Jarosław: *Sława i chwała*, Bd. 1–3, Warszawa 1973.

Jacobmeyer, Wolfgang: »Problemy ›displaced persons‹ nardowości polskiej w latach 1945–1947 na terenie Niemiec Zachodnich«, in: *Przegląd Zachodni* 1984, H. 5/6, S. 71–103.

Jaggi, Maya: »Ruth Prawer Jhabvala«, in: *The Guardian*, 19. März 2005.

Jagiełło, Michał: *Razem czy osobno? Przewodnik po lekturach*, Bd. 2, Warszawa 2011.

Janke, Maria Gertruda: *Dzieje wileńskiego zgromadzenia sióstr wizytek od roku 1939 do 1958 w zarysie*, Siemianowice o.J. [1958], Manuskript im Besitz des Autors.

Jankowiak, Stanisław: *Wysiedlenie i emigracja ludności niemieckiej wpolityce władz polskich w latach 1945–1970*, Warszawa 2005

Janocha, Albin, o. OFMCap: *Pod opieką Matki Bożej. Wspomnienia Sybiraka 1939–1956*, Nachwort und Anmerkungen von Stanisław Ciesielski, Wrocław 1993.

Janowsky, Oscar I.: *People at Bay. The Jewish Problem in East-Central Europe*, London 1938.

Jolluck, Katherine R.: *Exile and Identity. Polish Women in the Soviet Union during World War II*, Pittsburgh, Pa., 2002.

Jones, F. Elwyn: *Hitler's Drive to the East*, London 1937.

Jussila, Osmo/Hentilä, Seppo/Nevakivi, Jukka: *Politische Geschichte Finnlands seit 1809. Vom Großfürstentum zur Europäischen Union*, aus dem Finnischen von Kaija Menger, Manfred Menger und Dörte Putensen, Berlin 1999.

Kapuściński, Ryszard: *Afrikanisches Fieber*, aus dem Polnischen von Martin Pollack, 11. Auflage, München 2007.

Kapuściński, Ryszard: *Wieder ein Tag Leben: Innenansichten eines Bürgerkriegs, Jeszcze dzień życia*, aus dem Polnischen von Martin Pollack, Frankfurt am Main 1994.

Karp, Hans-Jürgen/Traba, Robert (Hg.): *Nachkriegsalltag in Ostpreußen. Erinnerungen von Deutschen, Polen und Ukrainern*, Münster 2004.

Karpowicz, Adam: *Od Wangerin do Węgorzyna – dzieje miasta w latach 1939 – 1945*, Magisterarbeit, Szczecin 2006.

Karpus, Zbigniew: *Jeńcy i internowani rosyjscy i ukraińscy na terenie Polski w latach 1918 – 1924*, Toruń 2000.

Kaser, Karl/Gramshammer-Hohl, Dagmar/Piskorski, Jan M./Vogel, Elisabeth (Hg.): *Wieser Enzyklopädie, Bd. 12: Kontinuitäten und Brüche: Lebensformen – Alteingesessene – Zuwanderer von 500 bis 1500*, Klagenfurt 2010.

Kasprowiczowa, Maria, *Dziennik*, mit einem Vorwort von Konrad Górski, 2. Aufl. Warszawa 1958.

Kaufmann, Chaim: »Possible and Impossible Solutions to Ethnic Civil Wars«, in: *International Security* 20 (1996), H. 4, S. 136 – 175.

Kaufmann, Chaim: »When All Else Fails: Ethnic Population Transfers and Partitions in the Twentieth Century«, in: *International Security* 23 (1998), H. 2, S. 120 – 156.

Keller, Stephen L.: *Uprooting and Social Change. The Role of Refugees in Development*, Delhi 1975.

Kerski, Basil/Kowalczyk, Stanisław Andrzej: *Ein ukrainischer Kosmopolit mit Berliner Adresse. Gespräche mit Bohdan Osadczuk (Alexander Korab)*, aus dem Polnischen von Agnieszka Grzybkowska, Osnabrück 2004.

Kersten, Krystyna: »Szacunek strat osobowych w Polsce Wschodniej«, in: *Dzieje Najnowsze* 26 (1994), H. 2, S. 41 – 50.

Khan, Saleem Ullah (Hg.): *The Journey to Pakistan. A Documentation on Refugees of 1947*, Islamabad 1993.

Kibelka, Ruth: *Ostpreußens Schicksalsjahre, 1944 – 1948*, Berlin 2004.

Kibitlewska, Dagmara: *Czaplinek w trudnej dekadzie 1939 – 1949: Osadnictwo w wyzwolonym – zdobytym Czaplinku*, Magisterarbeit, Szczecin 2006.

Klemperer, Victor: *LTI: Notizbuch eines Philologen*, Leipzig 1966.

Knudsen, John Chr.: »When Trust Is on Trial: Negotiating Refugee Narratives«, in: Daniel/Knudsen (I Ig.), *Mistrusting Refugees*, S. 13 – 35.

Kochanowski, Jerzy: »Verräter oder Mitbürger? Staat und Gesellschaft in Polen zum Problem der Volksdeutschen vor und nach 1945«, in: Kochanowski/Sach (Hg.), *Die »Volksdeutschen«*, S. 333 – 352.

Kochanowski, Jerzy/Sach, Maike (Hg.): *Die »Volksdeutschen« in Polen, Frankreich, Ungarn und der Tschechoslowakei. Mythos und Realität*, Osnabrück 2006.

Kohser-Spohn, Christiane: »Staatliche Gewalt und der Zwang zur Eindeutigkeit: Die Politik Frankreichs in Elsass-Lothringen nach dem Ersten Weltkrieg«, in: Ther/Sundhaussen (Hg.), *Nationalitätenkonflikte*, S. 184 – 202.

Kohser-Spohn, Christiane: »Die Vertreibung der Deutschen aus dem Elsass 1918–1920«, in: Kochanowski/Sach (Hg.), *Die »Volksdeutschen«*, S. 79–94.

Kołata, Katarzyna: *Polacy, Niemcy, Rosjanie w Witnicy w latach 1945–1948*, Magisterarbeit, Szczecin 2008.

Konieczny, Kinga/Łazowski, Andrzej: *A ty zostaniesz ze mną/Du aber bleibst bei mir*, übersetzt von Torsten Salzer, Szczecin 2008.

Königsberger, Angelika/Wetzel, Juliane: »DP Camp 1945–1950: The British Section«, in: Somers, Erik/Kok, René (Hg.): *Jewish Displaced Persons in Camp Bergen-Belsen, 1945–1950: The Unique Photo Album of Zippy Orlin*, Zwolle 2003, S. 42–55.

Kopka, Bogusław: *Obozy pracy w Polsce 1944–1950. Przewodnik encyklopedyczny*, Warszawa 2002.

Kordan, Bohdan: »Making Borders Stick: Population Transfer and Resettlement in the Trans-Curzon Territories, 1944–1949«, in: *International Migration Review* 31 (1997), H. 3, S. 704–720.

Korić, Davor: »… und Sarajevo muß für alles zahlen.« *Briefe aus dem belagerten Sarajevo*, übers. von Thomas Bremer, Einleitung von Alida Bremer, Osnabrück 1993.

Korzeniowski, Mariusz/Mądzik, Marek/Tarasiuk, Dariusz: *Tułaczy los. Uchodźcy polscy w imperium rosyjskim w latach pierwszej wojny światowej*, Lublin 2007.

Kossert, Andreas: *Kalte Heimat: Die Geschichte der deutschen Vertriebenen nach 1945*, München 2008.

Kotschnig, Walter M.: »Introduction«, in: Kotschnig/Prys (Hg.), *The University*, S. 1–23.

Kotschnig, Walter M./Prys, Elined (Hg.): *The University in a Changing World*, London 1932.

Kowalska, Monika: *Od Wugarten przez Ogrody do Ogard (Ogardy w latach 1945–1955)*, Magisterarbeit, Szczecin 2007.

Kraft, Claudia: »Who Is a Pole, and Who Is a German? The Province of Olsztyn in 1945«, in: Ther/Siljak (Hg.), *Redrawing Nations*, S. 107–120.

Krasucki, Eryk: »»… to są Żydzi i trzeba ich bić. O tumulcie szczecińskim latem 1946 r.‹«, in: *Odra* 2008, H. 4, S. 31–35.

Kristof, Agota: *Gestern*, übers. von Carina von Enzenberg und Hartmut Zahn, München/Zürich 1998.

Krockow, Christian Graf von: *Die Stunde der Frauen: Bericht aus Pommern 1944 bis 1947*, München 1995.

Kross, Jaan: »Rurociąg«, aus dem Estnischen von Leszek Engelking, in: *Gazeta Wyborcza*, 24. Januar 2002.

Krzoska, Markus: »Deutsche Ostforschung – polnische Westforschung. Prolegomena zu einem Vergleich«, in: *Zeitschrift für Ostmitteleuropaforschung* 52, 2003, S. 398–419.

Krzoska, Markus: *Für ein Polen an Oder und Ostsee. Zygmunt Wojciechowski (1900–1955) als Historiker und Publizist*, Osnabrück 2003.

Kuczyński, Waldemar: »Wojna, jaką ją pamiętam«, in: *Duży Format*, Beilage zur *Gazeta Wyborcza* Nr. 35/843, 10. September 2009, S. 16f.

Kulischer, Eugen M.: »Displaced Persons in the Modern World«, in: *Annals of the American Academy of Political and Social Science* 262 (1949), März, S. 166 – 177.

Kulischer, Eugene M.: *Europe on the Move: War and Populations Changes, 1917 – 1947*, New York 1948.

Kuper, Leo: *The Prevention of Genocide*, New Haven 1985.

Kushner, Tony/Knox, Katharine: *Refugees in an Age of Genocide*, London 1999.

Kuzniecow, Anatol, *Babi Jar*, aus dem Russischen von Zofia Korczak Zawadzka, Warszawa 1968.

Lagaris, Theodoros: »Griechische Flüchtlinge in Ost- und Südosteuropa seit dem Bürgerkrieg 1946 – 1949«, in: Bade u.a. (Hg.), *Enzyklopädie*, S. 608 – 612.

Lakotta, Beate: »Tief vergraben, nicht dran rühren«, in: Burgdorff/Wiegrefe (Hg.), *Der Zweite Weltkrieg*, S. 330 – 337.

Lammers, Ellen: *Refugees, Gender and Human Security: A Theoretical Introduction and Annotated Bibliography*, Utrecht 1999.

Ławrynowicz, Janusz: »Dom malarza zapomnianego«, in: *Kurier Szczeciński*, 24. April 2009, S. 23.

Laycock, Joanne: »The Repatrition of Armenians to Soviet Armenia, 1945 – 1949«, in: Gatrell/Baron (Hg.), *Warlands*, S. 140 – 161.

Layoun, Mary N.: »(Mis)Trusting Narratives: Refugee Stories of Post-1922 Greece and Post-1974 Cyprus«, in: Daniel/Knudsen (Hg.), *Mistrusting Refugees*, S. 73 – 86.

Le Clézio, Jean-Marie G.: *Lied vom Hunger*, aus dem Französischen von Uli Wittmann, Köln 2012.

Leibowitz, Jeshajahu, mit Shashar, Michael: *Gespräche über Gott und die Welt*, aus dem Hebräischen von Matthias Schmidt, Frankfurt am Main 1990.

Lem, Stanisław: *Provokation*, aus dem Polnischen von Jens Reuter, Frankfurt am Main 1981.

Lemberg, Hans: »›Ethnische Säuberung‹: Ein Mittel zur Lösung von Nationalitätenproblemen?«, in: *Aus Politik und Zeitgeschichte* B 46, 1992, S. 27 – 38.

Lenz, Siegfried: *Heimatmuseum*, München 1981.

Lestschinsky, Jacob: »The Anti-Jewish Program. Tsarist Russia, the Third Reich and Independent Poland«, in: *Jewish Social Studies* 3 (1941), S. 141 – 158.

Leutloff-Grandits, Carolin: »Serben in der Krajna seit dem späten 19. Jahrhundert«, in: Bade u.a. (Hg.), *Enzyklopädie*, S. 981ff.

Levin, Dov: *The Lesser of Two Evils. Eastern European Jewry Under Soviet Rule 1939 – 1941*, übersetzt von Naftali Greenwood, Philadelphia 1995.

Levin, Dov: »Wileńscy Żydzi w dobie władzy radzieckiej, 19 IX – 28 X 1939«, in: ders.: *Żydzi wschodnioeuropejscy podczas II wojny światowej*, übers. von Ewa Balcerek, Warszawa 2005, S. 11 – 53.

Libionka, Dariusz: »Biedni AK-owcy opisują Zagładę na prowincji«, in: *Więź* 2009, H. 4 (606), S. 118 – 129.

Libionka, Dariusz: »Między słowami«, in: *Tygodnik Powszechny*, 19. Februar 2008.

Libionka, Dariusz/Adamczyk-Garbowska, Monika: »Zdążyć przed premierą, czyli bracia Bielscy po polsku«, in: *Gazeta Wyborcza*, 31. Janaur bis 1. Februar 2009, S. 28f.

Linek, Bernard: »›De-Germanization‹ and ›Re-Polinization‹ in Upper Silesia, 1945 – 1950«, in: Ther/Siljak (Hg.), *Redrawing Nations*, S. 121 – 134.

Lipczak, Aleksandra: »Adres Wandy za 400 franków«, *Wysokie Obcasy*, wöchentliche Beilage zur *Gazeta Wyborcza*, 26. Juni 2010, S. 12 – 18.

Lipphardt, Anna: *Vilne. Die Juden aus Vilnius nach dem Holocaust. Eine transnationale Beziehungsgeschichte*, Paderborn 2010.

Liskowacki, Ryszard: *Dzień siódmy i znowu pierwszy*, 2. Auflage, Poznań 1964.

Liulevičius, Vėjas Gabriel: »German Military Occupation and Culture on the Eastern Front in World War I«, in: Ingrao, Charles/Szabo, Franz A. J. (Hg.): *The Germans and the East*, West Lafayette, Ind., 2008, S. 201 – 208.

Liulevičius, Vėjas Gabriel: »Precursors and Precedents: Forced Migration in Northeastern Europe during the First World War«, in: *Nordost-Archiv. Zeitschrift für Regionalgeschichte* NF 14 (2005), S. 32 – 52.

Löwenthal, Leo: »Individuum und Terror«, in: Diner, Dan (Hg.): *Zivilisationsbruch. Denken nach Auschwitz*, Frankfurt am Main 1988, S. 15 – 25.

Lucassen, Jan/Lucassen, Leo: »Migration, Migration History, History: Old Paradigms and New Perspectives«, in: dies. (Hg.): *Migration, Migration History, History: Old Paradigms and New Perspectives*, Bern 1997, S. 9 – 38.

Lucassen, Leo: *The Immigrant Threat. The Integration of Old and New Migrants in Western Europe since 1850*, Champaign, IL, 2005.

Lucassen, Leo: *Zigeuner: Die Geschichte eines polizeilichen Ordnungsbegriffes in Deutschland 1700 – 1945*, Köln 1996.

Łuczak, Czesław: »Szanse i trudności bilansu demograficznego Polski w latach 1933 – 1945«, in: *Dzieje Najnowsze* 26 (1994), H. 2, S. 9 – 14.

Ługowska, Nina: *Chcę żyć. Dziennik radzieckiej uczennicy 1932 – 1937*, übers. von Ewa Niepokólczycka, Warszawa 2006.

Mackridge, Peter: »The Myth of Asia Minor in Greek Fiction«, in: Hirschon (Hg.), *Crossing the Aegean*, S. 235 – 246.

Madajczyk, Czesław: *Polityka III Rzeszy w okupowanej Polsce*, Bd. 1 – 2, Warszawa 1970.

Madajczyk, Czesław (Hg.): *Zamojszczyzna – Sonderlaboratorium SS. Zbiór dokumentów polskich i niemieckich z okresu okupacji hitlerowskiej*, Bd. 1 – 2, Warszawa 1977.

Madajczyk, Piotr: »Der Generalplan Ost und die Aussiedlung der Polen«, in: *Annali dell'Instituto storico italo-germanico in Trento* 27 (2001), S. 519 – 531.

Madajczyk, Piotr: *Niemcy polscy 1944 – 1989*, Warszawa 2001.

Magocsi, Paul Robert: *Historical Atlas of Central Europe: Revised and Expanded Edition*, Seattle 2002.

Maier, Charles S.: *The Unmasterable Past: History, Holocaust, and German National Identity*, 2. Auflage, Cambridge, MA, 1997.

Majerski, Michał: *Meiner Mutter Land*, Deutsch-polnischer Dokumentarfilm 2005.

Majerski, Michał: *Meines Vaters Haus*, Deutsch-polnischer Dokumentarfilm 2008.

Majewski, Piotr M.: *»Niemcy Sudeccy« 1848 – 1948. Historia pewnego nacjonalizmu*, Warszawa 2007.

Mallmann, Klaus-Michael/Böhler, Jochen/Matthäus, Jürgen: *Einsatzgruppen in Polen. Darstellung und Dokumentation*, Darmstadt 2008.

Mańkowski, Zygmunt: »Problem weryfikacji strat w obozie na Majdanku«, in: *Dzieje Najnowsze* 26 (1994), H. 2, S. 26 – 31.

Manoschek, Walter: »Zwischen ›Germanisierung‹ und ›Sowjetisierung‹. Totalitäre Besatzungspolitik in Polen 1939 – 1941«, in: Becker, Joachim (Hg.): *Krieg an den Rändern: Von Sarajewo bis Kuito*, Wien 2005, S. 170 – 186.

Manto, Saadat Hasan, *Kingdom's End and Other Stories*, übers. vom Urdu ins Englische von Khalid Hasan, London 1987.

Marciszewska, Katarzyna: *Od Augustwalde do Wielgowa. Polscy, niemieccy i radzieccy mieszkańcy w latach 1939 – 1949*, Magisterarbeit, Szczecin 2008.

Marrus, Michael R.: »Introduction«, in: Bramwell (Hg.), *Refugees*, S. 1 – 6.

Marrus, Michael R.: *The Unwanted: European refugees in the 20th century*, Oxford 1985.

Marszałek, Józef: »Stan badań nad stratami osobowymi ludności żydowskiej Polski oraz nad liczbą ofiar obozów zagłady w okupowanej Polsce«, in: *Dzieje Najnowsze* 26 (1994), H. 2, S. 33 – 40.

Matschke, Klaus-Peter: »Zwangsmigrationen in der älteren Geschichte Südosteuropas«, in: *Comparativ* 6 (1996), H. 1, S. 63 – 70.

Mazower, Mark: *The Balkans: A Short History*, New York 2000.

Mazower, Mark: *Dark Continent: Europe's Twentieth Century*, London 1999.

Mazower, Mark: *Salonica, City of Ghosts: Christians, Muslims and Jews, 1430 – 1950*, New York 2006.

Mazower, Mark: »Violence and the State in the Twentieth Century«, in: *American Historical Review* 107 (2002), S. 1158 – 1178.

McCarthy, Justin: *Death or Exile: The Ethnic Cleansing of Ottoman Muslims 1821 – 1922*, Princeton, NJ, 1995.

McEvedy, Colin: *The Penguin Atlas of Recent History: Europe since 1815*, London 1982.

Melander, Göran: »The Concept of the Term ›Refugee‹«, in: Bramwell (Hg.), *Refugees*, S. 7 – 14.

Melville, Ralph/Pešek, Jiří/Scharf, Claus (Hg.): *Zwangsmigration im mittleren und östlichen Europa. Völkerrecht – Konzeptionen – Praxis (1938 – 1950)*, Mainz 2007.

Mendelsohn, Ezra: »Jewish Policics in Interwar Poland: An Overview«, in: Gutman, Yisrael/Mendelsohn, Ezra, u.a.: *The Jews of Poland Between Two World Wars*, Hanover/London 1989, S. 9–19.

Mieczkowski, Janusz: *Żydzi, Niemcy i Ukraińcy na Pomorzu Zachodnim w latach 1945–1956*, Szczecin 1994.

Miller, Richard/Ivanovic, Miodrag: »Macedonia: The Creation of a Nation and State out of Ethnic Conflict«, in: Sfikas/Williams (Hg.), *Ethnicity and Nationalism*, S. 311–339.

Miłosz, Czesław: *Geschichte der Polnischen Literatur*, aus dem Englischen und Polnischen von Arthur Mandel, Köln 1981.

Młynarczyk, Jacek Andrzej: *Judenmord in Zentralpolen. Der Distrikt Radom im Generalgouvernement 1939–1945*, Darmstadt 2007.

Mockało, Bernadetta: *Banie w latach 1945–1950*, Magisterarbeit, Szczecin 2002.

Modzelewski, Łukasz: *Dolice na przełomie 1945 roku*, Magisterarbeit, Szczecin 2007.

Mommsen, Wolfgang J.: »Between Revisionism and Neo-Historicism: Recent Trends in West-German Historiography«, in: *Storia della Storiografia* 11, 1987, S. 104–121.

Mommsen, Wolfgang J.: »Vom ›Volkstumskampf‹ zur nationalsozialistischen Vernichtungspolitik in Osteuropa. Zur Rolle der deutschen Historiker unter dem Nationalsozialismus«, in: Schulze/Oexle u.a. (Hg.), *Deutsche Historiker*, S. 183–214.

Montefiore, Simon Sebag: *Stalin. Am Hof des roten Zaren*, aus dem Englischen von Hans Günter Holl, Frankfurt am Main 2006.

Mühle, Eduard: »Hermann Aubin, der ›Deutsche Osten‹ und der Nationalsozialismus. Deutungen eines akademischen Wirkens im Dritten Reich«, in: Lehmann, Hartmut/Oexle, Otto Gerhard (Hg.): *Nationalsozialismus in den Kulturwissenschaften*. Bd. 1: *Fächer – Milieus – Karrieren*, Göttingen 2004, S. 531–591.

Mühle, Eduard: »Resettled, Expelled and Displaced: The Baltic Experience 1939–1951. Some Observations on the Current State of Research«, in: Angermann, Norbert/Garleff, Michael/Lenz, Wilhelm (Hg.): *Ostseeprovinzen, Baltische Staaten und das Nationale. Festschrift für Gerd von Pistohlkors zum 70. Geburtstag*, Münster 2005, S. 565–589.

Muldoon, James: »The Indian as Irishman«, in: *Essex Institute Historical Collections* 111 (1975), S. 267–289.

Müller, Albert: »Gesamtstatistik – ein Experiment«, in: Aly (Hg.), *Volkes Stimme*, S. 116–129.

Müller, Michael G.: »Wie ethnisch war die Nation? Ethnizität in polnischen und deutschen nationalen Diskursen«, in: *Tel Aviver Jahrbuch für deutsche Geschichte* 30, 2002, S. 104–115.

Münzel, Frank/Pehar, Lidija (Hg.): *Auf 12 Uhr wird euch der Krieg erklärt. Berichte bosnischer Flüchtlinge in Hamburg*, Osnabrück 1998.

Musiał, Bogdan: »Bielski w puszczy niedomówień«, in: *Rzeczpospolita*, 31. Januar 2009.

Musiał, Bogdan: »Das Schlachtfeld zweier totalitären Systeme. Polen unter deutscher und sowjetischer Herrschaft 1939 – 1941«, in: Mallmann, Klaus-Michael/Musiał, Bogdan (Hg.): *Genesis der Genozids: Polen 1939 – 1941*, Darmstadt 2004, S. 13 – 35.

Myśliwski, Wiesław: *Traktat o łuskaniu fasoli*, Kraków 2006.

Naimark, Norman M.: *Flammender Hass. Ethnische Säuberungen im 20. Jahrhundert*, München 2004. (*Fires of Hatred: Ethnic Cleansing in Twentieth-Century Europe*, Cambridge, MA, 2001.)

Naimark, Norman M.: *Russen in Deutschland: Die Sowjetische Besatzungszone 1945 bis 1949*, Berlin 1999.

Némirovsky, Irène: *Suite française*, aus dem Französischen von Eva Moldenhauer, München 2005.

Neugebauer, Wolfgang: »Hans Rothfels und Ostmitteleuropa«, in: Hürter, Johannes/Woller, Hans (Hg.): *Hans Rothfels und die deutsche Geschichte*, München 2005, S. 39 – 61.

Nitschke, Bernadetta: *Wysiedlenie czy wypędzenie? Ludność niemiecka w Polsce w latach 1945 – 1949*, Toruń 2001.

Nolte, Ernst: *Der europäische Bürgerkrieg 1917 – 1945. Nationalsozialismus und Bolschewismus*, Frankfurt am Main 1987.

Nolte, Hans-Heinrich: »Zwischen Duldung und Vertreibung: (Ethno-)religiöse Minderheiten im europäischen Vergleich«, in: Hahn u.a. (Hg.), *Ausweisung*, S. 27 – 45.

Nowak, Karl Friedrich: *The Collapse of Central Europe*, übers. von P. Lochner/E. W. Dickes, London 1924.

Ochman, Ewa: »Population Displacement and Regional Reconstruction in Postwar Poland: the Case of Upper Silesia«, in: Gatrell/Baron (Hg.), *Warlands*, S. 210 – 228.

Odojewski, Włodzimierz: *Katharina oder Alles verwehen wird der Schnee. Roman.* Aus dem Polnischen von Gerda Hagenau und Rudolf von Jouanne, Berlin u.a. 1976.

Ohliger, Rainer: »Menschenrechtsverletzung oder Migration? Zum historischen Ort von Flucht und Vertreibung der Deutschen nach 1945«, in: *Zeithistorische Forschungen/Studies in Contemporary History*, Online-Ausgabe, 2 (2005), H. 3, <http://www.zeithistorische-forschungen.de/16126041-Ohliger-3-2005>.

Oltmer, Jochen: »Flucht, Vertreibung und Asyl im 19. und 20. Jahrhundert«, in: Bade Klaus J. (Hg.): *Migration in der europäischen Geschichte seit dem späten Mittelalter*, Osnabrück 2002, S. 107 – 134.

Oltmer, Jochen: »Krieg, Migration und Zwangsarbeit im 20. Jahrhundert«, in: Seidel, Hans-Christoph/Tenfelde, Klaus (Hg.): *Zwangsarbeit im Europa des 20. Jahrhunderts. Bewältigung und vergleichende Aspekte*, Essen 2007, S. 131 – 153.

Oltmer, Jochen: »Migration, Integration und Krieg im Europa des ›Jahrhunderts der Flüchtlinge‹«, in: *Geschichte, Politik und ihre Didaktik. Beiträge und Nachrichten für die Unterrichtspraxis* (= *Zeitschrift für historisch-politische Bildung* 32, 2004, H. 1 – 2), S. 90 – 100.

Oltmer, Jochen: *Migration und Politik in der Weimarer Republik*, Göttingen 2005.

Oltmer, Jochen: »Zwangsmigrationen vom Ersten zum Zweiten Weltkrieg: Deutschland und Europa«, in: Melville/Pešek/Scharf (Hg.), *Zwangsmigration*, S. 55 – 75.

Orłowski, Hubert: »Semantik der Deprivation«, in: Lawaty, Andreas/Orłowski, Hubert: *Deutsche und Polen. Geschichte – Kultur – Politik*, München 2003, S. 132 – 144.

Orłowski, Hubert: *Warmia z oddali. Odpominania*, Olsztyn 2000.

Orłowski, Hubert/Schneider, Thomas F. (Hg.): »*Erschießen will ich nicht*«. *Als Offizier und Christ im totalen Krieg. Das Kriegstagebuch des Dr. August Töpperwien 3.09.1939 – 6.05.1945*, Düsseldorf 2006.

Orzołek, Kurt Kazimierz: »Miejsce urodzenia: Vietz/Ostbahn«, in: Czarnuch, Zbigniew (Bearb.): *Wspomnienia, relacje, listy i rozmowy witniczan*, Witnica 1994.

Overmans, Rüdiger: »Personelle Verluste der Deutschen Bevölkerung durch Flucht und Vertreibung«, in: *Dzieje Najnowsze* 26 (1994), H. 2, S. 51 – 65.

Overy, Richard: *The Penguin Historical Atlas of the Third Reich*, London 1996.

Pakrasi, Kanti B.: *The Uprooted: A Sociological Study of the Refugees of West Bengal, India*, Calcutta 1971.

Panzig, Christel/Panzig, Klaus-Alexander: »›Die Russen kommen!‹: Deutsche Erinnerungen an Begegnungen mit ›Russen‹ bei Kriegsende 1945 in Dörfern und Kleinstädten Mitteldeutschlands und Mecklenburg-Vorpommerns«, in: Scherstjanoi (Hg.), *Rotarmisten*, S. 340 – 368.

Pape, Matthias: *Ungleiche Brüder: Österreich und Deutschland 1945 – 1965*, Köln 2000.

Parandowski, Jan: *Alchemia słowa*, 6. Auflage, Warszawa 1986.

Paul, Mark: *Wartime Rescue of Jews by the Polish Catholic Clergy. The Testimony of Survivors*, Toronto 2007, <http://www.savingsjews.org/docs/clergy_rescue.pdf>.

Paulsson, Gunnar S.: *Utajone miasto: Żydzi po aryjskiej stronie Warszawy (1940 – 1945)*, übers. von Elżbieta Olender-Dmowska, Kraków 2007.

Peck, Jeffrey M.: »Refugees as Foreigners: The Problem of Becoming German and Finding Home«, in: Daniel/Knudsen (Hg.), *Mistrusting Refugees*, S. 102 – 125.

Persson, Hans-Åke: »Foreigners, Historical Ethnic Immigration, and the Successful Western German Model«, in: ders. (Hg.), *Encounter with Strangers*, S. 9 – 84.

Persson, Hans-Åke: »German Refugees After 1945: a British Dilemma«, in: Bramwell (Hg.), *Refugees*, S. 164 – 183.

Persson, Hans-Åke: *Rhetorik und Realpolitik: Großbritannien, die Oder-Neiße-Grenze und die Vertreibung der Deutschen nach dem Zweiten Weltkrieg*, 2. Auflage, Berlin 2001.

Persson, Hans-Åke (Hg.): *Encounter with Strangers. The European Experience*, Lund 1997.

Pető, Andrea: »Stimmen des Schweigens: Erinnerungen an Vergewaltigungen in den Hauptstädten des ›ersten Opfers‹ (Wien) und des ›letzten Verbündeten‹ Hitlers (Budapest) 1945«, in: *Zeitschrift für Geschichtswissenschaft* 47 (1999), S. 892 – 913.

Petrović, Vladimir: »From Revisionism to ›Revisionism‹. Legal Limits to Historical Interpretation«, in: Kopeček, Michal (Hg.): *Past in the Making. Historical Revisionism in Central Europe after 1989*, Budapest 2008, S. 17 – 37.

Pfeifer, Helfried: »Die Rechtslage der Flüchtlingen deutscher Volkszugehörigkeit in Österreich«, in: *Ostdeutsche Wissenschaft* 10 (1963), S. 255 – 338.

Pintus, Else-Elżbieta: *Moje prawdziwe przeżycia. Meine wahren Erlebnisse*, hg. von Józef Borzyszkowski, Gdańsk 2005.

Piper, Franciszek: »Weryfikacja strat osobowych w obozie koncentracyjnym w Oświęcimiu«, in: *Dzieje Najnowsze* 26 (1994), H. 2, S. 15 – 25.

Piskorski, Jan M.: »Die ›alten‹ und die ›neuen‹ Pommern«, in: *Pommersches Jahrbuch für Literatur* 1 (2003), S. 139 – 144.

Piskorski, Jan M.: »Anmerkungen zur neueren Literatur über Zwangsmigrationen im östlichen Europa«, in: *Inter Finitimos* 5 (2007), S. 208 – 216.

Piskorski, Jan M.: »Autochthone, Migranten, ihre Erinnerung und die Geschichte«, in: Konieczny/Łazowski, *A ty zostaniesz ze mną/Du aber bleibst bei mir*, S. 15 – 23.

Piskorski, Jan M.: »Die brandenburgischen Kietze – Eine Institution slawischen Ursprungs oder ein Produkt askanischer Herrschaft?«, in: Bulach, Doris/ Hardt, Matthias (Hg.): *Zentrum und Peripherie in der Germania Slavica. Beiträge zu Ehren von Winfried Schich*, Stuttgart 2008, S. 181 – 202.

Piskorski, Jan M.: »The Colonization of Central Europe as the Problem of World History and Historiography«, in: *German History* 22 (2004), S. 323 – 343.

Piskorski, Jan M.: »Die Deutschen aus polnischer Sicht vor dem Ende des 18. Jh.«, in: Dmitrów, Edmund/Weger, Tobias (Hg.): *Deutschlands östliche Nachbarschaften: Eine Sammlung von historischen Essays für Hans Henning Hahn*, Frankfurt am Main 2009, S. 365 – 390.

Piskorski, Jan M.: »Das europäische Memento. Am Anfang von Flucht und Vertreibung war der Krieg«, in: *Blätter für deutsche und internationale Politik* 2011, H. 1, S. 112 – 121.

Piskorski, Jan M.: »Erinnerung als Aussöhnung. Vergangenheit als Quelle von Angst und Hoffnung«, übers. von Peter Oliver Loew, in: ders./Prunitsch, Christian (Hg.): *Polen. Jubiläen und Debatten. Beiträge zur Erinnerungskultur*, Wiesbaden 2012, S. 10 – 27.

Piskorski, Jan M.: »From Munich through Wannsee to Auschwitz: The Road to the Holocaust«, übers. von Piotr Górecki, in: *Journal of the Historical Society* 7/6 (2007), S. 155–175.

Piskorski Jan M.: »Im selben Zug. Flucht und Vertreibung als geteilte Erfahrung im Europa des 20. Jahrhunderts. Zusammenfassung«, übers. von Torsten Salzer, in: Marciszewska, Katarzyna/Migdalski, Paweł (Hg.): *Tym samym pociągiem. Przesiedlenia przymusowe, procesy dezintegracyjne i integracyjne na Pomorzu Zachodnim i Ziemi Lubuskiej w latach 1939–1949 w wyborze prac magisterskich powstałych na seminarium Jana M. Piskorskiego*, Chojna/Szczecin 2013, S. 189–192.

Piskorski, Jan M.: »Karol Potkański – u źródeł transformacji ustrojowej i gospodarczej Polski w wiekach średnich: Posłowie«, in: Potkański, Karol: *Pisma pośmiertne*, hg. von Franciszek Bujak, 2. Auflage, Poznań 2004, S. 637–642.

Piskorski, Jan M.: *Kolonizacja wiejska Pomorza Zachodniego w XIII i w początkach XIV wieku na tle procesów osadniczych w średniowiecznej Europie*, 2. Auflage, Poznań 2005.

Piskorski, Jan M.: »Odzyskane ziemie utracone«, in: *Odra* 1991, H. 10, S. 12–19.

Piskorski, Jan M.: »Schluss: Ethnischer Wandel im mittelalterlichen Ostmittel- und Osteuropa«, in: Kaser u.a. (Hg.), *Wieser Enzyklopädie des Europäischen Ostens*, S. 395–400.

Piskorski, Jan M.: *Vertreibung und deutsch-polnische Geschichte. Eine Streitschrift.* Aus dem Polnischen von Andreas Warnecke, Osnabrück 2005.

Piskorski, Jan M.: »Wir haben die Tür abgeschlossen. Das Problem der Vertreibungen im 20. Jahrhundert und der Versöhnung mit der Erinnerung im Kontext der Aufgaben der Zeitgeschichte«, in: Strobel, Thomas/Maier, Robert (Hg.): *Das Thema Vertreibung und die deutsch-polnische Beziehungen in Forschung, Unterricht und Politik*, Hannover 2008, S. 13–28.

Piskorski, Jan M.: »Wojna, pamięć, tożsamość«, in: ders. (Hg.): *Wojna, pamięć, tożsamość. O bitwach i mitach bitewnych*, Warszawa 2012, S. 17–67.

Piskorski, Jan M.: »Zagubione europejskie memento, czyli polsko-niemiecka odpowiedzialność za przyszłość«, in: *Odra* 50 (2010), H. 11, S. 24–29.

Pletzing, Christian/Pletzing, Marianne (Hg.): *Displaced Persons. Flüchtlinge aus den baltischen Staaten in Deutschland*, München 2007.

Polak, Piotr: *Wolin i okolice w dekadzie wielkich zmian (lata 1939–1949)*, Magisterarbeit, Szczecin 2006.

Polian, Pavel: *Against Their Will. The History and Geography of Forced Migrations in the USSR*, Budapest 2004.

Polian, Pavel: »Westarbeiter: Reparationen durch Arbeitskraft. Deutsche Häftlinge in der UdSSR«, in: Dahlmann/Hirschfeld (Hg.), *Lager*, S. 337–367.

Polian, Pavel: »Zwangsmigrationen in Nordosteuropa. Ein Überblick über Arbeiten in der russischen Historiographie«, in: *Nordost-Archiv. Zeitschrift für Regionalgeschichte* NF 14 (2005), S. 226–284.

Pollack, Martin: *Der Tote im Bunker. Bericht über meinen Vater*, Wien 2004.

Polonsky, Antony: *The Jews in Poland and Russia*, 3 Bde., Oxford 2010 – 2012.

Pomian, Krzysztof: *Historia. Nauka wobec pamięci*, Lublin 2006.

Pomian, Krzysztof: *Oblicza dwudziestego wieku. Szkice historyczno-polityczne*, Lublin 2002.

Prazmowska, Anita J.: »Polish Refugees as Military Potential: Policy Objectives of the Polish Government in Exile«, in: Bramwell (Hg.), *Refugees*, S. 219 – 232.

Procházková, Petra: *Ani życie, ani wojna. Czeczenia oczami kobiet*, übers. von Grzegorz Sowula, Warszawa 2005.

Proudfoot, Malcolm J.: *European Refugees, 1939 – 1952: A Study in Forced Population Movement*, London 1957.

Puhl, Jan: »Die Multi-Kulti-Truppe«, in: Burgdorff/Wiegrefe (Hg.), *Der Zweite Weltkrieg*, S. 143 – 148.

Quellen zu den deutsch-russischen Beziehungen 1801 – 1917, hg. von Horst Günther Linke, Darmstadt 2001.

Rabelais, François: *Gargantua und Pantagruel*, aus dem Französischen von Walter Widmer und Karl August Horst, Bd. 1, München 1968.

Reale, Eugenio: *Raporty. Polska 1945 – 1946*, übers. von Paweł Zdziechowski, Warszawa 1991.

Reimann, Aribert: »Der Erste Weltkrieg – Urkatastrophe oder Katalysator?«, in: *Aus Politik und Zeitgeschichte* B 29 – 30, 2004, S. 30 – 38.

Remarque, Erich Maria: *Arc de Triomphe*, Köln 1998 (1. Auflage 1945).

Remarque, Erich Maria: *Liebe Deinen Nächsten*, Köln 2004 (1. Auflage 1941).

Remarque, Erich Maria: *Die Nacht von Lissabon*, Berlin 1978 (1. Auflage 1962).

Richmond, Anthony H.: »Sociological Theories of International Migration: the Case of Refugees«, in: *Current Sociology* 36 (1988), H. 2, S. 7 – 25.

Rogall, Joachim: *Die Deutschen im Posener Land und in Mittelpolen*, München 1993.

Roseman, Mark: *The Villa, the Lake, the Meeting: Wannsee and the Final Solution*, London 2003.

Rosenberg, Tina: *Kraje w których straszy. Europa Środkowa w obliczu upiorów komunizmu*, übers. von Anna Samborska, Poznań 1997 (dt.: *Die Rache der Geschichte. Erkundungen im neuen Europa*, München/Wien 1997).

Rossino, Alexander B.: *Hitler Strikes Poland: Blitzkrieg, Ideology, and Atrocity*, Lawrence, Kansas, 2003.

Rothe, Wolfram: *Vertrieben und angekommen. Flüchtlinge und Umsiedler in Neubrandenburg. Dokumente und Berichte aus den Jahren 1945 bis 1948*, Neubrandenburg 1996.

Różewicz, Tadeusz: *Gedichte. Stücke*, hg. von Karl Dedecius, Frankfurt am Main 1983.

Rožko, Volodymyr: »... v takych żyvje ii bezsmertja«, in: *Narodna Trihuna* (Luc'k), Nr. 9 (222), 6. Februar 1993, S. 5.

Rudan, Vedrana: »Zła Chorwatka, im Gespräch mit Katarzyna Surmiak-Domańska«, in: *Wysokie Obcasy*, Beilage zur *Gazeta Wyborcza*, 5. November 2005, S. 14 – 20.

Rusiński, Władysław: *Kalisz. Zarys dziejów*, Poznań 1983.

Rutowska, Maria: *Lager Glowna: Niemiecki obóz przesiedleńczy na Głównej w Poznaniu dla ludności polskiej (1939 – 1940)*, Poznań 2008 (= *Documenta Occupationis*, Bd. 16).

Rutowska, Maria: *Wysiedlenia ludności polskiej z Kraju Warty do Generalnego Gubernatorstwa 1939 – 1941*, Poznań 2003.

Rydel, Jan: *Die polnische Besatzung im Emsland 1945 – 1948*, aus dem Polnischen von Isabel Röskau-Rydel, Osnabrück 2003.

Sack, John: *Oko za oko. Przemilczana historia Żydów, którzy w 1945 roku mścili się na Niemcach*, übers. von Roman Palewicz, Gliwice 1995.

Said, Edward W.: *Za ostatnim niebem. Palestyńczycy*, Warszawa 2002.

Salzborn, Samuel: »Opfer, Tabu, Kollektivschuld: Über Motive deutscher Obsession«, in: Salzborn, Samuel/Schwietring, Marc/Wiegel, Gerd: *Erinnern, verdrängen, vergessen. Geschichtspolitische Wege ins 21. Jahrhundert* (= *NBKK Schriften zur politischen Bildung, Kultur und Kommunikation*, Bd. 1), Gießen 2003, S. 17 – 41.

Samuel, Stuart M.: *O pogromach w Polsce*, Lwów 1920.

Sarna, Jonathan D.: »The myth of no return: Jewish return migration to Eastern Europe, 1881 – 1914«, in: *American Jewish History* 71 (1981), S. 256 – 268.

Satjukow, Silke: »Der erste Sommer mit den ›Russen‹. Momentaufnahmen zwischen Erwartung und Erfahrung«, in: *Deutschland-Archiv* 38 (2005), S. 236 – 244.

Schechtman, Joseph B.: *European Population Transfers 1939 – 1945*, New York 1946.

Schechtman, Joseph B.: *Postwar Population Transfers in Europe, 1945 – 1955*, Philadelphia 1962.

Schechtman, Joseph B.: *The Refugee in the World. Displacement and Integration*, New York 1963.

Scherstjanoi, Elke: »»Wir sind in der Hölle der Bestie‹: Die Briefkommunikation von Rotarmisten mit der Heimat über ihre Erlebnisse in Deutschland«, in: dies. (Hg.), *Rotarmisten*, S. 194 – 228.

Scherstjanoi, Elke (Hg.): *Rotarmisten schreiben aus Deutschland. Briefe von der Front (1945) und historische Analysen*, München 2004.

Schieder, Theodor, u.a. (Hg.): *Dokumentation der Vertreibung der Deutschen aus Ost-Mitteleuropa*, 5 Bde., München 1984.

Schlögel, Karl: »Kosovo war überall. Die ethnische Säuberung ist eine Ausgeburt des 20. Jahrhunderts. Eine Bilanz der Vertreibungen in Europa«, in: *Die Zeit* Nr. 18, 1999, <http://www.zeit.de/1999/18/199918.schloegel_ii_.xml>.

Schlögel, Karl: »Pfeile auf der Landkarte«, in: *Kafka. Zeitschrift für Mitteleuropa* 13 (2004), S. 10 – 17.

Schlögel, Karl: »Rußländische Emigranten in Europa seit 1917«, in: Bade u.a. (Hg.), *Enzyklopädie*, S. 914 – 922.

Schlögel, Karl: »Rußlands amerikanischer Traum«, in: *Acta Universitatis Carolinae. Philosophica et Historica* 1995, H. 3 – 4 (= *Studia Historica* 42), S. 129 – 140.

Schlögel, Karl: »Verschiebebahnhof Europa: Joseph B. Schechtmans und Eugen M. Kulischers Pionierarbeiten«, in: *Zeithistorische Forschungen/Studies in Contemporary History*, Online-Ausgabe 2, 2005, H. 3, <http://www.zeithistorische-forschungen.de/16126041- schloegel-3-2005>.

Schlögel, Karl (Hg.): *Der große Exodus. Die russische Emigration und ihre Zentren 1917 bis 1941*, München 1994.

Schuller, Konrad: »Als Winicjusz Natoniewski um sein Leben lief«, in: *Frankfurter Allgemeine Zeitung*, 2. Februar 2008, S. 3.

Schuller, Konrad: *Der letzte Tag von Borów*, Freiburg 2009.

Schulze, Rainer: »»Der Führer ruft!«. Zur Rückholung der Volksdeutschen aus dem Osten«, in: Kochanowski/Sach (Hg.), *Die »Volksdeutschen«*, S. 183 – 204.

Schulze, Winfried/Oexle, Otto Gerhard, u.a. (Hg.): *Deutsche Historiker im Nationalsozialismus*, Frankfurt am Main 1999.

Scott, James C.: *Seeing Like a State: How Certain Schemes to Improve the Human Condition Have Failed*, New Haven 1998.

Sebald, W. G.: *Die Ausgewanderten*, Frankfurt am Main 1992.

Segal, Simon: *Nazi Rule in Poland*, London 1943.

Seghers, Anna: *Transit*, Berlin 1985.

Sfikas, Thanasis D./Williams, Christopher: *Ethnicity and Nationalism in East Central Europe and the Balkans*, Aldershot 1999.

Shatzky, Jacob: »An Attempt at Jewish Colonization in the Kingdom of Poland«, in: *YIVO Annal of Jewish Social Science* 1 (1946), S. 44 – 63.

Shirer, William L.: *Berliner Tagebuch. Aufzeichnungen 1934 – 1941*. Übertragen und herausgegeben von Jürgen Schebera. Leipzig/Weimar 1991.

Shirer, William L.: *The Rise and Fall of the Third Reich: A History of Nazi Germany*, New York 1983.

Šimko, Dušan: »Tschechoslowakische Flüchtlinge seit 1968«, in: Bade u.a. (Hg.): *Enzyklopädie*, S. 1050 – 1053.

Simonow, Konstantin: *Man wird nicht als Soldat geboren*, aus dem Russischen von Sepp Görpert und Arno Specht, 6. Auflage, Berlin (Ost) 1971.

Simonow, Konstanty: *Nikt nie rodzi się żołnierzem*, aus dem Russischen von Jadwiga Laskowska, 3 Bde., Warszawa 1966.

Simpson, John Hope: *The Refugee Problem: Report of a Survey*, Oxford 1939.

Singer, Isaac Bashevis: *Meschugge*, aus dem Amerikanischen von Gertrud Baruch, München 1996.

Skarga, Barbara: *Po wyzwoleniu … (1944 – 1956)*, Kraków 2008.

Snyder, Timothy: *Bloodlands. Europa zwischen Hitler und Stalin*, München 2011.

Snyder, Timothy: »The Causes of Ukrainian-Polish Ethnic Cleansing 1943«, in: *Past & Present* 179 (2003) (Mai), S. 197–234.

Snyder, Timothy: »The Expulsion of Germans from the East«, in: *The New York Review of Books* 56, 16. Juli 2009, Nr. 12, http://www.nybooks.com./articles/23330.

Snyder, Timothy: »Holocaust: The Ignored Reality«, in: *The New York Review of Books* 56, 16. Juli 2009, Nr. 12, http://www.nybooks.com./articles/22875.

Snyder, Timothy: *The Reconstruction of Nations. Poland, Ukraine, Lithuania, Belarus 1569–1999*, New Haven 2003.

Sobieski, Wacław: *Historja Polski*, Kraków o.J. (wohl um 1931).

Sofsky, Wolfgang: *Traktat über die Gewalt*, Frankfurt am Main 1996.

Sogner, Sølvi (Hg.): *Making Sense of Global History. The 19th International Congress of the Historical Sciences Oslo 2000*, Oslo 2001.

Solschenizyn, Alexander: *Der Archipel Gulag* [Bd. 1], aus dem Russischen von Anna Peturnig, Bern 1974.

Solschenizyn, Alexander: *Krebsstation. Roman in zwei Büchern*, aus dem Russischen von Christiane Auras, Agathe Jais und Ingrid Tinzmann, 2 Bde., 7. Auflage, Neuwied/Berlin 1968.

Sołtysik, Dariusz: »Jak neopoganie manipulują przeszłością?«, in: *Dawne kultury w ideologiach XIX i XX wieku*, Warszawa 2007, S. 49–63.

Sontheimer, Michael: »Helden durch Verrat«, in: *Spiegel Special* 2, 2005, S. 54f.

Sosnowska, Halina Kiryłowa: *Gościńce i rozstajne drogi. Opowieść rodzinna*, Poznań 2002.

Srokowski, Stanisław: *Repatrianci*, Warszawa 1988.

Staněk, Tomáš: *Poválečné »excesy« v českých zemích v roce 1945 a jejich vyšetřování*, Praha 2005.

Stankowski, Witold: *Obozy i inne miejsca odosobnienia dla niemieckiej ludności cywilnej w latach 1945–1950*, Bydgoszcz 2002.

Stażewski, Marek: »Zwischen Freiwilligkeit und Abwanderungsdruck. Die Migration von Deutschen aus dem nach dem Ersten Weltkrieg Polen zuerkannten Teil Westpreußens«, in: *Nordost-Archiv. Zeitschrift für Regionalgeschichte* NF 14 (2005), S. 53–90.

Stefaniak, Marcin: *Działalność aparatu represji na zachodnim pograniczu Polski w latach 1945–1950*, Szczecin 2008.

Steffen, Katrin: »Wysiedlenia Niemców z Pomorza Zachodniego w świetle dokumentów i na tle polskiej polityki narodowościowej«, in: *Ojczyzna wielu. Przemiany kulturowo-etniczne na Pomorzu Zachodnim w XX wieku. Pamiętnik wystawy*, Szczecin 2004, S. 100–112.

Steindorff, Ludwig: »Die Vorgeschichte: Von der Zeit vor der Staatsbildung Jugoslawiens bis zur Krise der achtziger Jahre«, in: Bremer (Hg.), *Jugoslawische (Sch)Erben*, S. 15–36.

Steinkamp, Peter: »Aussig 1945«, in: Ueberschär, Gerd R. (Hg.): *Orte des Grauens: Verbrechen im Zweiten Weltkrieg*, Darmstadt 2003, S. 12–18.

Stelzer, Christian: »Als Stettin Szczecin wurde«, in: *Nordkurier*, 1. Juli 1995, S. 3.

Stelzer, Christian: »Am Bollwerk kreuzten sich ihre Lebenswege«, in: *Nordkurier*, 18. Oktober 1997, S. 3.

Sterlingow, Marek: »Wilno. Sześć razy z rąk do rąk«, in: *Gazeta Wyborcza*, 18. September 2009, S. 18f.

Stettin – Szczecin 1945–1946. Dokumente – Erinnerungen, Dokumenty – wspomnienia, Rostock 1994.

Stewart, Matthew: »It Was All a Pleasant Business: The Historical Context of ›On The Quai At Smyrna‹«, in: *The Hemingway Review* 23 (2003), H. 1, S. 58–71.

Stickler, Matthias: »*Ostdeutsch heißt Gesamtdeutsch«: Organisation, Selbstverständnis und heimpolitische Zielsetzungen der deutschen Vertriebenenverbände 1949–1972*, Düsseldorf 2004.

Stickler, Matthias: »Vertriebenenintegration in Österreich und Deutschland – ein Vergleich«, in: Gehler, Michael/Böhler, Ingrid (Hg.): *Verschiedene europäische Wege im Vergleich. Österreich und die Bundesrepublik Deutschland 1945/1949 bis zur Gegenwart. Festschrift für Rolf Steininger zum 65. Geburtstag*, Innsbruck 2007, S. 416–435.

Stoessinger, John G.: *The Refugee and the World Community*, Minneapolis 1956.

Stola, Dariusz: *Kampania antysyjonistyczna w Polsce 1967–1968*, Warszawa 2000.

Storz, Stefan: »Perfide Rechnung«, in: Burgdorff/Wiegrefe (Hg.), *Der Zweite Weltkrieg*, S. 312–317.

Strobl, Thomas, »Hitler will Frieden«, in: *Die Zeit* Nr. 32, 2. August 2012.

Strug, Andrzej: *Żółty Krzyż*, 3 Bde., in der Bearbeitung von Jan Józef Lipski, Warszawa 1976 (1. Auflage 1932–1933).

Stryjkowski, Julian: *Austeria*, aus dem Polnischen von Janusz von Pilecki, Frankfurt am Main 1968.

Suchoples, Jarosław: »Von der ›Vertreibung‹ bis zur deutschen ›Stunde Null‹: ›Das polnische Berlin‹ während des Zweiten Weltkriegs«, in: Traba, Robert (Hg.): *My, berlińczycy! Wir Berliner! Geschichte einer deutsch-polnischen Nachbarschaft*, Leipzig 2009, S. 246–259.

Sundhaussen, Holm: »Bevölkerungsverschiebungen in Südosteuropa seit der Nationalstaatswerdung (19./20. Jahrhundert)«, in: *Comparativ* 6 (1996), H. 1, S. 25–40.

Sundhaussen, Holm: »Ethnische Säuberung«, in: Brandes, Detlef/Sundhaussen, Holm/Troebst, Stefan (Hg.): *Lexikon der Vertreibungen. Deportation, Zwangsaussiedlung und ethnische Säuberung im Europa des 20. Jahrhunderts*, Wien 2010, S. 229–234.

Sundhaussen, Holm: »Ethnische Säuberung«, in: Hösch, Edgar/Nehring, Karl/ Sundhaussen, Holm (Hg.): *Lexikon zur Geschichte Südosteuropas*, Stuttgart 2004, S. 221.

Sundhaussen, Holm: »Südosteuropa«, in: Bade u.a. (Hg.), *Enzyklopädie*, S. 288 – 313.

Świder, Małgorzata, *Die sogenannte Entgermanisierung im Oppelner Schlesien in den Jahren 1945 – 1950*, Lauf an der Pegnitz 2002.

Szarota, Tomasz: *Okupowanej Warszawy dzień powszedni*, Warszawa 1988.

Szarota, Tomasz: »Polen unter deutscher Besatzung 1939 – 1941: Vergleichende Betrachtungen«, in: Wegner, Bernd (Hg.): *Zwei Wege nach Moskau. Vom Hitler-Stalin-Pakt zum »Unternehmen Barbarossa«*, München 1991, S. 40 – 55.

Szarota, Tomasz: *U progu zagłady. Zajścia antyżydowskie i pogromy w okupowanej Europie – Warszawa, Paryż, Amsterdam, Antwerpia, Kowno*, Warszawa 2000.

Szaruga, Leszek: *Zdjęcie*, Szczecin 2008.

Szczegóła, Hieronim: »Przedpoczdamskie wysiedlenia Niemców z Polski (czerwiec-lipiec 1945)«, in: Jastrzębski, Włodzimierz (Hg.): *Ludność niemiecka na ziemiach polskich w latach 1939-1945 i jej powojenne losy*, Bydgoszcz 1995, S. 47 – 55.

Szczepański, Jan Józef: *Der polnische Herbst*. Roman, aus dem Polnischen von Klaus Staemmler, Frankfurt am Main (poln.: *Polska jesień*), Erstauflage 1955.

Szczepuła, Barbara: *Rajski ogród*, Gdańsk/Warszawa 2010.

Szűcs, Jenő: *Trzy Europy*, übers. von Jan Maria Kłoczowski, Lublin 1995.

Szuszko, Nadzieja: *Komisariat ds. Produktywizacji Ludności Żydowskiej w Szczecinie w latach 1946 – 1947*, Magisterarbeit, Szczecin 1999.

Szwichtenberg, Helena: »Fragmenty wspomnień z wysiedlenia z Gdyni«, in: *Wysiedlenia Polaków z Gdyni*, S. 53ff.

Szych z domu Zając, Janina: »W niewoli i u wyzwolicieli«, in: *Biuletyn IPN* 2005, Nr. 9 – 10, S. 139 – 146.

Szymborska, Wisława: *Die Gedichte*, aus dem Polnischen von Karl Dedecius, Frankfurt am Main 1997.

Szymborska, Wisława: *Tutaj*, Kraków 2009.

Szymborska, Wisława: *Widok z ziarenkiem piasku*, Poznań 1996.

Targońska, Edyta: »Rada Polonii Amerykańskiej w świetle akt z lat 1938 – 1973 (archiwalne zbiory chicagowskiego Muzeum Polskiego w Ameryce)«, in: *Polish Daily News*, 11. April 2008, <http://www.polishdailynews.com/print.php?id=8561>.

Tazbir, Janusz: *Okrucieństwo w nowożytnej Europie*, Warszawa 1993.

Tec, Nechama: *Defiance. The Bielski Partisans*, New York 1993.

Tellenbach, Gerd: *Aus erinnerter Zeitgeschichte*, Freiburg 1981.

Ten Doesschate, Jan Willem: »Ungarische Flüchtlinge in Europa seit 1956«, in: Bade u.a. (Hg.), *Enzyklopädie*, S. 1065ff.

Thadden, Rudolf von: »Die Gebiete östlich der Oder-Neiße in den Übergangsjahren 1945 – 1949«, in: Schulze, Rainer/von der Brelie-Lewien, Doris/Grebing, Helga (Hg.): *Flüchtlinge und Vertriebene in der westdeutschen Nachkriegsgeschichte: Bilanzierung der Forschung und Perspektiven für die künftige Forschungsarbeit*, Hildesheim 1987, S. 117 – 125.

Thadden, Rudolf von: *Trieglaff. Eine pommersche Lebenswelt zwischen Kirche und Politik 1807–1948*, 3. Auflage, Göttingen 2011.

Ther, Philipp: »A Century of Forced Migration: The Origins and Consequences of ›Ethnic Cleansing‹«, in: Ther/Siljak (Hg.), *Redrawing Nations*, S. 43–72.

Ther, Philipp: »The Integration of Expellees in Germany and Poland after World War II: A Historical Reassessment«, in: *Slavic Review* 55, Winter 1996, H. 4, S. 779–805.

Ther, Philipp: »Ein Jahrhundert der Vertreibung. Die Ursachen von ethnischen Säuberungen im 20. Jahrhundert«, in: Melville/Pešek/Scharf (Hg.), *Zwangsmigration*, S. 19–37.

Ther, Philipp: »Last der Geschichte und die Falle der Erinnerung«, in: *Transit 30*, Winter 2005/2006, S. 70–87.

Ther, Philipp/Siljak, Ana (Hg.): *Redrawing Nations: Ethnic Cleansing in East-Central Europe 1944–1948*, Lanham 2001.

Ther, Philipp/Sundhaussen, Holm (Hg.): *Nationalitätenkonflikte im 20. Jahrhundert. Ursachen von inter-ethnischer Gewalt im Vergleich*, Wiesbaden 2001.

Thiel, Jens: »*Menschenbassin Belgien*«. Anwerbung, Deportation und Zwangsarbeit im Ersten Weltkrieg, Essen 2007.

Thompson, Dorothy: *Refugees: Anarchy or Organization?*, New York 1938.

Todorova, Maria: *Die Erfindung des Balkans. Europas bequemes Vorurteil*, übers. von Uli Twelker, Darmstadt 1999.

Tomaszewski, Jerzy: *Auftakt zur Vernichtung. Die Vertreibung polnischer Juden aus Deutschland 1938*, aus dem Polnischen von Victoria Pollmann, Osnabrück 2002.

Tomaszewski, Jerzy: »Lwów, 22 listopada 1918«, in: *Przegląd Historyczny* 75 (1984), H. 2, S. 279–285.

Torzecki, Ryszard, *Polacy i Ukraińcy. Sprawa ukraińska w czasie drugiej wojny światowej na terenie II Rzeczypospolitej*, Warszawa 1993.

Totten, Samuel/Parsons, William S./Charny, Israel W. (Hg.): *Century of Genocide: Eyewitness Accounts and Critical Views*, New York 1997.

Toynbee, Arnold J.: *The Destruction of Poland: A Study in German Efficiency*, London 1916.

Toynbee, Arnold J.: »Greece«, in: Forbes, Nevill/Toynbee, Arnold J., u.a.: *The Balkans: A History of Bulgaria, Serbia, Greece, Rumania, Turkey*, Oxford 1915, S. 163–250.

Toynbee, Arnold J.: *The Western Question in Greece and Turkey: A Study in the Contact of Civilisations*, London 1922.

Traub, Rainer: »Versklavt und vernichtet«, in: Burgdorff/Wiegrefe (Hg.), *Der Zweite Weltkrieg*, S. 164–170.

Troebst, Stefan/Tutaj, Anna: »Zerstrittene Gäste. Bürgerkriegsflüchtlinge aus Griechenland in Polen 1948–1998«, in: *Nordost-Archiv. Zeitschrift für Regionalgeschichte* NF 14 (2005), S. 193–225.

Trombley, Stephen: »Ethnic Cleansing«, in: Bullock, Alan/Trombley, Stephen (Hg.): *The New Fontana Dictionary of Modern Thought*, London 1999, S. 285.

Turner, Stuart: »Torture, Refuge, and Trust«, in: Daniel/Knudsen (Hg.), *Mistrusting Refugees*, S. 36 – 55.

Tusk, Ewa: »Matka premiera«, Interview mit Roman Daszczyński, in: *Gazeta Wyborcza*/Gdańsk, 23. März 2008, <http://miasto.gazeta.pl/trojmiasto/ 2029020,35612,4965737.htm>.

Tych, Feliks: *Długi cień Zagłady. Szkice historyczne*, Warszawa 1999.

Tyrmand, Leopold: *Cywilizacja komunizmu*, Łomianki 2006.

Ulewicz, Tadeusz: *Sarmacja. Studium z problematyki słowiańskiej XV i XVI w.*, Kraków 1950.

Vernant, Jacques: *The Refugee in the Post-war World*, London 1953.

Volkmann, Hans-Erich: »Zur Ansiedlung der Deutschbalten im ›Warthegau‹«, in: *Zeitschrift für Ostforschung* 30 (1981), H. 4, S. 527 – 558.

Vonnegut, Kurt: *Schlachthof 5 oder Der Kinderkreuzzug*, aus dem Amerikanischen von Kurt Wagenseil, Hamburg 1970.

Voutira, Eftihia/Harrell-Bond, Barbara E.: »In Search of the Locus of Trust: The Social World of the Refugee Camp«, in: Daniel/Knudson (Hg.), *Mistrusting Refugees*, S. 207 – 225.

Walker, Christopher J.: »Armenian Refugees: Accidents of Diplomacy or Victims of Ideology?«, in: Bramwell (Hg.), *Refugees*, S. 38 – 50.

Wanatowicz, Maria Wanda: »Die Deutschen im staatlichen Sektor des öffentlichen Lebens in Großpolen, Westpreußen und Oberschlesien nach dem Ersten Weltkrieg«, in: *Zeitschrift für Ostmitteleuropa-Forschung* 48 (1999), S. 555 – 582.

Wańkowicz, Melchior: *Na tropach Smętka*, Kraków 1988.

Warachim, Hieronim: *Kapucyni syberyjscy*, Kraków 2009.

Warszawa 1939 – 1944. Satyra konspiracyjna oraz okupacyjna rzeczywistość w rysunkach polskich grafików. Wystawa w Muzeum Karykatury, luty – maj 2012, Warszawa 2012.

Watt, Richard M.: *Bitter Glory. Poland and Its Fate 1918 to 1939*, New York 1982.

Weeks, Theodore R.: »Concepts of Ethnic Separation in North-East Europe to World War I«, in: *Nordost-Archiv. Zeitschrift für Regionalgeschichte* NF 14 (2005), S. 15 – 31.

Weeks, Theodore R.: »Russification: Word and Practice 1863 – 1914«, in: *Proceedings of the American Philosophical Society* 148 (2004), H. 4, S. 471 – 489.

Wehler, Hans-Ulrich: *Deutsche Gesellschaftsgeschichte*, Bd. 4, München 2003.

Weil, Patrick: *How to be French: Nationality in the Making since 1789*, übers. von Catherine Porter, Durham 2008.

Weintraub, Katarzyna: »Es war einmal ein Städtchen oder die Aneignung der Erinnerung«, aus dem Polnischen von Agnieszka Grzybkowska, in: *Jahrbuch Polen* 2007, S. 116 – 133.

Werner, Karl Ferdinand: *Das NS-Geschichtsbild und die deutsche Geschichtswissenschaft*, Stuttgart 1967.

Westphalen, Tilman: »Ein Mensch ohne Paß ist eine Leiche auf Urlaub«, Nachwort, in: Remarque, *Liebe Deinen Nächsten*, S. 321 – 340.

Wheatcroft, Stephen G.: »Ausmaß und Wesen der deutschen und sowjetischen Repressionen und Massentotungen 1930 bis 1945«, in: Dahlmann/Hirschfeld (Hg.), *Lager*, S. 67 – 109.

Widziałem Anioła Śmierci. Losy deportowanych Żydów polskich w ZSRR w latach II wojny światowej. Świadectwa zebrane przez Ministerstwo Informacji i Dokumentacji Rządu Polskiego na Uchodźstwie w latach 1942 – 1943, bearb. von Maciej Siekierski und Feliks Tych, Warszawa 2006.

Wiechert, Ernst: *Das einfache Leben*. Roman, Wien/München/Basel 1953.

Wiechert, Ernst: *Missa sine nomine*, München 1952.

Wiedemann, Andreas: »Tschechische und slowakische Ansiedler in den ehemaligen Sudetengebieten seit dem Ende des Zweiten Weltkriegs«, in: Bade u.a. (Hg.), *Enzyklopädie*, S. 1047 – 1050.

Wigerfelt, Anders S.: »Hungarian Refugees in the Shadow of the Cold War«, in: Persson (Hg.), *Encounter with Strangers*, S. 127 – 194.

Wildstein, Bronisław: »Krymska księga wyjścia«, in: *Plus Minus*, Beilage zur *Rzeczypospolita*, 3. November 2001.

Wildt, Michael: »›Eine neue Ordnung der ethnographischen Verhältnisse‹. Hitlers Reichstagsrede vom 6. Oktober 1939«, in: *Zeithistorische Forschungen/ Studies in Contemporary History*, Online-Ausgabe, 3 (2006), H. 1, <http:// www.zeithistorische-forschungen.de/16126041-Wildt-1-2006>.

Wilhelmus, Wolfgang (Hg.): *Flucht oder Tod: Erinnerungen und Briefe pommerscher Juden über die Zeit vor und nach 1945*, Rostock 2001.

Wilk, Mariusz: *Das Haus am Onegasee*, aus dem Polnischen von Martin Pollack, Wien 2008.

Wingenroth, Carl D.: »Das Jahrhundert der Flüchtlinge«, in: *Außenpolitik. Zeitschrift für internationale Fragen* 10 (1959), S. 491 – 499.

Wojecki, Mieczyslaw: *Uchodźcy polityczni z Grecji w Polsce 1948 – 1975*, Jelenia Góra 1989.

Wolf, Gerhard: »Die deutschen Minderheiten in Polen als Instrument der expansiven Außenpolitik Berlins«, in: Kochanowski/Sach (Hg.), *Die »Volksdeutschen«*, S. 41 – 75.

Wolniewiczówna, Czesława: *Śp. ks. Wacław Janke. Jego życie, praca i śmierć męczeńska*, Poznań – Środa 1959, Manuskript im Archiv der Erzdiözese Posen (Archiwum Archidiecezjalne w Poznaniu).

Wörsdörfer, Rolf: »Italienische Flüchtlinge aus den nach 1945 an Jugoslawien gefallenen adriatischen Gebieten in Italien«, in: Bade u.a. (Hg.), *Enzyklopädie*, S. 678 – 681.

Woźniczka, Zygmunt: »Die Deportationen von Polen in die UdSSR in den Jahren 1939 – 1945«, in: Dahlmann/Hirschfeld (Hg.), *Lager*, S. 535 – 552.

Wróbel, Janusz: »Ratując rodaków od katastrofy«, in: *Polish Daily News*, 4. Februar 2008, <http://www.polishdailynews.com/print.php?id=6492>.

Wróbel, Piotr: *Listopadowe dni – 1918*, Warszawa 1988.

Wrong, Denis Hume: *Population and Society*, New York 1963.

Wübker, Thomas: »… Remarque in Osnabrück geblieben wäre? Das gespaltene Verhältnis zum berühmtesten Sohn der Stadt«, in: *Neue Osnabrücker Zeitung*, 10. Dezember 2007.

Wyka, Kazimierz: »Pamiętnik po klęsce«, in: ders., *Życie na niby*, S. 223 – 300.

Wyka, Kazimierz: *Życie na niby * Pamiętnik po klęsce*, Kraków 1984.

Wynot, Edward D. Jr.: »›A Necessary Cruelty‹: The Emergence of Official Anti-Semitism in Poland, 1936 – 39«, in: *The American Historical Review* 76 (1971), H. 4, S. 1035 – 1058.

Wyrozumski, Jerzy: »Zwischen Osten und Westen. Lemberg im Mittelalter«, in: Czacharowski, Antoni (Hg.): *Nationale und ethnische Minderheiten und regionale Identitäten im Mittelalter und Neuzeit*, Toruń 1994, S. 7 – 16.

Wysiedlenia Polaków z Gdyni, w latach 1939 – 1945 przez okupanta niemieckiego. Materiały z sesji popularnonaukowej w dniu 19.11.2002 r., Gdynia 2003.

Załachowski, Feliks: *Gusen: obóz śmierci*, o.O. [Poznań] 1946.

Zalāne, Daina: »www.dpalbums.lv – Der Alltag lettischer DPs in Bildern«, in: Pletzing/Pletzing (Hg.), *Displaced Persons*, S. 175 – 198.

Zaremba, Marcin: *Wielka Trwoga. Polska 1944 – 1947. Ludowa reakcja na kryzys*, Kraków 2012.

Zaremba, Piotr: *Dziennik 1945*, bearb. von Zdzisław Chmielewski und Jan Macholak, Szczecin 1996.

Żarnowiecki, K[azimierz]: »Żywe ruiny«, in: *Pionier Szczeciński*, 5. September 1945, S. 2.

Zayas, Alfred-Maurice de: »A Historical Survey of Twentieth Century Expulsions«, in: Bramwell (Hg.), *Refugees*, S. 15 – 37.

Zayas, Alfred-Maurice de: »Massenumsiedlungen und das Völkerrecht«, in: Veiter, Theodor (Hg.): *25 Jahre Flüchtlingsforschung. Ein Rückblick auf Flucht, Vertreibung und Massenauswanderung*, Wien 1975, S. 55 – 96.

Zee, Henri A. van der: *The Hunger Winter: Occupied Holland 1944 – 1945*, Lincoln, Neb., 1998.

Zeidler, Manfred: *Kriegsende im Osten: Die Rote Armee und die Besetzung Deutschlands östlich von Oder und Neiße 1944/45*, München 1996.

Zeman, Zbynek A.B.: *Pursued by a Bear: The Making of Eastern Europe*, London 1989.

Żeromski, Stefan: *Wiatr od morza*, Warszawa 1928. *Zarys historii Wałcza w latach 1945 – 2005*, hg. von Bogusław Gałka, 6 Bde., Piła 2007 – 2008.

Zieliński, Konrad: »Kwestia obywatelstwa polskiego dla repatriantów, reemigrantów i uchodźców z Rosji w latach 1918 – 1922. Regulacje prawne a praktyka urzędnicza«, in: *Dzieje Najnowsze* 33 (2001), H. 4, S. 23 – 36.

Zientarski, Andrzej: *Represje gestapo wobec polskich robotników przymusowych na Pomorzu Zachodnim 1939 – 1945*, Koszalin 1979.

Znaniecki, Florian: *Ludzie teraźniejsi a cywilizacja przyszłości*, Warszawa 2001 (Erstauflage 1934).

Zolberg, Aristide R./Suhrke, Astri/Aguayo, Sergio: *Escape from Vic'ence. Conflict and the Refugee Crisis in the Developing World*, Oxford 1989.

Zubkova, Elena: »Obščestvo, vyšedšee iz vojny: Russkie i nemcy v 1945 godu«, in: *Otečestvennaja istorija* 1996, H 3, S. 90 – 100.

Zubkova, Elena: *Russia after the War: Hopes, Illusions, and Disappointments, 1945 – 1957*, übers. von Hugh Ragsdale, Armonk, NY, 1998.

Personenregister

Register der Ortsnamen und geographischen Bezeichnungen

Konkordanz der Ortsnamen
und geographischen Bezeichnungen

Adrianopel (griech.)   *Edirne (türk.)*
Altdamm (dt.)   *Dąbie (poln.)*
Augustwalde (dt.)   *Wielgowo (poln.)*
Aussig an der Elbe (dt.)
   Ústí nad Labem (tschech.)
Babruisk (weißruss.)
   Bobrujsk (poln., russ.)
Bad Salzbrunn (dt.)
   Szczawno Zdrój (poln.)
Belgard (dt.)   *Białogard (poln.)*
Bernstein (dt.)   *Pełczyce (poln.)*
Braunsberg (dt.)   *Braniewo (poln.)*
Breslau (dt.)   *Wrocław (poln.)*
Brockau (dt.)   *Brochów (poln.)*
Bromberg (dt.)   *Bydgoszcz (poln.)*
Brünn (dt.)   *Brno (tschech.)*
Chinnow (dt.)   *Chynowo (poln.)*
Chios (griech.)   *Sakız Adası (türk.)*
Deetz (dt.)   *Dziedzice (poln.)*
Deutsch Krone (dt.)   *Wałcz (poln.)*
Dievenow (dt.)   *Dziwnów (poln.)*
Dirschau (dt.)   *Tczew (poln.)*
Ellgoth (dt.)   *Ligota (poln.)*
Ermland (dt.)   *Warmia (poln.)*
Fiume (ital.)   *Rijeka (kroat.)*
Frische Nehrung (dt.)
   Mierzeja Wiślana (poln.)
Gdingen (dt., 1939 – 1945: Gotenhafen)
   Gdynia (poln.)
Gotenhafen siehe Gdingen
Gottschee (dt.)   *Kočevje (slowen.)*
Grodno (dt., poln.)
   Hrodna (weißruss.)

Großpolen (dt.)   *Wielkopolska (poln.)*
Hammerstein (dt.)   *Czarne (poln.)*
Hela (dt.)   *Hel (poln.)*
Hohengrape (dt.)   *Chrapowo (poln.)*
Horst (dt.)   *Niechorze (poln.)*
Kalisch (dt.)   *Kalisz (poln.)*
Karthaus (dt.)   *Kartuzy (poln.)*
Kattowitz (dt.)   *Katowice (poln.)*
Kolberg (dt.)   *Kołobrzeg (poln.)*
Königsberg (dt.)   *Królewiec (poln.)*,
   Kaliningrad (russ.)
Königsberg i.d. Neumark (dt.)
   Chojna (poln.)
Korzec (poln.)   *Korec' (ukr.)*
Köslin (dt.)   *Koszalin (poln.)*
Krakau (dt.)   *Kraków (poln.)*
Kronstadt (dt.)   *Brașov (rum.)*,
   Brassó (ungar.)
Lamsdorf (dt.)   *Łambinowice (poln.)*
Landsberg an der Warthe (dt.)
   Gorzów Wielkopolski (poln.)
Lauenburg (dt.)   *Lębork (poln.)*
Leba (dt.)   *Łeba (poln.)*
Lemberg (dt.)   *Lwów (poln.)*,
   L'viv (ukr.)
Leslau (dt.)   *Włocławek (poln.)*
Libau (dt.)   *Lipawa (poln.)*,
   Liepāja (lett.)
Liegnitz (dt.)   *Legnica (poln.)*
Lissa (dt.)   *Leszno (poln.)*
Litzmannstadt siehe Lodz
Lodz (dt., auch Lodsch, 1940 – 1945:
   Litzmannstadt)   *Łódź (poln.)*

Lyck (dt.)　Ełk (poln.)
Marienbad (dt.)
　Mariánské Lázně (tschech.)
Memel (dt.)　Niemen (poln.),
　Nemunas (lit.), Njoman
　(weißruss.), Neman (russ.)
Misdroy (dt.)　Międzyzdroje (poln.)
Nemmersdorf (dt.)
　Majakowskoje (russ.)
Netze (dt.)　Noteć (poln.)
Neuendorf (dt.)　Wisełka (poln.)
Neumark (dt.)　Nowy Targ (poln.)
Neuwarp (dt.)　Nowe Warpno (poln.)
Ober Moschtienitz
　Horní Moštěnice (tschech.)
Obornik (dt.)　Oborniki (poln.)
Oppeln (dt.)　Opole (poln.)
Ostróg (poln.)　Ostroh (ukr.)
Oženin (poln.)　Oženin (ukr.)
Petrikau (dt.)
　Piotrków Trybunalski (poln.)
Pillau (dt.)　Piława (poln.),
　Baltijsk (russ.)
Pleskau (dt.)　Pskow (russ.)
Ponary (poln., Stadtteil v. Wilna)
　Paneriai (lit.)
Pölitz (dt.)　Police (poln.)
Popowen (dt.)　Popowo (poln.)
Posen (dt.)　Poznań (poln.)
Potulitz (dt.)　Potulice (poln.)
Preßburg (dt.)　Bratislava (slowak.)
Rossa (poln., Stadtteil v. Wilna)
　Rasų seniūnija (lit.)
Samotschin (dt.)　Szamocin (poln.)
Sandomir (dt.)　Sandomierz (poln.)
Saybusch (dt.)　Żywiec (poln.)
Schivelbein (dt.)　Świdwin (poln.)
Schlawe (dt.)　Sławno (poln.)
Schloppe (dt.)　Człopa (poln.)

Schönlanke (dt.)　Trzcianka (poln.)
Schrotz (dt.)　Skrzatusz (poln.)
Schwientochlowitz (dt.)
　Świętochłowice (poln.)
Siemianowitz-Laurahütte (dt.)
　Siemianowice (poln.)
Smyrna (gr.)　Izmir (türk.)
Stargard in Pommern (dt.)
　Stargard Szczeciński (poln.)
Stettin (dt.)　Szczecin (poln.)
Stettin-Scheune (dt.)
　Szczecin-Gumieńce (poln.)
Stolp (dt.)　Słupsk (poln.)
Stralkowo (dt.)　Strzałkowo (poln.)
Swinemünde (dt.)
　Świnoujście (poln.)
Tempelburg (dt.)　Czaplinek (poln.)
Teschen (dt.)　Cieszyn (poln.),
　Těšín (tschech.)
Trebbin (dt.)　Trzebin (poln.)
Trieglaff (dt.)　Trzygłów (poln.)
Triest (dt.)　Trieste (ital.),
　Trst (slow., kroat.)
Varzin (dt.)　Warcino (poln.)
Vietz/Ostbahn (dt.)
　Witnica (poln.)
Warschau (dt.)　Warszawa (poln.)
Wielka Kurzelowa (poln.)
　Velika Kuželeva (ukr.)
Wilna (dt.)　Wilno (poln.),
　Vilnius (lit.)
Windau (dt.)　Ventspils (lett.)
Woldenberg (dt.)　Dobiegniew (poln.)
Wolhynien (dt.)　Wołyń (poln.),
　Volyn' (ukr.)
Wollin (dt.)　Wolin (poln.)
Wünschendorf (dt.)　Srbská (tschech.)
Zara (ital.)　Zadar (kroat.)
Ziegenort (dt.)　Trzebież (poln.)

Bildnachweis

Archive

Archiwum Krakowskiej Prowincji Kapucynów w Krakowie: 127, 313; BA, Koblenz: 105 (Bild-183-86686-0008), 121 (R49 Bild-0131), 147 (Bild-101I-680-8285A-26), 163 (Bild-183-W0404-500), 187 (Bild-183-R77440), 243 (Bild-146-1993-058-07), 278 (Bild-183-H30202); mit freundlicher Genehmigung von Joanna Belin: 43; BPK, Berlin: 144; fibre Verlag, Osnabrück: 11 o., 11 u.; Marion Dönhoff Stiftung/Die Zeit, Hamburg: 186; mit freundlicher Genehmigung von Julian Dunwill: 198; Getty Images, München: 115 (Popperfoto/Kontributor), 135 (Hulton Archive); Heide Hampel: 274; Terry Ashwood. Hoover Institution Archives, Stanford, Collection Jan Karski: 139; ILSH/Collection International Institute of Social History, Amsterdam: 41, 55, 93, 107, 122; Imagebank WW2/NIOD, Amsterdam: 102; Imperial War Museum, London: 59 (Q 53529), 85 (HU 89250), 261 (BU 7034), 327 (MH 33849); I.R.C.I./Instituto regionale per la Cultura Istriano-fiumano-dalmato, Trieste: 291; Instytut Kaszubski, Gdańsk: 191; Instytut Zachodni, Poznań: 120, 123; Interfoto, München: 169, 297 (Archiv Friedrich); Museum Centre Vapriikki, Tampere: 170; Muzeum Ziemi Wałeckiej, Walcz: 253; The Polish Museum of America, Chicago: 255; Filip Piskorski: 338; Privatarchiv: 13, 117, 196, 197, 254, 257; mit freundlicher Genehmigung von Claudia Sproul und Dr. Bernhard Fritz-Krockow: 224; Universitäts- und Landesbibliothek Münster: 57 (S. Trunz 49, 010); UNHCR/Dz. Demic/www.unhcr.de: 335; mit freundlicher Genehmigung von John Vachon: 247, 277; Vojni Muzej, Beograd: 44 o., 44 u.; Wikipedia: 238

Publikationen

Piekałkiewicz, Janusz: *Kalendarium wydarzen II wojny swiatowej*, Vorrede Sebastian Haffner, Warszawy 1996 (dt. Erstausgabe unter dem Titel *Der Zweite Weltkrieg*), S. 90: 17

Ługowska, Nina: *Chcę żyć. Dziennik radzieckiej uczennicy 1932 – 1937*, übers. von Ewa Niepokólczycka, Warszawa 2006, Bildteil nach S. 176: 97

Segal, Simon: *Nazi Rule in Poland*, London 1943, S. 38: 119

Jewsiewicki, Władysław: *Powstanie Warszawskie*, Warszawa 1989, S. 319: 165

Majewski, Piotr M.: *»Niemcy Sudeccy« 1848 – 1948. Historia pewnego nacjonalizmu*, Warszawa 2007, S. 439: 241